教育部人文社会科学重点研究基地中央民族大学中国少数民族研究中心基金资助出版

“十二五”国家重点图书出版规划400种精品项目

教育部人文社会科学重点研究基地中央民族大学中国少数民族研究中心丛书

民族学人类学精选译丛·第一辑

张海洋 / 主编

非洲民族：该民族的国家

The African Nation: The State of the Nation

[加纳]奎西·克瓦·普拉 ／ 著

姜德顺 ／ 译

民族出版社

编者的话

非洲距离我国很遥远。我国各界对非洲的真正了解，起始于20世纪50年代全球民族解放运动风起云涌的时期。我国学术界对非洲的研究则起始于20世纪60年代。改革开放以来，尤其是进入新世纪以来，我国各界对非洲的了解更加深入，与非洲在经济、文化等方面的交流和人员来往日益频密。目前，在非洲工作和生活的中国人以及华侨、华人已超过一百万人。尽管如此，从总体上来看，我们对非洲的认识和了解，尤其是在学术研究方面，比之对亚洲、欧洲、北美等地区，还较为薄弱。从我国已经出版的有关非洲及其各国的各种书籍，包括译著来看，在其作者当中，仅有不到百分之五是非洲本土人士。因此，《非洲民族：该民族的国家》就尤显珍贵。

《非洲民族：该民族的国家》一书的作者奎西·克瓦·普拉教授不仅是一位土生土长的非洲人，而且与非洲民族解放运动和泛非主义运动的关系很密切。泛非主义运动肇始于19世纪后期，由该运动发展而来的，于1963年成立的非洲统一组织，以及由该组织演变而成的2002年组建的非洲联盟，都是集政治、经济和军事于一体的全非洲性的政治实体。

普拉教授于1942年出生在加纳的库马西，系阿肯族人，其父母均在伦敦受过高等教育。其父亲曾任殖民政府总会计师，外祖父是一位酋长。普拉教授在加纳首都阿克拉的一所著名中学毕业后，于1963年赴荷兰莱顿大学学习，获文科学士及硕士学位。随后，他在阿姆斯特丹大学获得哲学博士学位。当他还在阿姆斯特丹学习期间，就曾经支持“安哥拉人民解放运动”某下属机构的活动。20世纪60年代末期，普拉先生在德国海德堡大学任教期间，被选为“加纳国家学生组织”的总书记。此后，他返回阿克拉，为津巴布韦无家可归的儿童和“西南非人民组织民族解放运动”提供资助。20世纪70年代中期以后，普拉教授先后在赞比亚、苏丹和博茨瓦纳的一些大学任教，同时还以各种形式支持南非非洲人的抵抗运动。近年来，普拉教授在南非西开普大学退休后，牵头成立了设立在南非开普敦的非洲社会高级研究中心，并担任该中心主任至今。

在《非洲民族：该民族的国家》一书中，普拉教授以其对非洲社会十分透彻的了解和切身感受，以“纵览千年、目及八荒”的独特视角，秉持长期以来所形成的一贯立场，把包括非洲本土和海外的所有非洲人视为一个整体，表达并阐释了对于“非洲民族”（African Nation）的见解。同时，他并不把阿拉伯世界包括在非洲民族之内，认为阿拉伯人属于阿拉伯民族，而非洲人才属于非洲民族。他追昔抚今，扼要而系统地回顾了非洲大陆的殖民化过程、贩奴活动以及泛非主义的简史，不仅着眼于往昔和他人，更立足于当前现实和非洲人自身，抨击和剖析了非洲各国社会目前存在的一些严重问题，呼吁非洲人加强团结，为实现泛非主义的美好理想、实现非洲统一而奋斗。

此外，《非洲民族：该民族的国家》一书还对现代化和发展问题，做了理论归纳，对民族主义、民族问题、族性和语言等方面，都有专门的论述，有助于我国读者从中切实了解相关细节。

当然，《非洲民族：该民族的国家》一书不可能尽善尽美、囊括一切。从译本角度来看，由于受到非洲母语的影响，极个别表述似略显不甚晓畅，但这并不足以影响全书的优良品质。

另外，我们在编辑出版的过程中，依据我国相关的出版法律法规，对第一章“我们是如何迷途的”部分内容进行了删节，主要涉及对外国领导人，如普京总统、尼日尔总统马马杜·坦贾的负面评价部分，对资本主义和社会主义的评价部分，以及对马克思主义和毛泽东思想的评价部分。

我社长期以来，一直关注包括非洲民族在内的世界民族问题的研究，出版了一批在学术界颇有影响的著作。该书是原作者一直坚持从事非洲民族问题研究的成果，颇具有学术价值，故我社将其郑重推出。我社还将继续关注此类著作的出版，争取为学术界贡献一臂之力。

编者谨识

2013年6月20日

本书献给非洲以及海外非洲人之青年们，希望他们会应付自如，并采取一切必要的手段，为了实现全世界所有非洲人们的统一、解放、民主以及发展而战斗，这是我们所需要的。

目　录

致 谢

本书断断续续历经几年才完成。一直在力劝我撰写这样一部著作的泛非主义者们、朋友们以及同事们，对它予以积极鼓励。他们人数太多，在此未便一一提及。

然而，就付出辛劳而言，我乐愿提到用去数不清的时间而为本书做准备工作的我的秘书格雷斯·奈杜（Grace Naidoo）。

奎西·克瓦·普拉

于开普敦

前　言

本前言追溯一些想法的梗概，在下文中我会更详细地说出这些想法。所以，先在这里对下文略略品味。读者有望对后面所述内容不产生似曾相识的感觉。非洲种种问题使我困扰，缠绕于我心间。无论感性地还是理性地说，这些问题在我心中产生了广泛的反应。但是，本书所言及的非洲，远远超出这些考虑因素。正是一群人民和一段历史，一个与文化紧密相连的网络，必须公平和人道地基于其本身的历史和文化，而非抱着他人对未来所持偏见，找到统一的未来。正是这种统一，将会让非洲人得到解放和发展。我们延缓这种统一越久，且我们延迟我们的解放和发展越厉害，那么，我们就会更长久地扩大正在遭逢的痛苦。另一个值得提出的问题是，为非洲的未来所做的设计和构建，必须牢牢掌握在非洲人手中。只有非洲人才能够拯救非洲。利用基于民主的各项原则以及对人权的关注，非洲人民能够且必须统一地朝向现代而前进。本书涉及的一些问题包括解放、民族主义、泛非主义、民主、统一、战争、语言和文化。这是一些关键词。

非洲是一片广袤的大陆，对于其地域的大小，如同关于它的许多事情一般，被人们误传得很厉害。事实上，非洲是全世界最宽广的一片大陆，面积为1125万平方英里。实际上，非洲很大，有美国的北美本部、西欧、中国和印度加在一起那样大。的确，就这些资源而言，一些掠夺成性的社会和机制已经在历史上掠夺了非洲和非洲人。非洲人绝大多数是黑人，但并非所有非洲人都是黑人。当我们处在新世纪的开端，回顾身后并展望长久的未来，我们能毫不畏惧地说，我们确实有很长的路要走，而且在20个世纪已经横穿了许多地方。我们已经从一个工业化之前时代，带着对未来现代性的一些誓愿，走向正在工业化的技术—社会环境中，即使我们做出正确的奉献并采取必不可少的措施，也是如此。我们也已行经长达几个世纪遭受剥削和奴役的历史性地带，其间充满了苦难和悲痛。这段历史很不幸地尚未完结。大量这些条件的社会学遗产和明显的社会—心理遗留，以许多不同的形式依然与我们伴生。我们艰难往昔留下的这些社会性—结构性遗迹，久久挥之不去，神出鬼没地阻滞着我们的日常生活。我们生活在一些新殖民化的国家及文化中，却假装自己生活在由满负荷的“民族”构成的各种各样的国家中。毋须多言，在我们前进的道路上，往昔必然告诉当前，而当前必然会对于将来施加强大影响。但这种经验究竟有多少可以积极而审慎地予以利用，使之有助于形成我们为了未来而制定的当前计划？我们究竟是人类当中的什么人？关于这些问题，正如乔治·桑塔亚那（George Santayana）[①]论及历史错误时所言：“不吸取历史教训之人，注定要重复历史。”

一个世纪前，我们只是处于从大西洋奴隶贸易时代迁徙而来的几十年。阿拉伯人进行的奴隶贸易正在消散，但是奴隶贸易依然兴盛。西方列强正忙于在非洲进行各殖民帝国的竞争，并经由他们所称的“惩罚性的远征”和“绥靖活动”，残忍地以铁与血在非洲社会打下他们所行规则的印记。对于采用雇佣军进行殖民化种族灭绝战争和焦土政策，这些说法只不过是一些委婉辞藻，以便把非洲的反抗纳入殖民规则中。在这个过程中，成百万上千万的非洲人死了。这样就完成了对非洲社会及历史的劫持，自非洲人与西方人相遇的早期，这种劫持就已进行。

在此后的一个世纪，殖民体系变来变去，这种体系的古典形式如同其最初悄悄加之于我们那样，已经偷偷摸摸地消失。但是，并非没

---

① 乔治·桑塔亚那（George Santayana，1863—1952），20世纪著名西班牙哲学家、小说家和学者。详见《简明不列颠百科全书》（第7卷），中国大百科全书出版社，1986年4月，第31页。——译者

有经过战斗，非洲人在经历了数十年反殖民主义的斗争之后，方才获益，这种斗争使非洲人摆脱了殖民统治，获得了政治上的独立。从肯尼亚的土地与自由之战（the Land and Freedom War）即茅茅运动（Mau Mau）①，再经过发生在几内亚比绍、安哥拉、莫桑比克、津巴布韦、纳米比亚和南非的战争，非洲人为了追求自由而牺牲了大量的生命。

从第二次世界大战结束之时起的以往50年里，殖民强权经历了缓慢但切切实实的解散。殖民秩序的结束并不受极端殖民主义者的欢迎。但这种结束是看得见的，亚洲人开路在前，非洲人急忙跟上。对于我们而言，压倒一切的反殖民式民族主义经历，就是泛非主义。

现代通信对于传播泛非主义思想起着重要作用。起先是报纸，接着是无线电广播和电视，对于非洲人之间的交流贡献巨大。若干年前，曾任英国殖民地国务大臣的奥利弗·利特尔顿（Oliver Lyttelton）怀旧地写到，维多利亚时期的大英帝国主义有力量口授谈判条款："一封措辞严厉的信函再加上炮舰，或者小小地展示一下武力，很快就能平息混乱和争议。最重要的是，白人就应该知道答案。那时还不能设想会有什么泛非运动，更不用说产生这种运动了，因为非洲某一部分与另一部分之间的交流都很原始，慢腾腾的，简直难以传送某块领土上民族主义渴望的火苗，且难以在另一块领土上点燃同样的火。"②

维多利亚和爱德华七世时代的世界鼓励不受限制的帝国主义，这是以种族主义为基础的。20世纪初期，哈利法克斯勋爵（Lord Halifax）这位对基督教屡屡表现出激情的安立甘公教派显贵，反对埃及自治，宣称他不希望"长久地压制黑人种族"，但"如果要想保持我们在这些

---

① 茅茅运动，20世纪50年代肯尼亚吉库尤人兴起的民族主义运动，主张以暴力推翻英国在肯尼亚的殖民统治。详见《简明不列颠百科全书》（中文版）第5卷，中国大百科全书出版社，1986年1月，第742页。——译者

② Oliver Lyttelton, *The Memoirs of Lord Chandos*, The Bodley Head, London, 1962, p.352。利特尔顿的观点显而易见，他认为"无线电广播已经渗透到各个村庄里。三四十年前非洲人还毫不知晓的那世界的不和谐声音，从挂在菩提树上蜂窝一般的接收器中发了出来"。（原书为统一附在全部各章最后的连续尾注，为了便于阅读，现改为页下注。下同。——译者）

国家的地位，那就只能这样干，因为目前只能保持这种地位并实现一个优等种族的功能。”① 当然，最终他没有实现自己的计划。反对殖民地摆脱宗主国统治的经典说法，出自温斯顿·丘吉尔。1940 年，在英国对印度的统治即将崩溃前夕，丘吉尔非常认真地说了这样一番话：“我没有成为国王陛下（乔治六世）的首相而为帝国的瓦解负责。”丘吉尔暂时顽固地维持了现状。但是，正像后来的历史所证明的那样，对历史的现实主义评价并未同步发生。在丘吉尔担任首相的第二任期（1951—1955 年）里，确实没有任何英国殖民地摆脱殖民统治，但是，印度和巴基斯坦在艾德礼的工党内阁执政期间（1947 年）赢得自由。对于大英帝国而言，印度独立敲响了“约翰牛”殖民主义的丧钟。随着人类解放过程的滚滚向前，这个帝国无可挽回地走向了瓦解。② 马格里奇（Muggeridge）事后对于丘吉尔所下决心的想法，认为“当他在乔治六世的女儿伊丽莎白女王二世手下于二战后担任首相，而此时大英帝国正在飞速瓦解，只好把那些勇敢的话语吃掉”③。在艾德礼于 1954 年所出的自传中，若有所思地简洁说道：“我很清楚，我们在印度曾经遇到的那种民族主义情感浪潮和提高黑种人地位的愿望，现在已传播到非洲。”这些话比丘吉尔的话更好理解。艾德礼还说：“我也很明白，如果不能合理地满足这种愿望，就会使事情更加糟糕。”④ 后

① Francis Williams, *A Pattern of Rules*, Longmans, London, 1965, p.226.

② Brain Crozier, *The Rebels: A Study of Post - War Insurrections*, Chatto and Windus, London, 1960, p.109。克罗齐尔（Crozier）认为，“温斯顿·丘吉尔交代说，他没有觉得他该为大英帝国的瓦解而负责。但是在一些重要的年月里，从这方面争论的立场来看，当时是克莱门特·艾德礼（Clement Attlee）执政。1947 年的工党政府让印度、巴基斯坦、锡兰在英联邦内独立，并让缅甸在英联邦外独立，却并未避免流血；但并不是英国士兵们流血，而且好几次殖民地战争避免了憎恶、麻烦和金钱开销”。更为现实主义和实用主义的帝国主义者们都很懂得，已经到了撤退的时刻。利特尔顿写道：“我觉得，在 1951 年担任殖民地国务大臣的任何人，都可能会做出我们当时所做那样的决定。殖民政策的主导话题都必须是小心谨慎的，而且，各个殖民地都可能渐渐且有序地在英联邦内走向自治。”见 Oliver Lyttelton, *The Memoirs of Lord Chandos*, p.352。

③ Malcolm Muggeridge, *Tread Softly For You Tread on My Jokes*, Collins/Fontana Books, London, 1966, 1969 edition, p.212.

④ C.R. Attlee, *As it Happened*, Heinemann, London, 1954, p.191.

一任英国首相对于局势做了相似的判断。1960年，时任英国首相的哈罗德·麦克米伦（Harold Macmillan）在位于开普敦的南非国会发表了一场演讲，他靠着墙壁向那懊恼而多疑的白人种族主义国会大声朗读了讲稿："变化之风正在吹遍这个大洲。无论我们喜欢与否，这场民族意识之风是政治事实。"这场演讲后来以"变化之风"而载于关于非殖民化的编年史中。哈罗德·尼科尔森（Harold Nicolson）为了达到效果，继续并放大了哈罗德·麦克米伦的隐喻而写道："变化之风如同飓风一般在整个亚洲和非洲怒号。"[①] 南非国民党（Boer Nationalist Party）的政客们冷漠地听了麦克米伦的那场演讲，他们既不相信，并报以蔑视地沉默相待。当演讲结束时，这些政客当中的一些人甚至相当失礼地不鼓掌。种族隔离制度的设计者、第一代由荷兰移居南非的移民、南非国会议长维沃尔德（Verwoerd）向麦克米伦致以礼节性的谢意，但是却暴躁而坚定地提出他的异议："……我们是为非洲带来文明的人……在非洲行使正义，就意味着不仅要对非洲的黑人公平，也要对非洲的白人公平。"[②] 麦克米伦那场50分钟的演讲很重要，在全世界引起反响，并标志着使非洲各殖民地获得自由已稳稳地列入英国的议事日程，这并非像许多人宁愿相信的那样是一项无私的、来自偶然灵感的计划，而是考虑过私利及有根据的自我利益之后而设计的愿景。把殖民地的权力转移，并放弃给战略上值得信赖的精英，比由于疏忽而出现急急忙忙的反殖民起义而造成不可预料的结果更好。但对于第二次世界大战后的各殖民地当局而言，这是难以接受的启示和明智行为。为发生在印度尼西亚、马来亚、中印半岛的起义，以及中国的红军于1949年取得胜利，提供了好样而充足的经验。麦克米伦发表的那次演讲，预示

① Harold Nicolson, *Diplomacy*, Oxford University Press, 3rd Edition, London, 1969, pp. 138～139.

② 麦克米伦在其自传中，就此次在南非国会做演讲时对维沃尔德所感到的失望和静静的憎恨而写道："我们只是那天晚上在一起晚餐。尽管维沃尔德先生显然为国会出现的那情景而苦恼，但他几乎没提到那次演讲。"见 Harold Macmillan, *Pointing the Way, 1959—1961*, Macmillan, London, 1972, p.160。

了南非白人种族主义在整个世界上受到孤立。仅在麦克米伦发表演讲而不加掩饰地予以警告约一个月之后，沙佩维尔（Sharpeville）大屠杀惨剧（于1960年3月21日）发生了，全世界都感到震惊、悲痛和厌恶。慢慢跟着而来的是贸易、政治和文化方面的抵制和制裁。然而，又经过另一个30年的斗争，在种族隔离定居殖民制度的结构崩溃之前，索韦托（Soweto）学生于1976年举行起义，这一种族隔离制度最终于1994年被正式埋葬。在种族隔离制消亡10年之后，人们容易忘记，多年来，种族隔离制在全世界某些高等而傲慢的地方确实还有朋友。在种族隔离制实行的最后10年里，美国的里根政府面对全世界对于种族隔离制的厌恶，还推行着一套所谓“建设性地介入”南非的政策。诺姆·乔姆斯基（Noam Chomsky）提醒我们，为了找到出路，以逃避国会对于援助南非以及与其进行某些类型的贸易而制定的禁令，里根政府的追随者们坚持认为，南非政权正在捍卫自己，抵御着世界上“更为臭名昭著的各个恐怖组织”当中的一个组织。这种说法指的是纳尔逊·曼德拉（Nelson Mandela）的非洲人国民大会。① 英国撒切尔政府采取了与里根政府相同的立场，唯恐我们会忘记似的。

夏尔·戴高乐持有悲哀的看法，1947年，他认为法兰西帝国的损

---

① Noam Chomsky, *Imperial Ambition*, *Conversations with Noam Chomsky on the Post－9/11 World*, *Interviews with David Barsamian*, Hamish Hamilton/Penguin, London, 2005, p.95。乔姆斯基引用了载于1989年1月14日《纽约时报》上罗伯特·皮尔（Robert Pear）的话。其中说，1966年，让－保罗·萨特（Jean－Paul Sartre）对于法国与种族隔离制之间的同谋，曾经写道：“整个贸易量适中，但1961—1965年之间的贸易量增大一倍。至于说到投资，雷诺（Renault）、标致（Peugeot）、贝利埃（Berliet）、汤姆森－休斯敦（Thomson－Houston）这几家公司在南非设有分公司；法国是南非的第三大投资国，仅次于英国和美国，科技合作也在进行。法国在比勒陀利亚附近建立了卫星跟踪站。南非专家正要前往法国国家科学研究中心进行太空研究。一些法国技术人员已被派往南非进行石油钻探合作，那里的钻探刚刚开始。所有这一切都是在‘友好’的气氛下进行的。1963年3月，汤姆森－休斯敦公司的那位代表在访问南非期间说：‘政局良好，在政府控制下事情都处理得很好。没有改变的理由。’事实上，法国政府是第一个鼓励与南非建立关系的。”引述中还说，那些与种族隔离制对抗的人应当知道，他们并不孤独。见法国反对种族隔离联络委员会于1966年11月9日在巴黎召开的新闻发布会上发表的声明。见 *United Nations Centre Against Apartheid*, *Notes and Documents*, No.10/81, April 1981。

失"甚至会使法国蒙受以独立为代价的耻辱"①。在他的回忆录中，他悲伤地承认："当时令我难以忍受的苦恼，就是移交了我们的权力，卷起我们的国旗，并结束了历史上伟大的一章。"② 值得记住的是，戴高乐所了解的非洲人都很少讨人喜欢。在苏兹贝格（Sulzberger）的笔下，谈到了戴高乐对阿拉伯人和非洲人的看法："他往往带着他那个阶级——保守派、天主教徒、帝国主义者，以及在圣坛上崇拜波旁王朝妄求者以及莫拉斯③的传统法国男人——所带有的所有偏见，在人格上鄙视他们。"④ 他带着屈尊和十足的傲慢把非洲人看得特别令人烦恼。苏兹贝格在日记中写道："这位将军对黑非洲的个人看法，远非平等主义见解，尽管在广大的法语区各国中只是出现了法属西非殖民地的脆弱稻草人，他还是认识到了非殖民化的当前潮流。他最终建立了一套古怪的体系，从而使那朦胧的独立，既受到法国空降部队的保护，也受到其控制。1956 年 5 月 31 日，我问他，究竟他是怎样预见法属赤道非洲的未来的？他似乎并不很明白这个问题，但我并未得到机会予以阐明。他又详述起来，语气相当傲慢，带着幼儿园般的方式把阿拉伯人和黑人放到一起谈论，说是真的有差异。他说，那些人是黑人，而

---

① Dorothy Shipley White, *Black Africa and de Gaulle*: *From French Empire to Independence*, University Park and London, 1979, p.122。此处引自 Melvin Goldberg, *Decolonization and Political Socialization with Reference to West Africa*, in *The Journal of Modern African Studies*, Vol.24, No.4, 1986, p.664。就戴高乐和法国公众对于非洲独立的看法，巴恩斯（Barnes）发表了敏锐的见解。他认为"殖民地的独立并不是很打动戴高乐的观念，也不是法国舆论充分注意的事情。但是，法国在中印半岛和阿尔及利亚的经验使他清楚地意识到，独立将是不得不在非洲上演的很多演出当中出现的一句话。同时，他不得不料想到，同样的经验已经使许多法国人相信，热带非洲在大法兰西殖民帝国的观念中，是可以凭借而战斗到最后的一道壕沟。这些人决定，必须竭尽全力地扩宽这条壕沟，从而使任何力量不能把他们从其中赶走"。此处引自 Leonard Barnes, *Africa in Eclipse*, Victor Gollancz, Ltd., London, 1971, p.162。

② Charles De Gaulle, *Memoirs of Hope*: *Renewal*, *and Endeavour*, Weidenfeld and Nicolson, London, 1971, p.37.

③ 夏尔－马里－福第乌斯·莫拉斯（Charles－Marie－Photius Maurras, 1868—1952），法国作家、诗人、批评家，政治活动"法兰西行动"（Action Française）的领袖和主要思想家，出生于一个保皇派的天主教家庭，有文学才能和政治理论及实践的抱负，推崇过去，反对现代。——译者

④ C.L.Sulzberger, *The Last of the Giants*, Weidenfeld and Nicolson, London, 1970, p.75.

不是阿拉伯人。他们是黑的。在白人到来之前，他们是野蛮人。他觉得黑非洲大陆并不能独自使自身开化文明。”① 法国军队在奠边府彻底溃退并遭遇里程碑式的羞辱，在那里，法军损失了 17 个营的部队、2.2 万吨装备、一大批重炮、173 架战斗机和 71 架运输机，实际上损失了一切；法国在阿尔及利亚遭受了鬼影一般的大灾难，这一切最终使戴高乐意识到，殖民地获得自由已在帝国产生普遍的压力，这时需要承认和让步，以避免未来再遭受灾难和耻辱。他很懂得这样做。阿尔及利亚是最后一次教训，几乎在法国触发政变。为了使政变的可能性消散，戴高乐号召法国全民族，“法国女人们，法国男人们，帮助我吧”。确实，尽管除了在塞古·杜尔领导的几内亚之外，由亲法人士统治的法国在非洲帝国的精英们都受到了严重打击，但还有一些人高兴得连《马赛曲》都唱不动，并渴望受到法国的政治支配，戴高乐意识到，做出新殖民主义安排，把权力移交给法国创造而成的精英并对他们做适当安置，比起坐等着出现紧张状态，从而陷入更严重的分裂而使法国在非洲的战略利益受到损害更为明智。“法兰西共同体”就是他做出的回答。因此，尽管在法属撒哈拉以南的非洲地区，反殖民主义从未充分开展起来，比起在印度支那和阿尔及利亚更是差很多，但是，若认为 1960 年法国在非洲的帝国取得独立仅仅依据于法国的“善意”和“宽宏大量”，则可能是错误的。②

葡萄牙的殖民帝国相似地被拆散了，那仅仅是因为安哥拉、莫桑

① C.L.Sulzberger, *The Last of the Giants*, Weidenfeld and Nicolson, London, 1970, p.74～75。有趣的是，要注意帝国主义在 20 世纪 60 年代初构想和设计有关非洲的战略时所采取的那种方式。1961 年 2 月 14 日，苏兹贝格写道：“我询问他，他认为解决阿尔及利亚混乱，会不会改善法国与其前黑非洲殖民地之间的关系，他带着温和的愤慨说：‘为什么就应当那样？除了塞古·杜尔（Sekou Toure）（当时十分偏左的几内亚总统）之外，我们之间的关系已经非常好。'” 见同上。

② Charles De Gaulle, *Memoirs of Hope*: *Renewal*, *and Endeavour*, Weidenfeld and Nicolson, London, 1971, p.675。这是盖伊·马丁（Guy Martin）的意见，详见 Guy Martin, *The Historical*, *Economic*, *and Political Bases of France's African Policy*, in *Journal of Modern African Studies*, Vol.23, No.2, 1985, p.191。

比克、几内亚比绍和佛得角发生的革命战争，使葡萄牙军队付出了最终难以忍受的代价的缘故。到1974年春天，葡萄牙殖民地所发生的战争已经在该国造成了剧烈的政治紧张，在其军队中尤甚。一些军事部门得出结论说，发生在安哥拉、莫桑比克、几内亚比绍和佛得角的战争已经缓慢地强化了十多年，葡萄牙难以取胜。的确，叛乱日甚一日。由一些低级官员领导的、企图于3月16日发动的一场反对法西斯右翼政府的政变已经失败。6个星期后，即1974年4月25日，葡萄牙的武装部队行动（Armed Forces Movement）举行了第二次武装政变，推翻了萨拉查－卡埃塔诺（Salazar－Caetano）的独裁统治。[①] 这就开启了使葡萄牙当局从殖民地血腥的困境中解脱出来的途径。

总之，在以往的40多年中，经过与帝国主义的斗争和对抗，局部政治独立已在非洲实行。没有任何地方是依据道德准则而给予独立的。帝国主义者只有在面临暴力的反殖民主义对抗，或者随后遇到骚乱及暴力反抗的威胁，才肯交出权力。

1994年废除种族隔离定居的殖民制度已经是一段历史的最后一个篇章，这段历史开始于1956年的苏丹、1957年的加纳以及20世纪60年代“独立十年”期间的整个非洲大陆，各国独立的汹涌浪潮，以“变化之风”向南猛烈冲击。[②] 与非洲其他地方独立运动中所宣告的同样口号，在南部非洲响了起来，并受到赞美和欢呼。这一切都是历史。

① 主要发生在低级职业官员中日益增多的不满，为形成1973年的军官运动（Captains' Movement）开辟了途径。这个职业官员——其中大多数是军官——的特别委员会起初是为了发出他们专业的不平之声而成立的。不久，军官们发现，海军和空军当中的职业军官以及所有军事部门的非职业官员，都与他们一样不满。军官运动发展成为武装部队行动，并于1973年11月形成一个全面的持不同政见组织，该组织的秘密成员遍布于政治领域。其中的官员们除了提出专业地位的问题之外，还对于他们薪酬低微以及长期派驻海外在艰苦条件下工作而不满。见 http：//www.country－data.com/cgi－bin/query/r－10993.html。

② 人们始终如一地认为，加纳是非洲第一个争取殖民地自由的国家。这种假定基于如下事实，1956年1月获得政治独立的苏丹是一个阿拉伯国家而不是非洲国家，在此意义上，加纳才是。实际上，这是错误的，因为苏丹事实上是一个非洲国家，阿拉伯人占其国民的一小部分。由于苏丹在经济、社会、政治及文化上是由居于少数的阿拉伯人主导，因此人们就对以上事实视而不见了。

我们现在面临的问题是：我们要去往何方？我们怎样才能够确保我们是去往希望之地？我们怎样抵达那里？需要什么样的思想和实践，才会使我们抵达那里？我们怎样利用民主理论及实践，才能够实现使非洲解放和发展的目标？

非洲民族主义或其更宽泛的表达即泛非主义是这些思想的最重要主体，这些思想带我们走得如此之远。非洲联盟（African Union，缩写为AU），其作为非洲统一组织（Organization for African Unity，缩写为OAU）所期望的复兴模式于2002年7月在德班成立，这证明了非洲解放、统一以及在非洲各国权力的当代走廊中发展的泛非主义思想得到了延续和加强。这是一个理想，自19世纪以来，这个理想与我们一起经历了各种各样的形式，并将继续是非洲各种希望及愿望的驱动目标。但目前这种理想在哲理上还显得漂浮不定，相当缺乏实质内容，并且急需新的思想加入其中，以便向前推动计划，但又不危害其原生的主旨。

本书中所提出的一些问题，都是重要的，且从历史角度来看是适时的。对我而言，难以想象在10年前提出这些问题。10年前，泛非主义范式还与未经修改的或有时是过时的假设和推论密切而毫无疑问地联系着，这些假设和推论埋藏在我们智力前辈的思考中，这些前辈是：西尔维斯特·威廉斯（Sylvester Williams）、卡塞利·海福德（Casely Hayford）、萨巴（Sarbah）、杜波伊斯（Du Bois）[①]、加维（Garvey）、帕德莫尔（Padmore）、恩克鲁玛（Nkrumah）、索布奎（Sobukwe）、杜尔（Toure）、凯塔（Keita）、肯雅塔（Kenyatta）、尼雷尔（Nyerere）、卡翁达（Kaunda）以及其他人。尼雷尔在其生命的最后10年重申他在泛非主义思想中的影响，并开始自言自语并激进地思考他自己毕生在泛非主义舞台上的记录。

---

① 这是学界常见的一个译名。其实，按法语汉译音译，应当是“杜布瓦”。其中，“Du”是法语介词“de”与阳性定冠词“le”的结合式，名词“Bois”意为树木、树林等。今从惯译讹名。——译者

我们需要记住，过去或现在，没有任何非洲领袖或政治思想家曾经拒绝过泛非主义的目标。他们当中没有任何人敢于怀疑非洲在这方面的命运。的确，无论是拥护者还是奋斗者，民主派还是专制者，政治大师还是熟练的学徒，都曾经在崇奉这一理想的圣坛上起誓，并对于采取何种方式而争执不休，但对于目标则鲜有非议。由于明显的原因，在我们这个时代，泛非主义思想通常与我们那些新殖民地国家（neo - colonial states）的领导层有关联。经有人推测，他们的使命就是寻求达到共同福利的理想，尽管根据记录，他们迄今并未做什么有利的事情，也没有为了这种理想而从事过多少实际的事业。这已经成为一种自命不凡的咒语，如同仪式一般宣告并乞灵，只要觉得时机合适就要求这样办。

从其开始出现之日起，非洲的民族主义即泛非主义就是横跨大西洋两岸的。在其演变和发展的所有阶段，海外移民就一直是一个关键的参照点。正如俗言所说："你只有走出非洲，才会看到整个非洲。""泛非主义"这个词语是特立尼达律师亨利·西尔维斯特·威廉斯（Henry Sylvester Williams）和乔治·帕德莫尔叔叔（uncle George Padmore）（Malcolm Nurse）的想法。[①]1897年6月，第一个泛非主义协会由威廉斯领头组织而在海外移民当中组成，其规章所定的任务，是能使非洲人及其在全世界的后裔实现"他们真正的公民权利和政治权利；通过促进在确保有效立法方面的努力，改善在非洲、美洲大陆以及世界上其他地区我们受压迫的同胞们的状况；鼓励我们的人民在教育、工业和商业方面积极进取；在高加索人种与非洲人种[②]之间培育友好关系；设立一个办公署、一个保管处，以便搜集权威性的著述以及与我们生活在各地的人民有关的统计资料；设立一个基金专门用于促进这些目

① Ras Makonnen, *Pan - Africanism from Within*, Oxford University Press (Eastern Africa), Nairobi, 1973, p.100.

② 此处的高加索人种与非洲人种分别是通常所说的欧罗巴人种，即白人与尼格罗人种即黑人。——译者

标”[①]。威廉斯的目标在政治上是温和而适度的。这就是为何胡克尔（Hooker）把他描写为“帝国的泛非主义者”的原因。但是，泛非主义毕竟诞生了。

19世纪末期，当威廉斯造出这个词语时，该词语几乎还不含有“统一的非洲”这一观念。这个观念的维度是到了后来即20世纪前半期，经过以本大陆为基础，在非洲知识分子与相应的海外移民之间互相渗透的变动之后才出现的。所以，知道海外移民的相关联系，对于从历史上理解这一理想及其对于当前以至于将来的实际含义至关重要。但是，假如泛非主义理想在19世纪末和20世纪初期几乎不包含“统一的非洲”这一观念，那么，把非洲说成是正在处于被殖民强权分割开的过程中，同样真切。因此，就我们当前所理解的非洲统一，局部只是对于西方帝国主义的反应，而且在更为含糊的意义上说，则是对于几个世纪以来阿拉伯人主导本大陆上游的那一段而做出的反应。

当前所发生的事情是，海外移民作为泛非主义计划发展与前进的关键连接者，正在强有力地为有关各方的看法重新定位。在寻找更新颖且更直接贴切的要素和成分以便推动这项计划时，必须对于往昔的种种假设及理解予以批判性的重新评估。在这方面，并不存在“圣牛”（holy cow）[②]。然而，我在此确非疏远地提醒一下，泛非主义思想的智力之父们的那些观念已经丧失了实用性，或者全然是在前后关系上显著，并因此需要修补。远非那样。有人提议说，这一理想的理论及实践方面的先驱者们已打下基础，目前这一代人不得不在这一基础上建造。但是，这并不必然且不能够意味着无限制地把这种智力遗产的整体提高到教规一般的地位，提升为正统——以智力血统为名义而规定及尊崇的正统。现在不幸有一种趋势，有一些懒散的学者和煽动者确

---

① J.R.Hooker, *Henry Sylvester Williams*: *Imperial Pan – Africanist*, Rex Collings, London, 1975, p.23.

② “圣牛”（holy cow）是美国和加拿大英语中一种表示惊叹的说法，多为十多岁的年轻人喜用。此处并无任何令人惊叹的新意。——译者

实想这样做。任何一种观念，哪怕它们受到教皇一般不容辩驳的尊崇或美化，要么会终止创造性，要么是可以改变的。它们成为空洞的信仰条文，远离活生生的世界及世界上的生活。它们成为死记硬背和咒语套话，成为寻章摘句的引据；成了大有余地而具有一个到一百万个含义的神话。肖像画和圣典的缺陷在于它们容易导致放弃理智并赞颂教条，思想倾向更适宜宗教忏悔，而不适宜为追寻严厉而基本的率直所需之有规则的理性。

在殖民体系崩溃之后的时代里，在寻求有效的概念框架以推动泛非主义的统一进程时，其最显眼的弱点之一已被许多人盲从接受，笔者把这一弱点称为“大陆”立场。这一弱点的论据，起始于非洲地理上的统一，就是定义非洲人的基础这种看法。这种定义几乎没有给非洲的海外移民留下余地，并终止于按类别划分非洲人，虽然正当，但是却把生活在这片大陆上的并非非洲裔的人们，都划归为各个不同非洲国家的公民。笔者在其他场合（*Beyond the Colour Line*）①曾经说过，在有些情况下，这些人包括了那些有意识并反复定期说服但并未被认为是非洲人的人们。公民身份凭着历史和文化根基而被混淆，是最不幸的事情，而且依然是造成“谁是非洲人”这种混乱的主要原因。正是这种混淆，要为当今非洲统一组织/非洲联盟在方向及战略上的停顿，负局部责任。

1995 年，在曼彻斯特举行的庆祝 1945 年泛非大会召开 50 周年的大会上，我遇到了戴维·杜波伊斯（David Du Bois）并与他进行了简短而迷人的讨论，在讨论中，我发现他基本上是在捍卫“大陆主义”的立场。几年之后，即在 2001 年 10 月 20 日我给他的电子邮件中，重申了我对这件事情以及与 1945 年泛非大会以来有关的其他事情的思考。我在电子邮件中写道：

---

① 这是作者奎西·克瓦·普拉教授的另一部著作名称，其全名是 *Beyond the Color Line*: *Pan - Africanist Disputations Selected Sketches*, *Letters*, *Papers and Reviews*（《超越肤色界限：泛非主义者的主张——短文、书信、论文及评论选集》）。——译者

我关心的是我们需要在泛非主义计划的理论/观念层面及实践层面上均取得进步。我相信，眼下仅仅安排一些事件（召开大会），这几乎像教堂集会一样，重复咒语并反反复复提出一些同样的问题而耗费精力，这样做并不是特别有助于运动。我们需要向前进，向着我们所需要的新鲜观念可以凭借的手段以及实施我们观念的新鲜方式而前进。我所说的是，我们需要建立在我们已做之事的基础上，而不仅仅是反刍某些理解及立场，这些理解及立场已经伴随我们很久了。你可以回忆一下我与你在曼彻斯特的讨论，当时论及对泛非主义的大陆主义定义与历史—文化定义的对照。我强烈感觉到，如果我们想取得某些进展，那么，我们需要让大陆主义停歇。大陆主义盲从地否认与海外移民的关联是主要关联。这样就被迫形成一种定义，它涉及非洲民族主义（Africanism）的各个要素，也涉及自认为不是非洲人的那些人和不希望被这样认为的那些人。同时，这就使作用发挥得不充分，并使前景弱化，这种做法强调的是对非洲人和非洲民族主义的历史及文化标准。在主观层面，大陆主义显然试图把极为分歧的各种立场联合起来。以人们的主观态度为基础是很不可能定义非洲民族主义的，这些人包括某些并不自认为是非洲人的人，以及自认为是非洲人的那些人；还包括某些直到今天还对那些自认为是非洲人的人进行奴役的人们，如同他们几百年来之所为。我此时特别想到了苏丹和毛里塔尼亚。我很明白，由于各种各样的原因，有些人难以摆脱大陆主义的遗产。但是，我相信，如果我们真是想要前进，那么，我们需要放弃这种立场，或者说，起码要公开辩论并质问两种立场的优缺点。

在多元文化的背景下，公民身份必须毫无疑问地按民主方式对所有公民予以地位及权利的平等，无论其种族、肤色或宗教信仰如何均如此，正像在当今所有欧洲国家所实行的那样，而其公民来自全世界每个角落。在很大程度上，美国和加拿大也是如此。但是，这不应当与历史及文化的根基和认同相混淆。我指的是部族（nationality）。海外移民当中，许多人基本上认为非洲历史及根基是其自我定义及进一步解放的关键因素，无论这些海外移民是否处于非洲大陆之外，他们比起某些身在非洲大陆而自认为属于其他那些并不是非洲文化群体及部族的人来说，与大陆非洲人的关系更为密切。的确，我们要以民主及丰富文化的方式，赞美文化的多样性，而不要否认我们社会中根本的非洲特征。民主要求文化空间及文化自由可以让所有的人生活、混合及选择他们的文化参照点，而不畏惧歧视。这样，就没有任何群体会觉得受到威胁。

我近来已经指出过，在我们这个时代，毫无疑问需要让政治差异和文化多样性得到展示、承认、尊敬及赞美。[①] 这一原则在全国语境及国际语境下都是站得住脚的。多元文化论及复合文化的逻辑是一个简单的逻辑。鉴于我们的多样性，就需要容忍及赞美差异，这对于集体的生存及繁荣，是唯一合乎理性并在道德上可以辩解的方式。在保留那些创造并深深植根于往昔的社会及文化习俗时，还有一种内在的智慧。文化自由为处理多样性提供了最佳方式。这是一种减少发生冲突的可能性并提高群体之间宽容的方式，是一种社会的价值及理想。

民主的多元化是我们时代的气质。对民主的多元化所做的追求，是基于多样性并因而生机勃勃，而不是把文化多样性视为社会不和的源头。联合国教科文组织的《世界文化多样性宣言》（2001 年）是国际社会范围内这种类型的第一个公约，它把文化多样性提升到“人类的共同遗产——就像生物多样性对维持生物平衡那样必不可少”的高度。必须修改的已经修改，捍卫及保护文化多样性是一种伦理义务，是一种不可或缺的道德责任，这与人权及人类尊严不可分离。引人注

① K.K.Prah, *African Wars and Ethnic Conflicts——Rebuilding Failed States*, *African Regional Background Papers*, in *United Nations Human Development Report* 2004, UNDP.

目的是，该公约确认从文化多样性到文化多元化的移动是重点，主张“在日益走向多样化的当今社会中，必须确保属于多元的、不同的和发展的文化特性的个人和群体的和睦关系和共处。主张所有公民融入和参与的政策是增强社会凝聚力、民间社会活力及维护和平的可靠保障。因此，这种文化多元化是与文化多样性这一客观现实相应的一套政策。文化多元化与民主制度密不可分，它有利于文化交流，并能够充实公众生活的创造能力”[①]。马林诺夫斯基的文化相对论在我们这个时代正在被重新定义及更新。该公约的这种详细设计，意味着人权是文化多样性的保障，文化权利能使环境为文化多样性所用，文化遗产得到保留及养育，以及文化多样性对于所有人都是可及的、与所有人的权益都有关的这些问题，已经得到联合国教科文组织《世界文化多样性宣言》适当而充分的承认。[②] 我们面临的真正挑战是，如何以公平的实践转化这些理想；如何才能够在各个国家及各个民族的大大小小的事务中使之可行并得到拥护。

如果我们想保持与海外移民关联的严格逻辑，那么，作为非洲人必须在历史及文化的基础上，定义我们的现实。在这方面，地理是直到目前唯一有用的，它有助于我们理解历史及社会进程。所以，我们几乎不能把当代非洲的现实定义为一种地理表达，亦即非洲人就是所有生活在非洲的人。换句话说，所有并不生活在这个大陆或不出生于这个大陆的人，都不是非洲人。这是扭曲的逻辑，它把海外非洲人排斥在外。

我们需要提醒自己，泛非主义的整个思想史，都是无法摆脱地与

---

① 见 *Universal Declaration on Cultural Diversity* 第二条，Unescopress，Paris，No.2001－120－5；又见有关报告，即 *the Conclusions of World Conference on Cultural Policies*（MONDIACULT，Mexico City，1982）；*the World Commission on Culture and Development*（Our Creative Diversity，1995）；*Intergovernmental Conference on Cultural Policies for Development*（Stockholm，1998）；K.K.Prah，*African Wars and Ethnic Conflicts——Rebuilding Failed States*，*African Regional Background Papers*，in *United Nations Human Development Report* 2004，UNDP。

② 同上。

海外移民密切相连的吗？对于任何海外移民所起作用的历史检验，例如检验中国人、印度人、犹太人或阿拉伯人的海外移民，都已表明，这是与他们各自群体为了自由、解放和统一，或为了他们历史—文化支持者的本民族表达而进行的斗争，永恒不变地联系着的一些群体。根据经验可知，海外移民在发展他们的根基且最终使自己得到发展这方面，起着至关重要的作用。当麦卡尼姐妹（McCartney sisters）的兄弟于2005年1月30日在贝尔法斯特的酒吧间被爱尔兰共和军的某些成员或同情者杀害之后，她们姐妹于2005年3月前往美国，寻求散居海外的爱尔兰人的支持，要让凶手伏法。由于这一事件与庆祝圣帕特里克节（St. Patrick Day）[1]联系起来，在美国的爱尔兰裔海外移民由参议员爱德华·肯尼迪（Edward Kennedy）领导，或多或少地予以爱尔兰人支援，全世界都旁观了此案的审判，同时，爱尔兰总理伯蒂·埃亨（Berti Ahern）及新芬党领导人格里·亚当斯（Gerry Adams）访问了美国。这件轰动大西洋两岸的事件，最终以呼吁解散爱尔兰共和军而收场。

华侨对1912年的中国革命曾予以大量资助。当日本军队于1937年侵略中国本土，蒋介石被迫从南京迁都重庆时，据当时的一件日军档案记载，分布于东南亚、人数约达500万的华侨，向重庆捐献了军用资金。[2] 在较近的年代，即2001年，中国接受了来自非本国居民的华侨华人320亿美元的外国直接投资。应海外华人请求可授予其中国公民身份。中国近年来发展所需外国直接投资中，很大一部分来自海外华侨华人。[3] 有人评论说："对于中国人和韩国人来说，血统国籍权在传统上受尊重，所以，该种族的所有后代，无论他们出生或居住在哪里，且无论已经是去往海外的多少代家系，他们都是该国的合法公民，且都有权参加选举。"显然，海外华人，尤其是东南亚华人的福利，受到中国大陆和台

---

① 纪念爱尔兰守护神圣帕特里克的一个节日，时间为3月17日。该节日5世纪末期起源于爱尔兰，美国从1737年3月17日开始过这个节日。——译者

② Masanobu Tsuji, *Singapore: The Japanese Version*, Constable, London, 1962, p.308.

③ Paul J. Bolt, *Looking to the Diaspora: The Overseas Chinese and China's Economic Development, 1978—1994*, in *Journal of Transnational Studies*, Vol.5, No.3, Winter, 1996.

湾的关注，并被视为一项严肃的责任。世界上大多数国家也同意台湾是中国不可分割的一个部分。①

在印度外交部非本国居民印度人及印度血统人司（Non - Resident Indians and Persons of Indian Origin Division）所提供的一份文件中指出："海外移民对于印度很特殊。海外移民居住在遥远的土地上，其成员凭借着他们诚实奉献和努力工作，在他们所选职业方面惊人地成功。此外，他们保持了他们在情感、文化和精神上与他们出生之国的联系。这在印度人民的心目中奏响了一曲互惠的和音。这是在养育这种共生关系，以便互利，按照总理直接表达的说法，印度政府已经成立了在下议院主席 L.M. 辛赫维（Singhvi）博士领导下的高级委员会，其任务是深入研究海外印度社群的各种问题及困难，以及它们的希望和期待……"②

在以色列，根据"聚集流亡者基本法"（the fundamental law of ingathering of exiles），对于在抵达之际并适当有效地宣称其选择以色列为其家园的任何犹太人，均授予公民身份。③ 没有任何含糊之处。的确，《回归法》（the Law of Return）是 1948 年以色列国建立之后由以色列议会通过的第一部法律。当前的匈牙利政府已经表示，该政府有意在民族政策中包含海外移民，在这一进程中所考虑的一些关键因素，就是把公民身份扩大到生活在西方而没有匈牙利公民身份的那些匈牙利人。该国政府成立了一个为海外匈牙利少数者服务的特别办公室。④ 让我

---

① Dick Wilson, *Asia Awakes*, Penguin, Harmondsworth, 1970, p.79。（不过，或许作者所引资料稍显陈旧，上文直接引文中所述的有些情况，不完全符合事实。——译者）

② http：//indiandiaspora.nic.

③ J.L.Talmon, *The Unique and the Universal*, Secker and Warburg, London, 1965, p.278.

④ 我们得知，"与政府的特别计划一致，政府已增加了每年的拨款，支持生活在外国的匈牙利社群。1998 年，所谓'少数者协调预算'（Minority Co - ordination Budget）为 2500 万匈牙利福林，1999 年为 8300 万匈牙利福林，而已批准的 2001 年（即 2000 年度已批准）的这笔预算增加到 2.413 亿匈牙利福林。而用于'伊耶什公共基金'（Illyés Public Foundation）的预算已从 1998 年的 5.06 亿匈牙利福林，增加到 1999 年的 8.179 亿匈牙利福林，以及去年的 8.011 亿匈牙利福林，而该基金 2001 年的可用金额超过 10 亿匈牙利福林（10.212 亿福林）"。见 www.magyarorszag.hu/angol/orszaginfo/kulpolitika/hatarontulimagyarok/koltsegvetesi.tamogatasa.html。

们希望经由我上面列举的同样事例，使我们作为非洲人学会对我们的海外移民予以相似的考虑。为了做到这样，我们必须知道我们是谁，我们的利益是什么。我相信，由于我们没怎么意识到我们是谁，也没有清楚地理解我们集体的利益究竟是什么，所以，为了非洲统一而进行的斗争依然久久难以琢磨。

大多数海外非洲人很可能都不希望按“回到非洲”的传统而返回非洲，这种传统一直以来都与海外移民最早离开时的那种哲学及政治有关。这种论点在海外移民中已经被布克·T. 华盛顿（Booker T. Washington)、杜波伊斯以及马丁·路德·金（Martin Luther King）这样持有形形色色思想的人抛弃了。我认为，依照类似于中国人和印度人的方式，无论非洲人在哪里，都应当受到鼓励，使他们获得完整的公民身份，并有相应的权利和义务。非洲人无论在哪里，都应当是自由的、在社会上是成功的，如同享有充分而完整的公民身份的人们一样。[①]但是，那些希望返回的人必须享有大陆非洲人充分承认及实施的权利。

我承认如下事实，即当今很可能有一些不是非洲人的群体，随着岁月流逝，他们很可能发展成非洲社会的文化及社会组成部分，并成为非洲人。的确，这种情况正在发生，但显然并不是一天接一天地在发生着。肯定不是见机行事地发表只有一句话的声明，就出现这种情况。这个过程要经过几代人才会实现。他们由连贯周密的运动所驱策，实际上要求的是一个文化整合过程，或者起码是一个互相渗透以及使文化体系的边界模糊的过程。事实上，想成为非洲人就要接受非洲人的文化世界中所存在的文化风险（cultural stake)。换言之，某人如果拒绝非洲人的历史及文化负担，就不能成为非洲人，任何鄙视非洲人的人，都不能成为非洲人。任何回绝并否认非洲认同的人，都不能成为非洲人。

---

① Dick Wilson, *Asia Awakes*, Penguin, Harmondsworth, 1970, p.80.

几年前（即1996年）（原文如此——译者），我在《超越肤色界限》一书中指出，按照种族主义标准对非洲人所下的任何定义，按科学来说是有缺陷的。[①]黑色并非对非洲人下定义的基础，因为肤色并非评定谁是犹太人、印度人或阿拉伯人的准绳。所有这些民族所包括的成员当中，从肤色白的到肤色黑的，应有尽有。但是，我们也不能否认，尽管非洲人的肤色和外形各不相同，但90%以上的非洲人是黑人。今后的情况无疑还将如此。非洲特性（Africanness）是一种历史及文化现象，以及一种过程。无论在本土还是海外的当今非洲人，都是其历史及文化根源于非洲的当代人。非洲人在非洲找到了其认同的情感以及与非洲的今日和往昔之间的关联。这种确认是没有异议的，但是，关于哪种才智对于非洲人是关键的以及必定是关键的，已成往事，是一种带着凝视及审慎的评价来看待的往事。从时代的文化深度来看，非洲人是综合起来的各种各样类型的族民（peoples）[②]及文化的移居者。这种现象持续到今日。所以，是一个非洲人就是一种包容的观念及过程。非洲人存在着，并还处于形成之中。非洲特性更是一种历史及文化特性，而非生物性；是在种种历史前提下发展的文化，而非一种及时捕获的产品。

在同样的《超越肤色界限》一书中，我解释说，文化、历史以及它们造成的心理联系（psychological affiliations），且并非肤色，是为非洲人下定义的关键标准。大多数非洲人或非洲后裔是黑人这一事实，仅仅是一个可考虑的因素。的确，在我看来，我们的黑色肤色是一种善施，非洲人通常都享有这种善施。我说的是什么意思呢？其他群体

---

① K.K.Prah, *Pan-Africanism, the Cause of Our Time*, in *Beyond the Color Line*, Africa World Press, Trenton, 1998, p.36.

② 把复数“peoples”译为“族民”而非“人民”——如果仅仅是“人民”则无需用复数，用单数的“people”表达即可——且更不是“民族”，是鉴于全球各种各样的人们群体，按人类学、民族学传统而言，可归属于从氏族、部落、部族、部落联合，一直到族群、民族，以至于种族的各种“单元”或“容器”里。更详尽的剖析和阐释，可参见姜德顺《联合国处理土著问题史概》（四川人民出版社，2012年）第一章第三节。——译者

比如阿拉伯人、犹太人或印度人，具有非常浓烈而重要的文化上的单一属性，诸如语言、宗教、神话、文化象征，以及其他不太强烈的文化特征，这些属性及特征或多或少使他们团结并彼此认同。非洲人缺乏这种带强制性且使人聚集的风习，而其独特的肤色就是神赐之福。打个比喻来说，非洲血统的人总是很容易从一群人当中被辨别出来。只有中国人可能具有类似的体质特征。因此，对于我们而言，生物学及文化上的辩证法具有精细的相互作用，被其他人当作工具而使我们受压迫、诋毁及边缘化的我们的肤色，同时也是我们最主要的认同天资。[①]

非洲统一组织或者其后来的更新体非洲联盟，起初是混合组成的。它起初是在非洲人们的民族表述，与例如美洲国家组织（OAS）或东南亚国家联盟（ASEAN）那样的地理或区域类集之间获取这种名称的。这种出身混合体已经持续成为混乱而窘困的非洲人们。几年前，在“独立十年”活动开始时，安东尼·桑普森（Anthony Sampson）发表意见说：“黑人与阿拉伯非洲之间的……竞争，展示着他们之间公开的不和……问题在于究竟阿拉伯非洲已成为该大陆整体的一部分与否，如果已经如此，那么，谁来领导这个大陆，将成为越来越重要的一个问题。”[②]40年后，这个问题依然存在，并慢慢变得重要。在过去三年里，一些导致在的黎波里成立非洲联盟的预备事件，形成了一种要领导非洲联盟的强烈企图。幸运的是，南非将成为非洲议会（African parliament）期望的驻地，而不是利比亚将如此。

随着阿拉伯联盟（Arab League）缓慢而稳健地朝着阿拉伯世界的统一而前进，非洲人们将被迫承认，在阿拉伯世界与非洲世界之间存在着一条边界。这可能迫使我们最终更直接地面对我们的统一问题。这个问题的可悲之处在于，我们可能要对他人做出反应，且并非作为

---

① K.K.Prah, *Pan-Africanism, the Cause of Our Time*, in *Beyond the Color Line*, Africa World Press, Trenton, 1998, p.38.

② Anthony Sampson, *Common Sense About Africa*, Gollancz, London, 1961, p.79.

一群带有我们议程的人民。在近来召开的一次关于思考“非洲—阿拉伯关系战略性地缘政治设想”（a strategic geo - politic vision of Afro - Arab relations）的专家会议上，我指出，非洲人和阿拉伯人需要创设一个平台和基础以供进行文明对话，它将有助于促进相互了解，并以和平和昌盛的方式培育共存。因为只要其中一方认为另一方是需要被文明地占据的“文明真空”，那么，就不大有希望在这个大陆上有长久的和平。如果以预谋的借口、困惑不前以及浪费时间而阻滞随之进行的努力，那么，不管情愿与否，任何严格意义上的非洲—阿拉伯合作就不可能出现。我们需要的是开放和批评性的讨论，不应当禁止任何问题，而应当进行探索，以便友善地找到解决方案，这些方案在社会生活的方方面面是民主的。如果由于任何原因做不到这样，那么，就予以必要的变更，我们就应当能够和平地在非洲—阿拉伯的边界上分道扬镳，越早越好。非洲人在一些地方，如苏丹和毛里塔尼亚的灭绝人性是完全不能接受的。非洲人会监管自己的命运，并且会采取一切必要的方式为达到这个目的而战斗。[①] 阿拉伯人大致上同样拥有一个组织，即阿拉伯联盟，该组织对于阿拉伯人下了集体的及民族的定义，我们需要创立一个组织，以实现我们作为非洲人，包括海外非洲人在内的族国地位（nationhood）。非洲联盟并非为此目的而效劳。若非如此，则这一切就意味着非洲特性仅仅是一种地理角度的表达。当这个大陆上的阿拉伯人属于阿拉伯民族（其范围扩展到本大陆之外）的时候，这是历史及文化的民族，而我们则仅仅是迷失于森林中的地理实体，没有族国地位的集体意识，这就好像他们正在对我们说“属于你的也是属于我们两者的，但属于我的只是我的”。这简直是一种不能接受的状况。

从 1963 年非洲统一组织刚刚成立之日起，非洲统一的制度基础，

---

① K. K. Prah, *Towards a Strategic Geo - politic Vision of Afro - Arab Relations*,（Mimeo）Paper Submitted to the African Union（AU）Experts' Meeting on a Strategic Geopolitic Vision of Afro - Arab Relations, AU Headquarters, Addis Ababa, 11—12 May, 2004.

是模糊的。实际上，为何导致如此，其推理就是把马车放到房子前面，是把原因当作结果的推理。其意思很简单：为了统一而进行的斗争首先不是为了领土，不是为了寻求生存空间（*lebensraum*），而是为了人民而斗争，是非洲人们想要得到的自由和统一。其中的逻辑是极为透明的，如果非洲人是统一的，那么，最终该大洲的绝大部分将会统一起来。此外，为了民族统一（national unity），我们不得误解区域合作。在此，我要谈谈对帕德莫尔观点的批评。帕德莫尔在讨论“泛非主义”这个概念时说过：“它的美景铺开到民族—国家的有限国境之外。它的前途在于区域性自治国家组成的联邦，且这些国家最终合并为一个非洲合众国（United States of Africa）。在这个共同体中，所有的人，无论其部落、种族、肤色或宗教信仰如何，都将是自由而平等的。且所有的民族单位构成的这些区域性联邦将是在所有区域性事务上自治的，然而在有关非洲联盟共同利益的所有事务上却是统一的。这就是我们设想的明日非洲的美景——泛非主义的目标。”[①] 为了构造统一，帕德莫尔主张从新殖民地国家走向以这些国家为基础的区域性联邦，然后是这些联邦的联盟。这太过于简单了，且对于一些重要问题，如语言、文化以及遭遇西方人之后的历史，均未置一词。在概念方面，他在逻辑上对于非洲历史及文化的有机方面并未下任何定义。显然，在世界上，我们已进行的较大区域合作是一种有用的前进方式。但是，我们不得把地理与历史及文化关系混淆起来，且不得使地理从属于后者。然而，我们同时又需要记住，非洲统一组织——非洲联盟是我们所拥有的一切，我们不能否认它们的现实存在。事实上，我们需要利用它们，把泛非主义议程推向我们所期望的发展方向上，而不是把它们当作终极的构造单位来对待。民主实践必须是这个过程的基准。

我在其他场所指出，由于所有的非洲族裔—文化群体横跨或穿越好几条边界，区域合作应当朝着创造民主的、制度化的形式而进行，

---

① George Padmore, *Pan - Africanism or Communism*, Dennsi Dobson, London, 1956, p.379.

这些形式可让跨多条边界的利益得到表达，而不是轻率地拒斥或抵触现有各个国家的现实。换言之，我们也许需要让泛非的各种制度发展起来，并理解非洲人民（the people of Africa）[①]更为自由及民主地跨过现有边界而联系，但不必否认非洲现在版图的现实。由于泛非的各种制度在加强，所以，现有各国的主导性要逐渐撤退。在任何情况下，在实践层面上，实施中的非洲一体化、合作以及统一，都必须是指人民的一体化、合作以及统一。[②] 我们路途中的困难很大，但是并非不可逾越。朱利叶斯·尼雷尔（Julius Nyerere）在1966年肯尼斯·卡翁达（Kenneth Kaunda）担任赞比亚大学第一任校长的任职仪式上，对于这个双关难题做了经典的阐释。在他那名为《一位泛非主义者的两难困局》（*The Dilemma of a Pan - Africanist*）的演讲中，他说道：

> 我们不得不回答的问题是，究竟非洲还会保持我们打败殖民主义之后这种内部分离，还是我们更早时候得意夸耀的那种“我是一个非洲人”会成为现实。现在这还不是现实。事实是，在自由的非洲存在着36个不同的民族，在36个独立国家中每个国家有一个民族——更不用说还有一些地区处于殖民统治或外国统治之下了。每个国家与另外那些国家是分离的，每个国家都是主权实体。也就是说，每个国家都有一个政府为它自己那个地区的人民承担责任——仅仅为他们承担；这个政府必须为了人民的特定福利而工作，或在其领土之内引起混乱。泛非主义的梦想能让这种现实幸存下去吗？非洲统一能够建立在这种已存在且发展着的民族主义的基础上吗？我不相信答案有那么容易。一方面，泛非主义要求具

---

① 请对照上文关于复数“peoples”之译注，在这里，作者用单数“people”来表述“人民”这个概念，而没有采用复数的“peoples”。——译者

② K.K.Prah，*African Unity*，*Pan - Africanism and the Dilemmas of Regional Integration*，引自 Ibbo Mandaza and Dani Nabudere（eds），*Pan Africanism and Integration in Africa*，SAPES，Books，Harare，2002，p.36。

> 有非洲意识的非洲尊严，另一方面，每个泛非主义者自己都还必须关注非洲各民族中某个民族的自由和发展。这些事情是互相冲突的。让我们诚实，并承认它们已经发生冲突。①

尼雷尔说话直露，口无遮拦，吹响了困局的号角。我对这一问题的回答是，泛非主义是父母双亲，新殖民地国家是孩子。忠实于双亲的构造是首要之事。由于非洲开始缓慢地向统一移动，我们也应当缓慢地褪脱我们对新殖民地民族主义的依恋。

我相信，非洲统一这种想法不仅仅是近现代一些幻想家伤感的渴望或乌托邦梦想，它已经是非洲民族主义论辩的一个部分。殖民体系瓦解后的国家那种耀眼的失败，仅仅是把统一问题更加增强了。在非洲各国，在独立之后将近50年的岁月中，几乎没有出现一种真正成功的发展事迹。的确，50年前，法农（Fanon）曾经对这种前景提过警告。统一这种想法是以一种假设为前提的，那就是非洲的发展不大可能在巴尔干化的基础上实现。只有非洲统一为一体，才可确保非洲的发展。半个世纪来，巴尔干化、新殖民地式的发展所带来的种种教训是有教益的。具有讽刺意味的是，一些梦想家还会否认这一点。只有统一才会给予我们平等以及必不可少的权力，以保证在这个地球上各民族当中实现平等。

我们必须积极地开始，跨越我们的边界而创造新颖的且更多“人民到人民”（people to people）的制度，而这种制度是为了从整体上满足新出现的非洲人们的需求。一些制度集中于特定经济、社会、文化

---

① Julius Nyerere，*The Dilemma of the Pan－Africanist*，in *Freedom and Socialism*，Uhuru na Ujamaa，London，1968。此处引自 J.Ayo Langley，同前引书，p.342。尼雷尔在别处，即在1967年10月16日的坦噶尼喀非洲民族联盟（Tanganyika African National Union）的全国大会上说道：“尽管我们关心的世界事件是现实而重要的，但非洲的事件更加重要，与我们有更直接的关联。整个非洲的自由和整个非洲的统一是我们党和我们的政府的基本目标。”此处引自 Colin Legum and Geoffrey Mmari（eds.），*Mwalimu*：*The Influence of Nyerere*，James Currey，London，Mkuki Na Nyota，Dar es Salaam，Africa World Press，Trenton，1995，p.164。

及政治目标，这些目标加强了我们日常生活的民主基础，这些制度促进了解放过程，并服务于生活的物质需求。此类制度必须建立在人民所拥有的基础上，而且是从古以来就拥有的；建立在人民享有的习惯、语言、用法及特性的基础上，而且在强制的殖民地边界形成之前很久人民已经享有这些东西。但是，基于我们拥有的东西，不应当用来指那种使落后的习惯及制度得到赞美及信奉的返祖方式。

泛非主义比过去20年间偶然召开的一些大会更为实际。这些大会的传统及组织已经丧失了它们在殖民地时代所具有的意义，长久不变地效力于机会主义利益的喧闹活动。它们已经成为教堂礼拜一般的集会，在那种场所，到场及认可比起所说、所讲的东西更为重要，且那种场所甚至就是旅游者享受“偶发事件”的地方。我认为，我们现在不得不超越那种大会，向着基础更加连续、更为认真细致的组织及实际工作发展。那种大会上举行的活动，持续地在短时间里分发唠叨的武断话语和哗众取宠的卖弄，并强化我们的民族意识。另一种令人压抑之处在于，泛非主义激进派支持者的当前特征，那就是每个非洲国家政府同意并赞助这些激进派的活动，紧紧拥抱并欣赏那种旨在狭隘的国家社会主义（*etatist*）及新殖民地的讲坛。不久前，穆塞韦尼（Museveni）[①]政权成功举办了这种活动。我们事业的有创造性的心脏，必须迁出新殖民地国家的范围，进入公民社会的坚定掌握之中。

我如今已多年醉心于“非洲民族”（African Nation）[②]这一概念。我在别处曾向一些人表达了我在这方面的思考，回忆一下此事也许是有用的。1978年，在发表于PULA（博茨瓦纳的一份非洲研究期刊）创刊号上一篇论文中，我指出：“在有关美国及非洲的黑人民族主义迄今

---

① 约韦里·卡古塔·穆塞韦尼（Yoweri Kaguta Museveni），1944年生，乌干达政治家，1986年1月29日起担任乌干达总统。在其任期内介入刚果民主共和国内战以及其他非洲大湖地区的冲突。——译者

② 作者在此以及下文的直接引语中，仅仅用了单数的“nation”，意在表示所有的非洲人都属于一个民族。——译者

的种种政治目标当中，有一个问题必须记住。尽管在美国，黑人民族主义是一个少数民族为了平等和自决而进行的政治表达，但是，非洲的民族主义一直都是占居多数的民族在其祖传土地上为了自由、独立以及自决而进行的表达。然而，在非洲血统的人民当中，无论他们身在非洲与否，存在着一个基本而持续不断的概念，那就是坚信他们全都属于非洲民族（the African Nation）。"①

多年来，我对所思考这个主题的精髓实际上一直不曾改变。1996年，我指出："非洲民族这个概念否认新殖民地的或'巴尔干化'的国家地位，否认那种认为非洲各域国（countries）是一些族国（nations）这样的论点。它们是为了保持帝国主义的支配，经由一些小拥有者及军事一官僚精英们统治所创立的政国（states）而实现。②这些政国中的统治阶级不加选择地对西方文化感恩戴德，而且，虽然他们可能是辞藻华丽地拥护'地球上可怜的人们'的事业，但他们的社会及经济利益却不在于非洲大陆及其海外移民中被剥夺阶级的文化及社会解放，而是甘当他们的新殖民主子们的下属伙伴。"③19世纪末，非洲已经被剁碎成一个个殖民地后院。第一次世界大战之后，德国原来的那些殖民地被获胜的列强瓜分。在"争夺非洲"（scramble of Africa）50年之后，亦即在第二次世界大战结束时，当亚洲和非洲的非殖民化进程认真开始之际，非洲的边界再度被修改，这一次，在很大程度上是在每个殖民列强的帝国后院之内进行的。在殖民时代之后刚一开始，殖民主义者们就设置了一些新的、更加破碎的实体和边界，并创立了一连

---

① K.K.Prah, *Consideration on the African National Questions*, in *PULA*, *Botswana Journal of African Studies*, Vol.1, No.1, June 1978, p.156.

② 现代汉语中的"国家"一词相当笼统，在英语中，通常有"country"、"nation"和"state"这三个词语，分别从疆域、国民和政体这三个角度来指"国家"。因此，在本段中，分别把"country"和"state"译为"域国"和"政国"，"nation"仍为"族国"。——译者

③ K.K.Prah, *The Tripoli Initiative and the Tasks of the Pan - African Movement Today*, in *Beyond the Color Line*, African World Press, Inc., Trenton, 1998, p.109.

串“小民族”（nationettes）[①]，这都是一些稀奇古怪的民族，其中的大多数诞生于“独立十年”（1960—1970年），它们被置于世界舞台的边缘上，为充当小角色而狂热不已。除了在历史上被招魂一般予以命名之外，它们并不是世界上任何严格意义的民族。确切地说，历史是这些小民族不曾具有的。非洲“各民族”的种种意识形态当中，有许多意识形态的合理性及前途并不真正令人信服，它们被当作大城市权力的政治便宜货。它们在非洲的历史和文化中并无具有历史和根源的制度，那些只是令其公民受鼓励而捕捉的幻影。只有非洲人们作为一个民族实体，才会确保稳定的进步并出产健壮的现代性。

这种思想观念的碎片散乱地存在于非洲民族主义的文献中，而这种思想产生于19世纪以来的许多思想家中。它一以贯之，且完美地暗示于非洲民族主义思想的整个历史中。但是，除了一些主要的人物，如布莱登（Blyden）、卡塞利·海福德、加维、恩克鲁玛、帕德莫尔、迪奥普（Diop）[②]和尼雷尔之外，该思想尚未展开太多的空间及广度。在一次名为“黑人权力，回到泛非主义”的演讲中，克瓦米·图雷（Kwame Toure，即斯托克利·卡迈克尔）[③]宣称，泛非主义就是以坚信非洲一体为前提的。人为的边界是（1884—1885年召开的）柏林会议的结果，在那次会议上，欧洲列强瓜分了这个大洲，把它当作战利品而划分。此外，泛非主义是以所有非洲各族民（peoples）——无论我们可能生活在哪里——都是一个民族这种观念为基础的，正像恩克鲁玛

---

① “nationette”是一个非常罕见的词语，若干大中型英汉双语辞书中均未收录。根据构词法可知，“-ette”这一后缀可指“小”、“（商品的）仿造”，据此，把该词译为“小民族”。——译者

② 布莱登，全名“爱德华·威尔莫特·布莱登”（Edward Wilmot Blyden，1832—1912），利比里亚作家，在美属维尔京群岛圣托马斯岛出生，人称“泛非主义之父”。迪奥普，全名“阿里乌纳·迪奥普”（Alioune Diop，1910—1980），塞内加尔学者，1947年创办《非洲存在》（*Presence Africaine*）杂志社，该杂志对于泛非主义的发展起过积极作用。——译者

③ 克瓦米·图雷，即斯托克利·卡迈克尔（Stokely Carmichael，1941—1998），出生于特立尼达西班牙港的黑人民权活动家，20世纪60年代活跃于美国，他使“黑人权力”（Black Power）这一词语流行。——译者

对我们指出的那样，“属于一个非洲民族”；我们被驱散开，是欧洲帝国主义及种族主义造成的。图雷还说，泛非主义以社会主义为基础，而社会主义扎根于共产主义。解决非洲人民问题的任何意识形态，都必须在泛非主义中找到根源。[①]我的立场与图雷的立场之间的差别在于，我不把阿拉伯世界包括在非洲民族之内，阿拉伯人属于阿拉伯民族，非洲人属于非洲民族。

我在此想要做的事情是，整理各种各样的思路，找到它们的公分母，并根据非洲和非洲人们——非洲大陆人们及海外移民——在殖民体系消除之后的经验，对于该概念简短地予以更清晰的定义聚焦。这样做的用意是，协助非洲人们发展一种更为民主而概念化的、文化及历史方面有基础的、政治上多元化的以及兼收并蓄的民族意识，它避免了西方对非洲民族意识这个概念所强加的成分，而这些成分已如我们当今所知。在这样做时，希望我们对将要给未来各代非洲人们的智力投资类别，贡献出更为鼓舞人心的思想观念以及可资立足的哲学根基。我觉得，已经到了必须使“非洲民族”这一观念更有连贯性的时候了，并把它放在更充分的语境下加以争论。我还要指出，我深信非洲的民族统一对于非洲的社会进步是至关重要的，它也是整个人类进步的一个组成部分。我们的幸运或不幸，整体而言均属于人类的命运。

由于战争和冲突而导致殖民体系终结后的政国分解以及这一过程的加速，在我们所有人周围发生着，对于非洲的人类正在敲响残酷而令人恐惧的钟声。在我们当中，有一些人不惜一切代价，坚持要恢复及保留我们承接于殖民主义者们的秩序。他们主要是一些精英分子，其利益已经难以摆脱地与我们承接而来的滑稽的“小民族们”捆绑在一起。一旦面临殖民体系终结后的秩序分解，他们坚持认为，经由很大程度上是消防队类型的操作，以便在本大陆上控制冲突和战争，我

① Stokely Carmichael, *Stokely Speaks: Black Power Back to Pan - Africanism*, Vintage Books, New York, 1971, p.221.

们就能够达致和平并向着进步迈进。这是一种途径，它经由类推，犹如在开水锅上加个盖子，就认为现实不过是把开水搬走一样。非洲发生冲突这一难题的根本原因是深刻的，仅仅采用消防队式的途径并不能解决。大半个非洲已在不同社会层面上受到各种冲突和牵连。但是，这种现实的辩证法交给我们的是变化无常的条件，该条件使我们有机会从根本上重新思考，并再度形成我们所需而适合于我们的社会、政治及经济秩序的类别，以便解决这种吞没一切般的衰朽所负责的那些难题。巴尔干化的新殖民地秩序使我们特别容易出现政治不稳、经济乏力以及族裔—语言混乱，这些东西容易被资源掠夺型精英们为了其狭隘的政治及经济目的而利用。战争扩大的情况不得不置于我们身后，假如我们要想复活，那么，从战争过渡到和平就是构建现代性及发展的前提。

这一过程的一部分就是我们所面临的关键挑战，乃是非洲人要么以大众的文化及历史参照点为基础，发展现代性，要么丧失深植于我们语言中的我们的归属和集体记忆，成为口操欧洲语言的黑人，这种人既已失去自己的母语，又对本国语言严重地蔑视。[①] 也就是说，非洲人们将要成为其他人，（在现代化过程中非洲人文化上的停息）或以我们的文化为基础的现代化，使来自外部的思想观念有选择地灌输及输入。换言之，就是适应非洲社会及文化参照框架的输入。这两种选择的可能性呈现为对非洲未来的挑战。

就我们的语言必须在非洲的进步中所起作用而言，甚至连杜波伊斯也错失良机。1958 年，在他的妻子雪莉·格雷厄姆（Shirley Graham）代表他在阿克拉召开的“全非各族人民大会”（All – African Peoples

① 注意一下查尔顿·莱尔德（Charlton Laird）约 50 年前的那番评论很有意思。他写道：“尽管这一切证明了语言的持久性，但语言并非不会变迁或衰落。远非如此。北美印第安人各语言的所有各语族留在身后的只是平原和森林的寂静，或不完善地保留在学者的专著中。残余的印第安各语言正在凋谢。同时，非洲黑人和美洲印第安人学会了英语，现在，已不能经由其所操语言而辨别这些人的儿孙们。” Charlton Laird, *The Miracle of Language*, Premier Books, New York, 1957, pp. 102 ~ 103。

Conference）上发表的一次讲话中，杜波伊斯说道：“你们当地各部落深爱的语言必须服从很少几种大多数人民所用的世界性语言，并促进对世界文献的理解。”① 在我们之前所有那一代北美的泛非主义者当中，可能只有一个人透彻地理解和表达了建立在非洲根基上的需要，此人就是保罗·罗伯逊（Paul Robeson）。②

无疑，去除限制而使用非洲各语言，是开启非洲的复兴及发展大门的钥匙。如果非洲人们要想在非洲社会中发展为非洲人，那么，这种发展将不得不走上一条道路——除了西方人之外所有其他成功发展中的社会都走了这条路，非洲人们将不得不信任自己的天赋，并使现代的西方理性和世俗化，适应势不可挡的非洲社会—文化基础。我们必须依然信任自己，为自己说话，并诚实地效力于开明的自我利益。我们之所以迟迟不发达并且重建殖民主义，其原因在于，我们太轻易地接受了非洲的巴尔干化及其在社会生活所有方面造成的相关的不统一。这种现实罩住了我们的双眼，使我们看不见战略前景，并束缚了我们作为一个群体、作为非洲人们、作为一个民族而认识自己。

另一件我们忘却不得的事情是，西方军队越来越多地在非洲大陆出现了。目前，在好几个非洲国家共有成千上万的法国军队人员，是经由不同类型的协议而来到的（加蓬、象牙海岸③、多哥、乍得、塞

---

① W.E.B.DU Bois，*The Autobiography of W.E.B.Du Bois*，New World Paperback，International Publishers，New York，1968（1979 edition），p.404.

② 罗伯逊在登载于1936年8月8日《新政治家与民族》周刊（*The New Statesman and Nation*）上的一篇文章中写道：“某人从西方知识分子的思想中退缩，使自己处在悬垂于深渊之上的峰顶，那么，他应当要把所有的人们——若他们拒绝就会被封为劣等而痛苦——拽到他后面，处于不稳当的位置。在某种意义上，这就是我对抗西方价值观而遭遇的处境……当这个非洲人认识到这一点，并按照自己的传统而建造，主要是借取西方技术（他应当注意到这种技术显得除非在社会主义框架下才不起作用），那么，他可能发展成一族人民（a people），就这些人而言，形容词‘劣等的’可能是荒唐的，而并不适宜。”他的社会主义倾向性在这篇评论中还有所阐发。此处引自 Marie Seton，*Paul Robeson*，Dennis Dobson，London，1958，p.240 and p.242。

③ 原文如此。作者在下文中紧接着使用了该国后来的改称国名“科特迪瓦”。——译者

内加尔、吉布提、中非共和国、刚果民主共和国)。[1] 在加蓬，这些军队的数量超过了该国政府的军队。据传闻，五角大楼（美国国防部的俗称——译者）也在朝着在塞内加尔、马里和加纳建立“小型设施”而努力。[2] 美国各单位已经培训了毛里塔尼亚的3000名军事人员。[3] 据一篇名为《五角大楼迅速移动充当“世界警察”》（*Pentagon Moving Swiftly to Become “Globocop”*）的文章报道，美国还计划利用塞内加尔、马里和加纳这几个西非国家充当军事基地，以便监视盛产石油的西非国家，特别是尼日利亚。[4] 美国依靠与一些非洲国家政府达成的松散协议，在认为必要时，可使用当地的军事基地和其他军事设施。唯一例外的是肯尼亚，该国与美国（1980年）签订了一个正式协议，让其使用肯尼亚的当地军事设施。肯尼亚政府允许美国军队使用蒙巴萨（Monbasa）的港口，还可以使用恩巴卡西（Embakasi）和纳纽基（Nanyuki）两地的机场。这些设施被用于支持美军1992—1994年对索马里的干涉，并在2002年和2003年用于支持美国部队和其他联军部队。2001年9月11日发生袭击事件的结果，使美国当局经过谈判而得到吉布提允许，在该国建立了非洲之角联合任务部队（Combined Joint

---

① 见 http://www.hartford - hwp.com/archives/35/217.html 所载 BBC 世界新闻网 1997年12月6日消息《法国军队撤出了中非》（*French troops withdraw from Central Africa*）。在法语区，完全羽翼丰满的法国军事基地名单如下：阿比让（科特迪瓦）、达喀尔（塞内加尔）、吉布提和加蓬。在一些国家，如乍得、中非共和国和多哥，已驻有法国的军事顾问。当这些军队想干涉其他操法语的非洲国家时，就从主要的常驻军事基地派出空降部队飞往那里。最重要的军事基地是吉布提和加蓬的基地，然后是阿比让。应当注意的是，这些军队并不是按同样的规章安排及运行的。例如，在塞内加尔，无望使这些军队遵守法律和秩序而介入。在吉布提，这些部队不得缴费使用当地的基地。据2006年4月13日收到的西卢·萨松戈（Silue Sassongo）所来电子邮件。

② Monica Moorehead, *As Imperial Recarve World Market: Pentagon Quietly Sends Troops to Africa*, 载 http://www.iacenter.org/Africa/africa-ustroops03.htm。

③ D. Grisworld, *Pentagon Spends 500 million USD on Troops in Africa*, 载 http://www.workers.org/2005/world/niger - 0818。

④ Monica Moorehead, *As Imperial Recarve World Market: Pentagon Quietly Sends Troops to Africa*, http://www.iacenter.org/Africa/africa-ustroops03.htm; Jim Lobe, *Pentagon Moving Swiftly to Become “Globocop”*, in *Inter Press Series News Agency*, 10 - 06 - 2003.

Task Force－Horn of Africa）司令部（充当其区域性反恐指挥中心）。除了构成为该司令部的部队之外，还有800名美军特别部队人员驻扎在莱蒙尼尔营（Camp Lemonier）的基地。目前，约有2000名美军常年驻扎在吉布提。2004年12月，来自第24海军远征队（24th Marine Expeditionary Unit）的2400名海军，以离岸军舰为基地，在吉布提执行综合军事训练，为即将侵略伊拉克做准备。可能还有其他设施，如近来在博茨瓦纳扩大的空军基地，一旦美国处于其所期望的任何阶段，就可供美军使用。圣多美和普林西比近年来已愿意开办一个美国海军基地。美国经由各种项目，为好几个非洲国家的军队进行了培训。2002年5月，1000名美军参加了在肯尼亚沿海举行的为期一个月的两栖攻击训练，肯尼亚、坦桑尼亚和乌干达部队也参加了该次训练。2002年8月，美国军事医疗人员和特种部队在乌干达的恩德培（Entebbe）和索罗蒂（Soroti）举行了为期两周的操演训练。2001年9月，200名美国空军人员开往南非的瓦特克卢夫（Waterkloof）空军基地，参加了与南非军队的首次双边操演训练。①

法国部队有成千上万的人员驻扎在象牙海岸，另有数百人驻扎在战乱的刚果，在那里与英国及德国军队一同担当由欧盟和联合国支持的维和部队使命。英国在肯尼亚山（Mount Kenya）附近有一个军事基地，据传闻，那里的一些妇女对基地上的军人抱怨不迭，因为他们在20世纪80年代和90年代强奸了这些妇女。这些日益介入非洲的西方部队，似乎是为了人道和维和目的而来，但其更大、更隐蔽的目的，实际上是为了保护西方利益，尤其是石油资源和其他战略物资。总之，非洲的和平前景在短期内不容乐观，这进一步突出了非洲在当代世界的凄凉境况。

---

① Association of Concerned African Scholars，*US Military Programmes in Sub－Sahara Africa*，http：//www.prarienet.org/acas/military/miloverview.html。（此链接所指网页已失效，但用“US Military Programmes in Sub－Sahara Africa”在google中搜索，可得一个题为“US Military Programmes in Sub－Sahara Africa，2005－2007”之相关网页，见http：//www.concernedafricascholars.org/military/military06.html。——译者）

我们的优势在于，我们迄今处于有关发展和民主的累积成果底部，这意味着在社会、生活这两个方面增强我们的优势，使之增加到整体的长期人性优势上。若没有非洲人们的进步，人类最终就不能进步。但是，我们自己必须是非洲这种变化的工具。铸造工具并使之用于实行这种变化，取决于非洲的独创性。在这方面别无二途。这就要求对目的专心致志，并创造一种反精英（counter－elite)，这种反精英将对殖民体系瓦解之后的国家的新殖民特征，对其贫瘠空洞、缺乏创见、枯燥乏味以及纯属消费性的文化，均提出质疑；对引领并允许其社会要素掠夺国家并把掠夺物存储在外国银行的掠夺性特征和买办性质，也提出质疑。那些很不光彩的偷窃行为，不仅没有生产力，而且侵蚀地方企业的发展，这种情况在第二次世界大战后亚洲的许多地方已经发生；非洲精英们的行为一直在躲避经济上的爱国主义。这些精英已经在经济及政治方面接受了新殖民主义大旗及颂歌的约束，而且不大准许劳动和资本在别处流动，只准在他们当中流动，比昔日殖民统治时期有过之而无不及。“主权”这个借口，由于涉及独立以及不干涉每个国家的内部事务，已经屡屡成为国家附加于人权的一个利器，而且在政府与公民社会之间的关系中，人权的定量配给是以胡萝卜加大棒的政策为基础的。我们的新殖民地各国始终都是一些残暴的实体，并不尊重其公民的权利。它们本身就是那样，最终不能把我们带向统一、解放和繁荣。

第一章　我们是如何迷途的

对于我们而言，可论证的是，在整个20世纪，没有哪个时期如同50年代和60年代那样，在灵感上鼓舞振奋，在感情上欢天喜地。在那些兴盛的年月里，非洲各国的前途以及后来至政治独立，引起了大范围的欢乐。朝向这种目标的增长在第二次世界大战后立即开始了，但是，自由运动的根源在历史上却很深。所谓“以战争结束所有战争”的第一次世界大战，见证了欧洲大陆各古老帝国的分解。然而，这并未结束这些帝国的竞争。当时，全世界的权力秩序被重新安排，美国无疑成了帝国主义的头领。非洲参战激励并搅动了初生的民族主义感情。在东非，东非保护国（肯尼亚）代理总督（East African Protectorates Acting Governor）于1917年10月散布了一项政府便函，这份函件中写道：“英属东非的土著人参与德属东非的战役，无论当战士还是当搬运工，均给予他们前所未有的机会，让他们与其他非洲独立体的土著人接触，从而开阔他们的观念。某些返回的人将认识到，埃塞俄比亚教会（Ethiopian Church）的泛非理想，这种阿比西尼亚（Abyssinia）土产的政治，而且在受保护国的历史上尚属首次的黑非洲本土思想中可能出现的一种概念，可能已经出现了。”① 莫雷尔（Morel）指出了非洲参战对于非洲人精神上的心理效应是导泻的（cathartic），他说：“非洲人受到一些白人教唆，在非洲杀死其他（那些半超自然的）白人，而且是白人为此提供武器——其威力此后将成为非洲人们营火晚会的主题，并载入非洲战鼓的启示中——好啊，请任何一个有经验的非洲官员吧，如果他被安排按自己的心愿自由地对你说什么，那么，你也许会欣赏到如同煮沸了魔鬼的大汽锅那种成分，而它却是欧洲人在非洲造成的蠢事。”② 黑人和其他殖民地部队出现在德国所造成的震动和惊愕，很不寻常。曾于1919年和1920年任意大利总理的经济学教授弗朗西斯科·尼提（Francesco Nitti）对这些事件很反感。他认为，德国占领莱茵河畔时最具有悲剧色彩的事情，是把有色人种部队带来了。他声色俱厉地谴责英国和法国给欧洲带来了“每个种族及肤色的人们，包括来自非洲腹地低等文明的黑人——这些人昨天还在吃人呢，也许现在还在吃”③。尼提承认，“我从未经历过这么厉害的恶心和厌恶”④。其他人理所当然也有他那种情绪。他认为异乎寻常的事情是德国受到侵害，他以夸夸其谈的话语做了推理，包括对欧洲和其他国联强国的

---

① John Lonsdale, *Some Origins of Nationalism in Tanzania*, in Lionel Cliffe and John S. Saul (eds), *Socialism in Tanzania*, *An Interdisciplinary Reader*, Vol.1, Politics, East African Publishing House, Nairobi, 1972, pp.25 ~ 26。另可选阅 J.Lonsdale, *Some Origins of Nationalism in East Africa*, in *Journal of African History*, Vol.IX, No.1, 1968, pp.131 ~ 136。该函件继续说道：“任何伊斯兰教的宣传与‘非洲人们的非洲’这种土产观念相结合，都被认为是真正危险的……‘德属东非是泛伊斯兰和泛非的共同点；许多在德国世俗学校接受过教育的土著人都信奉伊斯兰教，而且德国行政官员们已经承认，对于圣战（Jehad）受到尊重，即非洲政治与伊斯兰教结合是反对欧洲人的，感到忧虑。此种圣战并非不可能发生，而且，在战后，可能受到狂热欢迎’。那份摘录继续对于如下建议，即‘采取明确的政策，鼓励强烈而隔绝的部落民族主义，这可能是对泛非巨变最有效的障碍之一……’谈了看法。尽管这种忧虑并没有事实根据，但英国行政官们的反应，却是透露内情的注解。”见前引 John Lonsdale 著述。

② E.D.Morel, *Africa and Peace of Europe*, National Labour Press, London, 1917, p.69。此处引自 F.Seymour Cocks, *E.D.Morel*: *The Man and His Works*, G.Allen and Unwin, London, 1920, p.153。

③ Francesco Nitti, *The Decadence of Europe*: *The Path of Reconstruction*, T.Fisher Unwin Ltd., London, p.125.

④ 同上，p.127。

良心也进行推理。“莱茵河水目睹了两千年以上的战斗和冲突。许多鲜血流淌在这条传说中的英雄河流两岸。但是，直到目前为止，在这条崇敬战斗和荣誉的河流那绿茵茵的岸边，从不曾出现过非洲食人者们那黑黝黝的脸庞，从不曾在那里授予胜利者对于世界上最开化的人民，对于最有助于现代文明的人民行使权力，且这种文明对于艺术和宗教信仰赋予了最大量的建筑纪念碑。”①

当20世纪首要列强的首脑伍德罗·威尔逊在凡尔赛发表他那著名的十四点原则宣言时，自决和人民权利是其中的一个主要特征。那个宣言中阐述的所有各点原则，可能只有关于自决的那点原则，在历史上使整个十四点原则与人民的看法有关联。第二次世界大战进一步削弱了帝国主义的秩序。纳姆迪·阿齐克韦（Nnamdi Azikiwe）于1943年访问伦敦期间，向英国殖民地国务大臣递交了一份名为《大西洋宪章与英属西非》（*The Atlantic Charter and British West Africa*）的备忘录，为15年中殖民地的自由而争辩。② 他在其中的预见很离奇。亚洲的殖民地自由成为第二次世界大战的即期结果。对于其他人而言，战争结束发出了向殖民地自由而进军的号召。日本帝国主义在亚洲被欧洲列强决定性打败的经历，在亚洲人们的思想中留下了抹不掉的印记。在亚洲的战俘营中，一些欧洲人的眼界对于亚洲思想而言是净化的，好几个世纪以来，欧洲列强常常是被这样看待的。法国、荷兰和英国都看到它们的帝国在眼前崩溃。非洲战士参与了两次世界大战，到了第二次世界大战后，他们不愿意再回到旧式殖民监护那种状况中。许多人

---

① Francesco Nitti, *The Decadence of Europe*: *The Path of Reconstruction*, T. Fisher Unwin Ltd., London, pp.128～129。尼提主要认为，他感到那种羞辱和愤怒，是其他欧洲列强不大可能赞同的。他写道：“甚至到今天，仅仅高唱和平才短短几年，黄种人、棕种人和黑人都驻扎到莱茵河畔了，而且他们采取暴力行动，犯了每一种罪，却不受惩罚。假如法国人战败，由德国人管辖从里昂到马赛的非洲黑人，以确保50年之内支付大量赔偿金，那么整个文明世界就可能认为这是恐怖的行为，而且我们的心灵也可能被义愤吞噬。”（Francesco Nitti, *The Decadence of Europe*: *The Path of Reconstruction*, T. Fisher Unwin Ltd., London, pp.126～127。）

② R. von Albertini, *The Impact of Two World Wars on the Decline of Colonialism*, in *Journal of Contemporary History*, Vol.4, No.1, January 1969, p.32.

为之奋战而在亚洲取得的进步，极为鼓舞人心，富有活力。因此，到了20世纪40年代后期，从战略上看，西方殖民主义的衰退已达终点。人们争论的问题在于，不应当把亚洲和非洲的解放理解为仅仅是在欧洲发生的战争的副产品，而应当视为自19世纪结束以来，世界政治结构变化的一个完整而不可逆转的部分，这是清晰可辨的。这个过程的特别之处在于，一方面是权力从欧洲转移到非欧洲，另一方面则是非西方世界的欧洲化或西化。[1]

我生动地回忆了20世纪40年代后期至50年代的时代精神（*zeitgeist*）、它对殖民地权力的直率挑战、它那随独立而来的性急且不受约束的乐观主义，那种乐观以为非洲几乎将立即开始极度繁荣。自20世纪50年代以后出现了50多个国家，其中每个国家都怀着巨大期望，启动了这种令人眼花缭乱的必胜信念，而且在所有情况下，都在10年或稍多一些时间内，发展方向迷失的征兆都暗暗地慢慢出现，并稳稳地以沮丧替代了希望。在每种情况下，由于某种古怪的原因，我们都已相信我们特殊的国情是独特的，所以，其他所有地方做不成的，我们都将做成。

借着冷静的事后聪明之便，我们现在很清楚地知道了，被我们早期不加批判的乐观主义所蒙蔽的各个游牧部落，曾相信非洲的独立，是为了人类的繁荣及进步领域而迅速打下基础的。对于许多非洲思想家而言，错觉的尺度在殖民体系瓦解后至少15年的时间里蒙住了我们的双眼，我们当中许多人并不喜欢自己看见的东西。我们目前正看到的东西，的确并非我们乐意见到或者我们貌似真实的廉价所得。今天，约3亿非洲人每人每天的生活费不足1美元。在尼日利亚这个本大洲人口最多的国家，其居民约为1.5亿人，只有33%的新生儿有望活到40岁，59%的尼日利亚人缺乏安全的饮用水。在撒哈拉以南非洲地区，10万人中仅有32名医生。美国医生的平均收入是赞比亚医生的

---

① R. von Albertini, *The Impact of Two World Wars on the Decline of Colonialism*, in *Journal of Contemporary History*, Vol.4, No.1, January 1969, p.35.

31倍。非洲正在经历大规模的智力流失。据国际移民组织（International Organization of Migration）报道，当前（2003年），在美国工作的非洲科学家和工程技术人员，比在整个撒哈拉以南非洲地区还多。同时，在非洲工作而不属于非洲人的专业人员，现在比20世纪60年代更多。不属于非洲人的专家，现在正在增加，而非减少。逃离非洲的人力资本（human capital）正在大幅度加速。据国际移民组织和联合国非洲经济委员会（UN Economic Commission for Africa）报道，1960—1975年，估计每年有1800名非洲人离开这片大陆；1975—1984年，相应的离去速度加快到每年4500人。自1990年以来，每年有2万多名非洲人离开这片大陆。联合国的《非洲复原期刊》（*Africa Recovery Journal*）注意到，加拿大萨斯喀彻温省半数的医生是外国培养的，而其中的20%来自南非。①

最近，许多人不断提出要求，希望取消世界上最贫穷国家的债务。若当这种要求真正满足时，大有可能是胡萝卜加大棒的安排，很像当前实行的布雷顿森林体系。“你按我想要的做，我就取消你更多的债务，并给予支持”。当然，取消债务最受欢迎。贫穷的第三世界的大多数社会都是资本净出口者，它们把自己国民收入的很大一部分用于支付债务。任何减除债务都有用，但是，真正的错误在于那个使地球上最贫穷者对很少的富人欠债的制度所奉行的逻辑；富人都会想方设法让初级商品降价，却对工业化生产的高附加价值产品提价。在这种制度内，“现代奴隶制”形成了。

2000年，整个非洲40%的政府税收用于还债，总额达3500亿美元，但是却损害了卫生、教育和其他社会公益事业的发展。第一世界各国每年拨款480亿美元援助非洲，同时却榨取那里1780亿美元的还债款额。2003年11月，联合国秘书长科菲·安南请求捐赠30亿美元，用于援助世界上21个危急国家。在这21个国家中，17个位于非洲

---

① Ross Herbert and Trish Guy, *Brain Drain is Africa's Gain*, in *Sunday Argus*, News Review, Cape Town, 14 September, 2003, p.25.

(此外4个是朝鲜、车臣、巴勒斯坦和塔吉克斯坦)。[1] 苏丹位列这些国家之首，被描述为这样一个国家：“冲突和周期性自然灾害已经耗竭了其非常脆弱的处理机制，在有些情况下已超过极限。”[2] 除了苏丹和刚果之外，列在名单上的其他非洲国家是：布隆迪，该国人民被描述为生活在“世界上最恶劣的某些条件下”；中非共和国，那里的政治不稳定，已经“使大多数居民备尝艰辛”；坦桑尼亚，该国有47万难民和各个社区中的190万人需要人道救援。[3] 2003年，刚果东部受到本大陆激烈冲突的严重影响。这场冲突起始于（1994年4—7月）卢旺达发生的种族灭绝，在由胡图族族裔沙文主义领导人组织的种族灭绝活动中，80多万图西族平民被残忍地屠杀了。在大湖区，大体而言，在1998—2003年间，至少有330万人被杀害。在过去的20多年里，在大湖区和苏丹，由于不计其数的战争和军阀割据，有600万人丧生；为争夺自然资源而发生的战斗此起彼伏，连绵不绝。在联合国那份名单上的国家还有：厄立特里亚、索马里、乌干达、安哥拉、津巴布韦；总体上南部非洲也算；以及科特迪瓦、几内亚、利比里亚、塞拉利昂以及总体上而言的西非。请求最多的是苏丹，需要4650亿美元；请求最少的是中非共和国，但也需要170亿美元。“苏丹在全世界需要安置的人口最多，在其内部要安置三四百万人，此外还有40万名苏丹难民在国外”[4]。提到这些事情的这份文件是在2004年的达尔富尔危机发生之前形成的。至2004年7月，即到离该文件形成后还不满一年的时间

---

① Ewen MacAskill, *Afghanistan and Iraq Deflect Funds*, in *Mail and Guardian* (South Africa), November 21—27, 2003, p.22。作者指出，30亿美元只占美国国会同意为伊拉克所支付（应当是指用于伊拉克战争的开支——译者）的870亿美元中的很小一部分。30亿美元这个数字不包括用于阿富汗和伊拉克的开支。从联合国与上述请求相符合而编制的一份文件中我们得知，2004年请求的30亿美元相当于各捐赠国的人民每个人献出3美元，也就是买一本杂志或两杯咖啡的钱。当前，全世界每年用于人道援助金额仅为约100亿美元，而用于军事开支则为7940亿美元。

② Ewen MacAskill, *Afghanistan and Iraq Deflect Funds*, in *Mail and Guardian* (South Africa), November 21—27, 2003, p.22.

③ 同上。

④ 同上。

里，富尔人（Fur）、梅萨里特人（Messalit）、扎加瓦人（Zaghawa）以及其他一些族裔已经逃离他们在苏丹西部的故土，前往乍得。约30万人被屠杀，主要是所谓“詹贾韦德”（*Janjiaweed*）的阿拉伯民兵所为，这些人从奥马尔·巴希尔（Omar Bashir）将军执政的喀土穆（Khartoum）政府那里得到武器。2003年曾经在达尔富尔参与族裔清洗的这些詹贾韦德阿拉伯民兵，2004年以来开始袭击乍得东部的村落和城镇，偷窃牲口，杀死市民，并奉行焦土政策。乍得总统伊德里斯·代比（Idriss Deby）谴责苏丹总统奥马尔·巴希尔试图“颠覆我们的国家，使我们的人民陷入不幸，从达尔富尔到乍得造成了无序状态并出口战争”。乍得还谴责苏丹征募乍得国民到达尔富尔的阿拉伯民兵营中，以此进行颠覆活动。乍得政府发言人说，3000名部队人员集结在离边境仅25公里处的苏丹境内，进行军事行动。

我们看见一个跪着的非洲，它在极度债务的重压之下，遭到艾滋病和其他传染病的摧残。此外，我们还看见一个被无休无止的渎职和腐败之风狠狠打击的非洲，其政府很少关注人，很少关注人民的权利，无论军事还是民事，都实行低劣的独裁和过度集中的专制，绝大部分民众被难忍的贫穷以及持续不断的饥饿所折磨，正在崩溃的教育体系和贬值的文化传统经由习俗而对它的语言判了刑，大众的语言则缓慢而不断地走向毁灭。非洲的一些政府已经超越并制造着乞讨之术，甚至在报纸和电视上，我们都常常看到一些非洲政府代表团去北半球乞求援助。这些无休无止为了乞讨而远行的跋涉，本使非洲领导人感到耻辱。一种殖民地设置的无力、无助及自卑的心理，支撑着用于这种乞讨的花销。但是，我们的政府所追寻的这种哀求，其规律性和持久性证明了三件事情：第一，其运用已经根深蒂固的无耻；第二，我们的恳求仅从当代世界那些物质丰富的国家获得微不足道且很有限的利益；第三，使西方世界觉得其对非洲的记录和对待是良好而宽宏大量的。西方的施舍宽慰着西方的良心，正如流行歌曲歌星们为了这些恳求而介入并充当领导一般。

然而，当饥饿、饥荒和无助混合着虚假的自豪时，由于有关消息在全世界引发反响，我们的状况引来了哀怜的嘲笑。在 2005 年 7—8 月，全球的电视都播放了关于萨赫勒地区（Sahel）尤其是尼日尔发生饥荒的新闻节目。我们看到了电视画面上瘦弱的孩子们，并获知令人沮丧的死亡统计数字。在这些画面上，我们不忍看到一些人，因为他们的类型令人悲痛及震惊。非洲人们再度变成了粮食援助的通常受益者。

44 个非洲国家中有 21 个当前卷入了某种类型的战争或内部冲突(2003 年的情况)。娃娃兵和性奴在非洲的战争戏剧中屡见不鲜。他们已经或即将出现在苏丹、乌干达、索马里、塞拉利昂、利比里亚、刚果民主共和国、刚果（布）、安哥拉、莫桑比克和其他地方。在乌干达约有 1200 名娃娃兵，他们主要是在约瑟夫·科尼（Joseph Kony）领导下，为叛乱的圣主抵抗军（Lord's Resistance Army）作战。① 据联合国儿童基金会（2002 年）报道，刚果民主共和国约有 1 万名儿童被雇用作战，同时，卢旺达有 2000 名儿童卷入了战事。尽管有些儿童并非直接参战，但他们面临许多危险。他们被用做了搬运工，运送很沉重的货物，或充当信使或间谍而传送消息并出没于敌人的地盘上。② 2003 年 9 月，英国广播公司播放了一篇来源于大赦国际的调查报告，内称“一些人权组织说，成千上万的儿童被迫成为军队和民兵中的士兵，而且常常被迫杀人和强奸。在一份名为《刚果民主共和国：参战儿童》的报告中，该国际权利小组说，伊图利省（Ituri province）的一些群体还在已屠杀了 5 万人的冲突中征募人员”③。在另一份更近期的报告中，

---

① *Ugandan Girls Tell of Kidnap by Rebel Boy Soldiers*, in *Weekend Argus* (South Africa), June 28, 2003, p.16.

② *Child Soldiers*: *Helping them to restart their lives*, *Africa Online*, Staff Reporter, Kampala, 8th October, 2002。又见 Adekeye Adebajo, *Building Peace in West Africa*: *Liberia*, *Sierra Leone and Guinea - Bissao*, International Peace Academy Occasional Paper Series, Boulder, 2002, p.101。

③ *No Respite for Congo's Child Soldiers*, BBC News, World Edition, Tuesday, 9 thSeptember 2003.

联合国非洲经济委员会指出："据设立在埃塞俄比亚的一个联合国机构非洲经济委员会说，一些小女孩被充当人质，并被绑架而嫁给军事指挥官和长途卡车司机。该项研究挑选出乌干达、苏丹和塞拉利昂为绑架事件增加的国家。据联合国儿童基金会报道，自 2002 年 6 月以来，在乌干达，已有 1 万多名儿童遭到与政府作战的一支叛军即圣主抵抗军绑架。设立在海牙的国际刑事法院提出，该人数可能高达 2 万名。"[①] 圣主抵抗军于 2004 年 2 月在一个难民营中进行了一次残忍的放血纵欲活动，屠杀了约 200 人。

我们怎么成了如今这样？为什么我们沦落得如此低下？希望已成了非洲最稀罕的东西。多年来有一种趋势，那就是我们这些往昔的主人们，冷酷地遭到累累谴责和蔑视。在很多人看来，殖民主义和西方列强们对于非洲所有的难题屡屡承担了责任。正如便于鞭打男孩子们一样，我们控告他们，全都因为他们在殖民体系瓦解后的现代非洲历史上出轨了。事实上，他们成了我们推托非洲蠢笨而用的既中意又不费力的历史性"替罪羊"。这种判断，即指控殖民主义的过失，常常挂在人们嘴边，也见于受过教育的非洲各阶级的笔端，在殖民体系瓦解后的半个世纪里流行，但不再可信或可忍受。科菲·安南于 2006 年 3 月 14 日在开普敦对南非国会发表演讲时尖锐地指出："把这些弊病推到往昔和外来者们——帝国主义的掠夺和奴隶贸易，推给这个极为不公平的世界上财富和权力分配不平衡，这是容易的事情。但是，这并不能推托我们当今非洲人们的责任，从我们自己的责任到我们自己以至于我们的孩子们，都不能宽恕。"[②] 我们非洲人们和我们的领袖们认真做了什么事情，使我们自己从丑陋的、欠发达、无能力状态以及不团结中解脱了？我们几乎没有给自己提出任何有意义的解决方案。

---

① Sapa－IPS，*Abduction of African Women Increasing*，*Sunday Times*，South Africa，February 01，2004，p.2.

② Boyd Webb，*Don't blame past*，*Annan urges*，in *Cape Argus*（South Africa），March 15，2006，p.2.

足够真实的情况是，我们当今的许多社会不适和发展挫折，都可以直截了当地堆在我们先前的殖民地主人们的门口台阶上。帝国主义是穷凶极恶、杀人如麻而又伪善的，这算不上什么新发现。全世界都认为它那种不人道的勒索是肆无忌惮的。发生在任何地方的定居—殖民制度与生俱来都是灭绝种族的。几个世纪来的奴隶制度和欧洲人以经商鼓动的买卖奴隶的战争、殖民地的“和解”战争以及种族灭绝活动、开采等，在不小的程度上促成了非洲当代的悲惨现实。历史记录很有意义。马克·克科尔（Mark Cocker）在其《回顾血腥的淘金之河——欧洲与部落民的冲突》（*Review of Blood*，*Rivers of Gold*：*Europe's Conflict with Tribal Peoples*）一书中写道：“把欧洲人所消费的部落社会看作单一的过程，可以说它表现了曾有记录的对人类最厉害、最持久的破坏行动。”① 这是一个非常有力的判断，但几乎不容否认。另一位作者唐纳德·霍恩（Donald Horne）在其著作《上帝是个英国人》（*God Is an Englishman*）中写道：“在这些殖民地，帝国主义者们以防止无政府状态的名义，引发这种状态。他们占了土著无能为力的便宜，在土著的文明范围内强行推行他们的文明，但是由于有些东西是分离的……企图改变它，却又嘲弄它并使它销蚀，敷衍对待，宛如它不存在一般，并且对碍事的一星半点细部都处理掉。”② 这种对于西方人所遭遇到的事情以及西方人对非洲及非洲人们所做事情的相当透彻的看法，也在其他一些乐意超出基督教说教和殖民宣传而探查真相的西方人中存在，而这种说教和宣传可供西方人培养宽宏大量的感觉。1936年，丹尼尔·思韦特（Daniel Thwaite）在其一本对殖民地圈子中造成某种影响的书中，以如同霍恩清晰描写那样的语言，指出了问题所在。思韦特尤其提到传教士的态度，他承认许多早期的传教士和殖民机构，“其行为均以那种信念为根据，即那个黑人的所行或所思都是卑鄙的。

① Mark Cocker，*Review of Blood*，*Rivers of Gold*：*Europe's Conflict with Tribal Peoples*，Jonathan Cape，London，1998，p. xii.

② Donald Horne，*God Is an Englishman*，Sydney，1969，p. 108.

他们计划把他的身体和灵魂从他所在环境中根除，让他把自己倾卸在一个种类中，使他所有的旧传统被打碎，并使他的信仰遭到践踏；他们指望他接受一些理想，并如此快乐地度日，而这些理想与他的感情相反，使得直到昨天对于他还是神圣的所有一切都受凌辱，并使他与自己的家庭和部落分离，他们指望他一天之内就如此改变……”[①]所有这一切都是全然假装神圣并伪善的声称，但道德是公正的，是为了提升被殖民者们的人道理想，并以19世纪后期那种穿马裤戴软木盔的帝国主义傲慢风格而干的。弗兰西斯·威廉斯（Francis Williams）在其有关20世纪早期哈利法克斯勋爵（Lord Halifax）任印度总督的著作中评述道：“然而，他在这一时期按习惯所说的高尚原则方面，就他们与印度的关系而为英国统治阶级立下大功。他们还不准备让印度离去，但是他们很需要自己有保证，因为他们勉强地朝向自治领地位的想法行进，这种地位对于印度民族主义来说太微不足道、也太迟了，而他们对于这个伟大帝国的领地所抱态度，使他们的动机是高贵的。”[②]

帝国主义者懂得并认识到，对于从事殖民事业的掠夺特性，要坚定但又不断地喧嚷他们经久不衰的那些否认之词，总是要在遭到谴责之前予以否认。任何人直言不讳并且对于贪婪地占有非洲的土地、劳力及矿产资源加以质疑，帝国主义者就始终如一地怨恨这种人。在帝国主义者看来，任何人发起强有力的反抗，这种人就是恐怖分子。受害人成了被告。具有讽刺意味的是，强大的西方基督教良知不许可西方人有人性地欺骗及盘剥“他者”。西方人认肯高尚而根深蒂固的基督教训谕“如同爱你自己一样爱你的邻居”。但是，你不能在如同爱你自己一样爱你的邻居的同时，又监管着一个全球系统，而这个系统盘剥和欺骗你的邻居，劫掠他的资源并践踏他的文化。许多西方人不能忍受这个确切的事实，而这使得西方社会难以承认，绝大多数人类遭受

① Daniel Thwaite, *The Seething African Pot, A Study of Black, Nationalism, 1882—1935*, Constable, London, 1936, p.2.

② Francis Williams, *A Pattern of Rulers*, Longmans, London, 1965, p.230.

沉重不堪的贫困，主要是被我们当中余下那些人，亦即被西方人过度盘剥和欺骗而造成的。1914 年，温斯顿·丘吉尔还能在英国国会承认说：“我们并非具有天真无邪记录和匮乏遗产的一个年轻民族。我们自己全神贯注于对世界财富和贸易的总共不成比例的份额。我们已得到所有我们想在势力范围内得到的东西，并主张不受干扰地有权享受巨大而精美的拥有物，这一切主要是通过暴力获得，很大程度上是依靠武力维持，常常显得对别人比对自己更不怎么通情达理。”① 在一份为第二次世界大战初期在亚洲作战的日本军官们编制的强有力的小册子中，作者注意到历史上的这样一点：当时，有 3.5 亿印度人被 50 万英国人统治，6000 万东南亚人被仅仅 20 万荷兰人统治，2300 万中印半岛人被 2 万法国人统治，600 万马来亚人被区区 1 万英国人统治，1300 万菲律宾人被少达 1 万美国人统治。简言之，4.5 亿远东本土人被不到 80 万白人所支配。除了印度外，还有 1 亿人被不到 30 万人所压迫。② 该小册子继续指出，一旦你身处这种殖民地，这就是你面对的最引人注目的现实。“令人难忘的是，从山巅或丘顶的宏伟楼房上往下看，可见到下面本地人矮小的茅草房。用榨取亚洲人的鲜血而来的金钱，维持着很小一部分白人的奢侈生活——这些金钱或者消失到白人的本国去了。这些白人从生下娘胎之日起，可能指望过他们有朝一日会分到一批或那么多的土著人当他们的私人奴隶。这真是上帝的意愿吗?”③ 亚洲在很大程度上在历史中留下了一幅这样令人不快的情景，它的那些被重新发现的灵巧和才华已经孕育了我们这个时代的几只经济小虎。而非洲却显然相反，继续忍受着略微修改了的上文所描绘的那种景象。主要的差异在于，殖民体系瓦解后的一小部分本地精英，加入或取代

---

① Clive Ponting，*Winston Churchill*，Sinclair – Stevenson Ltd.，1994，p.viii，此处引自 Noam Chomsky，*Imperial Ambitions*，Conversations with Noam Chomsky on the Post – 9/11 World，Interviews with David Barsamian，Hamish Hamilton/Penguin，London，2005，p.119。

② Masanobu Tsuji，*Singapore*：*The Japanese Version*，Constable，London，1962，pp.301 ~ 302.

③ 同上，p.302。

了那些原来居住在山巅或丘顶的西方人。

从埃尔南·科尔特斯（Hernan Cortes）[①]在墨西哥直到乔治·W. 布什（George W. Bush）在伊拉克的所作所为来看，西方强权总是把贪欲与自我庆贺的基督教福音的教派道德准则结合在一起。科尔特斯于1519年被西班牙驻古巴总督迭戈·贝拉斯克斯（Diego Velásquez）派往中美洲，主要是为了在那里寻找财富，而且表面上是为了传播基督教。当科尔特斯与贝拉斯克斯意见不合，并被他那征服整个墨西哥地区的野心所绊，于是，他写了一封信给西班牙国王查理五世（Charles V），寻求对他的任务予以确认，使他的野心合法。在信中，他向国王解释了土著居民"不敬神的方式"，并提议他想发起"正义战争"，以反对土著们的专横统治者。此种证据当中的一些也被丽塔·欣登（Rita Hinden）引用而写道："与这些物质算计交织在一起的，似乎是一些细线条，那就是传教努力，向受到我们影响的异教徒和野蛮人宣传光荣的福音的愿望。贸易和圣经联手并进。"[②] 当沃尔特·罗利（Walter Raleigh）出航前往新世界时，委托给他的任务是"发现某些商品并为了我们王国的臣民们盈利经商"，并授权一些冒险活动"促使野蛮人转化，并增加贸易"[③]。由乔治·佩卡姆爵士（Sir George Peckham）（1835年）著述而来的另一个例子，把这些立场合理化了，因此，"……不会有证物说，当进行这种事业的时候，野蛮人据此会有正当的理由祝福后代。首要的是，最幸福、最令人高兴的，是我们的救主耶稣基督最荣耀的福音所传播的消息，由此就可以把虚假带往真实，把黑暗带向光明……而且，假如他们能够为我们出产所有商品（假如这些商品更多一些），那么，

① 埃尔南·科尔特斯（1485—1547），活跃于中南美洲的西班牙殖民者，以摧毁阿兹特克古文明并在墨西哥建立西班牙殖民地而闻名于世。——译者

② Rita Hinden，*Empire and After*：*A Study of British Imperial Attitudes*，Essential Books Limited，London，1949，p.20.

③ Saxe Bannister，*British Colonisation and Coloured Tribes*，London，1838，p.47。此处引自Rita Hinden，*Empire and After*：*A Study of British Imperial Attitudes*，Essential Books Limited，London，1949。

他们就只能接受基督教的好处，他们会得到更充分的报偿……”[①] 皮埃尔·范帕森（Pierre Van Paassen）对于这个问题的定论我很同意，他明确地谴责意大利于20世纪30年代在埃塞俄比亚残忍地伤害人，他说“墨索里尼在那里无权干事情，由于同样的原因，其他强大的帝国主义者们也无权凌驾于亚洲和非洲的当地各种族之上。白人教化使命的动机一直总是进行无情剥削的借口，这种借口对真正的人类社会毫不足取”[②]。我所用的上述评述并非根本的发现，它们不过是作者长期以来提出的、现在还存在的问题。

拉马尔·米德尔顿（Lamar Middleton）在其言论中对于非洲被瓜分做出了反应，并强调这种历史中的经济动机，对于20世纪的帝国掠夺性世界战争加以责难，他评论道：“人类的贪欲并不令人吃惊，但这种盗窃历史中令人吃惊的好多方面当中的一方面，却是欧洲这些老资格的政治家从未考虑过从多元的非洲各种族得到报偿——例如，这个大陆的起义现在被当作即将有可能出现的恐吓；这些部长和大臣们也从无睿智预见到，他们可以使白人被歼灭以及移居延迟，而在欧洲的非洲瓜分者们当中发生的冲突在所难免。”[③] 米德尔顿认为，具有讽刺意味的是，非洲人们更为仁慈、宽恕而且比起那些给他们带来基督教的人来更像基督徒。

西方的基督教良知当中好的一面，总是被西方的扩张所放纵的贪婪，以及凶残地加之于非西方世界的种族灭绝所扰乱。从拉斯卡斯（Las Casas）、弗雷·加西亚·德洛艾萨（Fray Garcia de Loasia），到埃德蒙·莫雷尔（Edmund Morel）、H. 罗兰·霍尔斯特（H. Roland Holst）、安

---

① Sir George Peckham, *A True Report of the Late Discoveries* (1583), in Hakluyt, *The Principal Navigation* Ⅷ, p.119，此处引自 Rita Hinden, *Empire and After*: *A Study of British Imperial Attitudes*, Essential Books Limited, London, 1949, p.21。

② Pierre Van Paassen, *Days of Our Years*, William Heinenmann, London, 1939, p.296。作者做了后面这段述评：“意大利在利比亚的殖民记录，也许是非洲殖民历史中最令人苦恼的插曲。据国联出版的官方统计数据，当土耳其人放弃这块意大利领土时，那里还剩下260万人口。而由意大利人管理15年之后，有200万当地土著人丧生或移民了。”同上，p.286。

③ Lamar Middleton, *The Rape of Africa*, Robert Hale & Company, London, 1936, p.25.

德烈·纪德（André Gide）、阿尔贝·隆德雷斯（Albert Londres）、让·热内(Jean Genet)、伦纳德·巴恩斯（Leonard Barnes）、罗杰·凯斯门特(Roger Casement）或让－保罗·萨特（Jean－Paul Sartre)①，这些精神上有活力的西方智者们，质疑并指控西方社会施加于我们当中余下这些人的可怕暴行。西方人的心理被深深的负罪感以及对于西方造成的历史性受害者有所恐惧而备受折磨。② 但是，西方头脑难以自责和悔悟，尤其是因为受害的结构依然以其当代形式而使我们能够忍受。道德优势的花言巧语还在以自欺的悲喜剧鼓吹着，因而，最终皇帝没穿衣服，皇帝只不过可悲地显露了他那道德上的裸露无遗。但这并未阻止他持续地自称忠实于合乎伦理的行为，并声称在国际事务中具备攻无不破的精湛技巧。

萨特在其为法农（Fanon）的著作《大地上的受苦者》(*The Wretched of the Earth*）所做序言中，以怒冲冲而有分寸的尖叫和带着义愤的语言，对殖民主义者的心智予以指控。尽管法国殖民制度把同化及合并的哲学大餐当作一种理想，实际上，正如萨特（信口开河并嘲弄殖民部部长的思想时）所写道的："如果他们……在他们侍奉时准确无二地要求任何东西，那么，可能要的是合并。当然，准许那么干没有问题；如你们所知，这套依赖于过度剥削的制度可能会崩溃。但是，它足以在你鼻子前面拿着胡萝卜要，他们毫无疑问地将飞跑而去。至于说到

---

① 拉斯卡斯（1722—1842），拿破仑在圣赫勒拿岛的最后言论的记录人，从法国移居英国后，于1802年在那里出版了《历史图册》，1809年回到法国，1822年出版《圣赫勒拿回忆录》而成名；弗雷·加西亚·德洛艾萨（1490—1526），西班牙探险家；埃德蒙·莫雷尔(1873—1924)，英国记者、作家及社会主义政治家；H. 罗兰·霍尔斯特（1869—1952），荷兰女诗人和社会主义者；安德烈·纪德（1869—1951），法国作家，1947年诺贝尔文学奖获得者；阿尔贝·隆德雷斯（1884—1932），法国记者和作家，调查性报道的发明人之一，曾获得操法语记者新闻奖；让·热内（1910—1986），法国著名小说家、剧作家、诗人、评论家、社会活动家；伦纳德·巴恩斯（1895—1977），英国反殖民主义作家，新闻记者和教育家；罗杰·凯斯门特（1864—1916），爱尔兰爱国者、诗人、革命家和民族主义者，英国杰出的公职人员，曾任英国驻东非、安哥拉、刚果自由邦和巴西的领事，由于揭露白人商人在刚果和秘鲁对土著劳工的残酷剥削而获得国际声誉；让－保罗·萨特（1905—1980），法国思想家、作家、存在主义哲学家、政治活动家。——译者

② Anton Constandse, *Green Morgenrood*, Meulenhoff, Amsterdam, 1960, p.212.

反叛，我们根本不必烦恼；土著人所能感觉到的，可能就是前去残杀欧洲美好的儿子们，仅仅因为他们是欧洲人吗？简言之，我们鼓励了这些孤独的幽灵，并认为一旦把龚古尔奖（Prix Goncourt）颁发给一个黑人，也是不坏的主意。那是1939年之前的事情。”[①] 萨特的逻辑带我们所去之处，的确是殖民同化从不打算有意让土著独立发展的无限制程序。这种同化的真正目的是要土著丢弃他本来的文化及历史支柱，从而使被殖民者成为帝国计划中可靠的工具。

但是，如果这些就是西方心智的道德证据，那么，还会有一些人的思想被贪欲和放纵获取的念头所劝动。仅仅一个世纪之前，即1884—1907年之间，比利时国王利奥波德二世（Leopold Ⅱ），即“穿现代衣服的匈奴王阿提拉”，确切地拥有刚果为他的私产（私人领土，*Domaine Privé*），并由于残暴地剥削刚果人民而获得了大量财富。1909年，阿瑟·柯南·道尔（Arthur Conan Doyle）受到道德义愤和“燃烧一般的愤怒，这是最好的驱动力”所困扰，在8天内写成《刚果的罪恶》一书。该书以生动的笔触和感人的叙述，写下了在以利奥波德二世为代表的比属刚果发生的那些放肆暴行，并用照片显示了那些伤残者和尸体。西方的良知令人恶心。利奥波德治下的刚果非洲人们，被责成交付配额的产品，如象牙和橡胶，完不成配额的那些人就被枪杀或砍掉手脚。近年来，我们在苏丹、刚果共和国、塞拉利昂和利比里亚所见到的这种粗野砍掉四肢的行为，在这个大陆的历史上，先辈们也曾遭受过。我们得知，在某些地区，有一种把无助的妇女当作人质的习俗，因为要让她们的丈夫交出强征的橡胶贡品。[②] 对顽抗者的惩罚，有时候他们的双手和双脚都被砍掉。重要的是应当注意到，正如冈瑟（Gunther）指出的那样，砍掉手脚“纯粹是欧洲人发明的。为了证明在

---

① J. P. Sartre, Introduction to, Frantz Fanon, *The Wretched of the Earth*, Penguin Books, Harmondsworth, 1969 edition, p. 8.

② Parker Thomas Moon, *Imperialism and World Politics*, The MacMillan Company, New York, 1926, p. 88.

这种交易中行之有效，一群群劳工的老板们把砍下的整筐整筐的人手交给上司。右手总是招喜爱。为了在潮湿的气候中保存这些断手，有时就用烟熏”[①]。一位瑞典传教士舍布卢姆（Sjoblom）对于经营者这种令人毛骨悚然的习俗做过报道：“如果橡胶不按命令交足数额……哨兵们就攻击那些土著人，他们杀死一些土著人，并把砍下的手交给代理人……一场战斗过后两三天，那里发现了一位死去的母亲和她的两个孩子……那位母亲是被枪杀的，她的右手已被砍下。那个小一些的孩子的右手已被砍断，但他还活着，靠在已死母亲的胸脯上……一个哨兵从我们传教团驻地前走过，一个妇女与他同行，抬这一筐断手。我们数了数，共装了 18 只被烟熏过的右手……这些手有男子的、妇女的，甚至有小孩的……其中一个士兵告诉我……‘代理人已答应我们，如果我们带给他大量的断手，他就缩短我们的服役期。我已带给他大量的断手，我希望我的服役期很快结束’。”[②] 一位美国浸信会传教团传教士墨菲（J.B.Murphy）牧师在其一篇刊载于 1895 年 11 月 18 日伦敦《泰晤士报》上的文章中告诉读者一种情况：男子、妇女及孩子们的断手成排放在代理人面前由他点数，以保证“士兵们没有浪费子弹”。[③] 在一本名为《刚果之堕落》（*The Fall of the Congo*）的书中，该书作者、当时为了赚钱受雇于利奥波德二世的英国军官欣德（Hinde）上尉断言，在上刚果（Upper Congo）进行的与阿拉伯奴隶贸易商们的战役中，指挥队伍给利奥波德二世征税的欧洲军官们，实际上指挥了一支部队，“长期被供养着进行有组织的杀人”。[④]

据估计，“1000 万刚果人或被利奥波德的私人军队杀害，或为其干活一直干到死，妇女则遭到有组织的强奸，有些人的手被砍下来，

---

① John Gunther, *Inside Africa*, Hamish Hamilton, London, 1955, p.644.

② 此处引自 F.Seymour Cocks, *E.D.Morel*: *The Man and His Work*, George Allen Unwin, London, 1920, pp.66~67。

③ F.Seymour Cocks, *E.D.Morel*: *The Man and His Work*, p.67.

④ 同上。又见 Stephen Gwynn, and Gertrude Tukwell, *The Life of the Rt.Hon.Sir Charles W.Dilke*, John Murray, London, 1918。

当地平民持续遭到绑架、抢劫，村庄被烧毁，这些事情从未在比利时成为认真争论的主题，更不用说道歉了”①。这种情况残酷的讽刺之处在于，利奥波德统治下的中非帝国原本称为“刚果国际慈善联合会”(International Association for Philanthropy in Congo)。穆恩（Moon）注意到，非洲人的反抗被残忍地镇压了，成千上万的人逃离了这个国家，以躲避“利奥波德那个种类的文明”。②已有人暗示说：“也许实际的暴行是那个系统最轻微的伤害特征。无论在哪里，没有一个行政区是由这样一个严苛的机构负责，强征橡胶那么严重，使得本地土著人没有时间在他们小块小块的土地上种粮食；饥荒造成受难者和婴儿死亡率总是很高，骇人听闻；很繁荣的村庄衰落了。旅行者们告诉我们，这位国王领土的某些部分已经荒芜，那里森林中的寂静‘只被偶然来到的野象和野牛的踩踏声、白猴子的尖叫声，以及灰鹦鹉刺耳的鸣叫声打破’。”③ 我们这个时代刚果正在经受的极度痛苦，是该地区在殖民主义的早期数十年中欧洲人野蛮暴行的悲剧性回响。

关于葡萄牙在莫桑比克的殖民，冈瑟 50 年前所做的观察是生动的。每个强壮的男子每年都被迫干 6 个月的强迫劳动，除非他能够证明自己已在租种的土地上干完了那么多的活计，才可免除。而这是最不能证实的情况。事实上，这是一种奴隶制。对这种制度有如下描述：

---

① Andrew Osborn, *Belgium Confronts Its Colonial Demons*, Mail & Guardian, July 19—25, 2002, p.29。奥斯本（Osborn）写道：“许多这种断言都出自美国人亚当·霍克希尔德（Adam Hochschild）所写的一本名为《利奥波德国王的恶魔》（*King Leopold's Ghost*）的书中。该书于 1999 年在比利时出版时，激怒了该国的历史学家们，但并未引起一个真正的反省周期。霍克希尔德把比利时统治下刚果的死亡人数，与斯大林大清洗所杀害人数做了比较。博物馆馆长吉多·格里西尔斯（Guido Gryseels）说：‘我们着眼于这些断言，我们将会进行调查，到 2004 年我们将会试图为霍克希尔德这本书提供答案。我们免不了要回答这些问题。这已经很严重了。每个人始终都提到这个严重问题，我们不知道要说什么……那个时期的统计数据很不可靠。几乎没有人知道当时的人口是多少。你们能看到数字，这些数字使犹太人所遭受的大屠杀显得苍白。谁知道是不是有 1000 万到 1500 万刚果人被杀掉了？’”同前引书。

② Parker Thomas Moon, *Imperialism and World Politics*, The MacMillan Company, New York, 1926, p.88.

③ 同上，pp.88～89。

“一个远离海岸的种植园主通知政府，他需要许多男子干活，这些人由当地的领事（*Chefe do Posto*）或者地区官员提供。招募人员去到各个村庄里，招够必要的男子数目，然后把这些人送到种植园主那里。但是种植园主确认得到他所需所有劳工，如果这位领事腐败，那么，通常就得付给他酬劳。正常的‘酬劳’是契约劳工6个月工钱的10倍。不能想象还有什么比这样做更堕落的。领事自然就会想方设法召集尽可能多的劳工，以便挣到更多的钱。强迫劳工本身一开始就很不公正，但还有更加不公正的事情——政府官员们从中赢利。这种付酬制度虽然不合法，但是广为流行。”①

有人指出，可能是由于大西洋奴隶贸易的缘故，安哥拉相对而言人口不稠密。在这方面，奥文本杜人（Ovimbundu）遭受了最严重的损害，在奴隶贸易和反抗葡萄牙人强加的统治上两者都如此。在几个世纪中，从那里贩卖了很多非洲奴隶到巴西，因而安哥拉被称为“巴西之母”。在安哥拉，贩奴被废除之后，强迫劳工成为经济体系的奠基石。到20世纪50年代初，安哥拉400万居民中，只有8万到9万白人，这些白人主要是葡萄牙人。其中，约1.1万人是1951年来那里的。此时，有38万非洲人是强迫劳工。因此，如果估算女子占全部人口的一半，那么约20%的强壮男子是在强迫劳动条件下工作的。② 由于迅速并有准备地分发了一种叫做“巴拉马托拉”（*baramatola*）的恶毒武器，葡萄牙人在殖民时期对非洲人的野蛮和残忍频频放大。这种武器的形状像乒乓球拍，上面扎穿了一些孔眼。假如抓到了某个轻微

---

① John Gunther, *Inside Africa*, Hamish Hamilton, London, 1955, p.574。冈瑟还说：“一些不幸的非洲人，特别是那些与警察有冲突或者被判定犯了小罪的人，被驱逐到圣多美和普林西比，那是葡萄牙在几内亚湾中的两个小岛，那里宣告劳工短缺。被驱逐到那里的人在岛上被迫或‘有指导地’在可可种植园中干活，条件无异于奴隶。圣多美是葡萄牙人治下的非洲人恐惧的名字，这种说法是有道理的。据传说，如果哪个人被用船运到那里，就永远回不来了。1953年2月圣多美发生了严重的骚乱，主要是因为那里的条件恶劣难以忍受。”见前引书，p.575。

② John Gunther, *Inside Africa*, Hamish Hamilton, London, 1955, p.584。冈瑟指出了导致人口下降的另一个因素，即由于保持很大比例的人口离开其家庭而造成的，“由于家庭始终在被打碎……甚至连佣人也不得不未经允许而辞职”。见前引书，p.585。

犯罪的人，就用这种拍子打他的手掌心。①

在圣多美和普林西比这两个岛屿上，从葡萄牙人统治的早期就建立了奴隶种植劳动制。当葡萄牙于1876年正式废除奴隶制之后，付酬劳工制度（rocas system）的做法持续到20世纪。1953年，发生了骚乱，期间有几百个非洲劳工被葡萄牙地主屠杀。对于这次巴特帕大屠杀（Batepa Massacre）的反应，开启了这两个岛屿上的民族主义先河。

德国人在20世纪的暴行众所周知，这种令人憎恶的历史之极致，就是在希特勒统治下对犹太人那种令人毛骨悚然且难以置信的大屠杀。德国人干过的不甚闻名的种族灭绝活动，发生在西南非洲（纳米比亚）。我们获知，1904—1907年之间，由于德国实行有系统的同化政策而导致西南非洲的非洲人人口损失，这是在1911年进行官方人口普查时才显示的。根据该普查的数据，1911年，原本的80 000名赫雷罗人（Herero）只剩下15 130人；原本的20 000名纳马人（Nama）只剩下9781人。80%多的赫雷罗人和大约50%的纳马人丧生于德国殖民统治之手。这个数字包括约7700名赫雷罗人及纳马人战俘，他们均丧生于（根据官方资料）一个在岛屿上建立的几个集中营中。另外，未参加起义的达马拉人（Damara）当中有三分之一的人，仅仅由于德国军人不能把他们与赫雷罗人分辨开来，就被成批地杀害了。这就是暴行所带来的令人惊愕的人类代价，而这仅仅是德国殖民野蛮恶行在25年中造成的，且仅是冷冷地计算了发生在西南非洲屠场上的数字。②

---

① John Gunther，*Inside Africa*，Hamish Hamilton，London，1955，p.575.

② Horst Drechsler，*South - West Africa 1885—1907*，in Helmuth Stoecker，*German Imperialism in Africa*：*From the Beginning Until the Second World War*，Hurst，London，1986，p.62。载于冯·特罗塔将军（General von Trotha）发布的消灭通告，Helmuth Bley在其*South West Africa under German Rule*中引用，这位著名的军人（当指特罗塔将军——译者）宣告：“赫雷罗部族必须离开这个国家。假如不这么办，我将用武力驱赶他们……在德国领土上，每个赫雷罗男性部落民，无论其武装与否、有无家畜，均会被枪杀。也不准妇女和小孩在这块领土上：他们将被赶回到他们的同族人那里，或被射击。这就是我，强大的德意志帝国的伟大将军，对大赫雷罗部族要说的最后几句话。”又见J.Silvester and J.B.Gewald，*Words Cannot be Found*：*German Colonial Rule in Namibia*，1918年Blue Book重印评注版，*Report on the Natives of South - West Africa and Their Treatment by Germany*，Leiden，2003。

德国殖民战争的兽性记录并未局限于其在西南非洲的所为，同样残忍的战争技术在东非与西非也是实行的。在喀麦隆的阿博人（Abo）地区，德国当局带来的一些达荷美[1]奴隶于1891年6月被当作士兵，用于镇压巴科科人（Bakoko）和马贝亚人（Mabea）。我们得知，当时负责管理这些士兵的初级出庭律师（*Gerichtassessor*，Junior barrister）韦伦（Wehlan）下命令说："把村庄烧掉，成年男子、女子以及小孩、老人，统统都要杀掉，用最吓人的方式把俘虏们折磨直至死亡。据一位德国工程师说，一批已关在监狱中的男子'被刀子砍成碎片并残废了，因为韦伦律师已经下命令不要用步枪杀他们'。这位律师的手下人砍下那些已毙命倒地的反对者之头颅，当作'纪念品'。"[2]

在一份由英国驻约拉（Yola）军事办事处的拉克斯顿（F.H.Ruxton）上尉于1902年5月1日所写，并呈送给驻洛科贾（Lokoja）的英国驻尼日利亚高级专员卢格德（Lugard）的秘密报告中，拉克斯顿写到，那个指挥德国驻加卢亚（Garua）远征军的德国军官汉斯·多米尼克（Hans Dominik）中尉，已经：

> (a)鼓励他的士兵们注意，要杀害而不是抢劫，以下是这位多米尼克中尉所期望的事情，他在驻西非前线特遣部队的军队餐厅所夸耀的制度是成功的。所有的战利品被根据所获取到的成对耳朵的数量，按比例分配给所消耗的弹药。他发现手下的士兵们把妇女的耳朵也包括在内，后来他就换成用阴茎替代耳朵。(b)供应牛、马、食品和劳力的所有地方都必须不付费。(c)抓获的人质实际上变为了奴隶。我在西非曾经目睹的所有悲伤景象中，没有什么事情能与1902年3月3日多米尼克中尉率队进入约拉一事相比——行军25英里

---

① 达荷美（Dahomey），今贝宁共和国的旧称。——译者

② Helmuth Stoecker，*Cameroon 1885—1906*，in Helmuth Stoecker，*German Imperialism in Africa：From the Beginning Until the Second World War*，Hurst，London，1986，p.64.

> 不停歇，被当作人质的那些马鲁亚（Marua）男子当了搬运工，头上顶着沉重的象牙走在队列前面，很疲惫也很口渴，士兵们一路上用鞭子抽打他们，这些士兵共六七人，其中一个人骑着马。象牙卖给尼日尔公司（Niger Company)，账目是公开的。（d）当战俘显然被当成奴隶时，那些已证明是友好的人照样“被猛打”……①

德国人广泛使用奴隶和雇佣兵为他们作战。戴维森（Davidson）提醒我们说，德国人带着奴隶，并把他们变成战士。他们可能是在一个地方买下这些人，并在另一个地方使用这些奴隶兵。例如，他们在达荷美获得一些奴隶，却在喀麦隆使用。这些“奴隶雇佣兵”并不获取定期报酬，对他们的惩罚就是相应的体罚，只要人家想好了要办，他们就时常遭到用河马皮做的鞭子的抽打。这种残忍和灭绝人性的做法，令人讨厌，如让“奴隶雇佣兵”充当军人，就让通常不能自卫的各族人民经常遭受殖民灾祸。② 1898 年，德国驻多哥远征军司令冯·马索（von Massow）在镇压克拉奇人（Krachi）、达贡巴人（Dagomba）和孔孔巴人（Konkomba）之后回到南方，他在报告中自吹自擂说，终于实现了突破。被征服的各部族及其邻族们“尝到了德国力量的滋味”。③汉斯·多米尼克中尉在喀麦隆表达了相似的残忍情感，他觉得，需要“初初一抵达时就带着火与剑穿过那个国家，以便让德国的强大力量给那些土著人留下深刻印象，迄今他们还只知道法国和英国的力量呢”④。

---

① 参见秘密报告，文档 No.C.O.446/23，C.O.22774，July 9，1902，Public Records Office（Kew，London)。

② H.Stoecker，*Kamerun unter deutscher Kolonialherrschaft*，Rutten & Loening，Berlin，1960，p.103。此处引自 Basil Davidson，*Africa in Modern History*：*The Search for a New Society*，Penguin Books，Middlesex，1978，p.87。

③ Peter Sebald，*Togo 1884—1900*, in Helmuth Stoecker，*German Imperialism in Africa*：*From the Beginning Until the Second World War*，Hurst，London，1986，pp.92 ~ 93.

④ 参见秘密报告，文档 No.C.O.446/23，C.O.22774，July 9，1902，Public Records Office（Kew，London)。

在德属东非（坦桑尼亚），可怕的残忍行为发泄在非洲人们身上。为了对付于1905年年中开始于鲁菲吉河（Rufiji River）南部河口，且实际上是东非历史上最为有力的反殖民运动的马吉马吉起义（Maji Maji Uprising），德国人继续按他们的既成风格，实行一套坚壁清野（scorched - earth）政策。殖民军各单位按照命令让当地居民受饥饿，意欲使其屈服。一些村庄被焚烧，化为灰烬，牲口和储存的食物被有组织地没收，庄稼被毁坏在地里。另外，被德军抓捕到的起义分子们，要么被处死，要么被判刑而以铁链成群地锁在一起强迫劳役。在松盖阿（Songea），48名恩戈尼族（Ngoni）战士于1906年2月27日被吊起来示众，以图震撼平民而使他们心中恐怖，同时，有上万人在战斗或大屠杀中被阿斯卡里①们以及“后备军”杀害。因饥饿致死的人数更多。据估计，生活于尼雅萨湖（Lake Nyasa）一带的约3万名潘瓜人（Pangwa）当中，经过德国人的饿困之后，仅有约1000～1500人幸存，其他许多族裔也有过类似的种族灭绝感受。坦桑尼亚历史学家瓜萨（G.C.K.Gwassa）估计，总共有25万～30万人因此死亡。镇压起义对该国造成的效果，尤其是在南部，令人心惊肉跳，那些地区完全成了无人区。1906—1907年的官方年度报告称，在鲁菲吉、林迪（Lindi）、基卢瓦（Kilwa）这几个地区，尤其是在松盖阿，农业“处于令人怜悯的状态，因为伤亡人员过于惨重”。②

德国人的暴行并非独一无二。英国和法国在其所谓殖民“绥靖”活动中的记录，同样残忍。巴恩斯公正地注意到，“以相同的准确性搜集所有帝国主义列强在非洲的类似暴行故事，是可能的”③。一位后来的和平主义者弗兰克·克罗泽（Frank Crozier）陆军准将写到，这种思

---

① 阿斯卡里（*askari*），流行于阿拉伯语、乌尔都语、突厥语、波斯语、索马里语、斯瓦西里语当中的一个词，意为“战士”（soldier），该词通常指在东非、东北非和中部非洲效力于欧洲殖民列强军队的当地部队。——译者

② Helmuth Stoecker, *German East Africa 1885—1906*, in Helmuth Stoecker, *German Imperialism in Africa: From the Beginning Until the Second World War*, Hurst, London, 1986, pp.112～113.

③ Leonard Barnes, *Empire or Democracy*, Gollancz, London, 1939, p.47.

想已经传播了，“英帝国是上帝注定的，有英国军人辅佐，有圣经和‘烟草’，使世界上大部分地区覆盖着帝国的国旗和基督教文明”①。发泄最热切野性的粗鄙习惯，在英国帝国主义埋置于非洲的殖民成分中并不罕见。克罗泽还写道：“在有些殖民地，土著人实际上已被当作狗或牛一样对待，更别说他们遭到奴役，遭到恶毒的剥削而几乎毫无获益了。南非的日常秩序是用犀牛皮鞭统治而维持。尽管在许多情况下，据说‘黑鬼的皮’依然如同犀牛皮本身一般坚韧，但是那里的事情正在大大改善。”殖民征服的毫无情义如同传说一般出名。戴维森注意到，关于英国人，“唯利是图的冷漠成了普遍法则；凭着这种‘传统’，在适当时候，独立的非洲可能不得不了结这笔账目，或者归于失败而接收同样的遗产”②。在肯尼亚，1905—1906年间，英国人对南迪人（Nandi）进行了6次攻击，把他们交给由马赛人（Masai）和索马里人（Somali）组成的12个雇佣军连队。超过1117名南迪人被杀死，更有许多人受了伤，而且南迪人损失了至少2.6万头牛和3.6万只绵羊。1906年，恩布人（Enbu）吃了同样的苦头，死去407人。在伦敦，有一些人对这种残杀很反感。但是，一名官员却劝说道：“除非我们想要取消我们使非洲文明的使命……否则，这种伴随着屠杀的远征就是必要的。”③1908年，基西人（Kissi）遭到相似的对待。当时任殖民地事务部副部长的丘吉尔发表意见说：“的确……没有必要继续这样大规模地杀害这些不能自卫的人们。”④另一位官员则注意到：“有人可能几乎会说……在（利奥波德治下的）刚果——除了伤残之外——并未发生与我们在（东非）保护国所进

---

① Frank Percy Crozier, *The Men I Killed*, Doubleday, Doran & Company, New York, 1938, p.187.

② Basil Davidson, *Africa in Modern History*: *The Search for a New Society*, Penguin Books, Middlesex, 1978, p.87.

③ G.H.Mungeam, *British Rule in Kenya 1895—1912,* Clarendon Press, 1966, p.133, in Basil Davidson, *Africa in Modern History*: *The Search for a New Society*, Penguin Books, Middlesex, 1978, p.87.

④ Basil Davidson, *Africa in Modern History*: *The Search for a New Society*, Penguin Books, Middlesex, 1978, p.87.

行的相称暴行。”① 对于英国继第一次世界大战之后那段时期轰炸一些苏丹村庄，存在着一种残忍而且冷血的理由，官方公然宣称，有些努埃尔（Nuer）妇女比起牲口或枪支来更没有价值。②

在别处，马乔马（Marjomaa）在他的《稀树草原上的战争——遭英帝国侵略而致索科托哈里发教长国军事失败》（*War on the Savannah: The Military Collapse of the Sokoto Caliphate Under the Invasion of the British Empire1897—1903*）一书中写道：

> ……英国官员们使……一些道德禁忌服从于他们强烈的种族主义。他们认为，非白种人是不能按欧洲标准来评判的劣等人。例如为在非洲作战中使用软头子弹找借口所举例子就说，这种态度就表现出物种的差距：附带于物种之间暴行的所有道德禁忌，要考虑到战争就像打猎一样就能够克服了，打猎时完全有必要不择手段地捕获猎物，这才是正当的。这种概念化的说法有助于解释何以会发生杀害已受伤敌人的事件，何以会歧视性地炮轰平民难民以及强奸和诱拐非洲妇女，因为所有这些做法都有证据。英国人的确承认非洲人也是人，但是把他们归为下等地位之列。无论官员们怎样怀有同情和可怜的感情，但他们也可能觉得如此一来就轻松一些了。③

在1900年被沦为法属殖民地的刚果（今刚果共和国），当局复制

① Frank Percy Crozier, *The Men I Killed*, Doubleday, Doran & Company, New York, 1938, p.259。克罗泽的话说明殖民主义者自己究竟怎样互相对比。他写完墨索里尼在阿比西尼亚造成的悲惨灾难之后，接着简短地写道：“在‘征服’阿比西尼亚之前，到意大利的旅行者会告诉你，法西斯分子公开讨论对埃塞俄比亚的‘攻击’，这是他们骄傲地提到并对于英国历史予以批评的问题，他们还明确表示，他们要采纳‘英国制度’。”同上，p.243。

② Maria Misra, *Heart of Smugness: Unlike Belgium, British is still complacently ignoring the gory cruelties of its empire*, in *The Guardian*, July 23, 2002.

③ Risto Marjomaa, *War on the Savannah: The Military Collapse of the Sokoto Caliphate under the Invasion of the British Empire1897—1903,* Finland, 1998, p.242.

了利奥波德那一套统治及剥削体系，并杀害了好几百万非洲人，两万名劳工死于修建法属赤道非洲的刚果大洋铁路（Congo - Océan railroad，1921—1932年）。1947年，法国人残忍地镇压了马达加斯加争取独立的全国起义。当年3月至4月，法国的3万名远征军在那里登陆，至21个月之后战役结束时，有9万至10万人被屠杀。此役以拷打、处死以及一些村庄被强迫搬空并付之一炬为标志。在法国国民大会上，法国高级专员做了更全面的估计：9万至10万人死于非命。[①]

虽然意大利的恶行记录稍微轻一些，但也照样邪恶。意大利人很严重地依赖于雇佣军。这些士兵起初是巴尔迪塞拉（Baldissera）将军于1888年招雇的。他们雇用的厄立特里亚战士构成了侵略埃塞俄比亚的意大利军队主体。对提格雷（Tigray）[②]的侵略，由意大利军官指挥3500名雇佣军进行。在阿杜瓦（Adowa），巴拉蒂里（Baratieri）将军率领着约7000名意大利士兵以及许多非洲雇佣兵。但是，在阿杜瓦，"埃塞俄比亚皇帝表示，他了解那个意大利将军，甚于那个意大利人对埃塞俄比亚人的了解"[③]。埃塞俄比亚创造了自己的历史。在整个20世纪第二个10年里，发生了英国人和意大利人对索马里的零星战斗。当索马里民族主义领袖穆罕默德·阿卜迪勒·哈桑（Mohamed Abdille Hassan）领导的抵抗于1920年被镇压时，这些战斗才告结束。

仅仅在一个世纪之前，欧洲人对非洲人所施加的那些残忍暴行，今天依然令人不可思议。的确，一个世纪不是很长的以往。正如一位观察者指出的那样："给予黑人的文明是强迫进行的，朗姆酒、农奴制以及损毁所产生的效果，是惩罚黑人灵魂的一个必要治疗阶段。在道

---

① Jacques Tronchon, *L'Insurrection Malgache de 1947*, Karthala, Paris, 1986。作者汇集了140份证词和记述，且幸亏法国还留有22捆秘密档案可供查证。又见 Yves Benot, *Massacres Coloniaux, 1944—1950 : la IVe République et la mise au pas des colonies fraçaises*, La Découverte, Paris, 1994。

② 提格雷，位于埃塞俄比亚北部的一地区，今为该国的一个州，与厄立特里亚相邻。——译者

③ Basil Davidson, *Africa in Modern History: The Search for a New Society*, Penguin Books, Middlesex, 1978, p.86.

德上，没有哪个欧洲列强在非洲留下的记录比另一个列强更肮脏……在《柏林协议》（*Berlin Act*）[①]中，它们全都发誓自己‘保证会保护土著居民，并改进他们现在的道德及物资状况’。这些誓言还在——假如是乞求走运而发誓的话。”[②] 殖民列强对非洲人所施的大范围的放肆暴行，令今天的任何西方人感到羞愧。有些西方人的确如此，但许多人却还在狡辩，说什么西方人那时到非洲是为了非洲人好，好处还是有的。在这个问题上，伦纳德·伍尔夫（Leonard Woolf）说过一段话，那段话也被伦纳德·巴恩斯所证实：“要想否认欧洲文明经由国家机器和贸易而给非洲带去相当大的利益……可能是荒谬的；欧洲人对非洲的专断统治伴随着这种可怕的残忍剥削，使得不公平达到难以令人相信的程度，即假如欧洲人及其国家从未进入非洲，那么，世界上的利益平衡可能是无限地大。”[③] 西方人的侵扰犹如一枚硬币的两面。卡尔·马克思在发表于 1853 年 6 月 25 日《纽约每日论坛》（*New York Daily Tribune*）报上的一封信中说到印度时，做了敏锐、有效而中肯的全面评论：“的确，英国在印度斯坦造成社会革命完全是被极卑鄙的利益驱使的，在谋取这些利益的方式上也很愚钝。但是问题不在这里。问题在于，如果亚洲的社会状况没有一个根本的革命，人类能不能完成自己的使命。如果不能，那么，英国不管是干出了多大的罪行，它在造成

---

① 《柏林协议》是 1885 年由比利时、英国、法国和德国签署的一项关于德国在非洲的三块殖民地的协议。——译者

② Lamar Middleton，*The Rape of Africa*，Robert Hale & Company，London，1936，p.231.

③ Leonard Barnes，*Empire or Democracy*，pp.48 ~ 49。伦纳德·伍尔夫在其著作《非洲的帝国及商业》（*Empire and Commerce in Africa*）第 257 页引用了巴恩斯的著作。巴恩斯接着写道："也应该考虑做另一项研究。汤森（Townsend）女士的著作中考察了德国殖民事业的整个领域，哥伦比亚大学的卡尔顿·海耶斯（Carlton Hayes）教授在她的著作中总结说，她‘陈示的大量证据使她相信，德国殖民当局比起相似环境下的其他任何殖民列强来，既不是更好，也不是更差’。假如我们企图估量我们这样获得的整个证据，那么，最可靠的做法就是同意鲁金（Rudin）和汤森女士所得出那种结论［见玛丽·伊芙琳·汤森《1884 至 1919 年德国殖民帝国的兴起和衰落》（*Mary Evelyn Townsend*，*The Rise and Fall of Germany's Colonial Empire*，*1884—1919*）］，即所有的宗主国列强对待各臣属种族都大同小异；以及同意伍尔夫的说法，即欧洲各民族一般都宁愿加入为他们共同犯下的、白人共同犯下的，以至于可能是整个人类共同犯下的罪孽而公开忏悔之列，而不是交换关于这事那事的暴行故事。”见其著作第 40 至 59 页。

这个革命的时候毕竟充当了历史的不自觉的工具。”[①] 在巴恩斯与马克思之间，我赞成巴恩斯的看法。非洲就像世界上其他任何地区一样，没有欧洲人的介入，本来也会进步的。

的确，心灵上的损伤，加上文化、政治及经济的束缚，这些都是历史上使我们受困于其中的殖民主义遗产以及新殖民主义现实，并非不值得重视。经历西方的统治而留下的社会伤痕，刻印并损毁我们现在的面目。我们已经很难将就于这种损毁。新殖民秩序继续霸占着我们的土地并使痛苦延长。但是，当殖民主义体系瓦解半个世纪之后，所有的一切都已有人说过，如果还暗示什么我们依然是运气不好或者荷马所说那种“清白无辜的埃塞俄比亚人”，显然是低能的。在几乎半个世纪之后，还持久不停地对殖民化造成的动荡吹毛求疵且喋喋不休，犹如暗示我们没有能力解救自己。简言之，那就是我们没有能力为我们的集体利益而管理和发展自己，而这不会是真实的。如肯尼亚经济学家约瑟夫·迈塔（Joseph Maitha）多年前所言：“我们不能把我们所有的问题都没完没了地归罪于殖民主义者们。是的，他们建立了那种体系，但没有改变该体系的却是我们。”[②] 但是，由于当代非洲精英们在精神和思想意识方面的奴化，以及他们在文化方面的破产，几乎没有或真的没有朝向发展的运动。帮助及拯救，这些有别于我们进步的因素，并不来自西方。我们必须解决自己的难题。这是一个基本原理，是我们非洲人们必须面对的原理。倘若我们不准备自己构想并实行自己的救助，那么，在非洲复兴的道路上，再多的免除债务以及援助都无济于事。

在发表于（南非）《开普卫报》（*Cape Argus*）上的一篇文章中，麦克斯·杜普利兹（Max Du Preez）从道德瘫痪入手——而这种疾患犹如

---

① 马克思这样结束了他的那些见解：“这么说来，无论古老世界崩溃的情景对我们个人的感情是怎样难受，但是从历史观点来看，我们有权同歌德一起高唱：既然痛苦是快乐的源泉，那又何必因痛苦而伤心？”见 K. Marx and F. Engels，*Collection Works*，Vol. 12，p. 125。（译文参见《马克思恩格斯选集》第九卷的《不列颠在印度的统治》一文。谨此致谢。——译者）

② 此处引自 David Lamb，*The Africans*，Random House，New York，1982 edition。

非洲人们，尤其是其精英们所患的癌症一样，如此说道：

非洲人忙于诅咒西方人是歧视第三世界的种族主义者，却并不理解自己也犯有同样的罪恶。在最近几年及几个月里，我有很多次读到非洲领袖们和评论员们气恼地把非洲生活中的问题，不是当成与欧洲或美洲生活中等价的问题来看待。事实上，我在这个专栏中已经不止一次地指出了这一点。但严酷的事实在于，非洲人们也把非洲的生活看得低人一等。就像对于所谓发达世界固执己见的那些人一样，大多数非洲人看来也认为非洲就是落后的，比“第一世界”的标准低劣。假如在英国或德国，因政治罪而被控告的120位公民组成的一群人还被关押在狱中，已经4年还未审讯，那么，可能就会形成丑闻，就像把关押这些人的政府赶出下一届选举。假如那些被控告者当中有12人在监管期间死亡，且当局拒绝恰当地予以验尸，那么，包括南非在内的整个世界可能就会为这种血腥的谋杀而发出尖叫。但是，假如这种事情在某个非洲国家发生过，则不会有人认为这是丑闻或对人权的严重侵犯。没有人会因此而抗议，也没有人对政府施压；当局则耸耸肩，不了了之。人们会说，这是内部事务。这种说法蛮横无理吗？哦，这就是发生在纳米比亚的事情。1999年8月，一群要求他们那个地区分离的卡普里维（Caprivi）[①]纳米比亚人，袭击了纳米比亚军队。警方指控其中的121人，但这些人拒绝保释——达4年以上。本周起，开始对他们进行审讯。但是，被告席上只有109人，因为有12人已在监狱中神秘地死去，还有两人……病了。[②]被指控者及其家属宣称，被关押

① 卡普里维，纳米比亚东北部一狭长的省级行政区，与安哥拉、赞比亚、津巴布韦接壤。——译者

② 原文如此。——译者

者遭到凶残的拷问，而且监狱中的条件差得没有人性。可你曾听到非洲联盟或其成员国为此而抗议吗？没有。[①]

作者所做评论很机敏。我们需要忠实于自己，并要认识到，那话是精确而直率地说的。对自己撒谎，或者不愿面对真相，都绝非取得社会进步的基石。上层圈子中那种下流马屁术和免费小谎言，已经在殖民体系瓦解后的非洲政治文化中风靡。殖民体系瓦解后的非洲政治文化中那种卑鄙，震撼了许多人的良心，并使其深恶痛绝。但是，有些人总是觉得无助，不能改变他们自己的现状。有些还记得殖民时代日子的老一辈人，带着对殖民主义统治下那种生活的怀念而说三道四。[②] 这种悲伤而带有讽刺的话语实际上是对沮丧和持续绝望的宣泄。加文·基青（Gavin Kitching）记录了一段情节，带着似曾相识的声调：

我生活及工作的整个时期，正当存在于非洲且关于它的那种乐观主义和希望，被悲观主义和玩世不恭所取代之日。一段特殊的记忆涌上心头。那是20世纪80年代早期一个温馨的热带傍晚，我置身于加纳的库马西（Kumasi）市内的克瓦米·恩克鲁玛大学（Kwame Nkrumah University）校园中的一个酒吧。一群非洲同事也在那里，其中有一位该校法律系的讲师，他已饮得不胜酒力。他正在收看酒吧中电视里播放的午夜新闻。一位新闻播报员发布了关于南罗德西亚（Southern

① Max Du Preez，*Africans also see Africa as Inferior*，in *Cape Argus*（South Africa），November 6，2003，p.9.

② Gavin Kitching，*Why I Gave Up African Studies*，in *African Studies Review and Newsletter*（Australia），Vol.22，No.1，June 2000，pp.21～26。加文·基青在文中写道："在20世纪80年代的加纳，在70年代后期或80年代早期的肯尼亚和坦桑尼亚，难以遇到年长的非洲人愿意——完全是自愿地——告诉别人说，'英国人在的时候，我们过得富裕'。我甚至听到肯尼亚中央省木兰噶（Murang'a）地区一些中年男子这样说，而这些人曾经是茅茅运动的战士。"基青的话激起一轮有趣的批判性讨论，载于 *African Studies Quarterly*，*The Online Journal African Studies*，Vol.7，Issue 2，Fall 2003，web.africa.ufl.edu/asq/index.htm。

Rhodesia）——现称“津巴布韦”——宣布正式独立的消息。按照惯例播放了关于这些事件的影片——欢呼的人群，伴随着军乐队齐奏，新国旗升上泛光灯照亮的旗杆。我的同事们微笑着开怀畅饮，一边还咕哝着“可怜的家伙们”，让整个酒吧里都能听到，接着就从酒吧凳子上起身，蹒跚着走出门去。我震惊了。但值得注意的事情也许是（至少回顾起来如此），无论是欧洲人或非洲人，都无人抗议。而这并非孤立事件。①

好几位学者并不同意基青对此事件过于宽泛的见解，为此，他们责备了基青。这段情节使我回想起相似的经历，指向我们当代那无望的深渊。但是，我担心说得过于直白，所以，曾经反复说过，天地之间一无所有，这是在谴责非洲人们长久落后或不发达，除了其陷得极深的属地综合症之外别无所长，这种综合症已经吞咽了我们朝向解决问题的思维及敏感性；殖民化所播下且根深蒂固的信仰，认为帮助和救援将来自“基督教的西方”。我们似乎不能确定并捍卫自己的利益了。

在我（2004年6月27日）收到的非洲—美洲教育理论家尼尔拉·苏达卡萨（Niara Sudarkasa）一封来信中，回答了我们关于并非非洲人们的其他人们的谬论所做的讨论，也就是怎样把非洲人们定义为“谁是非洲人”。她在信中说道：“对我而言，这个难题在于，生活在该大陆的土著非洲人民的后代们——他们的领袖似乎不了解所掌握的命运的重要性以前是（以及依然可能是）他们的大陆。假如非洲人们那时要主张向前进，那么，他们将对非洲的‘命运、目的及方向’做重大投入，然后，属于非洲各个不同国家公民的阿拉伯人们、欧洲人们以及其他人们就会理解，公民身份是以及不是限定继承权（entail）的。但是，非洲人们现在并未就限定他们大陆的方向而维护权利，更不怎么坚持这种权利。他们依然像被征服的人民一般行事。他们所有的资

① Gavin Kitching，*Why I Gave Up African Studies*，pp.21～26.

源，以及他们所有的劳作都终止于使‘〔原来的〕主子们及工头们’获益。而他们似乎接受了他们并无力量改变事情这种观念。即使当他们当中有些人升任领袖地位，他们还是不把自己看成有权力的。他们转向‘主子们’去找方向，以便知道如何领导，去往何方，以及抵达那里之时该做什么。他们还没有领会到怎样掌控，甚至不懂得他们究竟有无优势这样做。事实上，在有关他们的社会—经济/政治对话中，‘掌控’似乎从未成为中心议题。他们对话的限制要素是由图谋保持掌控的那些人规定的……”这些看法不偏不倚，恰到好处。

正如先前所言，真相在于，非洲人们最终只是在自己的解放及进步事业上的一些似是而非的建筑师及先锋。无论再多貌似真实的西方赠品或带奴性意识的宽宏大量，都将不会使非洲转变。从根本上而言，西方人懂得这些。托尼·布莱尔（Tony Blair）的非洲委托（Africa Commission）①及其对智慧所提之主张以及答案，随着时间流逝，将被视为几近无果而终。的确，我们几个世纪里的欧非关系史充满了有待所有人理解的教训，这种几个世纪与西方人的关系当中最为重要的因素，就是令人精疲力竭的剥削。对于那些认为似乎未曾如此，且照此思路行事之人，我要提出一个问题，即“这种剥削史何时终结？给我一个日期”。此种历史以不平等的贸易协定书，不对称的贸易、关税及补贴条件以及其他保护措施之形式，持续至今。我们许多人虽然懂得这一点，却没有男气公开承认这些现实，更重要的是，如同这个星球上其他人们一样，为了自己的集体利益而开始行动。

对20世纪50年代非洲政治感兴趣的西方观察家之一安东尼·桑普森（Anthony Sampson）在其著作《有关非洲之常识》（*Common Sense About Africa*）中说道：

---

① 布莱尔于1997—2007年期间任英国首相。所谓“非洲委托”，是指布莱尔于2005年成立的“为了非洲委员会”。同年7月，英国主办八国集团首脑会议期间，同意免除第三世界国家债务，该委员会在此事情决策过程中发挥了重要作用。——译者

> 从一类巨大动物园，或法语所称之“musée vivant”，变成一个繁忙的政治试验室，进行了世界上其他地区所有的理论和思想的试验……尽管世界上其他地区那时正在发现非洲的重要性，但非洲人的热情和信心已经跃进增长——被该发现而强化，一旦有了严重压力的第一个迹象，殖民列强很可能会让路。“从非洲脱手”、“巨人已苏醒”、“非洲将是自由的”这些口号已经在整个大陆上震响，从一块地域到另一块地域发出回声。从1948年克瓦米·恩克鲁玛在黄金海岸[①]提出第一批不大可能的要求之后，非洲自由这一思想就在10年内成为了公认的事实。从民族独立的理想已发展成如今的泛非主义理想——这是一种伟大的非洲合众国（United States of Africa）[或“非洲共同体”（Commonwealth Africa）]理想，正如它被以不同的名称被提到时那样，是要把整个大陆联合为另一个美国——一个将成为全世界范例的大陆。隐藏于泛非主义自豪之情后面的，是一种信仰，那是一个实现其自由的最后一个大洲，非洲能够因世界上其他地区的失误而获益，并能够不受先前多个世纪的阻碍，继承20世纪所有的财富和机会。[②]

至20世纪70年代早期之时，我们显然在政治上容易受骗且天真地乐观过甚，并大为低估了所面临的障碍，也低估了新殖民主义的现实。恩克鲁玛及一些志趣相同者，曾经希望那些殖民体系瓦解后日益涌现的各国会融合为一体，或放弃各自的主权而赞成一个非洲合众国。然而，这是没有希望的错估，是一个大大的错觉。在各个新建立的国家中，种种对抗行为、嫉妒以及新涌现而出的精英们的物质利益，以及原本各殖民列强为追逐其利益而操纵的种种活动，还有在纽约那个

---

① 黄金海岸，加纳的旧称。——译者

② Anthony Sampson，*Common Sense About Africa*，Common Sense Series No.3，Victor Gollancz，London，1960，pp.14~15.

世界舞台[1]上有关政治独立地位的调情，已证明是对于非洲统一的号召及情感过于强大的制约。恩克鲁玛以及他那一代泛非主义者们最终于 1963 年为了非洲统一组织而平静下来。由帕德莫尔、杜波伊斯、肯雅塔、恩克鲁玛以及其他许多早期泛非主义者们信奉、使整个大洲联合为一体的原来梦想，由此而成为一个影子。

在克瓦米·恩克鲁玛之子、埃及半官方报纸《金字塔报》的国际版编辑贾迈勒·恩克鲁玛（Gamal Nkrumah）近来所写的一篇名为《延缓的梦想》（*Dream of Deferred*）的文章中，提醒读者们说：

> 自其于 1963 年发端以来，非洲统一组织各成员国的领袖们当中大多数人就倔强地避免那种损害他们艰难获取的国家主权之风险，并强烈反对就殖民体系瓦解后的现状做任何改变。经由几乎 40 年关于非洲统一的痛苦争论，两者选一的两极分化发出共鸣。我们生活在一个愤世嫉俗的时代。理想主义是荒谬的，且意识形态已撕裂而与之无关。金钱从不像今天这般要紧。道德勇气已是无果秃枝，正远离挣钱事业的规规矩矩做人之道。在重重歧路中，当前那群非洲领袖们所选的道路，已经亵渎了非洲统一组织创立之父所赞同的各项原则。[2]

他接着提出问题，认为考虑到上述说法，非洲的政治领导层实际上并不关心非洲统一组织的基本原则：

> 那么，为什么非洲统一组织嘴上说得好听呢？那些力促较严厉的政治及经济统一性的人，以单调的规则性得到公众喝彩，被私下警告，以及以场面之后残忍的老练调遣，退出

---

① 作者在此似乎暗指联合国。——译者

② Gamal Nkrumah，*Dream of Deferred*，in *Al - Ahram Weekly*（Cairo），Issue No.543，pp. 19 ~ 25，July 2001.

> 局外而旁观。这始于为建立他的第一个非洲合众国而战斗并失败的加纳第一任总统克瓦米·恩克鲁玛。他的同辈们对他的动机猜疑重重，并选择了渐进方式的非洲统一。那种最常被引用的提倡快捷的非洲统一的睿智灵感，就是恩克鲁玛所能够提出的最有事实根据的对非洲统一的见解，但尚待提议。恩克鲁玛推断说："有三个可选项对非洲各国敞开：第一项是联合起来拯救我们这个大洲；第二项就是依然不团结并继续破碎；第三项则是背叛，并向帝国主义及新殖民主义的势力认输。当一年又一年过去，我们未能团结起来，这使敌人的力量增强，并使我们人民的渴望迟迟不能实现。"恩克鲁玛的想法与连续几代泛非主义者们当中那些鼓吹且有时欺骗他的人，根本不同。①

的确，这如同恩克鲁玛一样的知识及政治巨子的身后困境，而他的思想已被连续几代人所记取。问题常常在于，这样的连续几代人并不总是与之相反地或批判性地偏离最初那些思想，而是充分地阐释当代的调研成果。事后聪明当然容易，然而，对于"快捷的非洲统一"思想，存在着某种简朴无华而天真烂漫的倾向。恩克鲁玛及其同事，低估了通往统一道路上的障碍。非洲统一不得不吃力地流着鲜血、汗水和泪水而为之战斗。当恩克鲁玛被流放到几内亚，撰写了《非洲的阶级斗争》(*Class Struggle in Africa*, 1970)以及《革命战争手册——非洲革命武装阶段指南》(*Handbook of Revolutionary Warfare: A Guide to the Armed*

① Gamal Nkrumah, *Dream of Deferred*, pp.19～25。科林·利格姆（Colin Legum）写到，直到乔治·帕德莫尔 1959 年去世时，他和他的亲密同事拉斯·马科嫩（Ras Makonnen）都是这个领域关键的理论家。社会主义学生组织全国协会（National Association of Socialist Students' Organization，NASSO）成为该领域中年轻的社会主义理论家的招募基地。然而，显然有人对帕德莫尔提出了一些批评。"20 世纪 50 年代后期，他成为了社会主义学生组织全国协会的领导人，并受到一群在帕德莫尔逝世后崭露头角的社会主义者推崇。这个新的群体极为不赞成帕德莫尔，他们认为他是'托洛茨基主义者和西印度群岛人'。"同前，p.137。

Phrase of the African Revolution，1968）之后，最终明白了。贾迈勒·恩克鲁玛继续恰当地指出：

> 恩克鲁玛反对增生于当今那些非洲此区域的组合，例如西非国家经济共同体（Economic Community of West African States，ECOWAS）、东部和南部非洲共同体（Community of Eastern and Southern African States，COMESA）（原文如此。——译者）、南部非洲发展共同体（Southern African Development Community，SADC），以及北非阿拉伯马格里布联盟（Arab Maghreb Union of North Africa）。他强调说："就其改善非洲大众的生活水平而言，非洲不时形成的经济及区域性组织成效甚微。"尽管"大量夸张的革命以及意向宣言得到各个不同区域的、经济的组合体赞成，但非洲的经济及政治条件依然鲜有改善"。他还说："完善的经济及社会发展只能在发展的最适宜地带范围内实现，该地带就是整个非洲大陆，而且这种发展只能沿着全非洲联盟政府（All African Union Government）的方向，循着科学社会主义的政策而进行。"他的许多同道们为此大为生气。①

的确，贾迈勒·恩克鲁玛上述话语是对克瓦米·恩克鲁玛观点的完满归纳。我本人同意关于区域性整合结构的论点，但对非洲统一而言是有缺陷的路径。但我对此加以反对，是根据我所发现的大陆统一是放错了位置这个同样理由。隐藏在区域整合与大陆派（continentalism）这两者之后的思想，其根据都是以利用新殖民体制各国作为将要建构的非洲统一的唯一单位以及根本结构为前提的。

① K.K.Prah，*African Unity*，*Pan－Africanism and the Dilemmas of Regional Integration*，paper presented to the Southern Africa Regional Institute for Policy Studies（SARIPS）Annual Colloquium，Harare，September 24—28，2000，in Ibbo Mandaza and Dani Nabudre（eds.），*Pan－Africanism and Integration in Africa*，SAPES Books，Harare，2002，pp.19～39.

我以前曾指出，以非洲各国当今立场为区域整合的基础，基本上没表现出非洲历史及文化的有机整体性。所谓非洲各民族，是19世纪后期被人武断地草拟而成的。这些形态及形式以前从未存在过。的确，欧洲人未曾注意到历史上存在的那些构成体。这些事实很少或完全与欧洲人无关，在有些情况下，是沿着直线穿过长久存在的社会构成体而划定国界。只要稍微细看一下非洲地图，就会看出来，殖民列强划分边界线采用三种突出方式。这些国界要么沿着河流走，分界线处于两条河流之间；要么根据帝国主义之间敌对状态的结果，仅仅画成简单的直线。当以这些国家为根据而提出区域整合的思想以供讨论时，只不过等于一种假设，即历史上存在着的新殖民体制国家的生活机能，是非洲发展、复兴或进步的出发点。这种组合体含蓄地否认非洲的现实，这些现实处于西方人相遇及侵入的那种架构之外。这种条件造成非洲潜在的冲突源头的地缘政治现实。由于非洲人们的文化及历史遗产遭到否定，我们成为经由历史定义而被西方人设计的傀儡，陷入新殖民主义的情形中，并试图以帝国主义遗传之砖块砌造非洲。这就是为何我们企图构造大型的区域组合体，却总是失败的一个重要原因。这也是我们这块大陆上的冲突无节制地蔓延的原因之一。

显而易见的是，由于非洲各国已经独立，它们之间在经济、政治、社会及文化方面的障碍增大了。南部非洲为此提供一个有说服力的例子。至20世纪70年代早期，虽然兰特是实行隔离政策的南非统治权的工具，但也是该地区的通用货币。在整个地区，尽管存在着致命的移民劳工体制，但资本及劳力的流动相当容易。资本及货物在整个关税同盟（Customs Union）范围内易于转移。始于博茨瓦纳，该地区的每个国家在随后的几年里，均创制了各自的货币，立起了障碍，于是抑制了资本及劳力的流动。顺从于国旗、国歌以及虚荣的怪念头，统治精英们渴望不惜一切代价，以维护主权和独特性为矫饰，从而采纳了令人困难重重的签证必要条件。事实上，尽管在南部非洲发展共同体这一群体的各国范围内区域合作及整合的任务尚未完成，但是，南部非洲的人们今天却比以往更为分隔。仇外不受抑制地成长着，即使在那些多年来由其同类非洲人的慷慨而维持生存的难民群体中，也是如此。这一规则鲜有例外。有时，有人倾向于断定，沙文主义和仇外已成为非洲精英手中的工具，以便用力促成玩弄及培养差异及特殊性的感觉。①

正因为对非洲统一形成重重障碍的新殖民体制各国并非不能存活，我们才在它们存在的40～50年间无法取得进展。这些事实如同其本身的持久一般真实，如同我们不能够像变魔法那样，简单地清除这些遗传而来的新殖民体制国家一般真实。在这些国家，处处都已形成强大的社会群体利益，并得到巩固。我们必须为了可预知的未来，与这些国家一同生存，同时，我们还需要创新并构造国家之间的制度，此种制度很实用地适合于非洲大众的经济、文化、社会及政治利益的发展，这是一些自下而上的却非自上而下的结构。我们为此所能采取的唯一方法，而又不招致新殖民体制各国的愤怒和敌意，那就是经由透明的民主过程发展这些制度。的确，泛非主义方式为财富创造及生产力发展而构建的制度，能够在全球市场上竞争，而在支持这种构建的非洲统治者群体中，汲取有远见的成分，应当是可能的。

贾迈勒·恩克鲁玛所写的那种渐进立场，就是蒙罗维亚集团（Monrovia Group）的传统，而快捷途径所表现的是卡萨布兰卡集团（Casablanca Group）的方案。包括阿尔及利亚、埃及、加纳和摩洛哥在内的卡萨布兰卡集团，代表着激进的反帝国主义态度，而以尼日利亚和利比里亚为关键参与者的蒙罗维亚集团则由“温和者们”组成。科恩（Kohn）和索科尔斯基（Sokolsky）指出，卡萨布兰卡集团与蒙罗维亚集团之间的嫌隙不仅仅是走向非洲统一的路径不同，而且还体现在外交及经济政策上。在他们的著作《20世纪的非洲民族主义》（*African Nationalism in the Twentieth Century*）里，他们复制了一份由当时加纳的执政党发表的文件，虽然该文件带有亲卡萨布兰卡集团的倾向，但是对于这两个集团的矛盾却阐释明了。据有关说

---

① Hans Kohn and Wallace Sokolsky，*African Nationalism in the Twentieth Century*，D.Van Nostrand，Reading No.26，New York，1965，p.185.

明，在阿克拉发布的联合公报宣布，卡萨布兰卡集团各方势力旨在与所有非洲国家，以独立为基础，在政治和经济方面，在更大规模上更紧密地合作。公报中所用措辞“以独立为基础”并非没有意义。卡萨布兰卡集团各方势力恰当地考虑到蒙罗维亚集团是由西方列强主导的。蒙罗维亚集团各方也怀疑拉各斯大会的性质，并担心某些外国势力可以把非洲大陆分裂为两个集团而加以剥削，其中一个集团则充当与不结盟运动对抗的工具。①

在同一文件的其他地方，站在不结盟运动立场上的一部分基本理论得以概要性地阐述，并用于说明卡萨布兰卡集团与蒙罗维亚集团之间的差异。“尽管卡萨布兰卡集团六个成员保证，它们自己奉行不结盟政策，以便保护来之不易的独立、主权以及领土完整，并为加强世界和平而效力，但蒙罗维亚集团实际上是由受到殖民主义影响的一些国家组成的。法兰西共同体（French Community）的各成员组成了一个相当大的集团，这些成员都是自治的国家，却采纳了一种明确说来是法国的而不是西方的政治路线。”②

---

① Hans Kohn and Wallace Sokolsky，*African Nationalism in the Twentieth Century*，D. Van Nostrand，Reading No. 26，New York，1965，p. 185.

② 在近来（即2005年9月26日）钦威祖·钦威祖（Chinweizu Chinweizu）与塔杰丁·阿卜杜尔·拉赫曼（Tajudeen Abdul Rahman）的一次电邮辩论中，钦威祖说道：“非洲自1400年以来的麻烦，并非外来海盗及吸血鬼与他们的买办追随者们一道，未曾在非洲之外赚了令人难以置信的大量钱财。他们一直都在赚钱。麻烦在于，非洲人们还没集中关注于形成权力，以阻止那些人以消耗非洲为代价而那样做。这就是杜波伊斯和恩克鲁玛所做的，尽管他们竭尽努力，但都失败了。他们没有提出关于非洲权力这个难题，更不用说给出答案了。他们所追求的是一体化、社会—经济平均主义、20世纪非洲缺乏权力那样的泛非主义，你已经坚持不懈且积极地推动这些，但它们在21世纪没有位置。我将让你和你的同类知道，21世纪的难题是非洲权力这个难题，以及如何形成足够的权力以保护非洲免遭外来及内部的蹂躏。非洲权力，一直都是尚待解决的难题。但是，杜波伊斯和恩克鲁玛未能阐明及集中关注这一难题，因此使我们犯了不作为的罪过而误入迷途，成了挂着泛非主义的招牌，而这种招牌已经顺从于欧洲及阿拉伯帝国主义的共同抉择，起先是经由非洲联盟，现在则是经由阿拉伯联盟和非洲发展新型伙伴关系（NEPAD），成了这样。请别误会了我的意思！非洲人们应当尽一切努力在非洲投资并创造财富。但这样做远远不够。对无助于形成非洲的权力以便保护非洲的经济和居民的任何经济发展类型，都是可悲地浪费时间。假如你积攒了黄金，但没有形成权力保护你所藏黄金免遭偷盗，那么，你将为此后悔不迭。这就是对资源丰富的非洲提出难题的另一种方式，而非洲已经在所有这些世纪当中一直处于赤贫，同时，别人却被它喂肥了。”

仅仅由于1963年非洲统一组织的形成，这些政治上的敌对阵营才解散了。卡萨布兰卡集团不信任蒙罗维亚集团，认为它是由“帝国主义的侍从”组成的。结果，在1964年于开罗召开的非洲统一组织首脑会议上审议非洲统一组织宪章时，远远不符合泛非的希望。重点并不在于加纳的克瓦米·恩克鲁玛所构想的统一。恩克鲁玛的想法是形成一支他所称的“非洲统帅部”那样的大陆军队，解放依然处于殖民主义或白人少数者统治下的非洲领土，但他的这种想法被温和派窒息了。有些人担心恩克鲁玛及其激进的随从们可能会利用这支非洲联军驱逐他们。还有一些人则觉得恩克鲁玛的意图是要吞并其他国家。[①] 为了减轻这种担忧，恩克鲁玛早在1958年就说过：“我准备在任何一位能够适当地解决我们时代这一重大问题的非洲领导人之下，效力于自由非洲各国组成的一个政治联盟。”但非洲统一组织只是满足于成立一个设立在坦桑尼亚首都达累斯萨拉姆的解放委员会（Liberation Committee)。在随后的年月里，在所有层级上，该委员会对于协助南部非洲反抗该地区殖民主义而进行的解放运动，做了许多工作。

拿坦桑尼亚第一位总统、非洲统一组织创建人之一、已故的朱利叶斯·尼雷尔的话来说，实际上，非洲统一组织在其存在的大多数年月里，充当了“非洲各国元首们的工会”。非洲统一组织宪章非常狭隘地为主权观念下了定义。这一定义实际上保护了专制和暴政。例如在苏丹和毛里塔尼亚，该组织是通过它所谓的不干涉原则赞同内部殖民化和奴隶制的。尽管非洲统一组织有其弱点和根本的缺陷，但是对于其在非洲政治的非殖民化进程中的显著贡献，却几乎没有疑问。

恩克鲁玛对于统一的非洲所怀梦想，一直都温暖着非洲人们的心，至今依然如此。但是，也存在着一些严重的相关问题：首先，统一的非洲的各单位是什么。一个统一的非洲是由现有的新殖民体制各国简单聚合而构成的吗？其次，最好把非洲统一构想成一个大陆派的项目

---

① Joshua Nkomo，*The Story of My Life*，SAPES Books，Harare，2001，p.78。恩克鲁玛公开的立场与恩科莫（Nkomo）的陈述有矛盾。见*Ghana Today*，April 27，1960。

吗？“科学社会主义”与非洲统一这一观念的关联性是什么？最后一个问题是，经由一些演变过程或革命过程能够实现非洲统一吗？

尽管恩克鲁玛是20世纪非洲最重要的思想家和梦想家，但重要的是，并非他所说所写的任何事情都是铁定的或像圣经那般圣洁。任何想把恩克鲁玛的理智遗产教条化的企图，实际上都是粗鄙地歪曲他的经历。的确，恩克鲁玛理智经历及轨迹的最迷人特性之一，就是恩克鲁玛所显示的稳定演进且理智发展的曲线，这与大多数殖民体系瓦解后非洲领导阶层人士都不相同。写作《殖民地走向自由之路》（*Towards Colonial Freedom*）以及后来的《良知主义与非洲社会主义》（*Consciensism and African Socialism*）之时的恩克鲁玛，与后来写作《革命战争手册——非洲革命武装阶段指南》之时的恩克鲁玛，在本质上和哲学上不同。在他的自传《加纳》（*Ghana*）一书中，他宣称自己是一个无教派的基督徒和马克思主义者。① 在恩克鲁玛一生最后几年里，他坚称自己亲近科学社会主义。而在哲学上，这两种立场完全不同。

恩克鲁玛政治构想的持久特性，在于他对非洲和非洲统一那种谦卑的、不倦怠的以及根深蒂固的承诺。在艾尔哈吉·克沃－斯万齐（Alhaji Kwaw－Swanzy）（他一度担任加纳共和国总检察长和司法部长）1993年6月21日向（伦敦的）哈克尼黑人各族协会（Hackney Black Peoples Association）发表的演讲中，哈吉·克沃－斯万齐回忆道：

> 我于1935年法西斯意大利刚刚“强奸”阿比西尼亚（今埃塞俄比亚）之后首次听到克瓦米·恩克鲁玛谈到非洲统一。我那时候是埃尔米纳（Elmina）附近的阿米萨诺（Amisano）圣特蕾莎神学院（St Theresa's Seminar）的学生，正准备成为天主教堂的神父。我那时大约14岁。除了克瓦米·恩克鲁玛是一位俗人之外，我的所有导师都是神职人员。每天早上开

① Kwame Nkrumah，*The Autobiography of Kwame Nkruma*，Nelson，Edinburgh，1957，p.12.

始上课之前，他都给我们讲说非洲和非洲人们能够摆脱欧洲人的统治。他常常说到的秘密武器就是统一。接着，他还会说到：记住那句话吧——团结起来我们就站着，分离了我们就倒下。他讲的那些课很通俗，但是都戛然而止。1935 年 8 月的一天早上，他告诉班上，他就要离开了，要去美国做进一步的研究。①

一些像法农和勒内·迪蒙（Renē Dumont）那样的观察者以充足的殖民体系瓦解之后的经验，早就发出警告。迪蒙直率地说道：

“非洲虚假的启程”。你的标题太粗鲁了。这会冒犯非洲人们的，你知道他们是多么敏感。“你将会迎合典型的殖民地偏见”；“你用所有那些批评新兴国家及其领导人的话语，为殖民主义者们辩护，那些人觉得非洲人们还没为独立做好准备”……纯粹的政治独立只是初步独立。只有通过经济上的独立才能实现真正的独立……面临新的“阶级殖民主义”，我只有三种选择。我无话可说，因为我不喜欢得罪非洲人们，这是容易的摆脱办法。我可以诉诸阿谀奉承，就像许多人在

---

① Alhaji Kwaw – Swanzy，*Pan – Africanism and thc Legacy of Kwamc Nkruma*，Spcech by Alhaji Kwaw – Swanzy to the Hackney Black Peoples Association，London，June21，1993，油印本。克沃 – 斯万齐在他演讲中还发表了其他评论，这有助于说明恩克鲁玛的政治生涯。他写道：“直到 1945 年我在海岸角（Cape Coast）的圣奥古斯汀学院（St Augustine's College）做高级校董时，我才与他打交道。他从伦敦给我写来信，并寄来一份在曼彻斯特举行第五届泛非大会（Pan – African Congress）之后他所创办的周报《新非洲》（*The New Africa*）。我很喜欢报纸上登载的文章，并同意担任该报的发行人。我的营业范围是整个黄金海岸。1948 年发生几次骚乱之后，我在曼彻斯特读大学本科，黄金海岸的殖民当局宣布，我发行《新非洲》这事情已证明我是一个共产主义者和共产主义的代理人。我在前往曼彻斯特维多利亚大学（Victoria University）途中大约于 1946 年 9 月 18 日抵达伦敦，我是去那里的优等历史学院（Honours School of History）攻读学位课程。就在抵达伦敦那天晚上，克瓦米·恩克鲁玛把我介绍给献身于非洲解放及统一的活动分子们组成的一个小型委员会（即‘圈子’，*The Circle*）。正是这个委员会决定让恩克鲁玛接受邀请而成为总部位于索尔特庞德（Saltpond，加纳中部地区首府海岸角东边一市镇——译者）的‘统一黄金海岸会议’（United Gold Coast Convention）的秘书长。”同上。

1961—1962 年那些独立庆典期间那样做。或者我可以简简单单地把我所下的那些令人不快的结论省略掉，这样就可能成为另一种形式的谎言……热带非洲在试验性的殖民地前的启程之后，似乎正在踏步不前。当然，欧洲人们受到最多的谴责。奴隶制和殖民主义在政治和经济两方面都有责任。但是非洲人们现在已经取而代之。这个大陆的工业和农业的发展，就像其他事情一样，必不可少地正遇到许多障碍，其中有些障碍根源于传统，另一些则来自独一无二的现代……非洲人们能够迅速地把状况调整到正义一边，在 20 年内征服不发达，并指责本书标题是谎言。①

20 年来来去去，如果有什么区别的话，那就是现在的状况比以往任何时候都更坏。让 - 弗朗索瓦·勒韦尔（Jean - Francois Revel）1987 年撰文指出："勒内·迪蒙确实提到'非洲虚假的启程'，一些提出批评的社会学家问道：'黑非洲真的能够启程吗？'用一位在这些难题方面公认的权威人士吉尔贝特·艾蒂安（Gilbert Etienne）的话来说，事实依然如此，'当撒哈拉以南非洲各国民族独立之际，专家们都倾向于说，至少这里的人民都能吃饱了——不像印度那样'……"② 我们于 21 世纪之初的现在所能说的是，假如目前的趋势继续下去，吉尔贝特·艾蒂安所做的评论很快就会失效。今天，在三个非洲人当中就有一个人营养不良，在近 7 亿非洲人当中大约有一半人每天的生活费不足 1 美元。撒哈拉以南非洲地区进入了一个新的千年纪，这是世界上饥饿成了流行于当地并日益增长的一个地区。生产经济作物的过程，大规模地损害人们的营养需求，这种活动在非洲开始于 19 世纪后期，已经直接损

① René Demont，*False Start in Africa*，Author's Introduction，Sphere Books Ltd.，London，1966.

② Jean - Francois Revel，*Paris Notebook——Why does Africa Stagnate*，in *Encounter*，Vol. LXVIII，No. 5，May 1987，p. 30。引自 Gilbert Etienne，*Asie - Afrique*，*greniers vides*，*greniers plaeins*，A collective study，prepared by Sylvie Brunel，Editions Economica，Paris，1986。

坏了非洲人们的健康状况。[1]非洲的收入增长仅仅跟得上人口增长的速度，保持在2.5%以下，并使非洲的绝对贫穷人口数量所占比例从四分之一增长到约三分之一。2003年4月7日，世界粮食计划署（World Food Programme）执行署长詹姆斯·莫里斯（James T. Morris）在向联合国安理会所做的一项陈述中指出，非洲食物危机的核心原因，在于反复出现的干旱、失败的经济政策、内战以及不断增加的艾滋病患者的影响所形成的综合作用，这种作用损害了粮食生产部门以及各级政府应对需求的能力。遭受苦难的规模之大，空前未有。世界粮食计划署约需筹集18亿美元资金，才刚刚可以满足非洲2003年一年的紧急粮食需求。这一数字等于把该机构2002年对其全球各个项目所有可用资源累加起来，而且大于位于纽约的联合国秘书处的两年预算。当詹姆斯·莫里斯发表那番陈述之时，世界粮食计划署的那项筹资尚有10亿美元没有着落。

从殖民主义者们继承了规则的社会各阶级，对于他们正欲所为、已然作为以及需要怎样作为，讲述了万语千言。但是，积极的成果少而又少。迪蒙对于这些阶级的苛责，与法农所用语言风格和控诉很相配。法农认为，发展战略的核心问题在于定位于自然、中等阶级的潜力及行为。他的话并非装腔作势："在殖民统治时代末期，接管权力的民族中等阶级（national middle class）是不发达的中等阶级。它实际上没有经济权力，且在任何情况下它都无法与母国的资产阶级势力相称，而它却想取代后者。在民族中等阶级那种任性的自我陶醉中，它容易确信，自己能够便利地取代母国的中等阶级。但是，在字面上把它逼进角落里的同样的独立，将会在其等级范围内引发灾难性的反应，并将迫使它为了帮助先前的母国而发出狂乱的诉求。"[2]

殖民地政国的继承者们那"任性的自我陶醉"，只不过是对于普洛

---

① Josué de Castro, *Geography of Hunger*, Victor Gollancz, London, 1952, pp.183~193.

② Frantz Fanon, *The Wretched of the Earth*, Penguin Books, Harmondsworth, 1969, pp.199~200.

斯彼罗（Prospero）[①]的模仿者做出的卡利班（Calibanesque）[②]似的反应，蠢笨地希望获得主人的外表，而这些继承者也已经成为主人了。殖民体系瓦解后的精英们的文化窥镜（cultural looking - glass）经验与此很近似，最允许用谎言哄骗自己。一旦他们哄骗了自己，自然就很容易哄骗文化和经济身份较低的那些被拉拢的本国同胞们，而不再自我质问。但是，对发展做出的种种许诺仍然如同海市蜃楼，静静地面临貌似真实的追逐。有些人相信这些精英，但是，大多数人所选择或宁愿坚持不懈的希望和信任，却是等待更好的时代即将来临。对于更好事物久久挥之不去的希望，很不容易消除。勒韦尔在1987年与亚洲的资料做比较时写道：

> 在1969年皮尔森委员会（Pearson Commission，一个由麦克纳马拉[③]任行长时的世界银行所赞助的研究团体）发布的一份报告中，认为韩国"因长期依赖于外国援助，没有潜力经由自己的努力而实现较高的增长率，受到谴责……"5年后，韩国的增长率达到了5%～10%的年巡航速度（annual cruising speed），有时速度更高。今天，印度已经与苏联和罗马尼亚签订了谷物出口协议，泰国把稻米卖给中国，印度尼西亚的粮仓满得盛放不下了。东南亚的长期粮食短缺仅仅发生在越南和柬埔寨，而孟加拉国则断断续续出现粮食短缺。在20年间，亚洲的人口增长了50%，而且按人均计算，粮食产量增长了20%。另外，在黑非洲，在以往15年里，这一同样的人均粮食产量数字，却至少下降了20%。这些不同的统

---

① 莎士比亚戏剧《暴风雨》（*The Tempest*）中的主角，米兰公爵。——译者

② 此词由卡利班（Caliban）派生而来。卡利班，《暴风雨》中一个丑陋、野蛮而残忍的奴隶。——译者

③ 罗伯特·麦克纳马拉（Robert Strange McNamara）：1961—1968年任美国国防部长，当时美国陷入越南战争；1968—1981年任世界银行行长，在任期间致力于解决贫困问题，把世界银行援助重点从发达国家向发展中国家转移。——译者

> 计数据一度引来咒骂而又令人宽心，原因是，如果亚洲从那显然没有希望的境况中出人意料地脱颖而出，那么，为什么困苦的非洲办不到？[①]

15年后，非洲依然处于困境中，“非洲悲观主义”的无前途气氛已经成为风尚。现在已大为清醒。但是，现在还有许多人认为，可以基于我们从各殖民列强继承而来的新殖民地国家，发展能够维生的经济以及现代国家。这些国家却一个又一个地令我们失望。几十年来，非洲各国按照国际货币基金组织和世界银行的方式，吞咽了巨大而定期剂量的结构调整之药石。但是，没有哪个吃了这些药的地方产生了持久的或令人愉快的结果。的确，国际货币基金组织对于非洲的卫生状况、贫困程度以及教育的制约性所造成的影响，是凄惨的。没有哪个国际货币基金组织或世界银行的“金娃娃”案例，随着时间流逝而展现出所吹捧的那种远大前程。

非洲早期独立时期的另一个显著特征，在于冷战及东西方敌对状态对于非洲各国造成的影响。一些国家试图参与某一个集团而与另一个集团打赌，在不同关头，它们在两边转来转去。自20世纪60年代初期以来，在西非就流行着一个故事，说的是乌弗埃－博瓦尼(Houphouet－Boigny)[②]与恩克鲁玛为象牙海岸和加纳这两个国家打赌，鉴于该两国的领导阶层的政治倾向，看看到底哪一个国家可能发展及繁荣。就其历史记录来看，严重依赖法国并因此被较为好战的非洲民族主义者当作殖民地侍从的乌弗埃－博瓦尼，打赢了这场赌。今天，在短短几年的混乱以及反叛战士监督民选平民政府过去之后，科特迪瓦的经济相对衰落，且乌弗埃－博瓦尼统治下施建的牢固的基础设施

---

① Jean－Francois Revel, *Paris Notebook——Why does Africa Stagnate*, in *Encounter*, Vol.LXVIII, No.5, May 1987.

② 乌弗埃－博瓦尼（1905—1993），科特迪瓦第一任总统，1960—1993年在任。——译者

正在退化。而恩克鲁玛的加纳在教育和卫生领域以及相关的基础设施方面取得了显著进步。然而，在1966年恩克鲁玛政府被推翻时，加纳的经济处于严重衰退之中。

赞同卡萨布兰卡集团的苏联人，不曾在任何地方形成非洲发展及基础设施建设的类型，能与法国在象牙海岸，在西非或东非，在肯尼亚所形成的类型做比较。大多数所谓“渐进的”非洲国家政府采取了不结盟姿态，这种姿态以1955年有29个国家参加的万隆会议的精神为基础，且这些非洲政府希望它们能够避开两个全球权力集团的敌对状态和争辩。这已被事后聪明证明了是一种考虑欠妥的见解，因为当时那个世界并没有微不足道的骑墙者们的存身之所，对第三世界国家的压力总会落在围墙的这一边或者那一边。的确，这些国家都是一些其主权极少被宗主国各列强认真看待的国家。① 这些国家一般总是处于某一阵营或另一阵营，而且宣称不结盟的许多国家，事实上常常在不得已的历史环境中，实际上处在某一势力范围或另一势力范围之内。

这种情况的一个典型例子就是安哥拉。在多年的内战期间，安哥拉人民解放运动（Popular Movement of Liberation of Angola）、安哥拉政府经由一些美国石油公司而出卖了大量石油，大部分税收被倾向于苏联的安哥拉人民解放运动执政的政府用于向苏联及其东欧盟国购买军火。安哥拉人民解放运动的对手“争取安哥拉彻底独立全国联盟”（Nation-

---

① 多年前，伦纳德·巴恩斯极敏锐且带着极有特点的无情坦率，嘲弄了此种主权虚构。他在提到刚果时写道：“然而，国际惯例暴露出此种描述不过是虚构而已。刚果以其真正的运作方式正要远离共和主义的民主以及不受阻碍的主权，正如其可以做到的那样。一种令人好奇的混合型三层控制体制已经演变而成。顶层的内容触及冷战、外交关系高端政策，以及让非刚果人可接受的建立并维持刚果政权，这层内容是在美国政府及其中央情报局暗中提供的保护伞的阴影下运作的。居中那层的内容是日复一日的经济政策及机构的管理，服从于顶层内容的总体批准，处于欧洲各银行及各商业公司（通常是比利时的公司）的掌控之中，必要时就依赖于国际货币基金组织。底下那层的内容则是非洲人们的自我政治，把顶上那两层排斥在外，由中央情报局亲自挑选，并顺从中央情报局体面的暗下提示及监视，处理本国事务以及与非洲各邻国的关系。这就是刚果有效权力机构的模式，我们在此把此种模式贴上一个标签，即殖民地构筑或者重新构造的殖民主义。”此处引文出自 Leonard Barnes，*Africa in Eclipse*，Victor Gollancz Ltd.，London，1971，p.158。

al Union for the Total Independence of Angola）则走私钻石，拿到国际市场上售卖，所得钱财被用于从西方，尤其是从美国购买军火。因此，倾向于苏联并不必然势不可当地与苏联做买卖或者有利于苏联。在不结盟权力运动中，只有那些较为有力量的国家，才能够公平地独立于两个强力集团，表达自己的观点及立场。这种优势属于中国、印度和印度尼西亚这样的国家。

在当代南非，媒体制作了民粹主义膳食，并将其转变为自由主义新闻界的黑色蠢货（*bête noire*）。在南非，凌辱的镶边被描述为民粹主义者，并用于描述任何政治立场，就这样毫不含糊地向民众（*hoi polloi*）呼吁。我在早先的一篇论文中说过，在南非，自由主义新闻界往往把习惯用语庸俗化，并把它用做“蛊惑民心的政治语言”之委婉语或指称，与一些政治家，如1994年之前的彼得·莫卡巴（Peter Mokaba）和温妮·马迪基泽拉－曼德拉（Winnie Madikizela－Mandela）[①]联系起来。[②] 我意识到，使用一个像“民粹主义”这样的大词，其目的是把各种不同的意识形态表现形式和争论均囊括于其中。思想观念范围的多样性，可以放在民粹主义的类目之下，它已经被丰富地揭示于吉塔·约内斯库（Ghita Ionescu）和厄内斯特·盖尔纳（Ernest Gellner）[③]所编关于民粹主义的那部书籍中。正如他们在该书的导言中所言：

> 一个幽灵正在全世界游荡——民粹主义。十多年前，当一些新的民族出现而独立时，有人提出这样一个问题：会有多少民族走向共产主义？今天，这个当时似是而非的问题已

---

① 彼得·莫卡巴（1959—2002），曾任南非国会议员，纳尔逊·曼德拉任总统时的副部长，“非国大”青年组织“青年非洲人国民大会青年团”（African National Congress Youth League）主席，20世纪90年代曾参与反抗种族隔离斗争；温妮·马迪基泽拉－曼德拉，南非政治家，“非国大”妇女组织“非洲人国民大会妇女联合会”（African National Congress Women League）领导人，纳尔逊·曼德拉的前妻。——译者

② K.K.Prah, *Africanism and Africanization*, *Do they mean the same thing*？油印本，1999。

③ 吉塔·约内斯库（1903—?），罗马尼亚裔英国籍哲学家，著有许多关于共产主义的著作；厄内斯特·盖尔纳，捷克裔英国籍哲学家及社会人类学家。——译者

> 经不合时宜。就一些新兴国家的统治者热忱接受某种意识形态而言，往往更使其具有民粹主义特性。民粹主义并非一种局限于新民族的观点。在共产主义世界，强大的潮流似乎是顺着民粹主义的方向而移动的。在进行焦虑或苦恼的重新检查时，这种情况抓住了好几个后来发达的自由社会，民粹主义的一些主题是突出的。现在，民粹主义的重要性已经无疑，它作为一种学说或运动是难以捉摸和变化无常的。它到处突然出现，但是具有许多相互矛盾的外形。它具有任何基本的统一性，或者就是包含了众多互不关联的趋向的一个名称？①

这种情况出现在约30多年前。从那时以来，苏联帝国已经崩溃为碎片。中国已成为我们这个时代超群的经济机器；且在非洲呈现为各种各样姿态的民粹主义已被反复揭下伪装，因为其实践与其辞藻并不连贯地匹配。

那么，民粹主义是如何，又是何时在非洲占有那么多地盘的呢？第二次世界大战后殖民地获得自由的非洲政治，分享了一大批社会—经济群体及文化形成体的后援，它们包括农夫、农场主、教师、某些传统的统治者、商店店主、律师、医生、普通劳工以及其他人。这些混杂的社会各类人员，怀着同一种意愿而团结起来，那就是要明白殖民主义者（定居者及非定居者类型）的背面，尤其是那些与殖民主义者的政治统治和行政管理相关的方面。在反殖民主义运动中，唯一持有严重异议的那些声音，发自那些其直接环境依赖于殖民地行政管理在场的人们，以及那些不能看到脱离殖民主义者而进步会有美好前途的人们。还有一些总爱唱反调的人，是殖民地时代西化的本土精英，他们觉得，出现政治上嘈杂的阶级，会受到威胁。

显然，这种广泛的社会功能结合，要求平等地包容跨阶级的多数

---

① K.K.Prah, *Africanism and Africanization*, *Do they mean the same thing*? 油印本，1999，p.1。

人意见，或者至少在语言方面要这样做，这种意见或语言也是无所不包的。用政治话语来说，这就是用第一流的民粹派词语来表达。“人民”利益、“群众”、“社会正义”以及“劳动群众”、“游廊男仆”，在民粹派意识形态公式中，就是在不同时期被反反复复使用的词语。“人民”在非洲民粹派的种种思想观念中，一贯都是至高无上的咒语。被均值化的“人民”这一概念，把自己出借给了无阶级性这一观念。因此，在反对殖民主义运动中处于核心位置的非洲民粹主义，宣称自己以集体样式代表着非洲的利益，代表着某片特定国土上所有地区的富人和穷人、有特权者和无特权者。这就是美酒酿造期的联合政治，是由小资产阶级各社会群体领导的，由喷发而出的殖民地权力及正在就绪的土著或本地的章程及主权所追求目标构造的。其广泛的跨阶级特征，要求一些公分母很清晰，而那些公分母以宽泛而势不可当的话语限定着社会利益，并对所有一切都有所许诺，或者对所有人们均已事事许诺。尽管民粹派的花言巧语始终在宣示“人民”的声音，即各类群体的人民心声，但是，这种言语不得不是平等程度的行动类型话语，这样才会为了“人民”利益而说出来。在我们这个时代，宣示性民粹主义的一个最突出例子是由委内瑞拉的查韦斯（Chavez）提供的。当小资产阶级发表意见时，在其发表意见的地方，小资产阶级大多把好处据为己有，用反殖民主义的民粹主义政治语言来说，对手是由“人民”之外的外人构成的。有时，民粹派精英们把外人的想法预想为丑陋社会疾病的媒介，并常常把族裔至上论（ethnicism）和仇外症培养为进行社会动员的政治工具。在这种情况下，它就为法西斯主义的社会策略创立了基础。[1] 以族裔语言表达的民粹主义已成为塞拉利昂、利比里亚、塞内加尔、索马里、苏丹和卢旺达的大湖区、刚果民主共和国东部、象牙海岸以及乌干达的军阀们的便饭。

---

① K.K.Prah, *The Social Background of Coups d'etat*（Brazil 1964, Indonesia 1965, Ghana 1966）, Publikatie No.18, Anthropologisch – Sociologisch Centrum, Afdeling Zuid, Zduidoost Azie, Amsterdam University Press, 1973.

从历史上来看，在非洲的经验中，民粹主义非常赞同社会主义的政治语言，而且已在克瓦米·恩克鲁玛治下的加纳、塞古·杜尔治下的几内亚、莫迪博·凯塔（Modibo Keita）治下的马里以及乔莫·肯雅塔（Jomo Kenyatta）治下的肯尼亚，被明确地表达为非洲社会主义。至20世纪60年代中期，非洲国家的首脑们，除了埃塞俄比亚的海尔·塞拉西（Haile Selassie）、加蓬的莱昂·姆巴（Leon Mba）以及利比里亚的杜伯曼（V.S.Tubman）之外，都曾一度赞成非洲社会主义。[①] 与此一致，倡导者们拉开了他们各自限定的非洲社会主义与20世纪马克思主义的社会主义公式之间的距离，而后者是强调阶级斗争的。汤姆·姆博亚（Tom Mboya）把他所定义的非洲社会主义，着重于工业化之前的公有制社会在非洲的回声这一点上：

> 在很大程度上要为资本主义制度下各种各样的无节制和剥削负责的贪欲本能，由于集体感以及拒绝贪污和卑劣而得到调和。有了对社会的忠诚，社会才会给予其成员们很多回报，给予他们安全感和普遍的亲和。我认为，存在着一些价值观，非洲社会主义是为了这些价值观而树立起来的。滋养了非洲社会主义的一些理想和态度，都是土著的，而且容易学到，因为它们是一代又一代人用带有泥土气息的语言表达的，而我们的人民理解这种语言，并非外来的口号。为这个主题书写过的所有的非洲领导人，都同意这些论点。尼雷尔总统说过："我的本国同胞们都能理解，社会主义只能是合作。"塞内加尔总统桑戈尔（Senghor）在1962年12月举行的达喀尔大会上就"非洲的社会主义道路"发表演讲时说过

① Kenneth W.Grundy, *Mail*: *The Prospects of* "*Planned Socialism*", in William H.Friedland and Carl G.Rosberg Jr.（eds）, *African Socialism*, Stanford University Press, California, 1964, p.175。事实上，格伦迪（Grundy）也认为，赞成非洲社会主义并没有在各个非洲国家显示出经济体系类型或政治体系类型的迹象。同前。

"社会主义就是对社会欺诈和不公平、诈取公共资金、勒索以及贿赂而进行的无情斗争……"①

在非洲民粹主义者当中，奉行着一些与这些想法相结合的信仰，即非洲的发展及工业化的道路，如果以这种"非洲社会主义"证书为前提的话，那么，就要允许避开那些可以从西方资本主义工业化社会发展中辨认出来的无道德意识的特征，并为社会主义英烈祠提供一条可供选择的道路，而这英烈祠则基于传统非洲人的公有制价值观，经过改造并提高了效果。在朱利叶斯·尼雷尔执政时的坦桑尼亚，民粹派社会主义被称为"乌贾马社会主义"（Ujamaa socialism）。尼雷尔认为，社会主义与非洲传统的生产、分配及交换方式，几乎不能远远分开。他说道："在非洲，我们不怎么需要'转变'为社会主义，而更需要'学到'民主。这两者都植根于我们自己的过去——产生我们的那个传统社会。"② 正是这种类型的民粹派社会主义，在穆罕默德·巴布（Mohammed Babu）的《非洲社会主义或社会主义的非洲》（*African Socialism or Socialist Africa*）一书中曾经描写过，许多人可能会同意这种社会主义是由最华丽的意图铺设而成的一条道路，可是却铺设在阿克拉（Accra，加纳首都——译者）的街道上，以西非混杂的皮钦语说来，那就是"chop some make I chop some"，它容易成为让人洗劫国库的一个借口，而这就是发生在非洲大陆上一个又一个国家里的事情。

如果非洲人们有他们自己最坏的敌人，那就是西方世界督导了的一种制度，该制度一方面一贯妨碍非洲的经济进步及发展，另一方面

① T.J.Mboya, *Freedom and After*, London, 1963, p.163, in J.Ayo Langley, *Ideologies of Liberation in Black Africa*, Document on Modern African Political Thought from Colonial Times to the Present, Rex Collings, London, 1979, p.509.

② Julius K.Nyerere, *Ujamaa – The Basis of African Socialism*, in *Freedom and Unity*, Oxford University Press, Dar Es Salaam, 1966, 1974 edition, p.170。又见 Jonathan Barker, *The Debate on Rural Socialism in Tanzania*, in Bismarck U.Mwansasu and Cranford Pratt (eds), *Towards Socialism in Tanzania*, University of Toronto Press, Toronto, 1979, pp.95～124。

不停地存在着关于对赤贫的非洲给予“援助”的谈论和某种行动。在任何情况下，任何西方国家给予的这种“援助”，都不超过其国内生产总值的1%。所给援助当中，大多为借贷，而不是赠送。若为赠送，往往附带一些条款，这些条款迫使接受国购买来自特定来源的货物。另外，大量此种赠款被用于捐赠国派往非洲的所谓专家们。[①]这种专家被许多人视为来自捐赠国的输出失业劳工。众所周知的事实是，为了偿还债务而流出非洲的资本，远远超过流进该大陆的资本。

与此种状况组合在一起的，是一种带有不利的贸易条件的制度，沉重地妨碍非洲的利益。非洲各国政府持续地经受布雷顿森林体系（尤其是国际货币基金组织和世界银行）的催促及压迫，把我们的市场向西方商品开放，损害我们发展于自己后院那些初生及正在兴起的工业产品的利益。私有化已经成为国际货币基金组织和世界银行对非洲所加制约条件的一个口令。很多这种私有化都意味着把非洲工业弱小的工业基地出卖给国际资本。私有化一贯地导致了服务交付和社会福利的削弱及牺牲，使之成为大公司利润的贪婪目标。近年来，由民间组织和劳工运动所引导的全世界反全球化的喧闹不宁和斗争，已经在道德上迫使新自由主义的私有化主张溃散。[②] 西方工业化各国一方面以自由贸易的名义鼓吹市场开放，同时又对非洲生产的、能够在工业化世界销售的货物，保持严厉的关税及限额。在农产品方面，本应当是非洲能够对工业化世界做贸易的牵头商品，却因为工业化国家设置的关税壁垒而遭到抑制。尽管自由贸易和全球化已成为西方的流行魔咒，但事实上，保护主义才是要点所在。巨大的补贴投给了欧洲、美国及日本的农业，致使非洲不可能在开放的国际农业市场进行公平竞争。布朗（Brown）已经指出，事实上，欧盟的每条奶牛每年得到900美元补贴，而欧盟给予撒哈拉以南非

---

① K.K.Prah，*Klein – Oslo Am Nil*，*Der Lebenstil von Entwicklungs – Helfern in Afrika*，in *Der Uberblik*，Jaargang 23，Vol.1，1987.

② 对这一问题的尖锐讨论，见 Leonard Gentle，*We deserve a more considered response from Water Minister*（South Africa），in *Sunday Independent*（South Africa），June 22，2003，p.7。

洲地区所有居民的援助却仅达人均每年8美元。[①] 很显然，全球化正在不平等及不公正的基础上进行。在其表面上无党派的概念涵义下，它实际上是一个过程，便于更为有效地把世界资本主义各边缘地带，更为坚定地整合为不平等的且剥削性的全球体系。

2003年9月，在（墨西哥）坎昆岛（Cancun）举行的世界贸易大会失败了。在这次预料主要是涉及农业问题的世界贸易圆桌会议上，会议就所谓“新加坡问题”（Singapore issues）的内容而拖延下来，该问题是为了一些发达国家的公司准入发展中国家市场的条件予以改善。但根本的问题在于，那些发达国家缺乏意愿对于它们给本国农业部门的大量补贴及出口信贷予以削减。来自印度次大陆的一个代表团告诉合众国际社说，非洲、加勒比以及太平洋地区集团以及其他发展中国家拒绝接受有关投资、竞争、政府采购的透明度以及贸易便利化的四个“新加坡问题”当中的任何一个问题。欧盟则一直热衷于把这些问题统统包括在内，以便让发达国家准入发展中国家市场的条件予以改善。[②]

假如这样一批手段和方法，它们使非洲各国处于贸易和金融的不利牢笼中，是按非洲人在全球生活所处的经济水平，按文化和语言程度而运作的，那么，局面同样不光彩。可口可乐及好莱坞那种文化已经成为非洲年轻人的文化基准点。正如沃尔特·布戈亚（Walter Bgoya）指出的那样：“以欧洲各种语言，以事物和方式的优越性那种具有侵略性的市场导向观念，对于南方各社会加以轰击，西方只能压迫得南方各社会放弃自己的文化，并采用美国的方式。”[③] 自从殖民制度开始强加以来，对于非洲文化的结构造成的损害是巨大的，且这种损害一直

---

① Mark Malloch Brown，*Bush to Africa*，in *International Herald Tribune*，July 8，2003.

② Ian Campbell，*WTO Conference Collapse*，in *The Washington Times*，September 15，2003，p.1.

③ Walter Bgoya，*The Effect of Globalization in Africa and the Choice of Language in Publishing*，此处引自 Birgit Brock－Utne and Halla B.Holmarsdotter，*The Choice of English as Medium of Instruction and its Effects on the African Language of Namibia*，in *International Review of Education*，*Special Issue on Globalization*，*Language and Education*，Vol.47，No.3～4，July，2001，p.288。

在进行。事实上，殖民制度从一开始就使非洲的宗教和仪式生活异教化了，并以殖民语言使非洲各种语言剩余化（surplantation）。

假如我们要想成功地在文化和语言方面为非洲的社会进步创造基础，那么，我们不得不在科学和技术方面现代化，但又不在这一过程中成为西方人。用钦努阿·阿契贝（Chinua Achebe）的话来说，我们必须学会“睁着一只眼睛睡觉”。我们需要现代化而不是欧化。这指的是接受西方科技方面的文化，并使这种文化适合于非洲的文化及社会现实。这并非意味着蠢笨而粗糙地模仿被西方全球化了的每种习性、趣味以及文化。美国方式对于非洲城市青年在日常文化的每个方面那种粗鲁且非精炼的影响，常常是可怕地令人不安。娱乐媒体崇拜好莱坞，它们所见和所理解的世界，就是摆好姿态的电影的影子，成了天堂这一面的梦幻表现。

在过去30年间，由于一些失败的非洲国家经济崩溃，贫穷化稳稳地蔓延到原先较为舒适的那些社会群体当中，绝望和日常生活中的拖曳及磨难，驱使人们屏住气息拥抱宗教。保守的基督教灵恩派（pentecostalism）以及其他类型的基督教原教旨主义已风行于赤贫的、拮据的以及贫困的各阶级中，并在社会秩序中更便利地驻扎下来。在西非的一所大学，曾有人暗示，效忠于灵恩派团体就可以在该大学中对于偏爱于某些任命予以影响。[①]“他获救了吗”、“他再生了吗”这等问题成为挑选办公室人员时颇有影响的标准。在当今的加纳大学（University of Ghana）里，在梅萨·萨尔巴会堂与大学宾馆（Mensah Sarbah Hall and University Guest House）之间的一块运动场上，每天早上，都会有大批“再生学生”以他们所认为的“用语言讲话”的方式，大声叫嚷。据加纳大学前副校长阿基拉格帕·索耶尔（Akilagkpa Sawyerr）2006年1月7日说，大约在1990年，该校全部男生当中40%的人，以及情况大致相

① 2002年12月在阿克拉与*MP*教授的谈话。（据原作者答复译者电邮说，该“MP”是某位人士之名字及姓氏首字母，但该人士不愿透露其真名，故保留该两个首字母。——译者）

同的一些职员，都是再生派基督徒。

其中也蕴含着一种需要，就是按大众社会的要求加以挑选和引导，因为最终只有民主的一大批人，才会成功地引导非洲社会在社会、文化、经济以及政治方面的转型。这将在非洲使大众社会的想象卷入其中，并确保形成现代性，使非洲的劳动者大量地摆脱当代生活那无人性的乏味，将能够对非洲的人性起到释放作用。

日益增长的战争、经济停滞、政治不稳定以及文化非民族化（cultural denationalisation）的危机，当前压制了我们，这些危机正在测试我们的决心，并严重地使我们当中的某些人倒退回去，重新调查一些基本设想，重新考虑及构思我们对于非洲以及非洲的文化、历史和社会目标的那些期望和理解。

虽然释放作用对于人性整体而言是有效的，但是，这种作用的发挥，使所处那种社会及文化情境，不同于一些群体、文化、社会以及历史的情境。例如，尽管普遍的、适用于成年公民权的制度在殖民地经历的结束阶段得以建立，但是，该制度所形成的非洲各国公民们，却是以殖民地时期强加的身份认同为基础的，而这种认同局部地抹杀了早于殖民主义的非洲人在历史上原生的认同。种族隔离制的结束，使南非大众在政治上获得权力，同时又使班图斯坦（Bantustan）[①]认同以及班图斯坦所提获得国家地位的要求被消解。说明这一问题的另一种方式，就是可以在政治赋权的过程中，继续让非洲人们停止做文化、语言及历史意义上的非洲人。假如我们的语言和文化死亡了，那么，我们在文化上将不再是非洲人。我们生活的物质环境已经在语言和文化方面疏离我们的世界；维多利亚湖（Lake Victoria）、奥兰治河（Orange River）、克鲁格公园（Kruger Park）、汤普森羚羊（Thompson Gazelle）这些名称都是按白人的趣味和知识所定义的现实。大多数这

---

① 班图斯坦也称为“黑人家园”或“黑人家邦”，是南非白人政权推行种族隔离政策，对本国班图人实行政治上彻底分离而形成的隔离区，分散在约 300 块破碎地带上，面积仅占南非国土面积的 12.7%，但生活着占全国总人口 71% 的黑人。——译者

些定义都不超过两个世纪。西方人已经在文化和语言方面重新定义了我们的现实和我们在这种现实中的位置。由于这种逻辑延伸，我们已经成为西方所想象的创造物。

然而，朝向非洲解放的行军还在继续。这是一个过程，它顺着弯弯曲曲的道路，径直地带着广大群众的痛苦和磨难，无情地滚滚延续。我们怀着希望而生活，那就是希望非洲人类的这些足迹和苦难迅速而决定性地结束，但是我们也非常懂得，我们不幸地尚未抵达非洲磨难的绝境，在前进道路上可能还有更多的痛苦。只有利己之心的合理性和明智的干涉主义，才会让这发育着奸邪的漫长时代，以及对非洲人们的贬损，最终终结。

第二章　殖民时代之前、殖民时代以及新殖民时期的精英

在各种有助于解释和理解当代非洲的困难和失败的因素当中，最重要的一个因素就是精英的性质和礼仪。从历史上来看，被委以领导责任的精英，已经悲惨地未能在社会生活的所有方面，把进步带给非洲人们。这是一种什么类型的精英？在这个问题上，我先以一些概念性的描述开始本章，这对于讨论问题很重要。

“精英”(elite)这个术语在某种程度上已从社会科学进入通俗语言，就像所有原本的科学用语和其他已被接受的一些概念（*idées reçues*）那样，已成为日常成语而往往丧失了其原有的大量精确性。在现代社会科学论述所用语言中，“精英”这一概念大体是20世纪两位思想家的产品，他们都是意大利人，一位是加埃塔诺·莫斯卡（Gaetano Mosca），另一位是维尔弗雷多·帕累托（Vilfred Pareto）。[①] 莫斯卡在《统治阶级》一书中认为：“统治阶级，或者那些持有并施行公共权力的人们，总是占少数，在他们之下，我们会发现有一个由众多的人组成的阶级，这

---

① James E. Meisel (ed), *Pareto and Mosca*, Englewood Cliffs, New Jersey, Prentice - Hall, 1965。正如我在其他地方所言，在维尔弗雷多·帕累托的《一般社会学论集》（*The Treatise on General Sociology*, 1916）与加埃塔诺·莫斯卡的《统治阶级》（*Ruling Class*, 1884）这两部著作之间，尽管在哲学及方法论上有所不同，但有时都以针对人身的尖刻，为社会学打下基础，把以“意大利社会学”所定义的精英放在了适当位置。在社会科学方面，没有其他任何独特的意大利传统，曾有过如同这种古典学派意大利刑事学这么大的影响。K. K. Prah, *African Scholars and Africanist Scholarship*, in *CODESRIA Bulletin*, November, 1998。

些人从没有在真正意义上参与过政府管理，而只不过是服从于政府；他们可称为被统治阶级。”[①] 在帕累托的习惯用语中，“精英”这一词语指的是“在他们的活动范围内具有一些最高指标（indices）的一个阶级的人们”[②]。在帕累托与莫斯卡所理解的精英这一观念中，他们所用方式的细节有明显差异，最显著的是，帕累托的公式中带有精英循环这一观念，以及统治精英与非统治精英之间的二分法这一附带概念。

“精英”这个概念常常是一个社会分层类别，它可被互换地用于代指阶级这一概念。这个概念的最有利之处在于，在精确性难以达到或者不可能合意达到的情况下，它占着便宜地模糊了。它也是“政治上保守的”，并因此成为一些社会科学家们更愿意接受的概念，而这些社会科学家们把阶级这一概念当作“左翼”工具，即使对该概念下定义的两位最有影响的人士之一马克斯·韦伯（Max Weber），也几乎没分类出来一个左翼。大多数人对于阶级这一概念的定义，都认同于这方面的另一位卓越理论家卡尔·马克思。对于政治上的保守分子而言，正因为如此，就像公牛与红布不期而遇一般。尽管我为了其科学上的准确性而宁愿使用阶级这一概念，因为它为沿着阶层界线（stratificational lines）的社会，以及从历史来看也有根据，提供了更大范围的结构化以及社会差异，以便我在此处做论证。但是，“精英”这一概念却把社会简单地分为两个集合（精英和大众社会），可让我们足以形成及展示个案，而不是非要把一些近似概念，诸如地位、教育、财富、特权以及权力，当成有所区别的阶级现象来看待。在讨论非洲的现实时，这是特别有意义的，在这种现实中，精确的指标和数据往往不容易获取。另外，且也许更重要的是，我不大相信为了此处的论证而使用“精英”

---

① James E. Meisel (ed)，*Pareto and Mosca*，Englewood Cliffs，New Jersey，Prentice - Hall，1965，pp.5 ~ 6.

② Vilfred Pareto，*The Treatise on General Sociology*，New York，Dover，1963 edition，p.2031。帕累托还说道：“假如我们进一步把那个（精英）阶级划分为两个阶级，那将有所帮助，该两个阶级就是统治精英，这是由在政府中直接或间接地起到大量作用的个人所构成的；以及由其他人所组成的非统治精英。”同上，p.2032。

这一概念，就会使得我所做论证的信用遭到损毁。也可以把“精英”这一概念与阶级意识和阶级团结联系起来。[①]在类似这样的情况下，对于这些术语下定义时，可以要求其具有某些灵活性和特质，这样就可以离开较为古典的马克思关于阶级概念的公式。有些社会科学家认为精英是一种内聚的社会群体。其他社会学家则认为，不必非要有自我处在其中（in - it - self）或为了自我（for - it - self）这样的意识才是一个群体，俨然马克思主义者可能使人想起的那样。的确，在非洲，个人以生产单位以及核心家庭作为内部实体，与扩大家庭的关系相比而言，依然是少数现象，血统及氏族的亲和力还主导着对于社会生活的组织，尤其在乡村地区更是如此，阶级意识往往还不大发育。由于精英们比较强大，氏族、血统以及更为宽广的族裔亲和力很容易被他们动员起来去实现政治目的，尤其是在局限于乡村的社群中，更是这样。这就是非洲一些国家容易受到部落制政治影响的原因。在非洲，扩大家庭的关系很强大，以至于宗教差异总是处于下风。[②]

萨特在《辩证理性批判》（*Critique of Dialectical Reason*）一书中提出，根据他所划分的社会—历史范畴，某个社会阶级最终是一个“集体”，且由于其真正的性质所致，它并不进行统治，或者更正确地说是不能进行统治，这是可信的。只有某个微小、内聚、团结且在政治上被驱使的群体，如雅各宾党人、布尔什维克们或者卡斯特罗主义者们的统治，才会采用自我意识的方式而进行。然而，这一论证的有效性，是受到现代资本主义社会的个体化现实所约束的。在半封建、半资本主义的非洲，这种个体化的且狭隘构成的统治集团却不盛行。在现在所有的政体制度中，即使在最现代的政体制度中，较为宽广的跨阶级属性渗透于现代的体制中，而且种种信仰、价值观、参照体系以及对

① Donald N. Levine, *Class Consciousness and Class Solidarity in the New Ethiopian Elites*, in P. C. Lloyd (ed), *The New Elites in Tropical Africa*, Oxford University Press, London, 1966.

② H. A. Gailey, *A History of Gambia*, Routledge, London, 1964, p. 201.

于传统的、资本主义之前的影响及权威类型的期望，都持续存在着。[①]把西方类别的阶层转换到非洲的现实中，其困难在于劳埃德·法勒斯（Lloyd Fallers）在其著作中入微刻画的那种他在东非于20世纪50年代初期遭遇的困难，当时他去那里，是在乌干达的一些湖泊之间的班图王国做田野调查。[②]

我们要记住，“精英”这个概念对于殖民时期之前的非洲社会，也是完全适用的。在大西洋奴隶贸易的几个世纪里，即从15至19世纪，在西非，许多占主导地位的社会群体都受到战争习俗、搜捕奴隶以及消费习惯的制约，而那些消费习惯与枪支、弹药、朗姆酒、杜松子酒、丝绸和其他从西方进口到非洲社会的货物贸易相关。麦克米伦（Macmillan）指出：“一些种族相遇，当发生时，甚至在并没有抢夺土地的地方，都引起摩擦，无疑，实际上的无助感使得许多土著的统治者与一个欧洲保护者形成顺从的护卫联盟。”[③]欧洲各个对手为了贸易而加大了在非洲本土的竞争，并点燃追捕奴隶的战火，这些事情最终效力于欧洲种植园经济在“新世界”的劳工需求。许多这些非洲精英

---

① John Beattie, *Democratization in Bunyoro*: *The Impact of Democratic Institutions and Values on a Traditional African Kingdom*, in John Middleton (ed), *Black Africa*: *Its Peoples and Their Cultures Today*, Macmillan, London, 1970, p.106.

② Lloyd Fallers, *Inequality*: *Social Stratification Reconsidered*, University of Chicago Press, Chicago, 1973, p.4。法勒斯所得观察结果认为：“我去那里工作，我发现的第一批事情当中的一件事，就是在非洲各个王国里有酋长等级制，尽管这些酋长的财富和权威比之其人民何其巨大，且尽管对他们的尊重很精致，但是，他们所享有的这一切无疑都是流动的。只有一些国王和很少几位王子例外，大多数掌权的人都是‘在社会上流动的’，他们并不处于世袭位置上，但是可被统治者根据其能力和忠诚度而任命职位……我决定把我经由问卷调查所获知而思考的东西系统地整理出来，那种问卷中包含了关于‘各阶级’的一些问题，但后来幻想破灭了。那问卷实质上无法翻译成当地语言。我只可以最下工夫、累里累赘把‘阶级’这个词翻译出来，但那里的大多数人并不明白。然而，那里有丰富的词汇可以说起上等人与下等人之间的二元人际关系，也就是‘主子’和‘佣人’这类词语……他们的社会世界是漫散的，但是我所调查的那些人根本不愿意把他们所用那些词语概念化，变成‘阶级’或‘层级’这类词语，而且，在很大程度上，他们都是遵照自己概念化了的那种二元的委托监护制（patron－client）主仆式词语所含的不平等而处事。”

③ W.M.Macmillan, *The Road to Self－Rule*: *A Study in Colonial Evolution*, Faber and Faber, London, 1959, p.17.

起初都是贵族化的，海岸边的阿肯人（Akan）就是一个说服力强的例子。据阿米萨（Amissah）说，17 世纪的海岸芳蒂人（Fanti）展现出一种高度分层化的社会结构，在此结构中，居于等级顶端的是国王、首领或村长。[①] 贵族和上流社会（*adehye*）[②]被称为"*Brenipono*"或"*Brempon*"、"*Oborima*"（对于操双语者而言）。这些社会分子一般都拒不参加农业体力劳动，而主要从事管理、司法及军事职务。他们的生活方式远远不同于下层各阶级，通常都比较奢华，穿着精美，而且在公共场合都使唤一连串仆从（*nkoa*）。次要的精英由宗教祭司和他们的副手们组成。虽然他们形成了一个有特权的群体且通常也不参加体力劳动，但相对而言也不能升为上流社会分子和贵族。这些宗教人员有各种各样的称谓，如"*Abossum*"、"*Fo Nkomofo*"或者"*Essuman Fo*"。传统的商人被称为"*Batafo*"。[③] 随着时间的流逝，西方人在沿海地区出现及进行商贸活动越来越多，于是，行商们（*Batafo*）变得没有那些响应欧洲人商贸活动的新群体那么重要了。这个新的商贸群体通常被称为"*Gramdees*"（突起者）。他们通常也是在沿海地区积极参与西方人进行商贸活动的贵族。他们当中那些更为突出的人，后来在葡萄牙人统治时期（15 世纪中叶至 17 世纪中叶）被认为是 *Caboceiros*（葡萄牙人），在荷兰人统治时期（17 世纪中叶至 19 世纪末期）则被认为是 *Cabocee*r。[④] 史密斯（Smith）在其 1744 年出版的那部书中，描写了一个 *Caboceiros*："某个城镇的头领，或某个氏族的首领，在处理军事事务时

---

① J.B.Amissah，*Markt und Handel an der Goldkuste in 16 und 17 Jahrhunder*，Vienna，Unpublished Ph.D.thesis，1967，p.69。更详细且完备的社会结构图景，可经由下列论著获知：J.M.Sarbah，*Fanti Customary Law*，London，1897；H.Feinberg Elmina，*Ghana*：*A History of its Development and Relationship with the Dutch in the* 18*th* *Century*，Unpublished Ph.D.thesis，Boston University，1969；J.E.Casely Hayford，*Gold Coast Native Institutions*，London，1903；J.B.Christensen，*Double Descent Among the Fanti*，New Haven，1954。又见 K.K.Prah，*Jacobus Eliza Johannes Capitein*：*A Critical Study of an* 18*th* *Century Africa*，Africa World Press，Trenton，1992，p.95。

② 此处所附的斜体字词语均为非洲语言词语或其他非英语词语。下同。——译者

③ K.K.Prah，*Jacobus Eliza Johannes Capitein*：*A Critical Study of an* 18*th* *Century Africa*，Africa World Press，Trenton，1992，p.82.

④ 同上。

当将军，处理民事则当法官，调解与欧洲人所有一切交涉，或者裁定较穷的人当中的一切纠纷。”[①] 戴维森（Davidson）注意到非洲另一个事实，即他所称的“亚精英”（sub - elite）的出现，这可追溯到第一批服兵役的非洲人，这些人被征招到殖民地军队中，并用于殖民地镇压反抗的平复战役。他们要被用来证明，他们是殖民地政府必不可少的当地代理人、口译人员以及警察。葡萄牙人于16世纪早期几十年里，在安哥拉西部征募了他们的第一批黑人战士（*guerra preta*）即黑人军人。[②] 在安哥拉南部和纳米比亚北部，在19世纪后期，当现金交易的渗透正在冲击该地区的政治、经济时，这个过程匆匆形成了新的社会分子和精英，并深化了该地区范围内的社会分层。在横跨安哥拉与纳米比亚边界的奥万波兰（Ovamboland）[③]，有一些武装扰乱者和窃贼们残忍地袭击了该地区，从他们自己本族和其他群体的人家，抓走了一些牛，抢劫了一些奴隶。在奥文本杜人（Ovinbundu）当中，富商们把他们的下等亲戚和倒霉运的亲戚以及本部落的其他人卖到圣多美当奴隶。这种做法通常是为了代替还债。在当地的农业生产中，使用奴隶也很厉害，以便满足商队的旺盛要求。在罗安达岛（Luanda）的腹地使用奴隶劳动，是非洲咖啡种植和采收中的一个显著特征。[④]

在今天的尼日利亚地区，在19世纪中期的埃舒比伊（Eshubiyi）有一个约鲁巴人的艾耶德王国（Yoruba Ayede kindom），同一时期的伊栅（Ishan）和伊塔基（Itaji）是其下层的交战国家，在这些国家中，封建类型的精英们被深深地吸引到抢夺奴隶的战争中。这些政权组织那时就被

---

① William Smith, *A New Voyage to Guinea*, London (First published in 1744), 1967 edition, p.116; K.K.Prah, *Jacobus Eliza Johannes Capitein*: *A Critical Study of an* 18th *Century Africa*, pp.82 ~ 83.

② Basil Davidson, *Africa in Modern History*: *The Search for a New Society*, Penguin Books, Middlesex, 1978, p.85.

③ 操英语的外来者对土著的奥万波（Ovambo）人所居地区所取的地名，该地位于今安哥拉南部与纳米比亚北部之间。——译者

④ David Birmingham and Phyllis M.Martin (eds), *History of Central Africa*, Vol.2, Longman, London, 1983, p.175.

清楚地说成是国家结构，此种政权结构从事由欧洲人主导利益的价值较高的贸易以及经济便利。卡嫩人所居博努地区（Kanem Bornu）的苏丹领地的贵族们，比西非的森林各国吸收了更多的阿拉伯人主导的奴隶制，西非各森林国家直接与南方进行贸易。阿金约格宾（Akinjogbin）和威廉姆斯（Williams）的如下断言是正确的："奴隶们往往成为'唯一的出口物产'。'生产'和交换奴隶是'国王、富人和大商人们的买卖'。他们占用贸易的利润，将其用于进口较为昂贵的物品，以供消费和交换名贵布料以及枪支，这些东西还需要再进口。在殖民制度之前的制度基础上，形成了沿海贸易，以便从事奴隶贸易。"① 这些制度参变因素形成了精英们的思想，并规范着他们的行为。

对非洲所做的研究课题，即一项对现代非洲精英所做的杰出而前卫的项目，由劳埃德（P.C.Lloyd）所编辑，出现在约40年前。② 该论著收录在1964年7月于尼日利亚的伊巴丹（Ibadan）所举行的主题为"热带非洲的新精英们"（*The New Elites of Tropical Africa*）的"非洲研究所第六届国际学术研讨会"（International Africa Institute's Sixth Seminar）这一会议的文集中。劳埃德是围绕着对精英的定义而进行的："……'精英'这一术语可以被适当地用于表示那些受过西方教育而且有钱的人，其年收入的……低限为……700美元。"③ 但按当代标准来看，这个数字的随意性及其不足取之处，破坏了该定义的可信性。把精英地位限定于购买力问题上，就是限制我们对其社会结构支柱的理解。幸好劳埃德还警惕地说道："按此方式为这个类别分类，是很方便的，而且今后只要记住该术语公认的社会内涵，讨论起它的适应性来，就决不

① A.Akinjogbin, *The Oyo Empire in the Eighteenth Century*, in *Journal of the Historical Society of Nigeria*, 1966，引自 Gavin Williams, *State and Society in Nigeria*, Afrografika, Idanre, p.24。

② P.C.Lloyd（ed）, *The New Elites in Tropical Africa*, Oxford University Press, London, 1966, p.2。伊曼纽尔·盖斯（Imanuel Geiss）提供了关于非洲精英根源的概略论述，即 *Das Erbluhen der Modernen Eliten in Afrika seit der Mitte des* 18 *Jarhunderts*, in *Geschichte in Wissenschaft und Unterricht*, November 1971, pp.648～667。

③ P.C.Lloyd（ed）, *The New Elites in Tropical Africa*, Oxford University Press, London, 1966.

会臆断。精英的特征……在某个民族与另一个民族当中，是很不相同的……”[①]另外，在当代非洲的情境下，精英们缺乏他们所处社会的严格社会学特征，而这种特征带有像分层的社会结构以及有待时间检验的主导模式那样的宽广历史。

在劳埃德编辑的著作中，默西埃（Mercier）把非洲各国的精英定义为五种类型，那就是：一是受过高等教育的精英，默西埃称之为出众的（*par excellence*）精英；二是技工精英；三是商业精英；四是传统精英；五是军事精英。[②]尽管许多人可能会同意，没有任何一个具有任何程度的分层制的社会是没有精英的，因为那就实际上意味着肯定有矛盾，但是，汤姆·姆博亚在提到殖民制瓦解之后早期的肯尼亚经验时指出，“精英”这一观念及精英的出现，本来是要避免的事情。他认为：“奋力通过了考试的某位大学生，可以离开大学，确信他经由艰苦奋斗得到的奖赏，就是在社会上的一种特许地位……假如政府和社会不干涉，那么，可能会发生的事情，就是在本世纪形成一个过得十分舒适和方便的精英阶级，完全孤立于其他社会成员……精英阶级的危险是很真实的……大多数我们的新精英都生活在他们所工作的城镇里。他们当中许多人在同一个城镇里都有亲戚。他们全都谈论社会主义。但是，有多少人会抽出多余的一个晚上或者周末，去访问这些较穷的亲戚呢？”[③]

非洲形成阶级和精英，也像其他地方一样，是不可避免的。如上一章所言，姆博亚的观点毫不含糊，他认为非洲社会主义就是共产主义回声在资本主义、殖民地之前非洲的现代改装版。对于处在当前这个殖民体系瓦解后的世界上的大多数非洲人而言，就像姆博亚所认为的那样，产生了同情和支持，传统观点期望较富裕的本家族人们关照

① P.C.Lloyd（ed），*The New Elites in Tropical Africa*，Oxford University Press，London，1966.

② P.Mercier，*Elite et Forces Politiques*，in P.C.Lloyd（ed），*The New Elites in Tropical Africa*，Oxford University Press，London，1966，pp.371～373.

③ Tom Mboya，*The Challenge of Nationhood*，Heinemann，London，1979，pp.108～109.

不太走运的那些本族人。血统、氏族制度以及扩大家庭比起核心家庭的念头来，更有价值。第一代精英所受的教育常常都是扩大家庭所资助的，所以，一般都存在着这样的期望：受过教育的新走运者们（*nouveau arrivé*）跟着也会支持不太走运的人们。大体而言，在殖民体系瓦解后所经历的阶级形成过程，日益打消了这种期望，并因此常常在不太富裕的本血亲家族成员当中，使悲伤和敌意蔓延开。这些事情常常发生在一些社区中，在那里，个体的经济活动使一些非洲农人的地位提升到适度富足的程度，如在查加人（Chagga）或巴干达人（Baganda）的咖啡生产者们、约鲁巴人或阿肯人的可可生产者们以及巴茨瓦纳人（Batswana）的养牛者们当中，就存在这种情况。

在西非的沿海地区，西式教育早在第一次世界大战之前很久就已为精英们创造了截然不同的萌芽素材。但是，从政治上来说，关键的一大批受过此种教育的非洲人，在两次世界大战之间那段时期才出现，仅仅是在20世纪20年代，各殖民地政府才开始推行严格方式的教育。1925年，阿奇莫塔（Achimota）①起飞而成为英属西非得到捐助最多、最先进的学校。布多（Budo）②的国王学院（Kings College），在东非和中非地区具有相似的地位。麦克米伦评论道："即使在南非，那里要先进得多，非洲代言人们长期以来也全都是'拉夫戴尔学童'（Lavodale boys）③，是在一所杰出的学校受到培训的人。"④ 教育对于精英在非洲形成所具有的意义，是基于这样的前提，即在整个殖民地时期和该时期之外，正式的西式教育已成为垂直社会流动的突出方法。这个因素

① 阿奇莫塔，加纳首都阿克拉所在大阿克拉地区的一个城镇。——译者

② 布多，乌干达中部的一座小山，位于乌干达首都坎帕拉西南部十多公里处，山上有多所中小学和大学。——译者

③ 拉夫戴尔，印度泰米尔纳德邦尼尔吉里丘陵（Nirgiri hills）中一处风景如画的小地方，那里所设的劳伦斯学校（Lawrence School）是印度最好的寄宿学校之一。该校初建于1847年，原名"劳伦斯收容所"（Lawrence Asylum），1949年后改为现名。参见英文版"维基百科"之"Lawrence School，Lovedale"词条，载 http：//en.wikipedia.org/wiki/Lawrence_ School，_ Lovedale。——译者

④ W. M. Macmillan，*The Road to Self - Rule*：*A Study in Colonial Evolution*，Faber and Faber，London，1959，p.216.

在那些世代资本积累和阶级形成的发展较差或者几乎不存在的社会中，特别要紧。卢克罗（Lukhero）在其《哈拉雷新出现的精英的社会特征》（*The Social Characteristics of an Emergent Elite in Harare*）（那时候，哈拉雷被称为“索尔兹伯里[①]郊外的非洲人镇区之一”）一文中讨论时，发表了这样的看法：“精英与非精英之间最重要的区别在于教育。”[②] 卢克罗得出的一些结论是，尽管财富是20世纪60年代早期哈拉雷镇区精英地位的一个因素，但仅有这一项还是不够的。他得出的结论之一是：“要当精英就要有钱财，但只有钱而没受过教育的人，就不会被人承认为公司里的精英。例如，尽管某个商人富裕而且生活在精英们当中，但他并未被邀请参加由精英群体的某个成员组织的一个社交典礼。另一个例子是，某个经商的绅士有一个公共车队，尽管他住在一所价值5000多英镑的现代大住宅里，并开着一辆 *mzambarara*[③]（宽大的美国所产轿车），但他还是未被接纳到精英群体中，他仅仅是以 *shoko - shoko* 或 *mbozba*（花了钱但没受到必要教育的干得好的人）而闻名。”[④] 这句话的意思是，在殖民地时期，西式教育本身就有价值。受过教育，就意味着在大众的眼里已从传统生活和社会的落后当中，逃出来了。随着正式的西方教育而来的启蒙，并非对于社会不起作用，而这种社会却是已经从属于经过西方权力验证的政治及军事优势。麦加非

---

① 英美多国有多个地名为“索尔兹伯里”（Salisbury），但此处这个索尔兹伯里却是津巴布韦首都哈拉雷1982年之前的旧称。——译者

② M.B.Lukhero, *The Social Characteristics of an Emergent Elite in Harare*, in P.C.Lloyd (ed), *The New Elites in Tropical Africa*, Oxford University Press, London, 1966, p.132.

③ 此处的斜体词为非洲当地语词，因原著已给出词义，不做音译。下同。——译者

④ 卢克罗就此描述了精英的生活方式：他们都用刀叉而不是用手抓着吃东西，他们时常吃的食物包括欧洲产的食品，比如加工过的燕麦片。他们穿的是西服套装，也知道哪种衣服应该在一天或者一年的什么时候穿。某个非精英成员，尽管他可能很富，生活却与精英不同。他用手抓着东西吃，主食是自家做的 *sadza*（浓粥）。非精英在自己人当中说的是绍纳语（Shona），而精英们见面往往说的是英语。精英家里的无线电收音机静静地播放着节目，而在非精英家里却是起劲地向邻居和过路人炫耀财富。见 M.B.Lukhero, *The Social Characteristics of an Emergent Elite in Harare*, in P.C.Lloyd (ed), *The New Elites in Tropical Africa*, Oxford University Press, London, 1966, p.133。

(MacGaffey) 对于扎伊尔也持相似的观点。她认为，精英主要由资产阶级精英所组成，这些人在比利时人的行政机构中以及低层的半国有公司及私有公司中担任职员。受过教育就有了通向精英之路。在殖民时代早期，主要是依附于比利时人而充当士兵、家庭佣人和传教士仆从的那些人的儿子们，能够受到初等教育。这些小学毕业生在行政管理机构和一些大公司里找到了当职员的工作，于是就住到城里去了。[①] 在一代非洲人的眼中，他们看到了酋长们因按照殖民地的秩序而失去了权力和影响，而兴隆起来并在社会上进步的一些人，就是那些跟随白人以白人的方式办事的人，他们进白人的教堂，在白人的学校里上学，说白人的语言，穿着和行为也像白人。恩苏甘·阿格布勒马贡 (N'sougan Agblemagnon) 对刚果精英所做的研究得出的结论，与卢克罗的结论并无不同。他发现，在刚果，社会地位往往以教育和财富为条件。这两个因素或多或少地都赋予其拥有者，事实上这些人就是独立后刚果社会中那些处于领导地位的人们。[②] 然而，他与卢克罗的不同之处在于，他发现，在刚果的个案中，强调的是财富优越于教育。这种对财富的评价高于教育的趋势越来越厉害，因为非洲各国的经济环境恶化了。由于贪污、腐败和裙带关系侵蚀非洲各国的社会构造，财富无论如何都支配着大部分非洲人的思潮。对于许多当代非洲的年轻人而言，怎样挣钱都行，你必须富裕，这才是重要的事情。从某种意义上而言，这种发展表现为某个精英被另一个精英所取代。对于更年轻的那个精英来说，腐败并不仅仅使社会萎靡不振，而且也是合理的生活方式。

对于殖民体系瓦解后的精英所做的另一项值得注意的调查，就是精英的反工业偏见。教育往往被人们视为避开任何“弄脏了手的”职业的许可证。地位最卑贱的白领工作，始终被人们视为比技能型的体

---

① Janet MacGaffey, *Entrepreneurs and Parasites: The Struggle for Indigenous Capitalism in Zaire*, Cambridge University Press, New York, 1987, p.40.

② F. Nsougan Agblemagnon, *Masses et Elite en Afrique Noire: Le Cas du Togo*, in P.C. Lloyd (ed), *The New Elites in Tropical Africa*, Oxford University Press, London, 1966, p.125.

力劳动更好。人们上学是为了避开那种费体力的工作。这种想法是随着一种观念而产生的，那就是有天资从事案头学习的人，总是比那些靠体能做事的人强。假如某人不能凭着头脑和笔杆干活，那么，他只有用双手干。这种风气直接注入那膨胀而颇无效能的非洲资产阶级中。在加蓬，在石油业兴隆的早期年月里，用于公共职能（*fonction publique*）的预算成本在1961—1964年之间增长了215%。有人估计，政府民事机构的冗员约占整个人员编制的30%。高级公务员的数量节节攀升，从1963年的5470人增加到次年的6750人。到1971年，加蓬超过整个公共开支的一半，用于支付公务员的薪金。但就是在那时候，这种开支比例也低于其他许多非洲国家。这一占比当时在贝宁是70%，在刚果（今刚果民主共和国）则占整个政府开支的85%。① 每个人都想当白领，靠舞文弄墨为生。事实上，这样就重新回到昔日殖民地时期的景象，那时候，到处充斥着白人殖民当局的行政人员，他们在被殖民者眼中就是社会的精华，是最佳的参照群体。他们的双手总是很干净。而正是那些低下的土著，尤其是乡村地区被遗忘的人们（*les oubliettes*），弄脏了自己的手。在体力劳动和个人创造性的报酬很低而且很少受到尊敬的社会里，手工劳动就很难得到尊重。巴恩斯尖锐地评论道："文明人和半文明人，被人看成一个社会群体，固化为一个政府雇员们所构成的寄生种姓，他们的勃勃野心就是从公共开支当中，不断增加挪为己用的比例。"②

在玛格丽特·普里斯特利（Margaret Priestley）对黄金海岸的布留人（Blew）家庭所做的调研中，她注意到，从15世纪以来，在那些沿着西非海岸建成，主要用于奴隶贸易的要塞和城堡的周围，出现了非洲西方化精英的萌芽。③ 普里斯特利写道，在18世纪，"这种状况发展为

---

① L.Barnes, *Africa in Eclipse*, Gollancz, London, 1971, p.24.

② 同上，p.25。

③ Margaret Priestley, *The Emergence of an Elite*: *A Case Study of a West Coast Family*, in P.C.Lloyd (ed), *The New Elites in Tropical Africa*, Oxford University Press, London, 1966, pp.87～103.

程度较为有限的教育，其受益者是当地欧洲贸易商的黑白混血姆拉托人的孩子们"[①]。我们知道，在18世纪，沿着这段非洲海岸延伸的地方，约翰内斯·伊莱扎·雅各布斯·卡皮滕（Johannes Eliza Jacobus Capitein）这个在荷兰当牧师而受教育的人，后来回到埃尔米纳（Elmina）[②]城堡，开始在一所学校给非洲人、混血人的孩子们以及几个欧洲人布教和授课。这所学校平均每天有18～20名学生上课，主要是男孩。他们当中大多数人都能在5个月内学会英语字母表、十二使徒信条（12 Articles of Belief）、主祷文及十诫（Lord's Prayer and the 10 Commandments）。西印度公司（West – Indische Compagie）提供设备和书籍。[③]由于西方的权力和影响增大，也起到了使早期西化精英成长的作用。在受到西方影响的许多非洲地区，受过西式教育的非洲人越来越令人羡慕。需要补充的是，识得英语的字词，是很受文盲羡慕的。这种羡慕清楚地说明了一个事实，知识和应用殖民者的语言向土著打开了机会之门，并提高了垂直的社会流动性。有人观察到，在南非，到20世纪最初那几十年里，英语及阿非利坎语（Afrikaans）就已经是两种官方语言，为非洲人在劳工市场提供了最佳机会。[④]这种以某一殖民者语言做社会互动的能力所造成的结果，在殖民地非洲的大多数地区确有其事。在整个非洲，以某种土著语言识字，依然是被评价很低的。然而，有关这一问题的所有严肃的专家都知道，如果没有我们自己语言的发展，以非洲语言使大众识文断字以及在社会生活的所有方面使

---

① Margaret Priestley, *The Emergence of an Elite: A Case Study of a West Coast Family*, in P.C.Lloyd (ed), *The New Elites in Tropical Africa*, Oxford University Press, London, 1966, p.87.

② 约翰内斯·伊莱扎·雅各布斯·卡皮滕（约1717—1747），加纳裔的荷兰基督教牧师，已知的第一个到欧洲上大学的撒哈拉以南非洲地区的当地人；埃尔米纳，加纳中部地区大西洋沿岸一个朝南的海湾中的一个城镇，位于海岸角（Cape Coast）以西约12公里。——译者

③ Kwesi Kwaa Prah, *Jacobus Eliza Johannes Capitein, 1717—1747: A Critical Study of An Eighteenth Century African*, African World Press, New Jersey, 1992, p.46.

④ V.G.A.Mears, *The Educated Native in Bantu Communal Life*, in I.Schapera (ed), *Western Civilization and the Natives of South Africa*, *Studies in Cultural Contact*, George Routledge and Sons, Ltd., London, 1934, p.91.

用这些语言，包括最重要的以非洲语言所进行的从初等水平到高等水平的教育，那么，在非洲就没有机会得到有意义且持续不断的发展。的确，有些人可能会争论，以本土语言扫除文盲，被居于主导地位的、操欧洲语言的精英们所蔑视。以殖民者的语言以及信仰基督教为特征的精英结构，成为男女非洲人与他们自己的根源疏远的基础。恩古吉·瓦·西奥诺（Ngugi Wa Thiongo）在他于非洲社会科学研究发展理事会（CODESRIA）①成立 30 周年纪念活动（2003 年 12 月 10 日在达喀尔举行）上发表的主题演讲中，抓住这个想法而说道：

> 同一个欧洲在被殖民者的身体上种植了其记忆。看待西方基督教的一种方式，就是当作一个巨大的重新命名仪式。命名就是表达一种关联，主要是反映所有权，如同人们在种植园奴隶制中所见到的那样，在那种制度下，奴隶们被烙上其主人的名号，且当他们转到别的种植园去，或当同一个种植园转手给另一个主人，这些奴隶就被烙上新的名号，这是他们被当作新主人的财产而予以新标识的记号。他们被烙上了新主人的辨识。在塞姆班·乌斯曼（Sembene Ousmane）②所拍摄的影片《塞多》（*Ceddo*）里有一个恐怖的镜头，拍到这种所有权和标识正在被用烙铁烙印在那个被当作别人财产的人身上。强制的宗教重新命名，是非常多见的一种侵犯传统的文化续篇。在被殖民的非洲，皈依基督教者不得不放弃原本的姓名，改取一些带宗教意味的名字，如詹姆斯（James）、

① 全名“Council for the Development of Social Science Research in Africa”。1973 年成立的泛非主义的一个研究组织，总部设立在塞内加尔首都达喀尔。这是由非洲社会科学界人员组成的一个非政府组织，其成员遍布非洲各国的研究机构和大学，是全非洲最大的社科协会组织，其宗旨是促进和便利非洲的社科研究以及传播有关信息。——译者

② 塞姆班·乌斯曼（1923—2007），塞内加尔作家和电影导演，以法语和沃洛夫语创作，所拍摄影片多带有法国电影的风格，被称为非洲电影之父。其姓名也写为“Ousmane Sembene”，即“乌斯曼·塞姆班”。——译者

> 艾恩－蒙格（Iron－monger）、玛格丽特（Margaret）、布什（Bush）或史密斯（Smith）。某人如果没有欧洲人的姓名，那就绝不允许其被基督教的天堂所接纳。结果是，欧洲人的姓名，就像塞姆班那部影片中的烙印标记一样，紧贴在许多非洲族民人们的身上，而且，凡是他们取得成就，那个“姓名”总是要到处提出，它对于该成就拥有所有权。被赋予或接受某个名字，就是种植在对该名字感恩且毫不犹豫的那个接受者身上的记忆。身体成为一本书、一份羊皮纸文件，在那上面永久地刻下了所有权和身份标识。欧洲还在继续，并将其记忆种植在知识分子身上。

这种文化疏离在新出现的精英们当中，并未全然使民族主义或本土主义的声音沉寂。柏林会议拟订了瓜分非洲的一些广泛纲要，从该会议召开以后，总共用了30多年的时间进行强制性的殖民战争，直到结束。到这时候，在非洲更大的一部分地区，反对殖民主义的表达，主要由资本主义之前的一些社会群体所领导，变为了由西化的精英们与较老的一些传统统治群体联合掌控。

非洲精英的早期组成者们往往是酋长、民族首领及富商的孩子们。1934年，法国人在廷巴克图（Timbuktu）为酋长们的孩子建立了一所学校，当年招收了学生117人，还为一些游牧族裔首领们的许多孩子建立了另一所学校。在两次世界大战之间以及战争期间担任中部非洲代理领事的费利克斯·埃布埃（Félix Eboué）（他本身是个西印度群岛人）相信，法国的政策必须以首要精英的领导为基础。他的想法是，因此而受到训练的传统贵族，就会适当地为法国效劳，维持殖民地的秩序。在埃布埃统治下的那些地区的教会学校容纳了很大比例的酋长们的孩子。“为了提高酋长们的智力水平，我们明智地选择了一些孩子入学，从而使那些由于其出身就注定了成为酋长的人，就在这些孩子当中。1933—1934年，约有1.5万名学生当中的1.2万人是酋长们的儿子。"[①]到20世纪30年代结束时，这些人的数量多到足以在社会上被承认为一个群体。他们被行政管理界称为"知识阶层"。他们身穿城市化的动人欧洲风格服装，是一批基督徒，在核心家庭的结构中起作用。他们形成了殖民时期的城市非洲人精英的核心，并被殖民势力视为一支正在现代化的力量。他们人数相当有限，这是享有很高声望的来由。他们总是不变地担当使用英语的最佳非洲代言人和作家。正是在这种外部环境中，他们明确地表达作为反殖民斗争理性基础的民族主义思想。他们是教会教育的产品，最初受到那些被传统所束缚的同族人的鄙视，且同样遭到沿海一带欧洲人的辱骂。一位同时代的欧洲观察者注意到，尽管西化的本地人遭受来自社会结构上这些对照鲜明的不同方面的怨恨，但是"他依然觉得足以使自己舒服。他的自负令人不可思议"[②]。他们一般都把自己当作大众的代表而发言及行动，但是，当他们遭受压力且他们的利益受到质疑时，他们主要是像为了殖民者的利益而不是非洲人的利益那种精英一般行事。塞内加尔第一任总统利奥波德·桑戈尔（Leopold Senghor）曾无耻地宣称"我用法语思考，我用法语比用自己的母语表达得更好"[③]。他是殖民地涵化过程成功的最高范例。在这种情况下，用他自己的话来说，殖民主义的文化疏离几乎已经完全实现了。在殖民时代早期，这种上层精英根基狭窄，而且总是会引来殖民主子们的厌恶和指责。在尼日利亚，卢加德少校（Major Lugard）[④]很少考虑这些精英。当他描述那次为了对自己的哥哥表示敬意而在卡诺（Kano）[⑤]举行的接见活动时，曾写道："我要心怀

---

① Brain Weinstein, *Eboué*, Oxford University Press, New York, 1972, p.162.

② K.E.Graft－Johnson, *The Evolution of Elites in Ghana*, in P.C.Lloyd (ed), *The New Elites in Tropical Africa*, p.109.

③ Léopold Sédar Senghor, *Le Français: Langue de Cultre*, in Léopold Sédar Senghor, *Libertél: Négritude et Humanisme*, Le Seuil, Paris, 1964, p.361.

④ 卢加德，全名弗雷德里克·约翰·迪尔特里·卢加德（Frederick John Dealtry Lugard, 1858—1945），英国征服非洲的主要人物，曾领兵征服和统治尼日利亚，1914—1919年任尼日利亚总督。——译者

⑤ 卡诺，尼日利亚北部一地名。——译者

感激地说，在这里唯一没有代表的那类人，就是海岸上那些穿裤子的黑人，他们是些穿着邦德街（Bond Street）服装的地道的黑人——是每周都把衣服送往伦敦去洗熨的拉各斯（Logas）[①]黑绅士。"[②] 这种看法在殖民地政府机关的圈子里并不流行。这些圈子里的人并不相信土著精英们能够适当地代表他们的非欧化本族人。讽刺之处在于，这些“穿邦德街服装的黑人”最终都是殖民事业的傀儡和面霜。事实上，殖民主义者都轻视其自己的产物。查尔斯·斯特雷奇（Charles Strachey）在1912年已经注意到，“拉各斯那个受过教育的土著辩护律师，对于埃菲克人（Efik）或伊博人（Ibo）而言很像个外国人……对于中部及东部各省就像是个英国人……问题是如何让尚未欧化的土著有人代表。他不能被拉到拉各斯与那些穿着双排扣正装的绅士们（受过教育的拉各斯人）坐在同一张桌子旁，假如他做得到，那么他会害羞得讲不出话来。解决办法……不是扩大拉各斯立法委员会（Lagos Legislative Council）的权力，而是减小这种权力，并经由酋长们和各个土著理事会，继续管理这个受保护的地区”[③]。在殖民地的行政管理人员当中，曾有一些人试图对持续不断的涵化过程予以警告。人类学家拉特雷（Rattray）警告说：“我已经告诉他们，他们的理想应当是不要成为准欧洲人，而是要使他们自己的制度、宗教、方式和习俗更好，以此为根据使他们本种族进步。我曾告诉他们说，依然当真正的阿散蒂人（Ashanti）并保持对自己以往的某种自豪感，那么，他们就会成为更好、更优良的男人和女人；我还说，假如他们以后遵循并依赖于从他们开始作为一个民族以来，民族精神（national sunsum）所根据的东西或者本该熟悉的东西，那么，他们的最大希望在于未来……我曾试图

① 邦德街，伦敦集中销售奢侈品和高级品牌服装的一条街道；拉各斯，尼日利亚最大城市，昔日首都。当年，即使在英国，妇女还没有选举权，而男性公民的选举权则有财产资格限制。所以，此处所说“没有代表”，是暗指黑人精英男子还没有选举权。——译者

② Lugard Papers I，*Major Lugard to his wife*，此处所引据 Akinjide Osuntokun，*Nigeria in the First World War*，Humanities Press，New Jersey，1979，p.66。

③ 同上，p.12。

让这个民族理解，我们来这里到他们当中，是为了把我们自己的制度移植到他们的制度上，帮助他们，使他们能够用各文明民族的政治实体替代他们那种政体，不是像阿散蒂人那样消除民族化，而是像那种将会成为帝国中的一支更重大力量和势力的一个非洲民族一样，因为他们还没有拿他们自己以往的财富，打个比喻说但并不屡屡出现在现实中，去交换外套、领子或领带。”[①] 这是一通违反历史潮流的说法。殖民教育及行政管理体系的机器把生产欧化的非洲人当作其最终结果，且非洲人们把自己当中那些在殖民秩序下兴旺起来的人，看成最好地模仿了殖民主义者道路的人。你是在哪里划的界线？划界线并不容易，所以你总是不停地随着潮水漂流，终于成为一个准欧洲人。马孔宁（Makonnen）在写到美国的非洲学生在第二次世界大战之前以及刚刚开始不久后的涵化过程，以尼日利亚的贾贾·瓦舒库（Jaja Wachuku）为例，说道：“非洲学生的另一个弱点，就是认同于一种特殊的英国方式。我认为这种情况发生在贾贾·瓦舒库身上，他到都柏林三一学院（Dublin's Trinity College）之后，感到了学习的分量，说道‘我在学习上等于齐克（Zik）。[②]我属于三一学院的辩论俱乐部，我由于善于辩论而得到了以爱尔兰伟大的爱国者康诺利（Connolly）[③]的名字命名的金牌’。他以此种方式认同于各种各样的不列颠生活方式，而且已经有个人认为，他从马甲里伸手出来，把自己想象成迪斯累里（Disraeli）或帕默斯顿勋爵[④]（Lord Palmerston）。”[⑤]

---

① R.S.Rattray，*Ashanti*，Oxford University Press，London，1955 second edition，p.12.

② 齐克，“本杰明·纳姆迪·阿齐克韦”（Benjamin Nnamdi Aziki-we，1904—1996）的通俗名字，他是尼日利亚著名的政治家、新闻记者、实业家，尼日利亚独立后的首任总统。——译者

③ 康诺利，即詹姆斯·康诺利（James Connolly，1868—1916），爱尔兰马克思主义理论家、共和党及社会主义的领导人，1896 年创立爱尔兰社会主义共和党。——译者

④ 迪斯累里（1804—1881），英国政治家和小说家，曾两度担任英国首相；帕默斯顿勋爵（1784—1865），曾三度出任英国外交大臣，两度担任英国首相。在其于 1835—1841 年第二次出任外交大臣期间，发生了鸦片战争，我国史籍中多称其为“巴麦尊”。——译者

⑤ Ras Makoonen，*Pan-Africanism from Within*，Oxford University Press，London，1973，p.161.

至第二次世界大战结束时，在黄金海岸，那种学校毕业生的数量总计已达好几百人。年长的精英已让步于那些数量更多且更激进的精英。有人若被叫做“*Obroni*”（即“白人”），那被认为是恭维。某人若有一段时期在欧洲或美国接受教育，那是特别令人钦佩的。仅仅到过欧洲参观，那也是赞美的代称“去过”。要是在欧洲居民区住在政府提供的带凉台的平房里，那就会带来荣誉和高贵的地位。高级公务员岗位在较早时期仅限于由白人行政人员担任，注明“由欧洲人任命”，而且受到优等待遇。欧洲烹饪是供神享用的食物，而那些能支付此种花销的非洲人，格外受人尊敬。所以，能把欧洲人邀请到你家里来，那也算有本事。[①] 精英们继续“休探亲假”，那就意味着是去英国休假。殖民主义者认识到这是荒谬的。但是，他们发现，为了战略原因，允许这些荒谬继续下去很有用。有人把独立前后保持这个阶级的非洲人的忠诚，看作一种最佳方式。

在每个国家，继承了殖民政体的第一批精英，已经为他们自己做了最好的安排。有了丰厚报酬的职位和舒适的生活方式，这世界在每种情况下都踩在他们脚下。他们从一种工作换到另一种工作，犹如花丛里的蝴蝶一般，并且变换着政治及哲学色彩，像待在街头向阳那一侧的那些老练的妓女。在一个又一个国家里，兴旺和美好的生活并未随着精英们而出现。实际上，在所有情况下，在独立之后10~15年之内，腐败接踵而来。

法农做了很敏锐的观察，他认为，懂得母国的黑人完全被人当作半神对待，“就此而论，我所提供的论据必定会打击我的同胞们。他们当中的许多人，在都市化的法国待过长短不一的时间后，回到家乡就会被人当作神而崇拜。大多数形式富于表达的爱恨交织，都被本乡人用到他们身上，说他们是从未爬出洞穴的 *bitago*。在法农住了很长时间的那个黑人返回家乡时已经大变”[②]。在这部著作的脚注中，法农注

---

① P.C.Lloyd（ed），*The New Elites in Tropical Africa*，Oxford University Press，London，1966.

② Frantz Fanon，*Black Skin*，*White Masks*，Grove Press，New York，1967，p.19.

释道："我那么说是指返回到他们本来环境中的那些黑人，传达着他们兜完一个圈子的印象，他们已经给自己加上了原来缺乏的一些东西。他们真正返回到完全的自己。"20世纪60年代的时候，我们都在嘲笑这种类型的人，因为从西方返回的那些人，带着稀奇古怪而又缩短了的装腔作势，就好比是在白金汉宫与女王一道用过晚餐似的。[①] 梅库利亚·巴尔查（Mekuria Bulcha）（2005年11月8日）告诉我，在埃塞俄比亚，人们开一个玩笑已经多年，嘲笑那些自称在美国上了几年学就把母语忘记了的人："是的，妈妈！什么？我不明白你在说什么/我不明白你那样说究竟指什么。"但更有意思的是，当这个情势在社会结构上，达到每件事或者几乎有关殖民者或往昔殖民者都被敬畏且尊崇地对待，殖民者或新殖民者就已达到文化和历史的自豪感以及自尊心消失的程度。

在独立运动让人心醉神迷的那些日子里，在20世纪40年代后期和50年代早期，在黄金海岸（今加纳），那时居于主导而在黄金海岸统一大会党（United Gold Coast Convention）中有政治代表的精英，失去了对小资产阶级的领导地位，而小资产阶级受教育不多，较缺乏金融手段，不得不经由以群众运动为基础的激进政治而获得更多。这些人就是城市有上进心的阶层，他们的政治领导阶层注意着建立一个殖民体系瓦解后的国体。这些处于上升期的各阶层说的却是蹩脚的英语。他们一方面暗暗承认"说得好"的那些人是较为富裕的同胞，但他们同时又鄙视后者。在随后的年月里，他们就给西非那些受教育较多的人起绰号为"长篇大论"（book - long），给南部非洲的这种人起绰号为"碎嘴饶舌"（jaw - breaker）。[②]

在过去的20年间，教育资格证书已经失去刚刚独立之后那段时期对年轻人的吸引力。通过正当或不正当手段达到物质上的成功，已成

① Frantz Fanon，*Black Skin*，*White Masks*，Grove Press，New York，1967，p.19.

② "book - long"指的是唠叨，喜欢又臭又长且颠来倒去说话，书呆子气。"jaw - breaker"的意思与之相同。

为公认的常规，被当作获取权力和财富的更加透明并且由社会控制的手段，在许多人看来，这样加深了经济危机，使得用于垂直的社会—经济流动的方法不充足。

在说法语的非洲殖民地区，“发达的”（*evolué*）这个词被用于描述西化的非洲精英。这些人都已经学会了法国文化的基础，并很精通法语的用法。这种法国同化派的思想，其源头可追溯到路易十四那个时代，我们都听说过，有人对非洲西海岸待在宫廷里一年的某个非洲王子谈到，“除了你是黑人我是白人之外，你我之间再没有什么不同”①。

到18世纪结束时，住在戈雷岛（Goree）以及圣路易港(St.Louis)②的法国化非洲人们，他们说法语，认为自己就是法国人。1789年之后，这些社会精英分子成为思想上的绝对雅各宾派。时代的革命回声在许多这样的殖民地精英居民的心目中和脑海里引发了自由和解放的理想。1794年，德拉克洛瓦（Delacroix）和丹东（Danton）被平等主义的普遍精神所激发，成功地劝说革命的国民公会（National Assembly)，经由投票而放弃奴隶制，此外还同意“所有的人，不因肤色的差别，住在殖民地，都是法国公民，并享有宪法授予的所有权利”。但这并未办到。在这部法律可以具有长期延续及久经试验的效果之前，就被拿破仑法典取代了。③

今天，鉴于随后西方种族主义的历史进进出出非洲，这些观点听起来几乎像寓言一样。当奴隶制于1848年在法国的殖民世界被废除之后，法国人允许各殖民地在国民公会有代表。然而，需要记住的是，

---

① Franz Ansprenger, *Politik im Schwarze Afrika*, p.42，此处引自 Edward Mortimer, *France and the Africans, 1944—1960,* Faber, London, 1969, p.32。

② 戈雷岛，法语拼写为“Gorée”，塞内加尔首都达喀尔市的一个法国化辖区，在佛得角正南方，为一个面积0.182平方公里的岛屿，距离达喀尔的主要港口约2公里，是欧洲人在西非最早开拓的殖民点之一。世界上有多个地名为“St.Louis”，如美国密苏里州的“圣路易斯”，等等，但此处所指应是塞内加尔的圣路易港，该港口为塞内加尔北方铁路的终点，建于1659年，是西非海岸最古老的欧化城市。参见《简明不列颠百科全书》（中文版，中国大百科全书出版社，1985年）第3卷第319页、第7卷第215页。——译者

③ Edward Mortimer, *France and the Africans, 1944—1960,* Faber, London, 1969.

在殖民历史的这个阶段，法国在非洲唯一拥有的地方，正是在象牙海岸和加蓬的三个很小的贸易站，以及在圣路易港和戈雷岛的那两个边境殖民点。在法国的第二及第三共和国时期，戈雷岛和圣路易港以及后来的吕菲斯克（Rufisque）和达喀尔的非洲人被给予公民身份（四个市镇的）。1857 年，这些人又被技巧地剥夺了公民身份，但实际上这一小批精英还享有法国公民的政治权利。①

数量很有限的这种已同化的非洲人，在这些法国的边境殖民点存在着，他们在数量上并不对都市化法国权力关系构成威胁。只要情况是这样，就没有真正的理由让法国人恐惧被非洲人在政治上淹没或压倒。非都市化的选举和发言权是可以调和及容纳的。有趣的是，虽然在这些边境殖民点的大多数选民都是黑人，但是直到 1914 年，他们为法国国民议会所选举的塞内加尔代表，始终只是白人和混血姆拉托人。在早期非洲精英的构成成分中，肤色因素不仅在法属非洲地区，而且在其他殖民地，一直都不同程度地、有意义地存在着。一般而言，假如你的肤色较浅，那么，你在普通平民的眼中的评价和地位就比较高。这种态度在很大程度上持续至今。

尽管同化是法国殖民政策的较高理想，但到 20 世纪 40 年代，却是一张空头支票。大体上来说，任何法国殖民地的从属居民，可以被

---

① Edward Mortimer，*France and the Africans，1944—1960，* pp.32 ~ 33。莫蒂默（Mortimer）写到，还有一些其他观点是拒绝雅各宾时期产生的同化主义立场的："法国的摩洛哥保护国创建者、总驻扎官利奥泰（Lyautey）赞成一种相似于卢加德爵士那种'间接统治'的政策——经由传统土著统治者们的权力而得到支持并工作。也许更有影响的是儒勒·马尔芒(Jules Harmand，1848—1921，法国医生、探险家以及外交家。——译者）那种联合政治的想法。1910 年出版的马尔芒的《统治与殖民》（*Domination et Colonisation*）一书中，把同化政策描述为一种已破产的企图，那是要延伸到'统治'——即由最有优势的那些非欧洲人从属居民占有——的原则，这些原则仅适用于从宗主国的移民们定居而言那陈旧意义上的'殖民地'。在任何情况下，马尔芒的想法都是胡说八道，是要假装那种占有类型要么是'族国(nation）领土的一个不可分割部分'，要么就仅仅是族国财产的组成部分。那些居民不应当在国会有代表，但应当按各个总督那独裁的、父系家长般的原则而被管理，在全国政府中担当代表的总督们，实质上会有全权，会成为'各国的总统元首，而不是行政官员'。马尔芒把他的体系总结为'与最大可能的政治依赖性相兼容的最大程度的行政、经济以及财政的独立'。"

"加入国籍"而成为有充分资格的法国公民。实际上，即使那些达到受教育程度必要条件的人，也休想被这个程序接纳，因为照目前情况来看，只有非洲人已被同化的那四个市镇例外，那里的人可以在法国有他们自治市镇的代表。法国的公民权拒斥任何人保有权利承认非洲的习惯法和习俗，并排除按此种习惯法和习俗生活。非洲人理应对他的或她的文化归属转过脸去用背对着。这种安排的逻辑性在于：要想当法国人，你在政治上就应当像一个法国人；在社会生活及文化方面就要接受某些制度，如一夫一妻制和法国的遗产继承法。但是，这种安排所造成的效果，强调并突出了同化这一谎言的失败，其所否认的多于所提供的，因为按这些条件，同化几乎不是吸引人的方案。所以，除了在四个受惠的市镇之外，公民们实际上全是"欧洲人"。[①] 对操法语者的同化，意味着大规模地涵化为法国文化。这是一种体制，它预见着非洲人作为自治的文化产物没有未来。在这种文化统治下，朝向社会流动的唯一方式，就是放弃某人自己的文化，并跟随主人进入人家的文化世界。非洲人为了改善自己，就必须抛弃他的文化，以便首先成为一块白板，继而被以殖民者的文化予以起草和编码。因此，殖民主义所提供的各种各样版本的同化论，其最终目的就是种族文化灭绝。非洲人必须不再当非洲人，并成为殖民者的镜像，即普洛斯彼罗的一群凯利班。[②]

法国殖民体系因此创造了一种其文明被同化了的精英，他们的价值观、嗜好和志向都染上了法国属性，但这些人最终的根须却扎在非洲社会里。在非洲广大群众看来，这些人是赢家。在这种精英的构成成分中，最重要的因素就是教育。但是，法国殖民当局投资于教育却很吝啬。到 1945 年，只有约 5% 的非洲人"在相应年龄组中，正在接受初等教育"（1947 年，这一数字在达荷美达到 10%，而那里大多数

---

① Edward Mortimer, *France and the Africans, 1944—1960,* Faber, London, 1969, p.39.

② 普洛斯彼罗和凯利班，均为莎士比亚剧作《暴风雨》中的角色。详见第一章译注。——译者

学校都是教会办的；在塞内加尔达到12%。但在法属几内亚[①]依然只有1.3%）。中等教育的百分比当然就小得多了，除了塞内加尔之外，根本就没有大学毕业生。[②]这种在殖民过程中出现的精英，及时地成为非洲渴望获得更大自由以及非洲民族自我表达的领导阶层。像安德烈·马茨瓦（André Matsoua）（刚果）、莱昂·姆巴（Léon Mba）（加蓬），托瓦卢·韦诺（Tovalou Houenuo）、保罗·阿祖梅（Paul Hazoumé）、埃米尔·津苏·博代（Emile Zinsou Bodé）和路易·云卡尔林（Louis Hunkarrin）（达荷美）、希尔瓦尼·奥林匹奥（Sylvanus Olympio）（多哥）、保罗·索坡·布里索（Paul Soppo Priso）（喀麦隆），就是20世纪上半期以文明人（*evolués*）面目出现的领导人，而且他们在法国非洲殖民地代表非洲而演变的过程中，起到了关键作用。在比属刚果，殖民主义者为了产生一个文明人阶层而操控了相似的体系。[③]

在这个大陆操葡萄牙语的那些部分，它们的对等者是“同化了”（*assimilados*）。某个非洲人，能证明必要的明牌（requisite board）是他按一个欧洲人的生活方式而生活，已经脱离非洲文化，没有本土习俗和习惯的资源，且此人能够有效地用葡萄牙语说话和写作，这样就能挣到可观的薪水，满足伴随而来的生活方式。此人已经做到了，并体面地完成了其军事服役，那么，他就有资格获得已同化了的地位。这是苛求。按照葡萄牙人的殖民地社会秩序，这些社会分子最为接近殖民地的主子们，而且被认为比“土人们”高出一等并得到如此对待。这样做的效果就是在“土人们”的眼里把精英提升为基准群体，并让土人们心中记住自己低劣于精英的感觉，同时又规定了垂直社会流动的条件。尽管同化主义表面上承认，看重肤色有盲目性，但是在历史上从未在葡属非洲殖民地转换为大规模的非洲人平等。在1964年的莫桑比克，在660万人口中，只用16万人享有这种已同化地位，且非常

① 法属几内亚（French Guinea），即现在的几内亚。——译者

② Edward Mortimer, *France and the Africans, 1944—1960,* Faber, London, 1969, p.39.

③ W.H.Hutt, *The Economics of the Colour Bar*, Andre Deutsch, London, 1964, p.10.

显著的事实是，享有已同化地位的非白人当中，只有5%的人是本土非洲人，用某人的话来说，“其余的都是印度人和混血儿”。[①]

假如殖民地在经济层面上遭遇到把资本与领薪劳工的关系引入各个社会中，而这些社会迄至当时在其社会生活的文化层面上还一直都是资本主义之前情状，那么，基督教和使用殖民地语言进行竞争，则成为意义最重大的，而且在非洲人们的殖民经历中赋权给一伙人。这些因素，以随之而来的有保障地位以及物质利益，随着时间的流逝，从根本上修改了非洲人的社会表达。这些因素对于居民中日益增长的较大部分，产生了新的见解和观察能力。在非洲人一直是世系制和氏族结构的较早产物那些地方，某个男人或女人有了较多的核心家庭倾向，或者介于这两种倾向之间，模棱两可。在他们崇拜祖先的那种地方，这种较老的宗教架构被基督教取代，尤其是被最信从于典礼、仪式和徽章的各种各样的基督教教派所取代。在产品已经向着个人、家庭或家系的消费调整的那些地方，就变为一些新型要求，这些要求在现金交易、纳税以及正在推进的商品生产和消费的范围内运作，为日益增长的全球市场及经济催化生产，从而以正在成长的方式，使越来越多的人们生产他们消费或使用不起的东西，同时消费着同样程度他们所不能生产的物品。这种模式从遭遇到欧洲人的最早年月里就已形成，几个世纪来未曾变化。实际上，今天，任何人都可以说，非洲精英显得很贪婪，但是没有真正的生产目标，而且他们所生产的物品很少有附加价值，他们也没有真正的生产技能。而正是一种贪求习惯，即“与左邻右舍攀比”的生活方式，以及转而完全依赖于从世界上的各个技术中心进口的现代商品，在根本上充当着有竞争力的消费者。在新出现的秩序中，地位和权力转到了那些像凯利班一样，能够最有效地适应及接受“普洛斯彼罗魔法”的那些人。

经由基督教取代祖先崇拜而形成的社会—心理机制很有趣。土著

① J. Spencer Trimingham, *The Influence of Islam upon Africa*, Longmans, Green and Co. Ltd., London, 1968（原文如此——译者）, p.139.

首先不得不接受这样的命题，即某个男人或女人的宗教传统代表着撒旦的遗产，而且是偶像崇拜的异教。现世的赎罪以及传说中的死后灵魂生活，只有通过耶稣基督才能实现。由于这种哲学的传播者同时又是用殖民者语言进行教育和传授知识的人，这就意味着某人不大可能指望学会前者，而不连带着学到后者。

从理论上说，传教士所传播的宗教，迫使他们向人类的博爱屈服。他们一般都比商人、矿工、耕作者以及其他与商业及金融活动相关的社会分子说得更动听。但是，传教士的首要目标是让非洲人皈依基督教。鉴于所有的非洲社会都承认有一个高高在上之神，也认识到祖先的作用是充当神灵与人世之间的对话者，所以，把对于他人的良好举止以及尊重，假设为基督教团体优越于非洲文明的宗教及仪式体系，那就是相当鲁莽的，而且与常识相悖逆。

显然，传教士是按照自己的观点，最忠实、最好的意图而追寻他们的目标。但是，他们也热诚而坚定地相信，世界上就数他们的观点优越而且真实。他们把非洲人的皈依视为慈善的举动。足够真实的是，他们的努力带来了大量随之而来的好处，其形式体现为技术能力和现代教育。这创生了一个稳定增长的非洲人阶层，这些人受过西式的培训和教育，但是，受过中等教育的人则相信，前途在于一丝不苟地模仿西方的风格、态度、趣味、信仰以及价值观。因此，从殖民地的社会大汽锅中浮现出一个阶层的人们，从历史和文化方面来看，他们植根于非洲，却决定不惜一切代价，使他们与那让自己得以兴起的文化，尽量拉开距离。

非洲穆斯林社会的状况略微不同。在“土人们”主要是穆斯林的那些地方，政府开办的学校以及非基督教教会学校都是人们的首选途径。殖民主义的逻辑是，教会学校在文明方面与殖民计划相关。而穆斯林学校则与此无关。教会机构常常作为平行捐赠物而出现，同时，穆斯林儿童往往被这些机构容忍和接纳，改变他们宗教信条的努力从未完全放弃。在奉行伊斯兰教和基督教这两者的各个社会中，取得社会成绩最容易也最显眼的人，是殖民者主子文化的完全接受者们。特里明厄姆（Trimingham）告诉我们："罗马天主教的一些修道会直到1903年法国政教分离时，都在一些法国领地举办学校，并在西非形成联邦制行政机构。行政当局采纳了一种针对宗教的中立政策，但是，由于它们也阻止在异教徒中传播基督教，就为伊斯兰教敞开了地盘。联合制行政机构设立了自己的学校，但这些学校是用法语教学，穆斯林们害怕把自己的孩子送到那里。后来，态度才明显改变。"① 由于对手的文化强加于非洲人们，在殖民地时期，伊斯兰文化在非洲竞争不过西方文化。与作为西方文化一部分的基督教一同传下来的西方的高级符号和技术文化，实际上取代了伊斯兰教的影响。问题在于，"与古兰经学校并肩的法国教育体系，其纯粹的机能已经向联邦的穆斯林们揭示出这种学校的那种不合乎时代的性质，而且也导致它的声望及品质的下降。在整个联邦，即使在毛里塔尼亚这个正统的据点，穆斯林的父母们，对于强调记忆甚于倚重理解，对于不大准备为当前条件下的学童们的生活做预备的宗教教诲，都越来越不满意"②。

因此，新型的精英对于较为原初的文化价值观以及制度，失去了重要的依附性。个人主义在社会化中起到了越来越有说服力的作用。这种新的社会风气在劝人倚仗自我及个人而维生，无需他人的援助和捐献就可以生存。消费市场上的动向则刺激着人们对更大消费越来越有感觉。

在已经消失的殖民地之前体系中——该体系已被殖民主义排挤掉，存在着基于敬老原则而对权威和长辈的尊重。这种秩序是由一些宗教制度及仪式习惯所支持的。新秩序则在非洲修改了经济方面的现实及关系。社会秩序中的敬老基础被严重削弱了。年轻一代变得独立于长

① V. Thompson and R. Adolff, *French West Africa*, Stanford University Press, California, 此处引自 J. Spencer Trimingham, *The Influence of Islam upon Africa*, Longmans, Green and Co. Ltd., London, 1968（原文如此——译者）。

② L. P. Mair, *The Role of the Anthropologist in Non – Autonomous Territories*, in Conston Papers, *Principles and Methods of Colonial Administration*, Butterworths Scientific Publications, London, 1950, p.180.

者，但转过来又使老人在所有的新型消费物品和服务方面依赖于年轻人，而这些物品和服务只有用钱换来，才能够得到满足。为了赚钱，某人就必须在技术技能和操作上达标，才能够在非个人的世界市场上被接纳，但是，社会对他的准许一般而言并非必要条件。在老年人所占有的知识和技能已不再是物质进步手段的世界上，他们的权威性也不再根据他们那经由时间检验的即长者的智慧而得到认可。新职业时常让领薪员工远离其本族人们及其本乡自然气候，远离其觉得应该解释或应该回应的任何舆论。因此，个人接触及依据他人同意这种对社会义务日复一日的约束力，对于社会强制丧失了制约力，同时，那种更为遥远但也更为重要的宗教影响，由于新宗教的介入而大大削弱，后者成功地抑制并诋毁了老宗教的大多数显灵。对于实质上所有的殖民地非常多的人而言，这一结果是由习俗所施加的抑制被分解、责任被放弃，而不接受更为适宜新体系的其他约束和责任所造成的。“个人主义”就像一种心理诫命一样开动起来。但是它被用得太勤、太明显，未能使一些传统的制度被取代了。①

因此，按照殖民地赞助任务，“两个世界的人”就造成了。一种在文化上精神分裂的西化非洲人颠倒了非洲文化和历史的真相。西方的种种思想观念从未与欧洲中心论撇清关系。使西方理性思维适应于非洲文化及历史的基础，这种可能性从未被当作公开的或直接合意的选择来对待。在精英范围内只有一小部分人明白，可以让西方的哲学理性适应于纯粹的非洲文化基础，而且这种适应的确保证了像日本这样的社会得以成功和繁荣。精英范围内这种一小部分人，有一个良好例子，此人认识到了这一点，他就是卡塞利·海福德（J.E.Casely Hayford），在他的著作《埃塞俄比亚未被束缚》（*Ethiopia Unbound*）中写道：

① J.E.Casely Hayford, *Ethiopia Unbound*, in J.Ayo Langley, *Ideologies of Liberation in Black Africa: 1856—1970, Documents on Modern African Political Thought from Colonial Times to the Present*, Rex Collings, London, 1979, p.204.

> 好像在某些引人注意的实例中，似乎黑人解决他所面对的困难时，专心致志于遵循最激烈反抗的路线。知识是人类共同的财产，为埃塞俄比亚人在工业及技术培训中寻找文化及效率最高的哲学，就是一种可靠的财产。对于该种族在这个方向上的能力，最好避免赞成其民意。但这并不是全部，因为存在着种族、故土以及族民的某些与众不同品性，该品性会被漠视，而不损害特定的种族、故土或人民。免去同化成分不说，那种用来使某人自然而然要受教育的知识，致使此人只会成为一个模仿者而已。采纳并同化西方文化的日本人，不得已地需要尊重西方各民族，因为对其而言不存在什么东西是显然东方的。他需要……使用自己的本土语言，并有他自己的文学，由翻译其他国土的权威性作者的作品而使之丰富。他尊重自己祖先的制度和习俗，而且存在着明智的往事，这种往事鼓舞着他。他并不抛弃本民族的服装，而且，假如他不时地穿上西服，那是为了方便，很像英格兰边境那边的苏格兰人一样，场合需要时，就把西服脱下备用，穿上苏格兰高地的服装。①

对殖民地霸主传下来的无论什么文化习惯或思想观念都予以仿效及接受，这种趋势已经是殖民地经历中最有毁坏性也是心理上最占压倒性的那些效果之一。随着殖民地经历而从最早时期就出现的精英，已经在很大程度上不能把西方文化的内核理性与西方中心论的那种包装及外表的种种奇异分开来对待。但正如卡塞利·海福德那一个案例所论证的那样，有明显的证据表明，有些非洲思想家从殖民地时期很早

---

① S.R.B.Attoh Ahuma, *The Gold Coast Nation and National Consciousness*, Liverpool, 1911, pp.Ⅶ ~ Ⅷ, in J.Ayo Langley, *Ideologies of Liberation in Black Africa: 1856—1970, Document on Modern African Political Thought from Colonial Times to the Present*, Rex Collings, London, 1979, p.169.

以来，就面临着这个难题。他们对某些类型的受过教育的非洲人吐露了不满，而那些人疏离并放弃了自己的文化及历史装备，同时却全盘接受西方文化的种种特征。阿托·阿乌玛（Attoh Ahuma）早在 1911 年就以一只会模仿人的猴子为形象，这样说道：

> 除非我们独立地、自然而然地、无畏甚至好斗地为自己着想，否则，我们就不能理解并理智地领会那些有利于再生的事物……我们需要一些完全懂得他们为本土所承担责任的男子汉，一些“知道他们种种权利并知道大胆加以维护”的男子汉。在伦敦最西头的那个跑马场上，我们有不止一次机会，目睹了一只巨大的狒狒郁郁寡欢的亮相，它穿着没半点儿毛病的晚礼服，抽着最昂贵的雪茄烟，喝着它的 Dry Monopole 牌干型香槟酒，做了全部滑稽动作，并且做了专门针对我们这个种族的恶作剧，但是这只动物只不过就是一只猿猴而已。这种对异邦文明及当地特产的恶意装扮，就是阻碍着真正的诚挚进步道路的私生子暗示（bar sinister）。有些人……对这一可怕的事态一点儿也不满意。我们在精神上和现世的主人们和导师们为此已经做了许多回答，但是我们自己是最受羞辱的人。然而，并非全都丧失了，我们可以做自己的建筑师。[①]

阿托·阿乌玛针对这类非洲精英所说的这番话，在他有力的谴责中，既无情又不松懈。问题在于他著作中屡屡重复的那些话，这些话同样反映在他一些同时代人的著作中。在另一部著作中，作者写道：

> 据说，模仿是最诚挚的一种奉承形式，但是，据乔纳森·

---

① S.R.B. Attoh Ahuma, *The Gold Coast Nation and National Consciousness*, Liverpool, 1911, pp. Ⅶ~Ⅷ, in J. Ayo Langley, *Ideologies of Liberation in Black Africa: 1856—1970, Document on Modern African Political Thought from Colonial Times to the Present*, Rex Collings, London, 1979, p.170.

> 斯威夫特（Jonathan Swift）（以《格列佛游记》而闻名于世的英国作家。——译者）在其诗作《卡代努斯与瓦内萨》（*Cadenus and Vanessa*）中说：奉承是傻子的养料。演戏无疑是受过教育的非洲人之专长，他就是世俗美德摊位的模仿者……软体动物目（Molluscan Order）一样的普通西非人，就是对白人所思、所行及所言之一切的聪明模仿者，尤其善于模仿外表及庆典仪式。假如哪个男人在我们这令人难以忍受的热带灼热季节，脱掉外衣，套件衬衫在明亮的太阳光底下到处逛，那么，本地土佬就会有样学样地换上这么一身衣服；假如哪个人在凉爽的晚上摘掉头上所戴的东西，那么，那些没有主心骨的铁杆追随者也会照着做。由于他掺和的最新近事情都是时兴的，他的回声就引起充分注意，在不到7个星期时间里，他所支持的认同风格和时尚，就像玩偶或牵线木偶一般。幸亏了货到付款的证书，一些设备就供应给那个年轻的暴发户，使他那不足称道的野心得到满足。白人吃什么，他也吃什么；白人喝什么饮料、抽什么烟，他也照那样子喝和抽。这一来，在他那受了蛊惑的心目中，就保证了那些受尊重、文明和精致的东西是赤金正品。假如他的领主和主人以罕见的样子拿着雪茄，他也会照那样子拿；他的走路姿势、表达方式，以及骂人话，微笑、大笑以及其他怪癖，保真度都像爱迪生的留声机一般，惟妙惟肖模仿别人。①

这话说得真够尖刻、花哨又严酷。假如在殖民主义之下的精英，其思想构成有什么基础的话，那么，人们可以不用太担心也不必疑惑地说，非洲精英精神上的这些毛病，一百年前就遭到大声批判了，而且持续至今与我们同在。非洲获得独立几乎没使得非洲精英精神上的

---

① Jean－Paul Sartre，Preface to Frantz Fanon，*The Wretched of the Earth*，Macgibbon and Kee，1965.

这些毛病中断下来。的确，我们可以说，这类态度当中的一些已经巩固，更有一些比几百年前分布得更加广泛。

萨特在为法农《大地上的受苦者》一书所写“前言”中，以其毫不含糊的雄辩和灼热的诚实，提醒我们说：

> 还不太久之前，地球上的居民有20亿：其中5亿是人（men），还有15亿是各处本地的土人（natives）。前者掌握话语，其他人则使用这种话语。在这两类人之间，有一些受雇的小国王，以及领主和资产者们，彻头彻尾都是赝品，这些赝品充当中间人。在各个殖民地，真相毫无掩饰，但是，宗主国的公民却宁愿那真相穿上衣服；而土人不得不爱那些公民，如同爱自己的亲娘老妈一样。欧洲精英设法制造了一伙土佬精英。他们挑选出一些有希望的青少年，就像用火热的烙铁一般，用西方文化的种种原则给这些青少年打上标记；他们往后者嘴里塞满夸夸其谈，塞满粘得住牙齿的宏大又动听的词语。那些年轻人在宗主国住上不长一段时间之后，被送回故乡，却已被漂白。这一类不胫而走的谎言，只不过是留给回去那帮年轻人的兄弟们听；那些兄弟就是一帮跟屁虫。从巴黎，从伦敦，再从阿姆斯特丹，我们念的都是老一套：“帕特农神庙！手足情谊！”（Parthenon，Brotherhood）；而在非洲或亚洲某些地方，人们张嘴说着蹩脚的“……特农……情谊”（thenon，therhood）。那是一段黄金岁月。它终于到头了；人们张开自己的嘴；黄种人和黑种人还发出我们人道主义的声音，不过，那只是对于我们的非人道予以指责。①

但是，即使这些精英指责殖民地的主子们，并对于殖民主义的不

① Leonard Barnes, *Africa in Eclipse*, Victor Gollancz, Ltd., London, 1971, p.22.

公正、殖民主义的非人道及不平等而吼叫，但是，他们背地里却很崇敬他们的主子，并实实在在地迷恋于殖民政策，并模仿主子的穿着、语言、宗教、烹饪、步态以及举止。萨特的观点是正确的。的确，他们从一开始就是赝品。然而，这种事情还看不到尽头。他们鹦鹉学舌般的夸夸其谈，破坏并弄走了自己头脑中所有的原本思想。巴恩斯对殖民体系瓦解后的精英们所做的详细评论是正确的，他把这些人说成是为继承下来的殖民国家效劳的“备用零件”（spare parts）。“在20世纪60—70年代这十年间，第三世界靠着混合了外来经济援助与内部政治自治的一股穿堂风就能立足，这种很容易得出的假设，已经使人信服地伪造出来了。同样如此的是一种观念，即非洲人员能够得到纯为老式殖民发动机中的备用零件一样的待遇。事实上，那时候发生的所有事情，都只不过是一批剥削者被另一批剥削者所替代，要么发动机坏掉了，要么那发动机依然为着老旧目的而按老调子在转动。新非洲人们的所有能量和能力，都变得盲目模仿他们那些欧洲前辈的作为。的确，屡见不鲜的事情是，在新非洲办公椅后面却站着欧洲先辈自己，但此刻他已假装成一位‘顾问’。”①

今天，在非洲，殖民时代后期及新殖民时代早期的精英们已在许多地区造就了年轻的一代，这是从独立而来的一代人，这一代人几乎被美国文化催眠了。美国的好莱坞和犹太街区文化已经成为越来越多各个部分的非洲年轻人模仿和复制的标准。美国俚语被这些人骄傲地重复着。有越来越多父母双亲都说同一种非洲语言的家庭，长辈却坚持向其后代子孙说英语或法语。在殖民体系瓦解之后的早期，取“基督徒名字”的人，在短期内日渐减少。有迹象表明，近来，基督徒名字又流行起来，成为时尚。

就其一般的心性而言，似乎非洲精英当前所定位而促进的发展和增强，并不是以充分自治的非洲民族主义为取向，他们的主导趋势是

---

① Eugene Robinson, *Coal to Cream*, The Free Press, New York, 1999, p.16.

要在非洲复制西方现实的副本。除了我上文所述那种类型的文化扭曲之外，在生产、流通、交换和消费这些经济层面上，这个阶级之空虚，在社会结构方面来说，可能是最为衰弱的。新殖民时代的精英竭力要重复西方社会的趣味和消费方式，但是既没有手段也没有倾向，如同西方资产阶级那样投资及生产。尤金·鲁滨逊（Eugene Robinson）以自嘲的口吻对非洲与美国做了比较："我是黑人中产阶级的一个正式在册人员，这种成员的定义就是，强调凭着充足的薪水而过上良好的生活，但很少或根本没有家庭余财。"①

假如新殖民主义在社会生活的经济、政治及文化方面影响了非洲人，那么，在智力和学术层面上，这种"禁锢"则是最隐蔽地伪装了的。非洲的学者们就像是帝国主义在他们各国政治上主导而形成的生物。教育本应当提供的可以让高智力人物兴盛的那种独创性及自主性已经丧失，因为非洲的学者已经被弄得认为学术就是无法变更地以西方为大本营。另外，他们还被弄得认为，有关学术的一切都不得不受西方学术的庇护，并且由西方人颂扬才是学术上"正当的"。事实上，学术是受限于传统的，正是这样，种种文化及社会就创造了各自的学术，这种学术在为各个社会代言，直到当下也不对我们起作用。尤其是在科学和技术性的学术领域，这种缺陷表现得最明显。许多在西方接受过专业技能培训的非洲知识分子，在返回非洲之际，都不能把他们的学识应用于非洲的现实，他们所采取的手段就像编程的机器人一样，没有能力应对非洲各个社会所遇到的特殊问题。许多人又回到西方去了，借口是他们在非洲不能找到工作中所需要的设备。

常常有人不得不向社会科学方面的非洲学者解释说，在法国，社会学或人类学与德国、英国或日本的同样学科相比，表现为对不同的历史、文化以及先入为主事项予以关注，甚至存在着一些术语及概念方面的工具，这些工具仅为这些科学及其相关国家不同的智力历史所

① David Perry，*France in Africa*，此处引自 *Encounter*，Vol.LXXII，No.4，April 1989，p.62。

特有。这并不是说这种不同的学术传统在某种程度上不会聚合为普遍的知识储备，或者受过这些不同传统所训练的学者们，不阅读或不参照每种其他传统的著作。但是，即使学者们阅读或参照其了他传统的著作，他们的论证和参考中所存在的主要静止点（resting point），恰恰在于他们得以衍生的那些学术传统。我已经常指出，在英国研究社会学或人类学，不碰到斯坦梅茨（Steinmetz）的名字是可以的，但是在荷兰做这方面的研究而不牵涉这个人物，就不大可能，你可以在英国研究非洲人类学而不阅读巴朗迪耶（Balandier）①的著作，而研究同样的主题，在法国攻读学位，却不能不读他的著作。这类例子不胜枚举。正如喀麦隆哲学家穆翁（Mveng）所提到到那样，假如我们在非洲已经实现了政治独立，那么，我们也需要获得学术及知识方面的主权。有关非洲问题的知识生产，必须在很大程度上主要由在非洲的非洲人所生产，正如欧洲、日本、中国或者美国的情况一样。有关非洲问题的知识生产和再生产以及这方面的权威性，依然主要处于非洲之外，这一事实最终证明了非洲学术的新殖民主义特征。

随着资本在欧洲的发展以及近期在亚洲的发展而兴起的那一类民族主义，并不理解非洲的新殖民地精英。买办习惯依然是当代精英的惯用手段。在西非，这种做法的口号就是“买进卖出”。在许多人看来，资本主义的界限就是要建造一座住宅或一些住宅。在北半球一些较为富裕的社会中工作的移民们，为了这种建造而把许多钱寄回故乡，几乎没有进行生产性的投资。这就是为什么在非洲许多地方，在经济状况最为糟糕的年代，却存在着蓬勃发展的住宅建造业的原因。

非洲的精英是一种突出的城市现象。正是在城市环境下，社会动员更加可行。所有的道路都通向城市。在城市中，种种资源挥霍于远

---

① 弗兰西斯·斯坦梅茨（Francis Steinmetz，1914—2006），第二次世界大战期间曾任荷兰皇家海军军官，从上下文来看，此处不应当是指1987年以来直至目前先后在美国芝加哥大学和密歇根大学教授社会学及德语语言及文学的乔治·斯坦梅茨（George Steinmetz）；乔治·巴朗迪耶（Georges Balandier，1920—）法国社会学家、人类学家及民族学家，以研究撒哈拉以南非洲地区而著称于世。——译者

远高于社会承受能力的消费性生活方式。从事生产的乡村地区，由于消费工业化商品而饥饿待毙，哪怕正是这些正在淤塞的乡间死水，使非洲各国的财富得以产生。各个城市中心地带也成为政治熔炉。正是在这种地方，精英们拉动着影响及惠顾之杠杆，以便确保有权利用各种资源，同时又操弄着“赢者通吃”政治。乡间大众则被完全漠视，被当作活动的及预备的劳力大军而对待，以便喂养城市居民，为全球市场进行矿产开发，并种植经济作物。

非洲精英们的买办心性导致毫无批判地羡慕外国的所有东西，只要是西方的东西就行。他们沉浸于此种风习中，宁愿为外国公司效劳，而不是为本土的公司尽力。这种态度伴随着对土著或土生土长的企业以及本土产品信心的缺乏。新鲜的、本地出产的菠萝的售价还不如从“我也不知道产地是哪里”进口来的一年前的水果罐头陈货。多年前，戴维·佩里（David Perry）就已看出，法国与非洲的殖民地操法语者之间那种风流韵事：“每天，装满预熟真空包装浓味鱼肉汤、一箱箱法国棍子面包以及陈酿香槟酒的一架又一架大型喷气式飞机，从巴黎飞到达喀尔和阿比让着陆。在当地的各大宾馆里，法国运动员与非洲本地陪练球童打网球，一直打到下午（而那里为长期在国外工作的人员提供服务的时间，好像到中午 12 点就该停了），同时，这些运动员的妻子在周边长满含羞草的游泳池里玩耍，做日光浴。有时候，这些法国人似乎把他们在黑非洲的片刻时光，想成了在某个巨大而颇有异国情调的地中海俱乐部消遣。”[①] 佩里描写了一些究竟，“对于非洲人们当中那些受过教育的精英们而言，巴黎几乎是命中注定的诱惑。优雅的塞内加尔人和几内亚人在巴黎的拉丁区心安理得地到处闲逛，犹如在达喀尔或科纳克里（Conakry）街头一般；而他们那些操英语的尼日利亚

① Roger Anstey, *Belgian Rule in the Congo and the Aspirations of the Evolué Class*, in L. H. Gann and P. Duignan (eds.), *Colonialism in Africa, 1870—1960,* Vol.2, Cambridge University Press, London, pp.194～225; Georges Nzongola, *Class Struggle and National Liberation in Zaire*, in *Contemporary Marxism*, 6: 1982, p.65.

或加纳同类们，则把伦敦最多当成必要的暂时受苦的地方。这种彼此的爱恋都存在着一些说得通的理由”①。

对于殖民体系瓦解后这一时期的许多精英而言，无论他们的钱财如何积攒，是正当得来还是依靠肮脏手段获取，除了用于建造住宅外，剩下的大部分钱财，都在非洲以外的地方找到了花销的办法。最糟糕的是拿来摆阔气用掉，而且常常粗俗不堪。有些人甚至不知道他们在这方面究竟花销几多。非洲的一些领导人，如易卜拉欣·巴班吉达（Ibrahim Babangida）、萨尼·阿巴查（Sani Abacha）、哈吉·奥马尔·邦戈（Hadj Omar Bongo）、蒙博托·塞塞·塞科（Mobutu Sese Seko）、丹尼尔·阿拉普·莫伊（Daniel Arap Moi）、特奥多罗·奥比昂·恩圭马·姆巴索戈（Teodoro Obiang Nguema Mbasogo）以及多斯桑托斯（dos Santos）②都是这方面最有说服力的例子。在非洲，你若当了某个国家的统治者，往往就在社会—经济方面转变成该国最富有的人，而且使所有的一切完全为你效劳。有时候，这种特权还包括统治者有权让其下属把他们妻子的肉体也献出来，供人家享乐。有些金融界人物腐败成性，在非洲的高层掠夺，令人难以置信。据法国周刊《非洲记事》（*L'Autre Afrique*）

---

① Roger Anstey, *Belgian Rule in the Congo and the Aspirations of the Evolué Class*, in L.H.Gann and P.Duignan (eds.), *Colonialism in Africa, 1870—1960,* Vol.2, Cambridge University Press, London, pp.194～225; Georges Nzongola, *Class Struggle and National Liberation in Zaire*, in *Contemporary Marxism*, 6: 1982, p.65.

② 易卜拉欣·巴班吉达（1941—），尼日利亚政治家和军人，1985—1993年间担任总统，武装部队执行委员会主席，武装部队总司令，国防部长，上将；萨尼·阿巴查（1943—1998），尼日利亚军人，曾任陆军上将、国防部部长兼国防部参谋长，20世纪80年代多次参与或发动军事政变，1993年11月起担任尼日利亚国家元首，1998年突发心脏病逝世；哈吉·奥马尔·邦戈（1935—2009），加蓬军人和国家元首，1966年11月任政府副主席，1967年3月任副总统，同年11月继任总统，此后至2009年长期担任加蓬总统；蒙博托·塞塞·塞科（1930—1997），1965—1997年任扎伊尔共和国（现刚果民主共和国）总统达32年；丹尼尔·阿拉普·莫伊（1924—），肯尼亚政治家，1978—2002年担任肯尼亚总统；特奥多罗·奥比昂·恩圭马·姆巴索戈（1942—），赤道几内亚政治家，毕业于西班牙萨拉戈萨军事学院，1979年8月3日政变成功后一直担任该国总统；若泽·爱德华多·多斯桑托斯（José Eduardo dos Santos，1942—），安哥拉政治家，1979年以来担任该国总统。——译者

说，奥马尔·邦戈在巴黎拥有的房地产比其他任何一个外国领导人都多。[①] 在 1986 年审讯博卡萨（Bokassa）[②]期间，他被控除了触犯其他刑法之外，还犯有盗用 1.7 亿美元公帑罪行。[③] 据说，多斯桑托斯是安哥拉最富的人，他的妻子在该国属于最富有的妇女。《全球见证》（*Global Witness*）的一些调查揭示，与安哥拉总统职位有关的某些个人，在针对“争取安哥拉彻底独立全国联盟”（UNITA）的 40 年战争期间，从用于采购的实际上每个项目中，都已获取财金利益。来自一项安哥拉石油探测调研（oil diagnostic study）的资讯暗示，2001 年有 14 亿美元——约占该国国家收入的 1/3——正在消失无踪。同年，联合国尚未凑齐总共所需的 2 亿美元，以供养活依赖于紧急粮食援助而生存的安哥拉 100 万难民。[④] 在肯尼亚，丹尼尔·阿拉普·莫伊经常对公众发表讲话，高调宣称要遏制腐败；同时，许多人都知道，他和他的家族就处于这个国家腐败文化的中心。萨尼·阿巴查及其密友则于 1993—1998 年期间非法掠夺了尼日利亚的约 40 亿美元。洛贝尔、诺文斯及拉蒙（Lobel, Novins and Lamont）[⑤]律师事务所的杰克·布卢姆（Jack Blum）在美国国会国内及国际金融政策小组委员会（Sub - Committee on Domestic and International Monetary Policy）出面作证提到尼日利亚时，说到“从独立以来直到目前，尼日利亚以往一些领导人既盗取又挪用的国家资金，

---

① *Gabon*, in *Infoplease*, 1.3.2004, http: //www.infoplease.com/ipa/A0107556.html.

② 让 - 贝代尔·博卡萨（Jean - Bédel Bokassa，1921—1996），非洲著名的独裁者，出生于中非首都班吉以东 80 公里处的一酋长家庭。1939 年应征参加法国军队，服役约 20 年；1959 年年底回到中非，1965 年年底发动军事政变后自任总统；1976 年 12 月称帝。1996 年死于心脏病。——译者

③ *Where are they now*, in *New Internationalist*, Issue 275, 1996, p.1.

④ *Difficult Questions for Bush and Dos Santos on Angola Oil Sleaze*, *Starving Children and Billions of Disappearing Dollars*, in *Global Witness*, Press Release, London, 2002，又见 *Angola's Denials Do Not Stand Up*, in *Global Witness*, Press Release, London, 2002。

⑤ 原文第二个单词笔误为“Norins”。经查，该律师事务所建立于 1972 年，设于美国首都华盛顿。详见“Lobel Novins & Lamont”，载 http: //www.lnllaw.com。有关此次作证的资讯，可参见“Archives/Financial Services Committee/U-S-House of Representatives”，载 http: //archives.financialservices.house.gov/banking/52500blu.shtml。——译者

估计达4000亿奈拉（400亿美元）"[①]。许多国家的国家元首们的妻子利用丈夫的权力而千方百计致富，这些人当中包括玛利亚姆·巴班吉达（Miriam Babangida）和玛利亚姆·阿巴查（Miriam Abacha）、娜娜·科娜多·阿吉曼·罗林斯（Nana Konadu Agyeman Rawlings）[②]，以及其他人。顶层人物做表率起了领头作用，就使得社会其他人员仿效。凡是在广大群众将其领导人视为毫不让步地享受炫富摆阔生活方式的地方，在全社会大多数成员都还食不果腹的地方，要使全体公民对于需要把缓缓潜动的腐败，按其存在的程度予以阻止并一概信服，实在很难。

在非洲高层所发生的许多腐败行为中，非洲国家一些领导人已经在西方找到了现成的伙伴。2001年所暴露的牵涉到法国石油企业巨头埃尔夫（Elf）的腐败事件中，据揭露，埃尔夫公司频频地向法语非洲地区的一些非洲领导人行贿，这在法国是一个公开的秘密。当非洲国家的一些领导人抵达巴黎时，在拜访法国外交部之前，总是先到埃尔夫公司的总部。在世界上其他地方，金钱也被送给各个政府及工商业首领，以保证达成商业及政治交易。[③]据报道，埃尔夫公司的经理们送了近10亿美元，从加蓬的奥马尔·邦戈总统、刚果（布）的萨苏·恩格索（Sassou Nguesso）总统、喀麦隆的保罗·比亚（Paul Biya）总统那里，收买到商业优惠。埃尔夫公司控制了所有这些国家的石油业。在审讯埃尔夫公司一案期间，据透露，其每年的现金调拨共达1670万美元，给了加蓬总统奥马尔·邦戈；同时还有大笔款项付给安哥拉、喀麦隆和刚果（布）的领导人。早在2003年，一个加拿大公用事业公司被发现犯罪，向南非和世界银行出资、在南部非洲那个小王国实施的巨型水

---

① Chike Okafor, *Nigeria Senate*, *General Babangida and Loot Recovery*, Mimeo, June 5, 2000.

② 玛利亚姆·巴班吉达，1985—1993年间担任尼日利亚总统的易卜拉欣·巴班吉达的夫人；玛利亚姆·阿巴查，1993—1998年担任尼日利亚实际国家元首的萨尼·阿巴查的遗孀；娜娜·科娜多·阿吉曼·罗林斯，加纳前总统（1993—2001年）杰里·约翰·罗林斯（Jerry John Rawlings）的夫人。——译者

③ Johan Huizinga, *French Corruption Lynch - Pin Arrested*, Radio Netherlands Omroep, 2nd February 2001.

电计划——莱索托高地水利工程（Lesotho Highlands Water Project）的一些高官支付了一大笔贿赂。[①]

如果殖民体系瓦解后这个时期的精英就是有那么多毛病，且在50年间依然处于困境中，不能规划出通往更加解放和发展的可行道路，那么，在目前的国体下，就与非洲进步的目标不相称了。精英的这种不相称直接产生于新殖民主义的特性，它缺乏创造性的本能，它对于西方的一切，持续不断地偏好粗糙的模仿以及盲目的生搬硬套。它对于外来的新殖民主义利益，比之对以非洲为中心的建设性表现，保护更力。但这就是我们的精英所干的事情，这就是在非洲各国居于主导的一些群体。简单的答案，似乎是需要把精英们的这种心态埋葬掉，但是，由于一些利益和生活方式与现有秩序牢牢相关，不妨略有几分自然地推测，非洲精英只有抛弃他们现在的观点、生活方式，抛弃他们对一种更为自治的、原本的及自力更生的非洲发展新型道路所抱态度，可能才是有希望的思路。在前进道路上，可能不得不在精英当中出现不赞同的派别，即反精英，这些人拒绝现有的心态和方式。无论这个过程是和平的、民主的，还是含带暴力和巨变的，均取决于我们牢固确立政治民主制度成功地达到什么程度。这就是灾难的前兆。

随着非洲人类面临贫穷与无人性所形成的挑战，日益成为非洲各国及其统治者们的难题，时间显然并未站在和平的选择及解决方案一边。民主化转型会影响到这个大陆经济及文化制度的新型创意如何适当实施，而转型的过程越早，一切就会越好。

---

① *Corrupting the African Leader*, in *The Daily Observer*, Gambia, 14th November, 2003.

第三章　超人心理、不合格的人们以及被打败的种族

殖民地或帝国主义统治的经历中最令人感兴趣的一项，就是这种经历对被统治者的思想以及社会习俗造成的集体心理影响。这在整个历史上都是真实的，而且对于所有的人类群体及文化都同样真实。持续不变的社会统治摧毁了人们的信心，并造成了低劣、自我仇恨以及缺乏自尊的综合症。

在非洲，几个世纪的阿拉伯及大西洋奴隶贸易，以及随后的殖民时代，对人民的思想和行为留下了去除不掉且败坏品性的遗产。有一项明显且有用的评论写道："显然，所有形式的剥削都不是同样的；显然，被殖民的土著，比起欧洲的劳工们，更为剧烈地受到压榨和非人性的对待；土著不仅在经济和社会方面，而且在物种类属方面，均遭到镇压。"[①] 这段话的意思是说，压迫带有不同的伪装，程度也不同。妇女遭受的压迫，是最为普遍且在社会结构方面最为令人烦恼的压迫方式之一。这种压迫在不同程度上还存在于当今所有各个社会，且就其影响而言，不同于压根就剧烈的压迫，即殖民地构成方式那种统治及压迫。某位非洲妇女可能被当作一个黑人而遭受压迫，而且在另一种情境下，她也可能被当作一个妇女而遭受剥削。所以，情境决定了我们所遭受的压迫类型。但是，一些社会—经济差异及相关剥夺造成的问题，构成了所有压迫形式的基础，或与这些形式有关，这些问题

---

① David Caute, *Fanon*, Fontana, London, 1970, p.85.

在历史上以及文化上构成了社会结构的秩序。假如压迫是具备所有形态及形式的话，那么，我们正在详尽研究的，是由于全球的、非洲的殖民地经历以及非洲人被奴役的经历所产生的压迫，尤其是这样造成的社会—心理后果。我们明确地着眼于世界上有非洲血统的人民之心理模型，并特别考察与西方人统治相关的这种模型，以及在较小程度上考察与阿拉伯化的非洲有关的这种模型。

压迫就是一种权力游戏。实际上，你若遭受压迫，就意味着丧失了你的平等，默认低劣。因为只要压迫的预期受害者尽一切努力，拒绝和反抗所受压迫的情形和条件，他就是在承认并坚持他的平等性。反抗延伸为自由。自卑情结（inferiority complex）的种种心理表达并不存在于社会真空中。除了在非洲人们被当作一个群体，或多或少地处于社会阶梯的较低梯级的种族主义社会中，某个非洲男人或女人都不会因为其皮肤的色素沉着而觉得自己低劣；而在那样的种族主义社会中，阶级、肤色以及权力常常是吻合的。这就是何以这种现象在殖民地的、新殖民主义的或种姓制的社会中得以流行的原因，在这样的社会里，无论是本国还是外国的这种社会，那个非洲人就生活在或曾经生活在社会—经济、文化以及政治低劣的情形下。我们在此所写到的黑人低劣综合症，是被当作一种现实来理解的，这种现实是一种不容易更改的历史遗产，存在于这片大陆。在加纳独立之前几年里（1952—1955年），古斯塔夫·雅沃达（Gustav Jahoda）所做的一项调研中，研究了该国非洲人对欧洲人的态度，他说道："少于五分之四的被调查者认为，白人对非洲人的评价较差。大体上说，所得到的回答很一致，只有一项明显例外：很大一部分文盲对于欧洲人把非洲人看成动物，或者看成任何低于人类的动物，都表达了极端的看法。"①

要想使社会制度成功，来自压迫者一方的压迫，就必须让被压迫者一方屈服。正是在这个意义上，我们才可以说，进行压迫的结构是

---

① Gustav Jahoda, *White Man: A Study of Attitude of Africans to Europeans in Ghana before Independence*, Oxford University Press, London, 1961, p.54.

一条双向街道。压迫者与被压迫者两者的作用，事实上是由彼此的辩证关系所确定的。没有一种条件，另一种条件也就不存在。一旦被压迫者被征服，而且很少反抗或者根本不反抗，那么，他已承认了自己是社会—结构方面低劣的这种条件。换言之，为了避免经济、政治及社会—心理方面的低劣性，压迫必然遭到被压迫者竭尽全力的反抗，而且，只要有可能就会反抗。在分层社会中，平等是通过斗争而赢得的。平等总是很难被当作慈善行为或捐助而赐予。奥比·埃格布纳（Obi Egbuna）多年前就说过“暴力就是男人无所选择时所用的武器”。[①] 在邓·比翁·米贾克（Deng Biong Mijak）——他在反抗阿拉伯少数人统治者的战争中，曾经是苏丹人民解放军（Sudan People's Liberation Army，SPLA）的游击队战士——与一位南苏丹的法学家近来的谈话中，谈到20世纪80年代发生在北苏丹的青尼罗河南部地区的一次事件。一位乌杜克人（Uduk）长者，是一位村民，在苏丹人民解放军的部队进入他所在的村子时，被拉去与部队会面。那老人就问道：“我的孩子们，你们到这里想干什么？”在场的一位苏丹人民解放军司令官回答说：“大爷，我们来到这里是把你们从阿拉伯人的手中解放出来。”那老头迷惑而又惊惶地驳斥道：“我的孩子们，我们受那样的压迫也过得很好啊。让我们自个儿过吧，但是，安拉可能会帮助你们打仗的。”邓·比翁·米贾克就此评论道：“那位贫穷的老人从没想过，阿拉伯人的压迫曾经是可以反抗的，他从没想过非洲人可以勇敢地抵抗阿拉伯人。他只是把所遭受的压迫当作一种自然而然的生活方式而接受了。”[②]

使得压迫合理化的那些条件，是地地道道的谎言；在对于压迫对象毫无作为这一意义上，它们就是谎言。它们只不过是便利的借口，使得不理智的社会习俗在道德上和逻辑上得以依赖而成立。反抗以及自发地还击，就是通向自由之路。正是弗里德里克·道格拉斯（Freder-

① 引自 Stephen Clarke et al（ed），*The Black Man in Search of Power*，Nelson，London，1961，pp.86～87。

② 2005年7月31日在开普敦对邓·比翁·米贾克的访谈。

ick Douglass）在内战刚刚开始之际向军队、向非洲裔美国人的呼吁中所指出的："只需要中等智慧，就可以领会到，奴隶军队就是针对奴隶主军队的最佳自卫。"① 在莫桑比克领导了反殖民战争各次开端的爱德华多·蒙德莱恩（Eduardo Mondlane），其质朴的智慧同样是毫不含糊的。"当我（1957 年至 1961 年）在联合国的时候，我就意识到了，莫桑比克绝不能通过讨论而获得独立"②。津巴布韦的约书亚·恩科莫（Joshua Nkomo）③表达了相似的观点，他在其自传中写道："我的信念越来越坚定，白人只有到了迫不得已，才会给予我们权利。"④

被压迫人民总是在道德上优越于压迫者。在罗伯特·F. 威廉姆斯（Robert F. Williams）的证词中，说出了比简单的事实更加真切的话："当某个受压迫民族表现出意愿，要捍卫自己时，在道德上越虚弱而胆小的敌人，就越愿意让步，并为了值得尊敬的许诺而工作。另外，从心理学上来说，种族主义者们认为他们是优越的人，而且不愿意把他们优越的生活与我们低劣的生活相交换。"⑤ 威廉斯的论点并非信奉那无故而采取暴力的哲学，他被控告于 1961 年在北卡罗来纳州的门罗（Monroe）发生的一次种族暴力突发事件期间，绑架了一对白人夫妇，随后，他离开了美国。为了更清楚地澄清他的立场，他说道："我们采

---

① F. Douglass，*Men of Color to Arms*，此处引自 Joanne Grant（ed），*The Black Protest*：*History*，*Documents and Analyses*；*From 1619 to the Present*，Fawcett Premier Book，1968，p. 112。

② 此处引自 *The Black Man in Search of Power*：*A Survey of Black Revolution Across the World*，Thomas Nelson，London，1968，p. 59。

③ 爱德华多·蒙德莱恩（1920—1969），出生于莫桑比克曼雅卡泽（Manjacaze）的一位酋长家庭，1962—1969 年被葡萄牙人所寄的一件炸弹邮包暗杀之时，一直担任莫桑比克解放阵线（Mozambican Liberation Front）主席。其学术专业是人类学，20 世纪 50 年代后期至 60 年代初期曾在联合国某机构任职，并在美国纽约州的锡拉丘兹大学（Syracuse University）担任历史和社会学的教授，据"Eduardo Mondlane"，载于 http：//www.sahistory.org.za/people/eduardo - mondlane - 0。约书亚·恩科莫（1917—1999），津巴布韦非洲人民联盟（Zimbabwe African People's Union）的创建者及领导人，在津巴布韦很有影响，被称为"津巴布韦之父"。——译者

④ Joshua Nkomo，*Nkomo*：*The Story of My Life*，SAPES Books，Harare，2001，p. 66.

⑤ Robert F. William，*Negroes with Guns*，*Marzani and Munsell*，New York，1962，p. 40。此处引自 Joanne Grant（ed），*The Black Protest*：*History*，*Documents and Analyses*；*From 1619 to the Present*，Fawcett Premier Book，1968，p. 341。

用并赞成非暴力的反抗。但是，我们也相信，假如一个人允许自己被别人虐待，那么，他就不会有尊严；被拳打脚踢趴在地上，让自己的妻子和孩子们遭受攻击，却拒不保卫他们和他自己，所根据的是他太信神、太自以为是，如果他还击，那么就会贬低他自己的人格。"[①] 的确，当某人不予以还击时，其人格就贬低和扭曲了。当以色列人在大屠杀半个多世纪之后，正当地追踪纳粹罪犯们，全世界都理解以色列人。相似的逻辑是，当人们得知纳尔逊·曼德拉在罗本岛被拘留了 27 年，但没有对那些法西斯式地逮捕他的人抱以愤怒和怨恨就走了出来，非洲使许多人的想象既惊骇又困惑。这种反应是例外的。这就是为什么曼德拉常常被描述为一位圣人的原因。威廉姆斯在其论点中把曼德拉的事情包括在内，提醒说道："非洲裔美国人不会忘记，由于和平主义者、道德力量或者对奴隶主们的基督教良心发出高尚呼吁的缘故，他之被奴役在这个国家并未过去。"[②]

上位与下属是一些社会现实，这些现实在生产、流通及交换的过程中总是有其基础的。但是，假如这些过程就是这些现实的牢固基础的话，那么，正是这些过程的主观结果，支配并指导着人们的行为。假如你是做白种南非人而长大，在你成长为成年的整个过程中，就只是涉及担当仆人、家庭佣人和司机的非洲人，当你偶然遇到某个社会地位及经济地位比你优越的非洲人，你就会难以适应这种不熟悉的现实。

2003 年 12 月 4 日下午，我去开普敦的康斯坦莎（Constantia）酒庄的观山苗圃（Mountain View Nursery）给我的花园买些花木。我得到某一位职员的帮助，而他像大多数那里的职员一样，穿着典型的蓝色罩衫。他推着我那辆放了花木的手推车，我们就站在我喜欢的一些样本

① Robert F. William，*Negroes with Guns*，*Marzani and Munsell*，New York，1962，p.40，此处引自 Joanne Grant（ed），*The Black Protest*：*History*，*Documents and Analyses*；*From* 1619 *to the Present*，Fawcett Premier Book，1968，p.343。

② 同上。

旁边看。在挑选和讨论该买哪些品种的过程中，一位面相有些老的白人绅士轻轻地拍了我的肩膀一下，打断了我与卖花人的讨论，向我询问其他一些花木的价钱。我告诉他我不是这个苗圃的工作人员，他应当找别人问。这个可怜的家伙坚持着，向我发号施令，要知道花木的价钱。再怎么解释，这位先生都难以明白。这件事情的简单真相在于，按这位可怜老人的经验，他是白种南非人，他显然从未遇到过一个非洲人居然会是社会骨干，会被允许来到康斯坦莎酒庄的一家苗圃里买花。苗圃里的非洲人自然而然只能是在那里上班的工人。这就是种族主义社会对于人们心理造成的影响。

这场争论的内情也是真实的。假如你是南非的一个非洲人，一辈子仅知道白人是你的主人，那么，当偶然遇到一个白人乞丐时，就会立即动摇你的心理。[①] 2004 年 5 月，我们在开普敦开车拉着一位来访的非洲人到了一个交叉路口，恰好那里站着一个白人乞丐，拿着一块招贴板让人施舍。我的客人难以相信这名乞丐竟然是个白人，就不停地问我："他真的是白人吗？"黑人或白人的种种现实都有它们各自特有的原动力（dynamics）。梅尔文·德里默（Melvin Drimmer）提到北美洲的情况时写道："当那个黑人能够打破白人强加的低劣情结所造成的精神枷锁之前，他不得把精神分裂症看成是他在势不可当的白人——敌对的——美洲所遭遇的那种症候，即认同难题。我是什么人，我在美国社会中究竟应当起什么作用？"[②] 德里默继续说明，杜波伊斯所做贡献当中最有意义的方面之一，就是把北美洲的非洲后裔的解放过程中及非洲裔美国人的社会中正在被拆解及面临的这种精神分裂症之种种

---

① 多年前，即 1992 年，当我第一次抵达南非时，自己开着一辆很值钱的、相当舒适的汽车，注意到路上其他每个司机或者过路人都转过头来吃惊地盯着我。一位白人南非朋友对我说："你知道为什么他们那么好奇地看着你吗？因为你非同寻常。在他们心目中，你要么是别人的司机，要么就是偷了别人的车子，或者是做毒品买卖的、黑帮头子，或者是骗子。超出这些现实之外，你简直太高深莫测了。"

② Melvin Drimmer, *Black History*: *A Reappraisal*, Doubleday & Company, Garden City, 1968, pp.2 ~ 3.

现实，在其著作《黑人的心灵》(*The Souls of Black Folk*)中雄辩地予以说明："美国黑人的历史就是这种争斗的历史，这就是渴望获得有自我意识的成年男人身份，把双重自我合并为更好且更真实的自我。在此合并过程中，他希望旧日的自我也不会丧失。他可能不希望非洲化的美国，因为美国对他太重要，以至于没怎么教他懂得世界和非洲。他可能不会在白人美国精神的洪流中把他的黑人心灵漂白，因为他知道，黑人血统带给世界某种信息。他只不过是希望，可以既当黑人也当美国人，而不让机会之门当面猛地关上。"①对于美国的挑战一直都是实践其平等和民主的种种高尚理想，并为黑人和白人提供公平的途径，使他们可以享有美国经济及社会的资源和利益。直到已经21世纪初叶，美国还未能这样做到。取得了一些进步，但现实距离理想还很遥远，所以，美国的非洲裔依然捡拾残羹剩饭，精神分裂症照样还在。

从2005年8月底到9月初，当卡特琳娜飓风席卷美国墨西哥湾沿海一带路易斯安那州的新奥尔良之时，全世界的人们通过电视画面看到，那个地区的人们处在洪水泛滥的悲惨困境中。在这些令人心碎的画面当中的大多数图景里，出现的都是非洲裔美国人。他们都是不能疏散或未被疏散的下层阶级的人。他们是这场自然狂怒里最糟糕而又无助的受害者。在对于伊拉克及阿富汗事情的必胜论之外，在全球霸权主义以及财富和权力之外，美国的另一幅面孔以及现实，忽然间赤裸裸地展现在人们眼前。在21世纪初叶，美国的真实状况，那种将不会离开的正在溃烂的社会伤痕，就是其下层阶级的悲剧，而该阶级中的大多数人都是黑人。②

被压迫人民往往是那些对于其劳动直接或间接耗费于其中的任何产品或补助金且没有公平分享到的人们。他们只得到碎屑。根据

---

① Melvin Drimmer, *Black History: A Reappraisal*, Doubleday & Company, Garden City, 1968, p.3.

② Elisabeth Bumiller, *Bush's Status with Black is Also Left in Tatters*, in *Sunday Times*, *The New York Times*, South Africa, 25 September 2005, p.2。又见 Paul Tiyambe Zeleza, *The Political Wrath of Hurricane Katrina*, in *Tinabamtu*, *Journal of African Affairs*, The Centre for Advanced Studies of African Society, Vol.2, No.2, 2006。

关于社会地位的一些伪造论据，这是公平的，而只有被压迫者和压迫者双方事实上都相信或已经变得相信了那些论据，或者时间和条件都认可了这类惯例，那些论据才会变得有效。就被压迫者一方而言，与这类现象平行的，往往是仰慕压迫者这种现象，以及采纳主导群体的社会惯例，几乎要通过犹如盲目模仿压迫者一般的手段，压迫赖以成立的基础才会被撤除。当非洲人们也庆祝盖伊·福克斯节(Guy Fawkes Day)①，或者模仿西方人的姿势和癖性，那么，就意味着他们丧失了自己的爱好和自尊心。自我这种历史及文化产物，一旦赞同对压迫者文化的模仿想象，就遭到否定。有些非洲人在西方待的时间极短，在那里待了一两年之后返回非洲，说话却被人当作带着英国女王的腔调或者美国南方人那种懒洋洋的口气，这种例子多得数不清。在整个非洲大陆，甚至有些人从未踏足于自己本国之外，说话却显得带有外来腔调。在加纳，这种情况被人嘲弄而称为“拉发”（LAFA），即“在本地学得的洋腔洋调”（locally acquired foreign accent）。一度担任加纳总统的空军上尉杰里·罗林斯（Jerry Rawlings）②，就是这方面的一个极端例子。

英国人类学家杰弗里·戈尔（Geoffrey Gorer）在其主要根据西非旅行经历写成的著作《非洲诸舞蹈》（*African Dances*）③里写道：“如果你注视着某个人（一个白人男子）的黑人们，你就会知道此人性格的主

---

① 英国的一个传统节日，时间为每年的 11 月 5 日，是为了纪念发生于 1605 年 11 月 5 日的一次未遂计划，即“火药的阴谋”。当时，一些乡下天主教极端分子试图炸掉英国国会大厦，杀掉正在那里举行典礼的英国国王詹姆士一世和他的家人以及大部分新教贵族。此次谋杀计划的执行者就是盖伊·福克斯。——译者

② 杰里·罗林斯，1947 年生于加纳首都阿克拉，其父亲是苏格兰人，母亲是加纳的埃维族人。1993 年 1 月至 2001 年 1 月连任两届加纳总统。——译者

③ 杰弗里·戈尔（1905—1985），以其在人类学中应用心理分析技术而著称，他的旅行记《非洲诸舞蹈——关于西非黑人的一部书籍》（*Africa Dances: A Book about West African Negroes*）自 1935 年用英文首版以来，至 2005 年之间，已在全球各地出有英文及其他文种版本近 30 种。——译者

要特点。那些黑人犹如镜子一般逼真地反映着他们的主人们。”[①] 多年前，一位丹麦人学术研究同事问我，为什么非洲人那么喜好西服套装。他在一个温暖、晴朗而又尘土飘飞的日子里，在内罗毕的凯里奥科（Karioko）一带拥挤的玛塔图路（Matatu）上，看到一个疲劳的非洲人满脸汗滴，却穿着全身套装，扎了领带。这种五体投地彻头彻尾的模仿，折磨着遭受殖民的非洲精神，使阿兰·伯恩斯（Alan Burns）浮想联翩而说道：“这个非洲人十分希望尽可能像白人一样，而且他肯定难以理解为什么这种愿望应当受人憎恶。”[②] 关于这种事情的道理，从哈罗德·穆迪（Harold Moody）的看法中就可以找到，他认为，当那个模仿别人的非洲人刚刚下了公共车，以某种无可救药的荒唐方式满身打扮着，外表夸张，这正是他所理解的白人外表。他的样子显得很滑稽，但实际上，他只不过是想尽可能忠实地仿照他的白人上司罢了。[③]

杰弗里·戈尔在其 1949 年所写的另一部著作中说，他在亚洲和非洲的一些现在或以前被英国统治的地区观察到，许多当地人在教育方面浸淫在“亲英”及性格开朗的氛围中，采纳了英国人的姿态，模仿在当地统治别人的英国人社会阶级或英国都市人的做派。在殖民地时期，这些本地社会阶级常常被正式准许，可以平等地使用欧洲人的殖民地俱乐部，但实际上从未达到社会平等。这种排斥总是令当地精英们丢脸，而且在心理上挫败了他们，鉴于所涉及社会利益的有限性质而言，超出了合理情况下本应当接受的局面。[④]“穿上裤子的黑鬼们”

---

① Geoffrey Gorer, *African Dances: A Book about West African Negroes*, Knopf, New York, 1935, p.143.

② Alan Burns, *Colour Prejudice with Particular Reference to the Relationship Between Whites and Negroes*, George Allen & Unwin Ltd., London, 1948, p.143.

③ Harold Moody, *The Negro in the Future*, 1934。哈罗德·穆迪 1882 年出生于牙买加的金斯敦（Kingston, Jamaica），1904 年到伦敦国王学院（Kings College）学习医学。穆迪博士为了找工作和住宅，屡经困难。穆迪曾担任一个主旨在于促进平等的团体“有色人社团”（The League of Coloured People）的主席。

④ Geoffrey Gorer, *Some Notes on the British Character*, in *Horizon*, Vol.XX, No.120 ~ 121, December 1949—January 1950, pp.375 ~ 376.

（trousered niggers）出自那些教会了黑人懂得穿裤子的人们的轻蔑之言。费奇（Fage）认为，这是受自我利益的力量所支配的。假如“穿上裤子的黑鬼们”都要由于其优点而被容许掌权，那么，也太容易了，以至于难以令人设想，对于非洲及其资源的控制，什么时候可能已经从欧洲的人手中，悄悄落到当地土人的手中。殖民计划的想法，无论是商业、行政方面还是定居者方面的，都不是为了在可以预见的将来，放弃对土著的权力和影响。殖民主义的权益应当尽可能延续到将来。①曾经于20世纪50年代在非洲南部做过离奇观察的威廉·雷纳（William Rayner）注意到，在那个时期白人殖民主义者的思想里，按西方教育及习惯来看，非洲人宁愿是没受过正规教育而且尚未改良的。有人相信，“只要他保留着他最初的野性，他就不可能对白人的统治显出任何新的威胁”②。传教士的活动执著于布教或教育，因此，土著就被白人殖民主义者们当作有害的东西来对待。雷纳注意到，“把‘传教团仆役’谴责为逞能的半开化的讨厌家伙——并非总是没有理由——并且表达对于‘老式土著’的偏爱，变得流行起来”③。传教士按他的方式，围绕着他自己与土著按另外一种方式处事，在两者之间形成社会距离所出现的难题而工作。艾伯特·施韦策（Albert Schweitzer）阐明了处理黑人与白人之间关系的一些指导原则：“他们之间互动的基本性质究竟是什么呢？我准备把黑人当作与我平等的人，还是比我低下的人来对待呢？……黑人就是儿童，对待儿童若不行使权威则一切都做不成……那么，对于黑人们，我已经设计了一个公式：‘我是你的兄弟，这是真的，不过，你是哥哥。’所以，把孩子气与权威性结合起来，是打交道成功的一大诀窍……在来非洲之前，我已经听一些传教士和商

① J.D.Fage, *Emergent Africa: The Dangerous Legacy of Imperialism*, in Alan Bullock (ed), *The Twentieth Century*, Thames and Hudson, London, 1971, p.203.

② William Rayner, *The Tribe and Its Successors: An Account of African Traditional Life and European Settlement in Southern Rhodesia*, Faber and Faber, London, 1962, p.191.

③ 同上。

人反复说过，在这里要非常认真地保持白人的这种权威地位。”[①] 施韦策以他的感悟而用的方法，使他可以把非洲人们按他所建议的与基督教感情和训导相符合的方式来对待。同时，使他有余地、有华而不实的良知，操演帝国主义权威，并显示对于土著们的傲慢。施韦策说，土著是“自然之子”，这是他对卢梭所说“高尚的野蛮人”所做的修改，对待这些土著，需要像笛福的《鲁滨逊漂流记》中对待星期五[②]那样。这是外表上带着基督徒面孔的帝国主义傲慢。

这个故事的另一面同样令人难忍，肮脏凌乱。受过教育的那个非洲人被殖民主义者排斥，使他更为绝望地试图模仿其主子。在当代加纳，有些中产阶级人士甚至试图以幼稚的、在社会上无利可图的方式，模仿英国中上层阶级的势利习气。这种类型的同化的第一步且最重要的一步，就是自我否定，在他的文化及历史归属方面尽力否定。

在2005年2月于开普敦举行的非洲大学联合会（Association of African Universities）第11届大会上，塔博·姆贝基（Thabo Mbeki）[③]在其演讲中提

---

① Albert Schweitzer, *On the Edge of the Primeval Forces*: *Experiences and Observations of a Doctor in Equatorial Africa*, A & C, Black, Ltd., London, 1924, pp.130~131。施韦策关于白人与黑人关系的说教，因此这样结束道：“白人所承担的责任越大，他难以有助于土著的危险性也就越大。我们这一个传教团的全体人员太容易不对其他白人自以为是。直到年底，我们都还没有从土著们那里获得如同官员和商人所获得的那种结果，所以，这种令人疲乏的竞争，对于我们而言，就像对于他们一样艰苦。从那些躺在我屋里的病人那里，我得知有关那个经商者灵魂的一些事情之后，就不再胆敢对我的伙伴们评头品足了，那些病人的谈话使我怀疑，现在粗鲁地谈论起土著的那些人，可能已经出现在充满理想主义的非洲，但是他们在日常的内容中却已经令人厌烦和无望，渐渐失去了他们一度拥有的灵性。要使某人自己保持真正的仁慈很难，要做一个文明的棋手也很难，这就是赤道非洲的白人与有色人种之间关系这一难题中的悲剧成分。”同上，p.135。今天，有一些非洲人更喜欢那些在非洲毫无掩饰地公然傲慢的白人，胜过喜欢那种其意图和思想都善于用表面和蔼所掩饰的、显而易见的自由主义者，因为这种人都知道他们正在对付的是哪些事情和哪些人。

② 星期五是笛福小说《鲁滨逊漂流记》中的一个人物，是鲁滨逊漂流到一个孤岛，独自生活在那里26年期间所遇到并救下的一个野人。——译者

③ 塔博·姆贝基，南非政治家，1942年6月生于南非的东开普省，1994年5月出任南非第一副总统，同年12月当选为南非“非洲人国民大会”（非国大）副主席，1997年12月当选为非国大主席，1999年6月就任南非总统，2002年12月连任非国大主席，2004年4月蝉联南非总统，2008年按非国大的要求辞职。——译者

到，当他还是个孩子时，曾经在东开普省的艾丽斯（Alice）的拉夫戴尔学院（Lovedale Institution）上学，一些苏格兰传教士在那里把黑人们教育成“受过教育的土著人”。他说“这是难以做到的事情”，并规劝非洲学术界，不要落入殖民陷阱而成为“受过教育的土著人”，不要彻底成为那些施教者那个社群的一部分，而是要出于自己的非洲根源以及他们同伴非洲人们的立场，“成为公允的人”。姆贝基讲了一个故事来表达他的观点：近来(2005年)，他访问过一些非洲国家，在其中某个国家由某位内阁部长陪同。在他旅行结束时——尴尬的是，他没记住这位部长的名字——他在返回本国的飞机上查看了这位部长的名片，发现这位先生在那个非洲国家里有住址，但是在巴黎还有一个住址。“所以，假如你在他的本国找不到他的办公室……那么就拨打另一个电话号码吧”①。

在头脑中自我否定，导致并延伸为在社会实践中自我摧毁，对于解放缺少可靠的方案，使得受压迫的那些社群及那些社会，转而依靠自己的虚无主义暴力。同时，压迫者受到敬畏和羡慕。遭到压迫的受害者怀着愤怒和失望，转而把他的愤怒指向其他受害者。正是这种类别的现实，在南非被人们称为“黑人对黑人的暴力”。这一类暴力在美国的黑人聚居区和巴西的贫民窟（*favela*）也是众所周知的。值得提到的真相是，在南非，在种族隔离时代即将结束的那些年里，许多“黑人对黑人”的暴力和残杀实际上都是由种族主义政权故意怂恿并煽动起来的。

不幸的是，非洲人的心理扭曲并不局限于种种喜好模仿的怪癖以及盲目模仿别人的生活方式。这种扭曲当中最丑陋的表现，无论是认真的还是象征性的，那就是一些习惯，如漂白皮肤和拉直头发，这在非洲所有地区以及海外非洲裔社区的妇女当中十分流行。尽管拉直头

① Donwald Pressly, *Don't be "Educated Natives"*, News 24 com, 2005, 2, 22, www.news24.com/News24/South Africa/News/0.2-7-1442 .1666021.00.html。(经核对，这一链接地址已失效，但如下链接有效：http: //www.news24.com/SouthAfrica/News/Dont-be-educated-natives-20050222。——译者)

发在各个阶层的非洲妇女当中很普遍，但是，漂白皮肤却在下层阶级妇女当中特别盛行，而且显而易见。我近来在西非见到一个经纪人发出的一条消息说，“最终而言，你总会得到自己想要的”，而在这个标题下面是一张装漂肤膏容器的图片，这种图片旁边则是一位皮肤已漂白、头发已拉直的年轻女士的照片。很有讽刺意味的是，第一位非洲裔美国百万富婆沃克（C.J.Walker）夫人，是通过介绍她那著名的拉直头发润发油而发财的，她看到了把黑人妇女的头发转变成白人妇女那样的直发，很有市场。这种转变被佐拉·尼尔·赫斯顿（Zora Neale Hurston）[①]称为“使我的神更靠近你”。“帕尔默氏美白霜系列产品”（Palmer's Skin Success）广告上出现的是一位皮肤变白了的黑人妇女，广告词是“保证使你的暗斑变得更淡”。德科伊（DeCoy）[②]写到，黯黑皮肤的妇女在晚上睡觉之前悄悄地抹上这种美白霜，并在早晨用帕尔默氏美白祛斑护肤皂把那美白霜洗掉，使她们脸上的黑色色素脱落。[③]在一份2005年晚期出现的报告中，提到在南非，“向高阶层流动的黑人妇女是那些美白霜新用户。有钱的妇女使用从印度和欧洲进口的美白霜，而不使用廉价的本地产品”。该报告暗示，虽然答复者们没有说出她们为什么使用这种美白霜的理由，但专家们对于这件事情却说“深色皮肤的妇女继续热衷于西方关于美的观念，尤其重要的是，因为许多黑人男子都宁愿妇女的肤色淡一些”。南非医科大学（Medical University South Africa）的古斯塔夫·马伦古（Gustav Malangu）指出：“对于白皙皮肤的追求起因于各个黑人社群，但事实上那里肤色较浅的人不健康。许多人到现在已经被剥夺权利多年了……人们认为浅肤色的妇

---

① 佐拉·尼尔·赫斯顿（1891—1960），美国黑人小说家、黑人民间传说收集研究家、人类学家。她生在美国南方，毕生为保持黑人文化传统而奋斗，收集出版了一些黑人民间故事集，并创作了4部小说，其作品被公认为黑人文学的经典作品。——译者

② 德科伊全名“罗伯特·H. 德科伊”（Robert H.DeCoy），1967年出版的《黑人圣经》（*The Nigger Bible*）的作者。——译者

③ Robert H.Decoy，*Jack Johnson*：*The Big Black Fire*，Holloway House，Los Angeles，1969，1991 edition，p.131.

女有魅力、伶俐而且更性感，而深肤色妇女则是低陋的，甚至不值得信任。”[①] 这种态度扩展到亚洲以及世界上的其他地区，这是与殖民主义以及欧洲人对全世界深肤色各族人民的统治有关联的。

在英国广播公司2006年5月2日发布、由记者罗纳德·伯克(Ronald Buerk)采写的一项新闻报道中，该记者透露，在孟加拉国，供男人和女人漂白皮肤的产品极为丰富，于是，发展成为一个产业。社会上显然对于妇女呈现浅肤色有压力，且这种压力在婚礼期间尤为突出。在托马斯·富勒（Thomas Fuller）就这一问题所写的一篇文章中，注意到如下事实：“皮肤美白霜风靡于整个亚洲市场，超市和药品店的货架上有大量的美白霜在销售，有证据表明，过去十多年间已经兴起了一个这种行业。据一家市场调研公司思纬公司（Synovate）[②]所做调查，在中国香港、台湾地区和马来西亚、菲律宾、韩国，每10位妇女当中就有4位使用过美白霜。”[③]

在哈罗德·克鲁斯（Harold Cruse）的《黑人知识分子的危机》(*The Crisis of the Negro Intellectual*)一书中，责备20世纪60至70年代的公民权利活动分子罗伊·英尼斯（Roy Inniss）所主张的论点，英尼斯认为，

---

① Futhi Ntshingila, *Female Buppies Using Harmful Skin Lighteners: Men's Preference for Fairer Skin Given as Reason for Cream's Population*, in *Sunday Times*, South Africa, 27 November 2005, p.8.

② 思纬公司于1991年成立，总部设在英国，设有77个分公司，分布于46个国家，该公司是目前全球排名前十位的世界级资讯集团之一。详见其网站 http://www.synovate.com。——译者

③ Thomas Fuller, *The Quest for Pale Beauty Endangers Asian Women*, in *The New York Times*, *World Trends*, p.2。富勒还说道：“电影和广告显然也起到了作用。韩国肥皂剧的成功，使得该国的浅肤色的影视明星成了亚洲美人的象征。曼谷的一位皮肤科诊所大夫、配制有关产品以及做浅肤色处理的尼提瓦蒂·普查留约特（Nithiwadi Phuchareuyot）说，‘每个泰国姑娘都觉得，如果她的皮肤白，那么，就会招来钱财，也会招来男人。电影明星们全都是白皮肤的，而且每个人都想外貌像超级巨星一样’。在泰国，肤色较深这种污名也反映在语言里。一个常用的词语就是‘*tua dam*’，亦即‘黑身体’。不太常用但引人注意的一个词语是‘*dam tap pet*’，亦即‘黑得像鸭肝’。据一家数据监测公司（Datamonitor）所做调查，2005年，62种漂肤产品进入亚太地区的超市和药品店里。同时，泰国食品及药品管理局（Food and Drug Administration）发布了一份列有70种非法美白霜的名单。印度尼西亚的一些官员已经确认，有50多种化妆品属于违禁品。”

与西印度群岛的非洲裔或非洲大陆的非洲人相反，只有非洲裔美国人，才有关于作为黑人的情结。而克鲁斯举证说明，这些心理扭曲在黑人世界里，比英尼斯想让我们相信的更为普遍地存在。克鲁斯指出："只要拿起任何一本流行的非洲杂志，例如尼日利亚的《矛》（*Spears*）、罗德西亚的《行列》（*Parade*）、南非的《邮报》（*Post*），还有加纳和尼日利亚的《鼓声》（*Drum*），你瞧吧！到处都是皮肤漂白产品广告，还有拉直头发的头油广告，以及披着长假发的黑人妇女图片——就像在纽约的哈莱姆区（Harlem）一样……在《鼓声》杂志上，占了整整一页，都是麦迪逊大街式的广告词：'令人惊异的阿尔塔[①]产品会使我的皮肤更白亮、更平滑、更清爽……因为它是纯白的'；'我使着纯白的阿尔塔，就是现在这个样子'，但是，'在……以前，我却是这样的'（意思是说，她虽然皮肤黑，但是蛮漂亮!）。"[②] 克鲁斯所不知道的是，事实上，许多这种广告都是模仿了非洲裔美国人的榜样。

一位非洲裔美国朋友使我注意到这样有趣的现象：假如你走进非洲任何地方的某家理发店或者美发厅，墙壁上张挂着让你盯着看的发式样板图像，其中那些人都是浅肤色的。金色假发戴在黑油油的面孔顶上，则是被扭曲的自我形象的另一类荒谬变体。事实上，某人不喜欢他的或她的肤色，据说是他或她由于具有这样的肤色而遭到咒骂。他或她可能宁愿显得不同一些。这是在社会上最严重的心理折磨，这种折磨直接或间接地受到公开或潜在的种族主义感染，并受到依照种族主义类别而建构的社会—经济差别的感染。

在登载于2003年8月《圣彼得斯堡时报》（*St Petersburg Times*）[③]上

---

① 麦迪逊大街（Madison Avenue），纽约市内广告业集中之地；阿尔塔（Arta），一家跨国的护肤品公司名称。——译者

② Harold Cruse，*The Crisis of the Negro Intellectual*：*From Its Origin to the Present*，William Morrow & Company Ltd.，New York，1967，p.554.

③ 该报是《坦帕湾时报》（*Tampa Bay Times*）的一家子报。圣彼得斯堡和坦帕湾均位于美国佛罗里达半岛西部沿海。在英语中，圣彼得斯堡与俄罗斯的圣彼得堡之词形均为"St Petersburg"，故加此注。——译者

的比尔·马克斯韦尔（Bill Maxwell）所写一篇文章中，作者对于非洲裔美国人持续不断地施加于其自身的肤色歧视，严加斥责。马克斯韦尔指责道："比起对美国其他任何少数者群体的歧视来，黑人自己更为彼此歧视。这种被称为'肤色决定论'（colourism）的歧视，是以皮肤的色调为基础的：某人究竟是深色皮肤，还是浅色皮肤，或者在身上某处是宽泛的中度肤色。"

该文接着说："即使在私下场合，大多数非洲裔美国人也拒不讨论这个自毁性的难题。据均等就业机会委员会（Equal Employment Opportunity Commission）调查，虽然这种情况的数量在稳定增长，从1994年财政年度的413人增加到2002年财政年度的1382人，但是这一数字仅占该机构每年接收到的所有案例的3%。"[①] 假如情况的确如此，那就暗示着压迫及种族主义造成的心理创伤并未退却。马克斯韦尔继续提供了相关的一个案例，说道："在这家黑人新闻媒体上成为新闻的这个最近案例，涉及乔治亚州亚特兰大附近的琼斯博罗（Jonesboro）的阿普尔比餐馆（Applebee Restaurant）的两名雇员。在那里，深肤色的服务员德怀特·伯奇（Dwight Burch）离开了那家餐馆，对阿普尔比餐馆及雇用他的那个浅肤色非洲裔美国人经理提起诉讼。在这桩诉讼案中，伯奇宣称，在他为期3个月的雇用期里，那个经理反复提到他是一个'黑猴子'和'柏油娃娃'（tar baby）。据诉讼陈述，那经理还告诉伯奇，让他去漂白皮肤，但是伯奇拒绝这样做，随后就被解雇了。"[②] 这种类型的故事将会使马克斯韦尔九泉之下也不得安宁。马克斯韦尔解释说，这种类型的歧视，被称为"肤色决定论"（colourism），是以皮肤的色调为基础的。你的肤色越浅，那就越好。"肤色决定论在美国的黑人当中有着悠久而丑陋的历史，可以追溯到奴隶制时期，那时候，浅肤色的黑人会自动得到种植园主及其党羽的优待。肤色决定论的历史

---

① Bill Maxwell, *The Paper Bag Test*, in *St. Petersburg Times*, 31.8.2003, http: //www.sptimes.com/2003/08/31/Columns/The-paper-bag-test.shtml.

② 同上。

颇为迷人：浅肤色的奴隶假如非要干活的话，那么，会在主子的家里自主地得到一份美差。许多这种奴隶随同他们的主人及其家属在全国以至到国外旅行。他们会接触到一些精美的东西，他们当中许多人最终成了有教养的人。他们的深肤色同辈们则在田野中干苦工。那些人那时遭到鞭打、火烧或者吊打，是一些在美国社会被永久沦为下等人中最下等的人。对于他们而言，即使要学习'阅读、写作、算术'①，也是非法的。"②马克斯韦尔的直白话语可能让某些人感到不舒服，但是我们需要坚持不懈地面对真相，以便处理我们的种种难题。"当奴隶制结束时，浅肤色的黑人们建立了一些社会组织，却把深肤色的奴隶关在这些组织之外。20世纪的精英黑人们总是那些浅肤色的人。即使到了今天，大多数社会地位较高的黑人也还是浅肤色的，而从事仆役或关押在监狱中的黑人里，大多数人都是深肤色的。无论相信与否，在一些流行的黑人杂志，如《黑檀》（*Ebony*）月刊和《精髓》（*Essence*）上，还是宁愿选用浅肤色的模特形象，放在其刊登的健美产品广告中。"③

马克斯韦尔告诉我们，他所揭示的事情几乎就是一种发现。多年来，通向专门的社会事件的门径是根据"牛皮纸袋"（brown paper bag）原则而运转的。显然，直到近来，例如，黑人兄弟会和妇女联谊会都是按照肤色色调而组成其成员。斯派克·李（Spike Lee）导演的影片《黑色学府》（*School Daze*）讽刺了这个难题，艾丽斯·沃克（Alice Walker）的小说《紫色姐妹花》（*The Color Purple*）则使这个难题成为尖刻的潜台词。在亨利·路易斯·小盖茨（Henry Louis Gates Jr.）1960年出版的《该种族之未来》（*The Future of the Race*）一书中，我们也被指向这样的事实，他在书中描写了当他于20世纪60年代后期去上耶鲁大学

---

① 原文此处为"reading，riting，rithmetic"，可能是笔误，也可能是模仿当时黑奴的发音，根据上下文，应当是"reading，writing，arithmetic"。——译者

② Bill Maxwell，*The Paper Bag Test*，in *St. Petersburg Times*，31.8.2003，http：//www.sptimes.com/2003/08/31/Columns/The-paper-bag-test.shtml.

③ 同上。

时，遇到了牛皮纸袋，当时，他的皮肤色调偏向遭到厚颜无耻的训导："来自新奥尔良的一些兄弟拥有一个'包袋党'（bag party）。当一位同班同学向我解释此事说，包袋党是新奥尔良的一种习俗，按照该习俗，要把一个牛皮纸袋粘在门上。"

"肤色比那牛皮纸深的任何人，就不得进入门里。这是一种应当轻易就埋葬掉的文化遗产……我们对此全都确信。但是，不妨说吧，该习俗被一种相反的测试方式替代了，凭着这种方式，凡是被别人认为'不够黑'的那些人，从意识形态上而言就是要避开的人。这是否一种改进，我拿不准。"马克斯韦尔则认为，盖茨过于乐观了。牛皮纸袋测试法以种种不同的具体形式，依然存在于黑人文化中，例如在阿普尔比餐馆的案例，以及均等就业机会委员会的统计数据中，都肯定了这一点："我们根据肤色，把自己分离成了几乎如同我们曾经分离过的那么多。例如，假如你在说唱视频中调试'想得到的'美女，那么，你就会找到一款色情节目'赤狗特多'（redbones galore）。"①

从北美到南美，再到非洲和欧洲，这些态度继续活着，而与现实相适应的那沉默及喑哑的挫折，使此种挫折随着生活而绵延。在荷兰，有个黑人男子博伊·布赖茨（Boy Brites）居然毫无羞耻地说："我说我的孩子们是白人，我就很高兴，也许你会感到这句话疯狂。这是当他们刚一生下来，我就这样指盼的一些重要事情当中的一桩事。我的最大的那个孩子甚至是浅亚麻色的皮肤。如果他们后来去到美国，他们也不会有任何问题。他们用不着说自己出身于一个父母混血的家庭。

---

① Bill Maxwell, *The Paper Bag Test*, in *St. Petersburg Times*, 31.8.2003, http://www.sptimes.com/2003/08/31/Columns/The-paper-bag-test.shtml。在 Harper & Bros 于 1944 年出版的贡纳尔·米达尔（Gunnar Myrdal）的《一个美国困局——黑人难题及现代民主》（*An American Dilemma: The Negro Problem and Modern Democracy*）一书第 697 页他写道，美国的非洲人们于 1863 年从奴隶制下获得解放之后，一些肤色较深的黑人，由于接受学校教育，或由于经营企业成功，就在黑人社区里从大众当中区别出来，这些人表现出一种几乎是全球性的渴望，即与浅肤色的女子结婚，从而成为浅肤色贵族们接受的成员，并让自己的孩子们与生俱来肤色较浅。皮肤的黑色素依然是令人不快的。此处引自 Alan Burns, *Colour Prejudice with Particular Reference to the Relationship Between Whites and Negroes*, George Allen & Unwin Ltd., London, 1948, p.124。

是的，我觉得这样很棒，他们是白人。”① 在当代世界种族化的社会语境下，这种意见在肤色谱系的双方都能找到。阿科苏阿·阿多玛科·艾姆波福（Akosua Adomako Ampofo）②回忆起她在德国的经历说：“1998年我与两个女儿到德国旅行期间，她俩一个5岁，一个2岁，我们就有这样的经验。我们三人与我妹妹一同乘坐有轨电车，妹妹带着她那刚刚1岁的儿子。我这个外甥有‘白人’的显性特征，肤色浅，长着亚麻色的头发，而我妹妹和我，以及我那两个女儿，皮肤都带着不同程度的棕色。到了一个车站，一位老年妇女上车来，紧挨我坐下。肯定一眼就能看出，我妹妹和我以及我的女儿们是一起的。车子一面走着，那位老妇显然很奇怪，怎么我们这几人的外貌竟然呈现多种色调。那老妇止不住她的好奇，于是问我。我向她说明了我家族中的亲戚关系。她想知道，我这个外甥为什么这么白。我解释说，因为他爸爸是白人。于是，那位老妇语调平淡地说道：‘哦，他的儿子没有变黑，他肯定为此释然宽怀了。’”③ 在这位老妇看来，白人自然而然好于黑人。按她的逻辑，真相很明显，她可以毫无疑虑地对着深色皮肤的妇女那样说话。当这种神话被历史的受害者们内心接受并相信时，难题就混合而成了。

---

① Bas Roodnat，*Boy Brites Neger*，in Zij Zijin Anders，*Uitgeverij de Bezige Bij*，Amsterdam，1963，p.37。（原文中以下出现6行荷兰语引文，其对应英语译文则出现在正文中，而现已译出汉文，故在此从略。——译者）

② 阿科苏阿·阿多玛科·艾姆波福，女，加纳大学教授，该校非洲研究所主任，专长是非洲研究及妇女研究。详见 http：//ias.ug.edu.gh/index.php? option = com-content&view = article&id = 82&Itemid = 54。——译者

③ Akosua Adomako Ampofo，（prologue）*Mothering Among Black and White Non - Ghanaian Women in Ghana*，in *JENaA*，A Journal of Culture and African Women Studies，ISSN.1530 ~ 5688，Issue No.5，2004。作者继续写道：“我被这位老妇那毫不世故而且很不敏感的态度逗乐了，不好意思对这通带有种族主义色彩的谤语发怒或发火。我妹妹下了决心，随后解释说，她没有精力，与某个天真得像那老妇人那样对于种族化思维毫无知觉的人开始争论。然而，整个这次经历却使我想到双亲们，在我妹妹这种情况下则是母亲们，有能力可以遗传，更重要的是可以搅乱他们孩子的‘种族’认同。显然，在白人妇女看来，那个白种人孩子处于中央，是强大有力的，而这个家族的其他人都是‘他者’。”载于 http：//www.jendajournal.com/issue5/ampofo.htm。

几年前，赫特（Hutt）在其论著中写到南非时，这样说过："深肤色的人们利用每个可能的机会冒充白人，虽然说，假如他们干成了，就会在经济上占大便宜，但是，这绝不是他们想这么干的全部原因。在非白人当中，关于美丽的标准，似乎一直是诡秘地由依附于白皮肤和白容貌的声望而塑造的。"[①] 当然，"转换"在美国和巴西的黑人当中也是一种众所周知的历史现象。19 世纪至 20 世纪早期的巴西作家若阿金·马里亚·马查多·德阿西斯（Joaquim Maria Machado de Assis），被苏珊·桑塔格（Susan Sontag）称为"拉丁美洲曾产生过的最伟大的作家……"[②]，但这与保罗·迪克逊（Paul Dixon）的观点不怎么相同，后者就德阿西斯而写道："他有可能对于接受种族认同有些难题。有些批评家指向他的一些照片中的胡须以及修剪短了的头发，认为那是企图掩藏他的非洲人特征；其他人则提到在作品中偏爱贵族式的人物，认为这是种族或社会低劣情结的表现。"[③] 在不同肤色暗度的黑人当中，羡慕白皮肤是显而易见的事情，而且直到如今还在不同程度地坚持着。大多数非洲知识分子对这个问题宁愿守口如瓶，无论什么时候这个问题被提出来讨论，都是令人尴尬和被否定地匆匆收场，但是，我们的社会实际却证实，在很大程度上，这个问题依然存在。赫特对此还有一些揭露性的评论和观察。他在 20 世纪 60 年代的著作中指出："一位好心的英国女士，曾经协助过开普敦一所幼儿园的有色人种儿童，她一度想在伦敦购买一批寄售的棕色玩具洋娃娃，当作圣诞节礼物，分

---

① W.H.Hutt, *The Economics of The Colour Bar*, The Institute of Economic Affairs, London, 1964, p.24.

② 苏珊·桑塔格有关此事的文章出现在《纽约客》（*The New Yorker*）杂志 1990 年 5 月 7 日第 107 页，此处引自 Paul B. Dixon, *Retired Dreams*: *Dom Casmurro*, *Myth and Modernity*, West Lafayette, Indiana: Purdue University Press, 1989, pp.1 ~ 3, http: //www.fll.purdue.edu/publications/espelho/Who.thml。Zoe Wicomb 的一部小说（*Playing in the Light*, Umuzu/ Random House, Johannesburg, 2006）对于"转换"以及"装扮白人"如何扭曲了某些南非人的心理，有很深刻的洞察。

③ Paul B. Dixon, *Retired Dreams*: *Dom Casmurro*, *Myth and Modernity*, West Lafayette, Indiana: Purdue University Press, 1989, pp.1 ~ 3.

发给那所幼儿园里那些肤色与这些玩具或多或少相近的孩子们。但她十分惊骇，她发现自己是大错特错了。那些有色人种儿童们想要的，全都是白人洋娃娃！多年前，一所中学里那位很著名的、肤色相当浅的校长，为了他那个种族的孩子们，非常尴尬地从他手下职员中，迫不得已地接受一位有才气的年轻校长，而这个年轻人的肤色恰巧很像非洲人那么黑。然而，这位校长一直是个反对种族偏见的刚强战士。当老校长手下职员当中那位备受尊敬但肤色很黑的成员开始与老校长那个肤色接近白人的女儿友好相处时，这位在其他事情上总是坚持原则而且很有勇气的老校长，却感到受到强迫而禁止这种友谊。”①

通过传媒而稳定表现的美，相当于按欧洲或西方的标准推行了几年至几十年，已经在黑人的头脑中影响了对美的标准所形成的心理和评价。在南非，大屁股被人们侮辱性地叫做“boesman holle”［即布须曼人（Bushman）的屁股，指涉桑人（San）体形中天生丰富的脂肪组织］。几年前，指望大多数非洲人们把丰硕的身体天赋，就尺寸和体积而言，当作富裕和美的标志，一直是很自然的事情。在西非流行着一种观念，即纤瘦的女子之所以瘦，是因为他们的丈夫对她们照顾得不好。阿肯人有句俗话，“*wa aye kesi fine*”（他或她美好又肥胖/硕大）。但是，这些价值观已经改变，尤其西化的精英们更是如此。当今许多非洲青年已经接受了西方人关于美的标准。崔姬（Twiggy）②的外表成为人们之所好。作为20世纪60年代英国式美貌象征的崔姬，在许多人看来，她是现当代西方美人无与伦比的化身。这种审美标准，把任何多余的身体组织都假定为是蠕变、可怕、丑陋的肥胖之标志。

今天，这种故事有所不同了，尤其是在城市精英和某些下层阶级都市人中，更是这样。赫特对此也有评论：“城里的非洲人们已经变得在

---

① Paul B. Dixon, *Retired Dreams*: *Dom Casmurro*, *Myth and Modernity*, West Lafayette, Indiana: Purdue University Press, 1989, pp.24～25.

② twiggy的本意是纤细而多嫩枝，但这是1966年为当时的名模莱斯利·霍恩比（Lesley Hornby）所起的绰号，音译即“崔姬”。——译者

外形和面貌方面，按照当前所接受的白人标准，评定他们自己姑娘之美。这种现象醒目地展示于‘钉在墙上’的那些图片中，以及显然是由非洲人出版的杂志里的广告中。”[①] 在《新闻周刊》（*Newsweek*）近期所载一个封面故事里，引人注意地讲到广泛使用整容术，使身体外貌西化的故事。这篇专题文章报道了一个美丽的24岁中国女孩郝璐璐（Hao Lu-lu），怎样做了14次整容术，实际上使她的面容和身体变形，使她的亚洲人面孔西化。[②] 在我近期（2004年）对中国和日本的访问期间，很吃惊地看到，在中国和日本的电视节目中，关于美的西方标准大行其道。

最令人压抑的例子是迈克尔·杰克逊（Michael Jackson），他顺从地屡屡把自己交给外科大夫，为的是达成一副白人的模样，远离曾经的自我。在法拉伊·齐德亚（Farai Chideya）所写的一篇哀歌中，以诗一般的痛苦，把悲惨的杰克逊表现出来："我记住你。你的双唇丰满，你的鼻子宽阔，你的脸是棕色的……但不再真实，那么虚假，实际上，有时我都觉得奇怪，我所想象的你，究竟还是不是从前的你……我那时还是个孩子，梦想着那个有着非洲式发型的男孩，跟在后面，且歌且舞，就像缩微版的詹姆斯·布朗（James Brown）一样。我希望那男孩成为一个男子汉。这愿望通过专辑《墙外》（*Off the Wall*）而一路上似乎还过得去，那时你的鼻子变窄，头发更加平直，但是你看上去还是一个黑人。在随后的每一部专辑中，你与你原本模样的关系，变得越来越模糊，直到你不再是你自己的恰如其分的回声。但是，你又避开黑人的男子气，让更多国际上的观众追捧你。今天，你就是个奇形怪状的家伙。那个所声称的男孩就是在戏弄——太过分了。”[③] 迈克尔·杰克逊的悲剧是生活在白人社会的阴影和霸权下，以及被自我仇恨成功地消耗的所有黑人的故事，

---

① Paul B. Dixon, *Retired Dreams*: *Dom Casmurro*, *Myth and Modernity*, West Lafayette, Indiana: Purdue University Press, 1989, p.25.

② Fred Guterl and Michael Hastings, *The Perfect Face*: *How a Global Standard of Beauty is Emerging and What People are Doing to Get It*, in *Newsweek*, November 10, 2003, p.51.

③ Farai Chideya, *Does Michael Jackson's Demise Trace the Perversion of Black US Men*? in *Sunday Times* (South Africa), December 7, 2003, p.21.

而这种自我仇恨既是表面上的，也是隐喻的。杰克逊式的灾祸和折磨，也少量地体现在许多黑人的行为中，而这些黑人在整个社会、经济、政治以及文化意义上都是低下的，而且这种低下是由白人社会为他们限定的。

克鲁斯已经注意到有些人尤其是海外侨民当中那种趋势，那就是莽撞地顺着另一个方向，就染色备受欢迎方面而言，成为民族主义和自豪的指标。这种排外主义的黑皮肤沙文主义，有时也能遇到。“我的皮肤比你更黑，我妈妈也是这样，所以，我比你和你妈妈更纯。因此，我比你更加倾向民族主义，在政治上，为了黑人权利的利益，比你和你妈妈更值得信赖。”① 在非洲民族主义或黑人民族主义中，持续不变地受到肤色的困扰，这是一种放错了地方的思想观念，我们在本书下文中还将予以讨论。克鲁斯有益地指出了这一点：“事实上，有些皮肤最黑的黑人是最‘白心’的。”② 他进一步推进他的论点，提醒读者说：“……存在着好几种趋势……以非黑人的外貌以及直头发排斥黑人，忽视了这样的事实，即马尔库斯·加维（Marcus Garvey）的第二个妻子，正好是这样一个女性，她如此描写了加维：‘我的头发垂下，使他激动而颤抖。这头发长长的，自自然然波浪起伏，他要我千万不要剪短这秀发。他第一次看见这头秀发垂下，好奇地感觉到有些困惑，于是说，为什么这头发这么柔软，当我抬起头来，他大声叫道：啊，这头发活生生的呀。’加维夫人这位混血儿，就像许多非洲民族主义者们一样，是一位救赎论信徒（redemptionist），这没啥疑问。”③

从社会学上而言，自我否定及自我蔑视的心理以另一种方式释放殆尽，那就是仇视或轻视那些看上去像你一样的种类及人们。一般而言，某些非洲人仇外的反应，更恶毒地针对别的非洲人，比针对世界上其他地区的人们更加厉害，原因就在于此。在当代的南非，这种情况尤其显

① Harold Cruse，*The Crisis of the Negro Intellectual*：*From Its Origin to the Present*，p.556.

② 同上。

③ 同上，p.557。参见 Amy Jacques Garvey，*Garvey and Garveyism*，1963，p.186。

著。这种自我仇视的现象在许多被殖民过的社会中都已得到确认，而人们往往不会去刨根问底。特雷米尔内（A.J.N.Tremearne）提供了一个很有说服力的例子，他于1910年在剑桥大学基督学院所写著作中强调指出："给某个土著人一条裤子，他就立刻开始向他的人民勒索钱财。教他英语，他就轻视自己的双亲。向他示范如何读书、写字，他就认为他能够统治这个国家。"①

我在几年前所写一部论著中，对特雷米尔内这种观察做出反应，我认为他的这些看法，是以漫画手法谈论他想戏剧性地表现的那种状况。他并没有指出殖民者的冒险行为，而是奚落受殖民主义之害的那个糊涂受害者。该受害者的世界实际上一直是被颠倒的。殖民秩序已经使得该受害者针对自己的同类下手。殖民地的（而且我敢说，包括新殖民地的）教育为这种疏离打下基础。假如非洲的教育是以非洲人的语言和文化而发展起来的，那么，这种疏离状况可能就会得以避免。②1908年，尼日利亚民族主义者班德勒·奥莫尼伊（Bandele Omoniyi）在其著作《为黑人运动而辩护》（*A Defence of the Ethiopian Movement*）里提醒读者，有三项本领需要开发和培育，以便打败这种朝向自我仇视的趋势。这些本领就是仁爱、尊敬以及责任心。奥莫尼伊指出，这些本领"会自然而然地在他们那些行列里产生希望，使他们有教养而否定种族自豪，教他们勤勉以及大胆而富于进取的精神。希望将会使呈现在心中的整个来世远景，变得顺利而光彩夺目，并把每种美德都表现为可及的一个个欲求，有待尽可能去实现。于是，假如那个土著人以往曾经有罪过，那么，他就会停止对其自己种族及肤色的蔑视"③。谈到肯尼亚在独立前那些骚乱年月里的情况，一位观察者就该国白人们对种族之间的感知做了如下评

① A.J.N.Tremearne, *The Niger and the West Sudan*, London, 1910, p.76.

② K.K.Prah, *African Languages for the Mass Education of Africans*, The Centre for Advanced Studies of African Society, Book Series No.7, Cape Town, 2000, p.55.

③ Bandele Omoniyi, *The African Native: His Duties to Himself and to His Country*, in J.Ayo Langley, *Ideologies of Liberation in Black Africa, 1856—1970, Documents of Modern African Political Thought from Colonial Times to the Present*, Rex Collings, London, 1979, p.175.

论："那个移居者喜欢淳朴、不严厉、未受过学校教育的非洲人。他整天被这样的一些非洲人包围着而感到高兴，不过，如果必要的话，他会厌恶那个上过学的非洲人，他只是不知道怎样与此人打交道。他那种宽松、高傲、好意庇护的习惯，混合着坚定，破开了与那上过学的非洲人之间那一点儿冰霜，他知道……尽管那个识字的非洲人觉得自己是一场伟大的跨全大陆新型政治和社会革命的一部分，但那欧洲人却依然认为，除此之外，此人只不过是个半文盲野蛮人，是个愚蠢的家伙。"① 这样一些态度在种族隔离制终止之后10年的当今南非，是可以识别的。

对殖民者和被殖民者的心理所做的最重要的研究，是奥克塔夫·曼诺尼（Octave Mannoni）的《普洛斯彼罗与卡利班——殖民心理学》（*Prospero and Caliban*: *The Psychology of Colonization*，1954）。奥克塔夫·曼诺尼是具有科西嘉血统的法国公民，他于一段多事的早年岁月（1889—1899年）之后前往非洲，并在马达加斯加待了一些年头。他在那里担任过不同的职位，其本人却对民族志感兴趣。曼诺尼于1947年的反殖民主义战争期间就在马达加斯加，那场战争被法国人残酷镇压了。所谓平定导致9万至10万人死亡。② 曼诺尼把一些殖民机构称为"主要是相互之间不够了解而误解的结果"。他认为，"恕我直言，某个殖民机构创建起来，举个突出的例子说，让某个白人，即使他孤身一人，出现在某个部落中，即使那部落是自给自足的，那么，只要此人被别人认为是富有的或有能力的，或者仅仅是不受当地魔法力的影响，且只要他获得了某个职位，那么，即使仅仅在他最隐秘的内心，也会感觉到自己的优越"。他还声称，殖民地的种族主义是一些小官员、小商人以及没发迹的官员们造成的结果，而不是欧洲文明及其最佳代表们造成的。在马达加斯加的此种欧洲人，展示出需要被其他人高度尊敬的感觉。曼诺尼利用艾尔

① D.H.Rawcliffe, *The Struggle of Kenya*, London, 1954, p.134。又见 K.K.Prah, *African Languages for the Mass Education of Africans*, p.59。

② Jacques Tronchon, *L'Insurrection Malgache de 1957,* Karthaka, Paris, 1986。又见 Lucile Rabearimanana, *Les événements de 1947 à Madagascar*, *Omaly Sy Anio*, Arts Faculty Review, University of Madagascar, Antananarivo, 1988。

弗雷德·阿德勒（Alfred Adler）关于过度补偿的类型，理论化地认为，依赖相对于自卑的关系，已经在每个单个欧洲人进入某个殖民机构之前形成了。具体而言，自卑情结发生在那些“严重缺乏与病理性的强烈支配欲相结合的社交性格”的殖民者身上。曼诺尼的理论主张，殖民地的马达加斯加社会通过把祖先崇拜、宗教、仪式、魔法整合起来的秩序，以及这些制度的社会化，为当地土著提供了安全和信心。法国殖民主义破坏了这一计划及其提供的安全，于是导致需要对安全的基础予以心理上的替换。因此，殖民主义创造了依赖状态即普洛斯彼罗情结。如果殖民者放弃被殖民者，那么，后者就会觉得被出卖了。令人注意且感到悲伤的是，曼诺尼的理论是一种极度功能论的范式，按照该范式，殖民者与被殖民者双方的心理竟然配合得严丝合缝，犹如手上戴着合适的手套。该理论含蓄地把殖民秩序证明为正当的，是理性的安排。这的确会让人回想起马克斯·格卢克曼（Max Gluckman）在其《非洲的习俗与冲突》（*Custom and Conflict in Africa*）一书中，用功能论而把种族隔离制予以合理化。①

殖民化的后果为土著们开列了三种选择。第一种是同化，此种选择导致土著不再能够与自己的文化有联系或有牵涉。第二种是可以让土著经历半吊子的同化，这是一间盖成一半的房屋，里面发生着心理冲突，常常以指向欧洲人的敌意而结束。最后一种则是根本不发生同化。

菲利普·梅松（Phillip Mason）于1962年在西印度群岛大学（University of the West Indies）所发表的六次公开演讲里，对曼诺尼的观点做了模棱两可的阐释，这一阐释后来发表为《普洛斯彼罗之魔法》（*Prospero's Magic*）。梅松写道：“我的目的之一部分，不是要用这个假

---

① Max Gluckman, *Custom and Conflict in Africa*, Oxford, Basil Blackwell, 1973。又见 K.K.Prah, *Max Gluckman*, *Functionalism and Apartheid*, *Rereading Custom and Conflict in Africa*, in K.K.Prah (ed), *Knowledge in Black and White*, *The Impact of Apartheid on the Production and Reproduction of Knowledge*, CASAS Book Series, No.2, Cape Town, 1999。

设的原理——或者揭露这个原理的范围——说服你。目前，我主要的兴趣是与欧洲人有关的该假设的副本。但是，我暂时还是忍不住要详述它。"[1] 梅松接着引出一些有争议的推论，他对曼诺尼的论题做了如下定论：

殖民地的反叛可能就是抗议，不是针对镇压而是针对进步，不是针对坚定的手而是针对那只手的撤出，在我看来，这十分有助于说明殖民地历史上的许多起义（虽然不涉及西印度群岛的奴隶起义）。例如，这有助于解释为什么在肯尼亚那个最先进的部落里，会发生茅茅运动；它也是1857年印度发生的那些事件的反应方面的一个原因。留在空白处并寻求某个新权威的某个民族人民的图景，就是这种思想的核心；它暗示着，随着殖民政府的终结，很有可能显然准备就绪的，是把所有的旧魔法授予一个人，是指望一位领导人为了该部落提供一度由殖民主义许诺过的旧的保障以及新的利益。简言之，很可能存在着一种独裁制，要让英国料想，在那些新近从殖民主义解脱的各个国家，将不会减少个人自由，那是没有根据的。[2]

梅松的推理以曼诺尼论述中的一些缺陷，以及贫乏的历史记忆而建立起来，这种推理产生的是离奇而荒谬的结果。为了便于在西印度群岛的听众面前演讲，他把一些奴隶起义排除到怪异的逻辑之外。在肯尼亚，最为重要的是，基库尤人（Kikuyu）吃尽了殖民定居者占据土地的苦头。所以，在后来变成所谓"白人高地"的基库尤人的核心地带，对非洲人的土地大规模的偷窃就发生了。这些高地首先陷入土

① Phillip Mason, *Prospero's Magic*: *Some Thoughts on Class and Race*, London, Oxford University Press, 1962, p.80.

② 同上，pp.80～81。

地自由战争（Land Freedom War）的血腥争斗，这毫不令人吃惊。1857年的印度大起义是对于英国帝国主义在印度的直接的反殖民主义反应。被某些英国历史学家描写为印度士兵战争（Sepoy War）或印度士兵暴动（Sepoy Riots），而被卡尔·马克思称为"民族起义"，被印度爱国者称为"第一次独立战争"（First War of Independence）的那次战争，旨在使印度团结起来反抗英国的帝国主义统治，并恢复莫卧儿帝国皇帝巴哈杜尔·沙（Bahadur Shah）失去的权力。由于缺乏领导以及印度人方面不够团结，也由于英国军队的残酷镇压，虽然这次反抗被瓦解了，但是它却标志着莫卧儿帝国的终结，并注定了印度在后来一个世纪里成为英国殖民地的命运。它不大像是"留在空白处并寻求某个新权威的某个民族人民的图景"。提出在殖民主义终结后，专制制度和对个人自由的扼杀是大有可能，这种说法就是要荒唐地暗示，殖民主义为个人自由和政治民主提供了更好的架构。

梅松继续说道："就我个人而言，我认为带有依赖情结的欧洲人，远远比曼诺尼在这篇文章中所显示的更多。"① 梅松通过把曼诺尼的论点诠释为同等地适用于任何文化，就扭转了局面。总之，无论是曼诺尼还是梅松，都把下属和上位在心理上的显著现实变得模糊不清。阿尔贝特·梅米（Albert Memmi）在其《殖民者与被殖民者》（*The Colonizer and Colonized*）一书中，并没像曼诺尼和梅松那样，把自己打在聪明的双重谈话死结里。祖先为犹太人的突尼斯人梅米，保持着对殖民主义极为批判的态度。他的观点是，"每个殖民民族都在其胸中装着法西斯主义诱惑的种子……殖民主义就是一种类型的法西斯主义"②。种族主义固有地存在于每个殖民机构中，并建立了被殖民者的"亚人性"（sub - humanity），在被殖民者中培养着卑鄙的自我形象和自我评价。通过文化和语言方面的主导，殖民者创造了一群亲法国、亲德国或者

---

① Phillip Mason，*Prospero's Magic：Some Thoughts on Class and Race*，London，Oxford University Press，1962，p.81.

② Albert Memmi，*The Colonizer and Colonized*，Souvenir Press，London，1974，pp.62～63.

亲英国的人，这些人可以获得略微高一些的社会地位。于是，这些等着被同化的人们就会支持殖民者一方。他们是殖民者的步兵队。殖民者最终让他们具有正统性。他们对其他被殖民者及那些特权较少者的所作所为，与殖民者的所作所为一般无二，有过之而无不及。他们必须像殖民者一样撒谎。然而，这些等着被同化的人们最终还是贱民和精神上的漂流者，因为殖民体系要使该体系本身永存，它必然不允许同化。殖民者得到特权，并认识到其特权在政治上和道德上都是不合理的。所以，殖民者就是篡夺者。殖民者的典型特征就是三个因素：利润、特权以及侵占。梅米写到，接受了其殖民者角色的殖民主义者，也就接受了这种角色所暗含的过失。这一决定绝不会给殖民者带来内心永久的或满意的安宁。相反，他为了克服他所担当角色带来的混乱而进行的努力，使我们有了一把钥匙，理解他那暧昧的立场。殖民主义者被持久稳固的优越性恶魔以及维持外表的需要所折磨，而那种需要是为了便于成功实现其至高无上的权威所造成的神话和利益。如果殖民主义者或统治者已经信服其正当性，那么，殖民地或任何种族化社会的人际关系也许会更好一些。事实上，殖民者所面临的难题，那就是谁接受这种角色，就像面临着谁拒绝该角色这个难题一样。梅米认为，只是这些难题的解决方案和表面上的正当理由有所不同而已。[①]

在梅米的见解中，偶尔也存在着予以拒绝的殖民者，即意识形态上的被拒绝移民者（*refusenik*）。[②] 被拒绝移民者认识到殖民体系并不公平，并可以从特权状态下退出，或者为了改变而依然战斗。尽管他是仁慈的，但这只是表面现象，他其实是离开了被殖民者的斗争队列。他并不采取决定性的步骤去改变语言或文化支配的其他工具，而且，如果被殖民者所进行的革命斗争采取原教旨主义的表达方式，那么，他也会觉得不舒服。那是一种向殖民地秩序发起挑战的表达方式。除非他自己不充当殖民者，也就是说，除非他返回自己的母国，否则他

---

① Albert Memmi，*The Colonizer and Colonized*，Souvenir Press，London，1974，pp.50～51.
② 同上，p.19。

在政治上就是无效的，只要他身在殖民地，由于他是欧洲族裔，他就要使那种体系永续并信任该体系。[1] 梅米的分析由于如下原因而有趣。我经常观察到，自由的西方人以及理想主义者是带着“帮助”或“援助”非洲尽力发展的看法来到非洲的。这种人到来时，决定避开或对抗他们可能遇到的任何种族主义情形。但是，当他们到达之后不久发现，他们几乎是自动地纳入某种外形及社会结构中，这种外形及结构早在他们到达之前已存在，而且很顽强、很确定，使他们难以成功地进行个体抗争。在这些情形下，绝大多数人只好默认，接受殖民地或新殖民地“白人老板”的外形。开始，他们可能很不舒服，但是随着时间的推移，他们就随遇而安了。

就像予以拒绝的殖民者一样，接受其篡夺者角色的殖民者也认识到他那不合理的特权。梅米为那种同意充当殖民者的殖民者，附加了“殖民主义者”的称号。这种殖民者会捍卫其角色，而且必须使自己不要去表明他自己那种文化的长处，也不要用例子说明土著文化的缺陷和弱点。他断言自己那种文化的优越性，并展示此种文化，以便给被殖民者形成印象。他乐于模仿被殖民者。梅米写道：“可以建基于连贯整体中的某些特性，从他自己的这种假设以及他的处境中跃然而出。这些相关的特性形成了篡夺者的角色或者尼禄情结（Nero Complex）。”[2] 殖民主义者越是压迫被殖民者，他就越是懂得他已选择的角色是残暴而绝对虚伪的，而且对于篡夺的仇恨日益增长。这就是奥斯卡·王尔德笔下的道连·葛雷（Oscar Wilde's Dorian Gray）那种心理—病理症状。他不喜欢自己的镜像。但是他超出道连·葛雷式困境之外，使愤怒和失望颠倒过来，并把这种情绪释放到殖民主义的真正受害者身上。他想让被殖民者消失，因为他们的存在使他充当了篡夺者角色。然而，殖民主义者很懂得，若没有被殖民者，殖民地就会成为没有意义的计划，成为堂吉诃德式的荒唐使命。这种矛盾使他大为不满而狂怒，使他厌

---

① Albert Memmi，*The Colonizer and Colonized*，Souvenir Press，London，1974，p.45.

② 同上，p.52。

恶，这种现成的狂怒和厌恶，总是恶狠狠地、宿命论一般地朝着被殖民者发泄。梅米写道，那个殖民者“被他的臣民所供养，那臣民折磨着他的良知和他的生命。他试图从他那心思当中解脱出来，想象着殖民地没有被殖民者。有句比听起来更为严肃的俏皮话说，‘一切都可能变得完美……只有土著人除外’”[①]。这就是“土著难题”。

被殖民者或者新的被殖民者最终对于该体系给了两个答案。第一种选择是同化。但是，这最终是不可能的，因为殖民者不会允许。由于殖民体系还没有提供民主的程序，另一种选择就是反抗。反抗是殖民程序中的一个步骤，是该程序的内嵌的结束。这是要解决矛盾。通过反抗，被殖民者拒绝所有的殖民者，无论他们是被拒绝移民者还是殖民主义者，并拒绝他们的语言，因为“被压迫者口中所说的压迫者的语言，就是奴隶语言”。反抗常常包容宗教和传统，而且与人道主义者的成就例如教育没有关联；被殖民者必须首先找到认同，并信任自己，不管多么不确定，都回溯到历史中。殖民地或新殖民地的受害者为了生存，要提出要求，希望归还他的那块地盘。越是有决断，事情就越好办。梅米坚持认为，反抗依然是与殖民疏离的一个阶段，只有在这个阶段结束之时，殖民主义才会消失。梅米的逻辑天衣无缝地扩展到新殖民地的情形中。梅米的手段是一种较为灵巧的心理论（psychologism），而且比起曼诺尼和梅松的想法来，在逻辑上更为成立。

法农的逻辑以一种出自内心的批判思路，傲视曼诺尼的想法并做出反应。在法农的《黑皮肤，白面具》（*Peau Ninor*，*Masque Blancs*）一书的第四章里，他扩展了曼诺尼的理论思考，并尖锐地指出了曼诺尼观点中的缺陷。尽管他承认“曼诺尼的研究，目的是真诚的”，但是，他把曼诺尼那部著作的含义看成有危险的。[②]曼诺尼观点中最重要的失误，就是那个论据，即认为巩固殖民状况心理基础的那种低劣情结，

---

① Albert Memmi，*The Colonizer and Colonized*，Souvenir Press，London，1974，p.66.

② Frantz Fanon，*Black Skin*，*White Masks*，Grove Press，New York，1967，p.13，and p.84.

先于殖民化而存在着。[①] 法农对于他所认为缺乏逻辑的论述，予以痛斥道："在细致地专注于曼诺尼的结论之前，我乐意把自己的立场讲清楚。我要彻底地表明这样一个原则：某个指定的社会团体，要么是种族主义的，要么并非如此。只有当所有的证据都全了，大量的难题才不得不放到一边去。例如，有些说法认为，法国的北方比其南方种族歧视更为盛行，种族主义就是部下们干的，因此，无论如何不牵涉到统治阶级；还有些说法认为，法国是世界上种族歧视最少的一个国家；而所有这些说法都是由于人们没有能力有条理地思考所造成的。"[②] 因此，曼诺尼的理论诡辩引得法农予以嘲骂。他非难曼诺尼并未"试图让自己感觉到面对白人的有色人种那种失望，是怎么回事"。在提到曼诺尼那部著作时，法农明确地坚持自己的看法，断言"在本书中，我已经为表达黑人的不幸而证明了一个论点。从心理和感情上来说，我还没有希望这是客观的。此外，那论点可能并不忠实。我不可能是客观的"[③]。曼诺尼那种扭曲的哲学探讨，掩埋在一大堆花言巧语中，导致他得出一些简单的社会学论据。如果你不能亲身体会被压迫者的处境，就不可能理解他们。只要《明希豪森男爵奇游记》（*Travels of Baron Munchausen*）的目的是借助于过分编造的幻想，其作者就可以体会到被压迫者的处境。在大西洋奴隶贸易的全盛期，他把故事情节转向现实写照，这肯定动摇了18世纪后期以及19世纪初期欧洲人的思想倾向。他写道：

> 当我们遇到了一队黑人男子，这是他们把自己叫成那样的，我们因此在几个星期里由于被持续拖行而难以置信地疲劳，就没有继续前进。我必须告诉你们，我亲爱的朋友们，这些不幸的人找到了办法，从抵达几内亚海岸的一些欧洲人

---

① Frantz Fanon, *Black Skin*, *White Masks*, Grove Press, New York, 1967, p.85.

② 同上。

③ 同上，p.86。

那里，用那些船只获取奖赏，他们尝着高级糖果，在靠近南极的好几个新发现的岛屿上形成了一些殖民地，他们在那里有各种各样的种植园，种了一些只有在最寒冷的气候下才会生长的东西。由于几内亚的黑人居民不适应那块乡土的气候和极度的寒冷，他们形成恶魔般的计划，要让基督的奴隶们为他们干活。他们为此每年派出一些船只前往苏格兰的海岸，前往爱尔兰和威尔士最北部，有时甚至前往康沃尔郡。他们已经买下或者靠欺骗或暴力而诱取了一大批男子、妇女及儿童。他们把装了活人的货船开往世界的另一端，把那些人卖给种植园主，那些人在那里被鞭打而变得顺从，像牛马一样干活，终生不息。我听得这个计划，血都冷下来了，而那个岛上的每个人也显出各自的恐怖，觉得这样不公平的买卖难以忍受，不应当再存在下去。①

假如明希豪森所说“听得这个计划，血都冷下来了……这样不公平的买卖难以忍受，不应当再存在下去”属实，那么他就朝着理解“黑人男子”有怎样的感觉而迈出了一步；假如他不是那样，那么，他觉得那些黑人男子是低劣的。

法农尖刻地主张，在殖民地社会中，“被殖民者们的那种低劣感，与欧洲人的优越感是有关联的。让我们拿出勇气来直率地说吧：正是种族主义者造成了被殖民者的低劣”②。这话足够真切，但是，在我看来，这种关联并非那么对称。当埃莉诺·罗斯福（Eleanor Roosvelt）说出下面这段话时，她是正确的：“若无你的准许，没有人能够觉得你是低劣的。”种族主义者在概念上创造了他或她认为的低劣，但在含有经

① *The Travels and Surprising Adventures of Baron Munchausen*, Frederick Warne and Co. Ltd（Undated), pp.171～172。这部虚构的书据称是由鲁道夫·埃里希·拉斯珀（Rudolf Erich Raspe）写的，但没有确凿证据。

② Frantz Fanon, *Black Skin*, *White Masks*, Grove Press, New York, 1967, p.93.

济、文化、社会及政治诸维度的社会性的、结构的架构之外，那就没有意义了，而这种架构的这些条件被双方在某一方面或其他方面接受了。如果未经某一方或双方的安排而接受，那就不会有哪种压迫者及被压迫者的境况可以维持下来。被压迫者遭受严重挫败及贬低而形成的心理，折磨着它自己。它为了自己的运气而警告自己，并下大力气去否定自己的重要性。它盯着它的心理自我表现，并判定没有效益和心理贫困是它注定了的条件。被厄运及忧伤的心态所加固的这种宿命论，使它自己强化了。[①]这是一个下降的循环，使那无底深坑的深度更深。内在化地接受低劣性的程度越强，就越难以克服陷入其中的困境。被压迫者最终只好独一无二地相信那些强有力的人关于他们所说的话。压迫圈子是封闭的，压迫者开启对被压迫者进行心理摧毁的过程，在这场心理的舞蹈和屠杀中，压迫者与被压迫者双方最终都生活在对彼此的严重恐惧中。但是，正是奴隶的心理，根本上构成为受虐待的一方。奴隶必须坚决占领道德高地，并经由一切必要的手段而斗争。那就是一条拯救他自己，并使殖民者心理得以释放的道路。我记得有好几个南非白人说过，在 1994 年的大选之后，他们最后也感觉到自己的良心伤痛得到了解放。

尽管被支配的灵魂的这些特性并不总是直接得到支配者和被支配者双方理解，但是，被压迫者的综合症所造成的效果，却被寄存在社会实践中，并对他们的社会生活及文化的所有方面都起作用。在非洲人们的情况下，这已经是被充分理解的殖民主义遗产的特性。在艾梅·塞泽尔（Aime Cesaire）的《论殖民主义》（*Discour sur le Colonialisme*）一书中，有关这种现象的范围，书中写道："我谈到了数百万成千万人，他们已被别人巧妙地注入了恐惧、自卑情结、惊恐、奴性、失望、自贬。"这种现象出现在哪里，那里往往就被低估以及遭到低下的定义或恶意的定义。人们常常没有能力，或者不愿意面对有关这种综合症

---

① 在与此有关的本段这几行原文里，共使用了多个"it"和"itself"，都是指"the oppressed"（被压迫者），为了忠实于原文，这里未翻译成"他"和"他自己"。—— 译者

的真相，而且一般都对该综合症的现实情况持否定态度。

2002年9月，在纪念著名的南非黑人觉悟领袖史蒂夫·比科(Steve Biko)①被杀害25周年的活动上，德斯蒙德·图图大主教(Archbishop Desmond Tutu)写下了简短而富于启迪的话语，对史蒡夫·比科的影响和遗产予以盛赞。现把这段提到一些问题的雄辩演讲照录在下。图图大主教明白宣告：

> 1972年，我首次访问尼日利亚。当我们乘坐尼日利亚航空公司国内航班的一架飞机起飞时，自豪得心里直发抖。我觉得自已长高了几英寸，因为这趟航班上的几位飞行员都是像我一样的黑人。此前，我从未乘坐过由黑人驾驶的飞机飞行。飞机起飞得很顺畅。这是一件令人振奋的谈话素材，可是，当飞机就要降落时，突然机身到处摆动，我们顿时感到一阵骚动，你会觉得有些翻胃。我有些沮丧地发现，当我明白飞行员座舱中并没有一个白人时，我对于能否安全着陆的担心越发厉害了。我发觉自己让人不敢相信地怀疑起来，没有那全能的白人指点，这些黑人能不能妥当应急。直到此刻，我一直不知道我处于什么情况下，我是怎样被洗脑的，又是怎样不懂得自己，我已经把白人对于我究竟是谁所下的定义，内化于己心了。②

在心理上全然袒露，并使自己那么有见识而又忠实地面对真相，使这位诺贝尔奖得主图图大主教成为德高望重之人。我们可以断定，

---

① 史蒂夫·比科即斯蒂芬·班图·比科（Stephen Bantu Biko，1946—1977），南非反种族隔离制度活动家，活跃于20世纪60年代至70年代初。他在南非创立了黑人觉醒运动，敦促所有南非黑人否定白人文化和多民族文化，动员了大部分居住在城市的黑人。在监禁期间被南非警方杀害。——译者

② Archbishop Desmond Tutu，*Exorcising Demon of Self - Hate*，in *Sunday Independent*（South Africa)，(Sunday Life - A Special Supplement by the Steve Biko Foundation)，8th September 2002.

有数百万乃至几亿更为平凡的人知道这种真相，但是，他们没有能力首先向自己承认，其次向别人承认。大主教接着写道：

> 史蒂夫向我们说明了压迫者最大的成功，那就是当我们成为对我们自己进行压迫的协作者时，当我们默许自己受人支配时，当我们内化于心并接受别人对我们究竟是谁——不是这个，也不是那个——所下的定义时，直到在很深的下意识层面，我们变得对某个人充满自我厌恶、自我仇视，而此人相信他只不过是个非实体（non - entity）。这就使他自己在自我摧毁中筋疲力尽，并针对受害者同伴们放出暴力，并在压迫者面前令人腻味地谄媚和叩头。压迫不仅是罪恶的，而且是令人痛苦的，这种痛苦很频繁地转而针对其受害者，压迫的最可怕之处就是最终亵渎神明，因为压迫使得上帝的孩子实际上怀疑他究竟是否为上帝的孩子。①

史蒂夫·比科向一个被自我怀疑、自我否定、自我排斥所困扰，并且接受在人类范围内属于低劣者地位的非洲所传达的价值观，就像他之前的马尔库斯·加维，以及较之比科年长一辈的罗伯特·索布奎

---

① Archbishop Desmond Tutu, *Exorcising Demon of Self - Hate*, in *Sunday Independent* (South Africa), (Sunday Life - A Special Supplement by the Steve Biko Foundation), 8th September 2002。另一位作者这样评论道："种族主义在心理上加害于其受害者，这没有多大疑问。与极端恶化的种种状况（例如在奴隶制或集中营或像南非一样的那些种族主义国家中所发现的那些）相关的最深层的影响，就是被压迫群体接受了压迫者对这种状况所下的定义。这是一种已被发现的自我仇视现象，例如，在犹太人的反闪米特人案例中，或者在黑人接受白人的审美标准而把头发拉直或漂白皮肤的案例中，就是这样。自我仇视常常伴随着冷漠、焦虑以及压抑综合症，或者表现为自我摧毁而逃避现实的一些反应，例如酗酒或吸毒成瘾，或者在极端情况下的偏执狂、精神分裂或躁狂抑郁精神失常。于是，在这种极端恶化的情况下，被压迫者群体往往反应为'自责'样式，也就是说，他把自己的挫折向内转变为针对自我或者全面地针对'内部'群体而发泄。"以上直接引语据 *Racism and Its Effects*, by Shreya Khatau, Bombay, http: //www.yahoodi.com/peace/selfhatred.html。

(Robert Sobukwe)[1]一样，都是把坚定性放进摇摆歪斜的脊骨中，在肚子里点火，决心毫不怯懦和颤抖地面对种种问题。玛塔塔·泽杜(Mathata Tsedu)对被殖民者的心理所做的描述，相当辛辣。他谈到的事实是："那个正在叩头的黑人，他曾诅咒被比科那么雄辩地写到的那些在卫生间不舒适的臭气中的白人们，当那黑人几乎亲吻白人主子正在站立的那块地面时，比科真想擦擦自己的双手，而与我们在一起的那种黑人还很多。"[2] 回顾一下图图大主教是怎样有力地说出自己的感谢和欣赏的吧：

> 上帝养育史蒂夫·比科，让他帮助我们驱除心理上的自我仇视的恶魔。史蒂夫通过黑人觉悟而这样做，这种觉悟在为了自由和公平而进行的斗争中，是绝对不可缺少的。我们只有抛弃我们的受害者性状、我们的自我仇视、我们作为客体的四处躲闪，除非我们承认，我们就是主体，是我们命运的男主人和女主人，昂首阔步，而不是自贬地认为，好像是上帝犯错误而把我们创造成了黑人，因为黑人是美丽的，那么，我们的解放才会发生。黑人觉悟不是为了亲黑人而反对白人……这是给予我们多么巨大的赠礼啊，教导我们懂得，我们的解放起始于我们从负面形象中解脱，并谆谆劝导我们要得当地自豪和自信。[3]

大主教在人和神的面前所做的供认，使次要的凡人们醒悟并忧虑得发抖。事情的简单真相就是，一直到以及当我们面对面地遇到这些

---

① 罗伯特·索布奎（1924—1978），南非持不同政见者，反对种族隔离制的"非洲人国民大会"的创始人，长期被南非当局关押在罗本岛。——译者

② Mathata Tsedu，*A Leader*，*an Activist*，*an Orator*，*a Thinker* … *All in One Soul*，据 *Racism and Its Effects*，by Shreya Khatau，Bombay，http：//www.yahoodi.com/peace/selfhatred.html。

③ Archbishop Desmond Tutu，*Exorcising Demon of Self - Hate*，in *Sunday Independent*（South Africa），（Sunday Life - A Special Supplement by the Steve Biko Foundation），8th September 2002.

现实时，那么，我们要驱除那种恶魔，即把自觉在社会上、心理上低人一等，并阿谀地顺从白人的举动驱除，才会有希望。在历史上受奴役而形成的心理创伤，在一次八国集团① 首脑会议期间，刻画在一群非洲国家元首的脸上和照片上。伟大的路易斯·阿姆斯特朗（Louis Amstrong)②却带着满脸微笑，以同样方式，通过“我所干的就要干得格外出色”，使他的风格“忧伤”。

记者菲利西娅·奥佩尔（Phylicia Oppel）凭着勇气和辩才，于2002年8月在她的每周专栏里一头扎进一场激烈的争辩中，这场争辩刊载于南非版的《星期日泰晤士报》（*Sunday Times*）上。她描写了威利（Willie）这个满脸皱纹、缺牙坏齿的棕色皮肤园丁怎样带着机灵的微笑出现在奥佩尔他们新买下的房子的大门口，焦急地等着别人雇他当园丁，而这或多或少是财产转移的一部分。威利原先每星期一为原来那个房主干活，一共干了8年，每干一次只能得到可怜的8兰特。奥佩尔是一个黑人（在南非的种族隔离制词语中就是“有色人种”），她披露说，威利“开口露齿微笑，对被接受为我们的新园丁，猥亵地混合着谄媚与讨好的谦卑，所发出的笑声是那么可怕”③。但是，激起威利开口的却是，“他一生大部分时间都当这家白人的园丁”，可怜的威利所做出的条件反射，却把他喜气洋洋的笑脸转向了奥佩尔的白人伙伴。奥佩尔写道：“这样谦恭和奉承的举动使我特别窘迫，这个年纪像我父亲一样的成年男人，竟然不停地讨好白人。”④ 作者接着说道：

> 但是，更让人生气的是，威利使我尴尬。他使我觉得无

---

① 八国集团（G8）是当代的一群最工业化的国家，我把它们叫做“阔气的八国”（gilded eight）。

② 路易斯·阿姆斯特朗（1901—1971），著名的美国黑人爵士乐音乐家，擅长演奏短号和演唱流行歌曲。——译者

③ Phylicia Oppel, *In Bowing and Scraping*, *the Servile Tighten Their Yoke*, in *Sunday Times*, South Africa, August 4, 2002, p.18.

④ 同上。

> 能为力，使我认识到，在南非，竟然还有那么多确定的事情还没改变。他使我觉得奇怪，在这个国家已经获得自由8年之后，有多少像威利这样的人在这里，有多少老年男人和妇女还处于受害者的状态，还在拮据度日，卑躬屈膝，做起事来宛如对他们而言一切根本不曾改变？威利和其他许许多多人表现出来的，就是几乎没有意识到，但又十分复杂的一套套关系，我们在这个国家每天都会按一种基本规则而遇到这些关系。挡道的事情已经表明，当修车厂的修理工检查轮胎、汽油和水的时候，我们却要拿出零钱交给看车人，让他照看车子，付给他小费。这些关系存在于罪恶的中产阶级的世界中。就是这种罪恶困扰着我们，因为我们认识到，贫穷和屈从当了帮手，侵蚀了我们人民的尊严，年复一年，奴隶状态要怎么缓解，才能够让威利和其他那么多人获得自尊？①

奥佩尔说到这里，又气愤又失望的情绪脱口而出。威利那悲惨的心理状况，很难对付，远远超出他自己目前的能力，这种心理被人们轻视了。奥佩尔暗示道："让人觉得很容易，以至于难以免除对威利及其他人自己延长他们那种受害状态所予以的责备。他对于摆脱奴役，究竟按他的做法做了什么？的确，不能把无形的讨饭碗当成舒适的同伴。他并不是不愿意在人生的棋盘上当被动的对象。在他一生中有些时候，当他选定了奴隶的角色，他就选择了与他自己所受压迫串通一气。当他决定对着白人露出牙齿微笑，他就成了压迫自己的人。"②

威利的难题在不同程度上是大多数南非人的难题，或者是大多数非洲人在这片大陆上遇到的难题，这个难题远远超出了意志及人格的特异性。威利是一个受到坑害的人。历史条件坑害了他，这种条件在

---

① Phylicia Oppel, *In Bowing and Scraping*, *the Servile Tighten Their Yoke*, in *Sunday Times*, South Africa, August 4, 2002, p.18.

② 同上。

他出生之前早就按部就班，多年来形成了他那样的行为和态度。显然，出自威利的反抗，可能会导致心理方面的一些不适，就是这种不适折磨着他。的确，在非洲，只要对于受到这种令人麻木的自卑感猛烈打击的人们，采取有计划的革命步骤，并由这种人进行这种步骤，才会最终对情况有所补救。由于这个理由，我同意法农的论点，即对于压迫采取暴力反抗是心理上的清洗和治疗，但还需要做的事情是，这种暴力不得是索雷尔[①]所提倡那种，不得是自发的或没有计划的。这种暴力必须在理论上和实践中受到指导，并避免无辜的平民参与其间，否则，就会恶化成恐怖的东西，并容易越过界线而成为法西斯主义。

威利心理失调的基础埋置于社会结构中，这种结构经过时间考验，已经常规化，而且被控制并形成南非习性几十年的各个主导群体认可多年。所以，要解决社会结构问题，这才是要害。这并不是暗示说，我们被自己控制不了的力量注定命运，这样就否定了我们有任何手段以我们的能力自主地塑造我们的生活和未来。我们自由手段所能达到的程度，受到历史、经济、社会及文化等因素的制约，在个人层面上，这些因素超出了方便而直接的干涉。对于这个世界上的威利们而言，为了战胜“不适宜的人和被打败的种族”这种心理，就要让数量比起当年反抗种族隔离制更多的人进行斗争。这当然不仅是为了南非而斗争，也是为了整个非洲而斗争。

但是，当事情已经说过，那么，人们必定同意奥佩尔的结论，即“许多人不是在摆脱我们所受的压迫，而是偎依着争相担当舒适、熟悉的角色。想走笔直道路的自豪男人或女人，多得挤也挤不下。继续严厉批评那些不拥抱我们这个已经改变了的国家的南非白人，比起严厉

① 乔治·尤金·索雷尔（Georges Eugène Sorel，1847—1912），法国哲学家和工团主义革命派理论家，他提出了神话和暴力在历史过程中创造性作用的独特理论。其哲学结合了柏格森和尼采的思想，认为理性受制于感性。他认为，通过动员非理性力量进行暴力革命，是实现社会主义的唯一方式。——译者

批评那些陷入困境中，把他们的负担遗留下来处理——不管多么费力——的南非黑人，更加容易得多”①。

当这些社会—心理矛盾在南非使人筋疲力尽，要辨别和承认这些矛盾并不难，因为这仅仅是自从希特勒统治德国以来就已制度化的种族主义，在最近出现的一个最为赤裸裸的例证。但是，非洲人们因顺从欧洲价值观和偶像而在文化及心理上的疲惫，实际上强烈地出现在所有非洲国家里。南部非洲与非洲其他地区之间的差异在于：在南部非洲，从前的压迫者确实还与我们生活在一起，他们当中许多人有意识或无意识地，但很罕见地想回到过去那种类型；同时，在非洲其他地区，殖民地那种压迫表现形式不再看得到。非洲精英在他们由于继承原先的殖民地而得到的地方，经营着殖民主义者停下的事业。他们当中某些人甚至比殖民主义者更加“英国化”或“法国化”。在这种“黑皮肤，白面具”的条件下，许多难题更加难以得到承认和揭露。被殖民者在心理上的扭曲及迷失方向，真看不出有什么阶层限制及障碍。在非洲，让一些白人面孔出场，以便让种族方面所鼓舞的设想得以维持，已经不再必要。白人殖民主义者起始及停止的场所和东西，今天正由已被新殖民的黑面孔精英维持着，被按照殖民主义所选择和教导的西方风格之碎片，那么深深地欺骗、糊弄以及束缚着。如果非洲要向前进，那么，这个阶级就不得不在文化、政治以及经济方面被埋葬。但是，历史的讽刺之处在于，精英们被埋葬的警报，将会从他们的等级之内发出并震响。

自觉卑劣的心理也宣告了其本身就是根深蒂固的悲观主义，并在被打败之前就承认失败了。使我们受罪的那种观念，是与对宿命论的失败主义感觉一同来到的。“不要过多打扰，这没有意义，不要太想着迅速、准时，这没有什么区别”，这种古典时代以及根据太阳在天空中移动而判定时间的工业化之前的风气，因此而被带进了正在工业化的

① Phylicia Oppel, *In Bowing and Scraping*, *the Servile Tighten Their Yoke*, in *Sunday Times*, South Africa, August 4, 2002, p.18.

世界上，在这样的世界上，精确、秩序以及生产效率事实上是不可分离的。意味着“不守时而且不按定好的时间赴约会”这样的“非洲时间”，成为一些人的失败主义姿态，而这些人基本上已经丧失自信，也丧失了他们从个体和集体所能达到的成就。

钦努阿·阿契贝于1998年在哈佛大学麦克米伦·斯图亚特课程（McMillan Stewart Lectures）上讲授时，在具有诊断性的评论中说道：“自尊被侵蚀是最常见的一种剥夺综合症，它不仅仅发生在天真之人的层面例如我们已经间接提到的那些人；更麻烦的是，它发生在由混杂和有学识的人组成的一伙人当中。于是，它可以采取过分急切的形式，以显示才能和俗气；不论大都市说什么就紧跟在后面附和，这种灵便就是最新趋势，而不提出常识性的问题：再往后是什么？让我们想象一下，某个人在一个异族仪式的结束阶段，无意中遇到这个仪式，当时，这个仪式的信徒们正在放松下来，要进行结束的祈祷合唱，而且此人立即热情地开始大声而兴致勃勃地唱起来，使得仪式的本来参加者们停下他们的歌唱，全都转过身来奇怪地看着这个继现代派的陌生人。当他们后来问这个生客，他那类人的现代派究竟是什么，并得知不管是那生客还是他的同类，都不曾听说过现代派这个词，他们的惊奇顿时增加十倍。”① 阿契贝的逻辑对于众多当代非洲的知识分子肯定不起作用，这些知识分子所嗜好的学术时尚，往往是想胜过西方世界的继现代派。我相信，对于有些我们的知识时尚追随者而言，习惯几乎已经成为第二天性。当他们的注意力被引向他们那继现代派种种偏爱的荒谬时，他们感到惊讶。

英国殖民地总督阿兰·伯恩斯在1948年出版的一份调研充分的著作中评价道：“也许受过教育的黑人最严重的弱点，就其自己的种族的进步而言，是他缺乏合作的意愿，没有能力长期追随他自己那种肤色的领导人，以及猜忌别人而虚荣，这促使他批评并拽低在文化和进步

---

① Chinua Achebe, *Home and Exile*, Canongate, Edinburgh, 2003, pp.81~82.

的阶梯上已经比他上升了几级的黑人兄弟。”① 在做这种评价之前，还有一些话是这样的：“把他拽下来”，成为西非流行的一种对这种无赖和阴险习惯的滑稽认同。在北美，在非洲裔美国人当中，这种认同被称为“桶中之蟹”现象。当一只螃蟹试图爬到桶外，其他螃蟹却爬到它背上，把它拽下来。这也表现为一种观念，那就是顶上只容得一个人，即顶猿（top ape）思想观念。非洲人承认这种现象这一事实，证明现实如此。但不幸的是，我们当中有太多的人，却把它当作非洲心理的一种不可救药的永久特性，当作一个驱除不了的恶魔。阿兰·伯恩斯从南希·丘纳德（Nancy Cunard）所编辑的那部著名集子《黑人文选》（*Negro Anthology*）中引用了不同的几段话，以表明他的结论。他指出：

> 长期被承认为美国黑人种族领袖、反抗奴隶制的卓越人士弗雷德里克·道格拉斯（Frederick Douglass），现在被人们认为辜负了他那种族的人们。对于美国的黑人而言，可能比其他任何人做了更多实事的布克·华盛顿（Booker Washington），由于温和而遭到别人谴责，而且被指责说他背叛了自己本种族。杜波伊斯博士谴责他，说他承认黑人处于低劣的地位并接受“调节和屈服的老态度”；按照这种观点，轮到把杜波伊斯评述为也因为同样的事情而受到了谴责，这很有趣。各有色种族联合会（League of Coloured Peoples）会长哈罗德·穆迪博士被人指责为“拍马屁的”，而且在伦敦，“好战的有色人种学者们”应邀摆脱了他的领导。我有一次对一位非洲裔朋友、讲道理而受过良好教育的人，说起阿格雷（J.E.K.Aggrey）博士之死使得他那个种族遭受重大损失。那朋友同意我的说法，但是显然有所保留，而且我询问他之后惊奇地得知，非洲裔一般都认为阿格雷为白人一方做得太多

① Sir Alan Burns, *Colour Prejudice*, George Allen and Unwin, London, 1948, p.137.

了，对他本族人们却不够忠心。①

在我看来，阿兰·伯恩斯的基本论点是无可争议的，而且有大量的例子可作为证据引用，以支持其主张。但是，他的论点走得稍微远了一点儿，其原因是，比如其论点接近于暗示地认为，对非洲一些偶像的批判性评价总是由他指出的真相所证实的。正确的论点能使该论点足够真实，西非作者伦纳·马克斯韦尔（Renner Maxwell）于19世纪末期所写的“把他拽下来”综合症，“对他们同胞们的成功却卑鄙地嫉妒和妒火中烧”，在非洲人当中是普遍的，但是，修正这种说法，则不应当导致对非洲的偶像解说予以全然沉默及毫无批判的处理。② 韦瑟福德（Weatherford）和约翰逊（Johnson）于1934年提出了一个很有说服力的论点：“非洲裔美国人反对其他黑人处在凌驾于他们的位置上，是由于奴隶制期间所灌输的信念，这种信念准许那种像白人一样有能力的黑人承认双重自卑。”③ 非洲的殖民经历已经传下来类似情景，这种

---

① Sir Alan Burns, *Colour Prejudice*, George Allen and Unwin, London, 1948, pp.137~138。我在上面提到的阿兰·伯恩斯在其著作中所引的几段话如后：*Negro Anthology*（1934），edited by Nancy Cunard，文章标题为《黑人们发怒了》（*Blacks turn Red*，by E. Gordon，p.237）；又见《未来的黑人》（*The Negro in the Future*，by Harold A. Moody，1934，p.7）；《黑人老乡的灵魂》（*The Souls of Black Folk* ，by W. E. B. Du Bois，1903，p.50）。杜波伊斯说道：“在他自己的本族人们当中，华盛顿博士遇到了最强烈且最持久的反对，时间长得令人难堪。”又见同一作者的 *Dusk of Dawn*，1940，pp.70~72，in *Negro Anthology*（1934），edited by Nancy Cunard，pp. 146~147，p.238；*The Crisis*，*the official organ of the National Association for the Advancement of Coloured People*，August 1943，in *Negro Anthology*（1934），edited by Nancy Cunard，p.555（引自一篇关于“英格兰的种族偏见”的文章，载1932年3月的《黑人工人》〔*Negro Worker*〕）。阿格雷博士于1875年生于黄金海岸，1927年去世，他曾效力于涉及非洲教育的菲尔普斯－斯托克委员会（Phelps－Stokes Commission），而且是黄金海岸的阿奇莫塔学院（Achimota College）的职员。关于他的生平，见《非洲的阿格雷》（*Aggrey of Africa*，by E. W. Smith，1929）。

② J. Renner Maxwell, *The Negro Question*, 1892, p.172。此处引自 Alan Burns, *Colour Prejudice with Particular Reference to the Relationship Between Whites and Negroes*, George Allen & Unwin Ltd., London, 1948, p.139。

③ W. D. Weatherford and C. S. Johnson, *Race Relations*, *Adjustments of Whites and Negroes in the United States*, 1934。此处引自 Alan Burns, *Colour Prejudice with Particular Reference to the Relationship Between Whites and Negroes*, George Allen & Unwin Ltd., London, 1948, p.139。

情景在新殖民时代顽固存在着。

对于已经有机会在本大陆不同的国家生活在同伴非洲人里的我们当中一些人而言，引人注意的一些显著特性当中的一个特性，那就是非洲人不喜欢为别的非洲人干活，尤其是不愿意干家务活。双重自卑心理现象略微开始起作用了。干家务活的非洲人，在有些情况下，哪怕报酬低些，也宁愿为白人干，而不是为与自己同样的非洲人干。当某个非洲人为别的非洲人干家务活时，他或她就以不曾在白人男主人或女主人面前显露的方式，变得放肆无礼，难以对付。姆布雷洛·约克维尼（Mbulelo Jokweni）给我讲过一个故事，说的是一位女家仆，对她那非洲女主人发火，反唇相讥叫道："你认为你是谁啊，你还不就是比我还要黑的人嘛。"[①] 在此，优越感又与肤色的浅淡密切关联了，白人在顶上，墨一般漆黑的黑人垫底。

除了殖民主义、新殖民主义及种姓制一般的社会里的种族化社会一经济结构所造成的心理牵连之外，还有四种主要的源头，在历史上存在于非洲心灵的阉割过程中。这些源头当中的第一种是把非洲的宗教及仪式当成异教；第二种是贬低非洲诸语言；第三种是在非洲各个社会中篡夺权力基础，并且制度化地使用武力和有组织的强力；第四种是殖民主义者先进的经济和技术力量。

在第一种情况下，要记住，在非洲社会中已占居主导地位的两种新出现的宗教形式，已经通过其外源的、帝国主义的扩张而扎根。伊斯兰教是随着阿拉伯帝国的成长，通过火与剑而进入非洲的。基督教则通过传教士，并与军队和殖民行政机关手挽手，进入非洲。这两种宗教体系都是以土著各宗教体系为代价而被引入并扩张开来的，并伴随着把非洲各宗教体系在观念上降格及缩减为异教、不信教或者简言之即"异端"习俗的地位。这种记录和经历已经是非洲自信心以及来自非洲人精神停泊处的精神重心被打乱的一个最重要因素。在这两种

---

① 据奎西·克瓦·普拉与姆布雷洛·约克维尼于 2003 年 6 月 25 日在开普敦的一次电话交谈。

历史经验中，采纳穆斯林或基督徒的教义成为非洲各社会中地位上升的机制中的一部分。

不久前，一位游历颇广的虔诚基督徒朋友，他对于当今这个每个人都在向前进的世界上，非洲人们似乎没有任何进步这样的事实，感到格外沮丧，就对着能听得进他说话的一位同事说道："你看，我们是令人讨厌的。"那位同事立刻回答说："你怎么这么说呀？"他接着说，"哦，看看全世界吧，你在哪里看到了有非洲人血统的人们取得了进步……我告诉你吧，我们是令人讨厌的。"这样子的丧失自信和希望，在有非洲血统的人们当中，并非不普遍。那位同事对他的回答，使他震惊："为什么你的造物主就应当诅咒你？……假如你的神是白人，而不是像你一样的黑人，那么，你非要说我们令人讨厌，我就不惊奇了。为什么你的造物主应当诅咒你？在这个星球上，有哪些人是把其他人们的形象，当作他们的神或诸神的形象的？想象一下吧，对于随着神的形象而在非洲成长起来的孩子们，那形象与他们自己有何不同？当他们长大成人，就认为白人优越，你会惊奇吗？"在加纳，到处流传着一个讲了很多年的笑话，说的是一个阿散蒂族农民在一次交谈中对他的一位朋友说道："唉，假如你星期天去教堂，遇到一个白人，你就不妨回家吧，因为你大概已经遇到神了。"这种逻辑令人惊讶吗？当然不是。在非洲乡间，白人就是很少见，但是，凡是在星期天，从很早期以来，在天主教堂里，就经常有质朴的非洲人跪在基督和圣母玛利亚的洁白雕像前。我们能不能理解，在贫穷的非洲哀求者心中，发生了什么事情？对于沃尔特·巴洁特（Walter Bagehot）所说的"不适宜的人和被打败的种族"，白人老板也就是白人神。

伊斯兰教和基督教在不同的程度上都已经在非洲本土化，但是，伊斯兰教和基督教在非洲更充分的本土化，还始终受到一些要素的阻碍，不管是本土的还是外来的这种要素，都坚持在所信奉的这些正统及原本准则的信条中，要毫不吝啬地保真。例如，在西非的大部分地区，伊斯兰教已经在很大程度上非洲化，但是，还有一种很强大的思想流派，坚定地要求《古兰经》必须只用阿拉伯语学习。一直到今天，还是一以贯之，穆斯林儿童不得不通过死记硬背，把大段大段的《古兰经》背熟，而并不准确地理解经文的含义。这种情况还并未因为某个人物的言论例如卡扎菲上校说了话而有所缓解，卡扎菲在访问（多哥的）洛美（Lome）出席一次非洲统一组织的会议期间，曾以皇帝一般的泰然自若和傲慢态度，提议说“阿拉伯语就是安拉的语言”。

所谓基督教的教名在非洲还大量流行，人们指望这些教名意味着文明，远离非洲文化及历史现实的“原始状态”和“落后”。我对于那些坚信基督教就是走向永恒拯救道路的人，所予以的回答就是，假如在基督教的天堂真的有上帝，那么，我并不认为他会把我送往地狱，哪怕我是印度教教徒、穆斯林、佛教信徒或神道教信徒，也是如此。我恰巧是个具有宗教传统的非洲人，这种传统证明我的祖先们来自人类始祖。有益于我祖先们的东西，也有益于我。为了我的成功因素而尽责的影响，是多种多样的，这些影响来自所有的文化，但是很有希望地使非洲的基底丰富，这些影响并未淹没这个基质，它们为这个基质增加东西，积累并弥补着在历史方面被编码以及在文化方面呈现的动机和推动力。

在基督教被记载的情况下，非洲基督徒当中的绝大多数人，属于一些教派的人们，这些教派相当明显地离开了基督教教义的各种可信公认版本的正统性。例如，在南非，基督教锡安堂（Zion Christian Church）在非洲基督徒中压倒性地具有最多的信众。然而，一些与欧洲及北美有直接联系及受其指引的教堂，如安立甘宗（英国国教会）教堂、天主教堂以及卫理会教堂却认为锡安堂是偏离常规的，所以，锡安堂在南非各教会理事会（South African Council of Churches）中没有代表。在南非的基督教团体中，这两种倾向还有明显的特性，尽管基督教锡安堂的信众全由劳工及仆役阶层人员组成，但是，欧洲及北美各教派所引导的各群体在精英们当中却占据优势。

我们要好好地向日本学习。在社会结构方面，日本的传统宗教神道教与非洲人的传统宗教体系并没有严格的不同。在一部第二次世界大战时期出版的著作中，作者写道：

> 必须记住，现在所知的神道教，是当佛教开始替代本民族拜物教时，首先出现的。为了保留这种拜物教，“神道”这个名称被赋予由神武天皇所创立的对祖先崇拜的原始信仰。因此，以神道教而开始为人所知的本民族拜物教，能够以独特方式保留其本质和哲学，尽管它后来同化了各种各样的佛教的哲学感知对象……佛教的引入无疑为人们打开了新的视野，他们除了借助于朝鲜的祭司之外，还开始吸收隋朝和唐朝的中华文明，以便为了自我表达而拓宽灵魂及精神方面的前景。佛教从未干涉神道教的哲学，然而，神道教却大为影响了这种外来的宗教，开始转变外来佛教的外表，并因此在随后的时期里使佛教本民族化。①

上面这段话的要点及训诫是清楚的。各种文化始终是互相渗透和彼此影响的。的确，没有任何文化对于其他文化是封闭、难以渗透及不受影响的。为了使文化适应有成果，并且在心理上使人们的集体生活安宁，就需要合成，而不阉割接受文化适应的人们的文化传承。换言之，所要采纳和适应的东西，不得扭曲接受者群体的活力及连贯性。这适用于所有文化领域，包括宗教和仪式在内。

在非洲，在伊斯兰教被成功地予以非洲化的地方，摆脱了阿拉伯—伊斯兰教的霸主正统性，使这种非洲化的伊斯兰教成为 19 世纪反抗西方帝国主义的潜在武器。有许多为非洲穆斯林而自豪的非洲人，他们也是反抗殖民主义的人物，如哈吉·奥马尔·塔尔（Al – Haji Umar

---

① Amar Lahiri，*Makodo's Mission*，The Japanese Times Press，Tokyo，1940，pp.4 ~ 6.

al－Tal），或者萨摩利（Samori）[①]。在阿肯人当中，*Asante Kramo* 即阿散蒂人穆斯林已经在阿肯人的历史上长期被充分承认为该族的一部分。尽可能改变非洲人的文化，以及抹杀其自主的非洲人特征，并代之以阿拉伯文化，这不过是一种最坏的文化帝国主义，它从根本上破坏了非洲人在心理—文化上的自信心。

我们在非洲的处境就是这样一种情况，当前，非洲人们的传统宗教习俗已被宣判为原始传承，是要完全抛弃的。这在局部要由非洲传承中集体自信意识的丧失而负责。我已经屡屡争论过，我们可以做的，而且做得最少的，就是对我们土著的宗教体系与那些输入的宗教同等地看待及处理。这对于健全的、在发展方面自信的未来，在心理上是至关重要的。

与帝国遭遇，无论所遭遇的是阿拉伯人还是西方人，使非洲人们在社会交往中的非洲各语言的至尊地位被替代。这样造成的结果，使得那些高级的社会地位，与在欧洲人所殖民地区熟练地使用欧洲语言相关，在萨赫勒地区（Sahel）及其以南，以及在非洲人与阿拉伯人分布地区交界的地方，文化及语言的阿拉伯化已经成为这些地方冲突和紧张的一个主要因素。在文化和政治方面，非洲人与阿拉伯人分布地区交界地方的非洲人们被阿拉伯化，构成了使阿拉伯人与非洲人分隔的最致命问题，并形成了在非洲大陆上长期冲突的条件。

被殖民的非洲人被浸润其中，并且在今天依然是社会流动及分层所用语言的西方各种语言，也是经由画像和词汇，在非洲人以及非洲后裔的心目中，播下了负面的颜色联想。几年前，丁沃尔（Dingwall）敏锐地注意到这样的事实："在英语里，以及在其他语言里，'黑'

---

① 哈吉·奥马尔·塔尔（约 1797—1864），又拼写为"El Hadj Umar ibn Sa'id Tall"，出生于今塞内加尔的哈尔瓦，西非政治家，伊斯兰教学者及领导人，图库洛尔人（Toucouleur）军队司令，创建过一个包括今几内亚、塞内加尔和马里在内的短期帝国；萨摩利，即萨摩利·杜尔（Samori Tour，约 1830—1900），几内亚伊斯兰教改革家和军事冒险家，曾建立一个酋长国，在西非反抗法国殖民统治，19 世纪 80 年代初值其极盛期，其治下疆土西自上沃尔特，向东绵延至达福塔贾隆。——译者

(black)[1]这个词语常常被用于指称一些不详的东西。该词语与死亡这个主题密切相关。有人告诉孩子们说，黑人会抓住他们；我们会说到安魂弥散（Black Mass)、妖术（Black Magic)、囚车（Black Maria)、黑死病（Black Death)，而且我们忘不了这样一些词语，即敲诈者（blackmailer)、恶棍（blackguard）以及败家子（black sheep)。还有，黑常常与肮脏相关，于是就有这样的说法，‘你的两手脏’（your hands are black)，这是说它们脏（dirty）的很常用的方式。这种关于邪恶及肮脏的概念，宛如是被推进的，从而使得一些观念依附于一些人和一些事情。白色是象征着无辜、纯洁以及光明的颜色（或者更正确地说是没什么颜色)；黑色则吸收及隐藏了光，因此，黑色就被当作了象征着死亡、哀悼以及耻辱。正如莎士比亚在《爱的徒劳》（*Love's Labour Lost*）(第四幕第三场）中所说：‘……黑色是地狱的象征，囚牢的幽暗，暮夜的阴沉’。它是这样一个词语，让人想象到关于死亡与黑夜、肮脏与煤烟这些概念，甚至是关于做某些显然合意的事情却不可能做到的这种概念，例如暗指‘把黑种人洗白’这种表述。”[2]

希莱尔·贝洛克（Hilaire Belloc）的叠句“无论他们做了什么，我们都有加特林机关枪，他们别做”，总结了在非洲和亚洲以及拉丁美洲的其他地区，西方优越性真正的基础是什么。正是这种气质，创造了这个世界的大块头们。加特林机关枪成了与“白人魔法”相关的西方军事力量及技术机巧的象征，而这种“魔法”从阿富汗穿过北美（在土著美洲人当中）再到南非的祖鲁兰（Zululand）起了作用。正是这样说着，基普林（Kipling）的“野蛮的和平之战”就打响并胜利了。加特林机关枪首先于 1879 年在阿富汗使用，是第一种（用曲柄）速射的机关枪。该机关枪由美国人理查德·加特林（Richard Gatlin）于 1862 年发明，之后很快就成为 19 世纪后期各个英国殖民地战争中的注册交易

---

① 以下为了说明具体例子，带有“black”的词语或短语，其译文之后均附带原文。——译者

② Eric John Dingwall, *Racial Pride and Prejudice*, Watts & Co., London, 1946, pp.60 ~ 61.

品。非洲人被军事镇压，以及这种镇压造成的种族灭绝后果，打断了非洲反抗的脊梁，而且在殖民时期，大范围地在心理上破坏了可以在非洲与西方人成功战斗的决心和信念。

梅米在其著作《殖民者与被殖民者》中，论证了由于殖民主义的经历而在心理上使殖民者与被殖民者两者败坏。他在关于尼禄情结的讨论中写道：

> ……被篡夺者越是被压制，篡夺者就越是得胜，此后，被篡夺者就认罪并自责。因此，这种防卫机制的势头随着其继续运动而自我推动，并变得更糟糕。自我打败过程推动篡夺者，朝着使被篡夺者消失的愿望又往前走一步，而被篡夺者的特别经历则使他自己扮演篡夺者角色，而且越来越沉重的压迫使他越来越把自己当成压迫者。尼禄这个典型的篡夺者因此而被引诱，残忍地迫害布里塔尼库斯（Britannicus）[①]并追击他。但是，尼禄越是伤害布里塔尼库斯，尼禄就越是与自己所选择的凶残角色相符合。他陷入不义越深，就越是仇恨布里塔尼库斯。他寻机伤害受害者，而那受害者则把尼禄变成暴君。尼禄登上君主宝座后尚不满足，还试图抢夺布里塔尼库斯唯一剩余之占有物——所爱的朱莉亚（Junia）。尼禄既不是出于妒忌，也不是出于执拗，而是由于其内在的必然，即篡夺——是在精神和肉体上对于被篡夺者的压制。[②]

殖民者经由对他的受害者予以灭绝人性的对待，对自己所感知的现实怀着偏见。实际上，压迫摧毁着压迫者与被压迫者双方的心理。多年前，范帕森（Van Paassen）机敏地评论说，殖民统治有一种使殖

---

① 布里塔尼库斯（41—55），罗马皇帝克劳迪乌斯（Claudius）之子，可能在其异母弟弟尼禄即位后被毒死。——译者

② Albert Memmi, *The Colonizer and Colonized*, Souvenir Press, New York, 1965, p.53.

民者的心理败坏的方式。这种统治摧毁着精神构造，并困扰着他的伦理行为。这一评论现在像当时一样是对的，值得在此回顾："现代心理分析已经使我们懂得，有些事情是出于本能而统治所造成的危险后果。欧洲人在一些热带国家容易堕落。若不是我们每年派去那里成千上万的欧洲人，去那里当行政官员、农学家、组织者及代理人，而在他们当中只有很少一部分人是理想主义者，真正有助于土著居民，那么，就没有问题。但是，只有极少一些人耐得住他们生活于其间那种自然环境使人虚弱及泄气的影响。极少一些人耐得住那种白人行使近乎无限权力而带来的诱惑。"① 可以找到一些例子来说明这一点。理查德·赖特（Richard Wright）在其"关于1955年万隆会议的报告"（*Report on the Bandung Conference of* 1955）中，提供了雄辩的例证说明了这一点。他向读者提到一本小册子，一本由S.范莫伦（S.van Molen）汇编、哈里·F.塞马克（Harry F.Cemach）编写，适合讲英语的学生使用的名为《印度尼西亚语》（*Bahasa Indonesia*）的马来亚小学课本，这本小册子1949年由（海牙）W.van Hoeve公司出版。书中第22页的第7课里，用了如下印尼语，现在把印在每一页左栏里那些与印尼语单词对应的英语词引用在下：

> 园丁，打扫花园！
> 扫帚破了！
> 做把新扫帚！
> 先把前面打扫干净！
> 洗衣妇，这里有些脏衣服！
> 别弄坏了它们，好不好？
> 洗这些衣服！②

---

① Pierre Van Paassen, *Days of Our Years*, William Heinemann Ltd., London, 1939, p.286.

② Richard Wright, *The Color Curtain*, *A Report on the Bandung Conference*, The World Publishing Company, Cleveland and New York, 1956, p.180.

理查德·赖特提供了范莫伦所编写的那本小册子中的更多内容。他向读者指出被他称为“杰作”、标题为《主人在十字路口》（*The Master is Cross*）的那一段。下面就是逐字的内容：

是谁啊？
你从哪里来？
你要去哪里？
为什么你在这里到处跑？
你看什么呢？
别沿着这儿过去！
你必须停在那儿！
你愚蠢。
你一会儿就会遇到麻烦。
小心，别那么干。
先想想。找找办法。
你不觉得惭愧吗？
我想知道消息。
我不明白。
我觉得你在撒谎。
我不相信！
别说废话！
直接说吧！
别那么固执！
别怕，回答！
你究竟为什么不吭气？
你为什么不敢呢？
我不想听这些废话！住口！
够了！

事情已经清楚了。[①]

在非洲所有从前的移民者—殖民国家，这种景象众所周知。生活在南非的人，不可能不注意到，在所有的城镇地区，街道指路牌和一些提示语都是用英语或阿非利坎语写的，只有当这些提示语是可怕的警告如“小心有狗”、“勿进入”外，这时，这些警告是用某一种非洲语言写成的。

但是，如果殖民主义摧毁了殖民者，并使他比人类更加野蛮，那么，也就等于并更为残忍地摧毁了被殖民者的自尊。被殖民者一旦承认自己低劣，他就能够持续不断地向压迫者微笑，甚至在公然诋毁以及无人性的情况下都是这样。查尔斯·霍顿·库利（Charles Horton Cooley）关于“镜中自我”（looking - glass self）的想法，以及在社会心理领域中重塑及重新阐释该想法，强烈地提出“通过把这种社会过程的各个阶段置放在同样的意识中，通过把自我看成由他者们所考虑的关于自我的一些想法，以及把他者看成被他自己考虑的一些想法，他者们对于自我以及自我对于他者们的行动，就仅仅成为在头脑里对于彼此起作用的一些想法的互动”[②]。库利这一想法所重塑的结局，就是某人的自我镜像很大一部分源自他者、家庭、学校以及更广大的社会怎样看待此人。当那些看法是负面的，人们可能就会把此种看法内化于心间，导致自尊降低——或者自我仇视，如人们所说的那样。这种理论已经貌似真实地被用于对偏见以及群体内部关系的研究中。一些黑

① Richard Wright, *The Color Curtain*, *A Report on the Bandung Conference*, The World Publishing Company, Cleveland and New York, 1956, pp.181 ~ 182。理查德·赖特接着说：“一位可靠的联合国教科文组织官员告诉我，今天，刚果的比利时人还在用这种办法与他们所管理的刚果本地人交流，他们的态度就是‘困难，那正像……’有一大群欧洲社会科学家在亚洲和非洲精选……事实，以便找出为什么土著们忽然增多了，急着要学欧洲人那样的嗓音。”同上，p.182。

② George Herbert Mead, *Cooley's Contribution to American Social Thought*, in *Human Nature and the Social Order*, Schocken, 1962。此处引自 Lewis A. Coser, *Masters of Sociological Thought*, second edition, Harcourt Brace Jovanovich, New York, 1977, p.306。

人学者把一些负面的陈规陋习以及可怜的自我评价，内化于心间，因而对于所要实现的成就，对于自己的作为，感到焦虑，而且预期低下。“对自我实现的预见”已经成为有关这些学者们的平常特征。①

在钦威祖的论文《意识形态与黑人世界——21世纪全球政治的问题及途径》（*Ideologies and the Black World*: *Issues and Approach in Global Politics for the 21th Century*）中，他指出，黑人对于在白人支配的世界上所面临的压迫和边缘化，在心理上的回应之一，就是希望或渴望“不再黑”。非洲裔美国人所表现的这种渴望，按钦威祖的评价来看，被乔治·斯凯勒（George Schuyler）在其小说《不再黑》（*Black No More*）中予以聪慧的讽刺。钦威祖在对非洲大陆非洲人的这种回应予以说明时，提到一个故事，讲的是被德国殖民主义者带到德国去的一个喀麦隆黑人保罗·赞帕（Paul Zampa），那时此人还是一个男孩。20世纪任德国驻喀麦隆总督的耶斯科·冯·普特卡默（Jesco von Puttkamer）在其记述中说道，保罗·赞帕在柏林的燧发枪手近卫军团（Garde Fusilier regiment）受训练，并成为一名熟练的士兵。他有一个严重问题：他为自己的黑皮肤感到痛苦。赞帕后来回到喀麦隆首都雅温得的驻军中。有一次，当普特卡默来视察雅温得的驻军时，受到接待，并吃惊地看到军士长——赞帕——用颜料涂白了而站在队列中：

> 那真是一种让人难忘的幽灵一般的景象，你看到一个男人，他的脸和双手都涂抹得雪白，两只黑眼睛滴溜溜地转动，嘴唇厚厚的，我们都情不自禁大声笑个不停。赞帕深受刺痛，此刻他以最佳的普鲁士方式僵直地立正站着，眼泪顺着双颊慢慢流下来。后来，他解释说，他从柏林订购了一些颜料和

---

① Claude M. Steele, *Thin Ice*, in *The Atlantic Monthly*, August, Vol.184, No.2, pp.44～54, http://www.theatlantic.com/issue/99aug/9908stereotype/html。又见 Claude M. Steele（1997）, *A Threat in the Air*: *How Stereotypes Shape the Intellectual Identities and Performance of Women and African－Americans*, in *American Psychologist*, 52, pp.613～629。

白香粉，试图把他讨厌的那黑颜色盖住，希望自己让人看上去更像他尊敬的上司汉斯·多米尼克（Hans Dominik）。赞帕自从成为一个德国的忠诚支持者以来，就变成了喀麦隆人的叛徒。他离开了近卫军（*Schutztruppe*），最终却被他崇拜的地地道道的白人们处决了。①

在法农的《黑皮肤，白面具》一书的一节里，说到他面临自卑情结综合症时，他披上了心理分析学家的外罩，并问道：

1. 我的病人正受着自卑情结的折磨。他的心理结构处于瓦解的危险之中。要怎样做才可以救他，慢慢地使他摆脱这种无意识的欲望。

2. 如果他控制不住地想成为白人，程度很厉害，那么，那是因为他生活的那个社会使他可能有自卑情结。那个社会的稳定性源于这种情结的渗透；那个社会宣告某个种族优越；程度厉害到与那种对他造成种种困难的社会相同。于是，他就会感到自己陷入神经质状态中了。②

这就是肤色因素在殖民地或新殖民条件下建立起来的深奥之处。在上文所引理查德·赖特的著作中，他讲了关于波士顿一位非洲裔美国

---

① L.H.Gann & Peter Duignan，*The Rulers of German Africa，1884—1914，* Stanford，Stanford University Press，1977，p.85，引自 Chinweizu，*Ideologies and the Black World*：*Issues and Approach in Global Politics for the 21th Century*，Lagos，Mimeo.，2003。

② Frantz Fanon，*Black Skin*，*White Masks*，Grove Press，New York，1967，p.100。法农把他的解决方案概括如下："换言之，那个黑人应当不再面对那两难困境，即要么变成白人，要么消失，但是他应当能够知道，存在着一种可能性。再换句话说，如果是由于他的肤色而使社会对他造成种种困难，如果他梦想着我对改变肤色的无意识欲望予以表达，那么，我的目的就不会是劝他'安于他的处境'，从而劝阻他，别想改变肤色；相反，我的目的是，一旦他的动机已经进入意识中，那么，就会把他置于就冲突的真正源头来说选择行动（或者被动对待）的境地——也就是说，朝向社会结构而行动。"

人的一个故事。此人是一名女记者，也参加了那次会议，但是却对拉直头发及改变肤色上瘾。赖特向一位对于那非洲裔美国妇女感到好奇的白人女士做解释，而前者与那白人女士住同一个房间，深夜里借着烛光悄悄地做什么事情，赖特解释道："'平静下来吧。事情很简单。那女子正在拉直她的头发。你说她正在用什么看上去像梳子一样的东西……那种斯特诺牌（Sterno）的铁罐是用于把她的金属梳子加热，然后她用那加过热的梳子拉直她的头发。她并不想让你——''可是，为什么她要把头发拉直？她的头发蛮好的呀'。'她的头发是蛮好的，可是不直，是卷圈儿的。但是她不想让你这样一位白人女士看见她在拉直头发。她可能觉得尴尬——''为什么？''因为你生来就是直发，而她想让人看上去尽可能像你一样……'听到这里，那白人女士盯着我，接着用双手拍在双眼上盖住，'哎哟'大叫了一声。"① 赖特尽力要让那位白人女士自己弄明白，这究竟是怎么回事。忽然，那白人女士理解了，于是说道："'所以，那就是她经常那么改变肤色的原因'。那女士以相当惊奇的语调接着说，'她做什么呢？''她可能是进了浴室，锁上门，在里面待了一个多小时……当她从浴室出来，肤色就浅多了。当她进去时，她是黑人，自自然然的黑人，但是当她出来时，她的肤色浅多了，苍白、灰白的那种……她在自己的皮肤上用了一些化学制品'，我告诉那女士。"② 那白人女士又刨根问底地说道："那究竟为什么呢？"随后，理查德·赖特完成了他的教育课程："已经有人把黑人弄得因为自己黑而觉得羞耻，黑皮肤的印度人也是这样的感觉。白人已经使黑人有那样的感觉。美国的黑人是黑的，生活在白人社会里。他们看见的每张照片和肖像都是白人的。印度人已经处于这样的状况，即认为白皮肤是高贵的，在许多个世纪里，在他们国家里，所有的权势都掌握在白人们手中……所以，这些人逐渐觉得他们所处的低下地

---

① Richard Wright, *The Color Curtain*, *A Report on the Bandung Conference*, The World Publishing Company, Cleveland and New York, 1956, p.185.

② 同上，p.186。

位，与他们是黑人有关。别人反复告诉他们，他们是低劣的。而这位与你住在同一个房间的女子，就是正在想法子使自己看上去尽可能像个白人。你能责备她吗？那是她向白人种族纳贡。说到办法是，'宽恕我。我感到遗憾自己是黑人。我觉得羞愧，自己的头发不像你的那样。但是，你看看，我正在尽一切办法，把自己弄得像你一样……'那女士听到这里，喘了一口气，说道：'真可怕。她折磨自己。''每天，那个女子都在心理上自杀。'"[①] 赖特那部著作写于半个世纪之前。同时，就这种现实而言，我敢说，还没有多大改变。

对这种综合症的否定，并不会像白天跟在黑夜之后，黑夜又接着白天出现那样自动地发生。这种综合症的根源不得不让人对待，而且不能靠有意识或无意识地默默面对现实就发生。保持沉默的姿态毫无用处，而且这正像谚语所说的鸵鸟一样，把头钻进沙里，假装现实就停止存在了。我们必须把这件事情拿出来公开辩论，讨论和面对这种自卑综合症所附带的问题。空洞而轻而易举的否定，对谁也不会有帮助。

在思想和行动上的这种自主，对非洲的成功至关重要。使我们民族意识的发展，超出新殖民的种种现实，这对于我们的思想及行动这个意义上的主权而言，是至关重要的。虚弱得不能把我们自我定义为带有民族利益的非洲人，而这种利益对我们的进步很重要，这种虚弱对于如何构想及形成我们的未来，成为一个混乱的因素。我们是自己未来的唯一真正建筑设计师。我们必须创造并认同于自己的男女英雄们，而且不是为了我们而使他们受到限制及鉴别。不知何故，在殖民主义体系瓦解之后的40年里，尽管我们在不同的国家里已经有250多位国家元首和政治领袖，但是，值得赞美及称颂的领袖，其数量用不了一双手的指头就能数出来。当然，领袖并不一定非要是政治家。在政治舞台之外，这方面的景象更加黯淡。主导着我们大多数媒体的西

---

① Richard Wright, *The Color Curtain*, *A Report on the Bandung Conference*, The World Publishing Company, Cleveland and New York, 1956, pp.186~187.

方新闻界，为我们鉴别及选定英雄。没有任何坚强的非洲民族主义领袖，曾经被这些全球舆论制造者承认为伟大的领导者。从我们上学起以及随后，总是被别人教导说，要钦佩丘吉尔、甘地或纳赛尔这类人物，但事实上，非洲人对这些人物的评价都比较低。他们无疑都是很伟大的人，但是，他们首先是其他人民的英雄。我们不能尊敬那种严重侮辱或贬损我们的人。作为非洲人，我们必须最终根据究竟他们的观点或工作如何影响或曾经影响了我们，来评判他们。

丘吉尔关于非洲裔美国人命运的评论，很有启发性："美国应当适当而明智地花些时间解决黑人难题。毕竟你不能把他们那2000万人就像那样地吞进肚子里。说什么黑人像白人一样，简直是胡说八道。"[①] 丘吉尔讨巧地忘记了，并不是非洲人有意要去美国的。他们是被铁链拴着，历经延续了几百年的不可饶恕的过程，被西方人包括英国人强迫送到美国去的。从苏兹贝格（Sulzberger）著作的同一节中，我们得知，丘吉尔更多地暴露出了他那反黑人的种族主义。苏兹贝格写道："他要一份这天早晨的《每日简报》（*Daily Sketch*），那上面登载了一名救世军（Negro Salvation Army）黑人歌手的照片，照片上那歌手后面跟着一名救世军的白人少女。'这就是他们要到天堂去拥有的东西吗？'他问道。'这就是我要去那里寻找的东西吗？如果是这样，那不是我要去的地方。我不想去那样一个地方……英联邦将会变得更差，而不是变得更好。所有这些黑人都像黄金海岸的黑人一样，没有丝毫迷人之处。他们将会走他们自己的道路。在另一代人里，印度人还将更加是印度人。'"[②] 亚历山大·卡多根（Alexander Cadogan）在其日记中有可靠的证据，提到丘吉尔那傲慢的种族主义，那是清楚地发生在一次内阁

① C.L.Sulzberger, *The Last of the Giants*, London, 1972, pp.302~303.

② 同上。顺便提及，丘吉尔这种态度不仅限于对非洲人。注意一下他向曾任英国殖民地国务大臣马尔科姆·麦克唐纳（Malcolm Macdonald）就阿拉伯人所做的评论，那是很有趣的："我们在下议院做了一场可怕的争论，后来我们在走廊相遇时，丘吉尔指责我亲阿拉伯人。他说，阿拉伯人是野蛮人，只不过是些骆驼粪便罢了。"据 Robert Fisk, *Our Great Wars for Barbarism*, in *The Sunday Independent*（South Africa），October 24, 2004, p.13。

会议上的事情。在第二次世界大战期间，当成千上万的黑人士兵为了大英帝国的生存而浴血奋战时，卡多根却看到："不得不在中午 12 点钟为内阁拼命处理美国有色人种士兵的问题。那里发生了狂热的讨论。每个人说话时，首相都在读报（他已经不拘礼节了）。讨论进行的水平较低，举例来说，鲍伯蒂（Bobbety）[①]试图让内阁对他的（殖民地国务大臣的）困难留下深刻印象。上述那个殖民地事务办公室的黑人官员总是在某个餐馆吃午饭，可那餐馆现在由于一些美国官员光顾，不让那黑人官员进去。首相说道：'那就对了。如果他随身拿着他的班卓琴进去，那些美国人将认为他是一名乐队乐手。'我难以插进去一句话。"[②] 关于丘吉尔的话题，就到此为止。

普遍受到敬慕的甘地，几乎没对非洲说过什么好话。在南非，他度过了他政治上成长岁月的许多年月，而且他留下了一些诋毁人的话语，这些话语几乎无疑就是他关于非洲人的评价。在登载于 2003 年 11 月 9 日的约翰内斯堡《城市新闻》（*City Press*）上的一篇文章中，作者雷金纳德·莱戈阿贝（Reginald Legoabe）恰当地注意到，"尽管圣雄甘地的训诫以及反对英国殖民者暴力镇压的英勇斗争，的确堪称全世界争取解放的斗士们的楷模，然而，就南非的民族解放斗争而言，把甘

---

① 鲍伯蒂，英国保守党政治家、第五代索尔兹伯里侯爵罗伯特·加斯科因 - 塞西尔（Robert Gascoyne - Cecil，5th Marquess of Salisbury，1893—1972）的绰号。他在第二次世界大战期间曾任英国殖民地国务大臣、国会上院领袖等职。——译者

② David Dilks（ed），*The Diaries of Alexander Gadogan*，*1938—1945*，Cassell，London，1971，p.483。这位英国贵族的另一位后裔达夫·库珀（Duff Cooper），即后来的诺里奇子爵（Viscount Norwich）冷淡地写了一些事情，描述他 1918 年参加一次社交聚会时发生了空袭，防空枪炮声大作，"当我们抵达时，枪炮声隆隆响，但是，彭布罗克（Pembroke）告诉我说，那支黑人乐队要演奏……"据 Duff Cooper，*Old Men Forget*，Ruper Hart - Davis，London，1953，p.72。相似的，哈罗德·尼科尔森（Harold Nicolson）称日本人为"猴人"（monkey men），据 Harold Nicolson，*Diaries and Letters*，*1939—1945*，Collins，London，1967，p.198。在哈罗德·尼科尔森日记和书信集的其他地方，即他于 1960 年 1 月 24 日所写，从南非的伊丽莎白港（Port Elizabeth）发给他的儿子奈杰尔（Nigel）和儿媳妇菲利帕（Philippa）的一封信中，他无拘无束地承认道："你们知道，我是多么的恨黑人，托里·维塔（Tory Vita）也是这样。"据 Harold Nicolson，*Diaries and Letters*，*1945—1962*（edited by Nigel Nicolson），Collins，London，1968，p.379。维塔即他的妻子、作家维塔·萨克维尔 - 韦斯特（Vita Sackvile - West）。

地抬高到民族英雄的地位，却是谬见和历史性的谎言，因为甘地主动地蔑视非洲人以及他们的生活方式”。莱戈阿贝让读者注意如下这些事实：

> 他在其《文集》（*Collected Works*）中，对于一件限制英国开普殖民地的印度人行动自由的法规，予以评论道：“这项细则的源头在于假定的或真正的轻率中，而且在某些情况下，南非黑人（kaffir）[①]的无礼行为就是其源头。但是，无论这些指控怎样针对这些英属殖民地印度人，没有任何人曾经私下里说过，这些印度人的行为比不上正派人。但是，世界上这个地区的习惯本来如此，他们是被南非黑人拖拽下来的，没有丝毫正当理由。”对于白人的纳塔尔市（Natal Municipality）那项因强制所有非白人登记而推迟考虑的法规，甘地在其所创办的报纸《印度舆论》（*The Indian Opinion*）上写道：“第200款为那种属于未开化各种族、本自治市范围内的居民以及受雇者的人，设立了条件。任何人都能理解，把那些将不会有工作的南非黑人登记在册，是必要的；但为什么那些已经自由，而且其后裔被一般人抱怨为工作太多的行动自主的印度人，也应当登记在册呢？”在孟买的一次公众会议上，甘地说道：“我们的斗争是针对降格而持续进行的斗争，那种降格是由于那些欲把我们降格为南非黑人那种水平的欧洲人所造成的，而那些南非黑人的抱负，只不过就是把某个数量的牛集中起来，以便买个老婆，然后就那样懒惰和赤身裸体地过一辈子……”当他回忆在德兰士瓦省（Transvaal）一所监狱中节食的事情时，描写道：“第一晚与那群黑人罪犯在一起，那些人相貌野蛮，凶神恶煞的，又放荡又笨拙……”他1906

---

① 此词源于南非班图人一支的卡菲尔人（Kaffir，此时专指，首字母须大写），后转化为当时对南非黑人的贬称。——译者

年说过的那番话有记录，他当时说，对于“亚裔法律”(Asiatic Law)①的那些修正案，不适用于“黑人”以及“混血南非人”（Cape Boy)。他还说：“现在，只有管通行证的干事才有权检查通行证。根据这项新法案，每个黑人巡警都可以检查。根据该法案，黑人巡警可以盘问亚裔的姓名以及身份证上的细节，若觉得不满意，还可以把他送到警察分局。”在他1906年11月向《伦敦时报》（*Times of London*）所写的一封信中抱怨，根据英国人的规则，在南非，“黑人”正在把“印度人”挤走。“按照米尔纳爵士（Lord Milner）的建议而实施的登记，这些可怜的人们，在约翰内斯堡、海德堡（Heidelberg）以及波切夫斯特鲁姆（Potchefstroom）寒冷的冬日早晨，在四点钟的时候，从床上被拖出来，送到警察分局或者亚裔管理办公室，正如可能发生的情况那样。正是这些人，按照那法令，可能经常遭到黑人巡警的驱赶，他们不是较好阶层的印度人了。”他在1906年所写的一篇报告中说，正是印度人的聪明，才使他们自己与其他非白人分开：“我们觉得，把他们自己与其他非白人分开，是一种聪明的对策。我们觉得，正是整个南非的英属印度人一方的聪明对策，已经把他们自己与这个

① 1906年，德兰士瓦殖民政府公布了一部新的法案，用于对该殖民地的印度裔居民强制登记。当年9月11日，在约翰内斯堡发生了群众抗议集会，圣雄甘地在此次集会期间，首次采用了“萨蒂亚格拉哈”（satyagraha，意为献身于真理）即非暴力抗议的办法。他号召其印度同伴们抵制这部新法案，但不是用暴力方式进行抵抗。非暴力抵抗的计划被采纳，但此次运动在1907年3月22日德兰士瓦议会通过《亚裔法律修正案》（Asiatic Law Amendment Act）时才获得动力。1907年2号法案即“亚裔法律修正案”（又称《黑人法案》，The Black Act）与1906年的29号法令相同。根据该法案，所有的男性亚裔均须注册登记并按手指印，而且登记之后须随时携带身份证。这种身份证须按警察的要求出示。该法案的修正案似乎动员起德兰士瓦更多的印度裔人员参与甘地的非暴力抵抗运动。1907年3月29日，德兰士瓦的印度裔人员举行了大规模抗议集会。随后进行的7年斗争中，有成千上万的印度裔人员被拘押，包括甘地在内也被多次投入监狱。详见“南非历史在线”网站之“Asiatic Law Amendment Act is passed in Transvaal parliament leading to increased Indian protest under MK Gandhi (replace old entry)”词条，载 http: //www.sahistory.org.za/dated - event/asiatic - law - amendment - act - passed - transvaal - parliament - leading - increased - indian - protest - u。——译者

> 国家中其他有色人种社区分离及区别开了。”在他致约翰内斯堡医疗卫生主管官员波特（Porter）博士的一封信中，他写道：“为什么在约翰内斯堡所有的地方，所选择给印度人的分布区，都应当腾出来给镇上所有的黑人，令我难以理解。当然，按我的建议，约翰内斯堡市镇委员会必须把那些黑人从那些地方撤走。我必须承认，这样让黑人和印度人混在一起，使我的感觉十分强烈。我认为，这样对待印度裔居民是不公平的，这是一种不适当的征税，即使我的同胞们有公认的耐性，也难以忍受。”①

这些言论中几乎没有任何含糊或暧昧的话。在迦玛尔·阿卜杜勒·纳赛尔（Gamal Abdul Nasser）的《革命哲学》（*Philosophy of the Revolution*）一书中，概述了他的基本政治思想和对未来的规划。纳赛尔可能是过去50年中最伟大的阿拉伯政治领袖，他在1956年的苏伊士运河危机期间反对英、法帝国主义，姿态坚韧而果敢，赢得了世界上许多人的支持和钦佩。他那忠诚可靠的泛阿拉伯主义取向，使他成为阿拉伯世界可爱的人。纳赛尔是建立阿拉伯联合共和国（阿联）（the United Arab Republic，UAR）的幕后力量和倡导者，1958年2月1日由埃及和叙利亚联合而成的该联合体，是所设想的朝向在现代实现泛阿拉伯民族（Pan－Arab Nation，*el watani el arabi*）的第一步。当叙利亚的一群政治及军事领导人对共产主义接管他们本国的危险感到忧虑时，于是转向迦玛尔·阿卜杜勒·纳赛尔领导下的埃及求援，以便消除这种可感

---

① Reginald Legoabe，*Gandhi Never Thought Much of African People*，in *City Press*，Johannesburg，2003，p.21。莱戈阿贝的这篇文章在南非传媒中引发了许多生动的反应。在阿尼尔·诺里亚（Anil Nauriya）所写的一篇有趣的文章中，却说甘地的遗产是留给所有南非人的。见南非版《邮报与卫报》（*Mail and Guardian*，South Africa）2003年11月14—20日第34～35页。该文作者以辩护的调门说道：“不幸的是，对于圣雄甘地在南非所起的作用，本该进行辩论。应当首先根据甘地较早的、稍微有些轻蔑以及不经意的意见，来考虑那种对一部分当地人的贬损，而不要在意甘地是否成心那样做。”

觉到的危险，阿联就创立了。该联合体把两个国家结合在一起，成为一个联合的国家，定都于开罗。埃及与叙利亚1958年这次结合为阿拉伯联合共和国，是阿拉伯统一的首次成功尝试。[①]不久，也门也想加入了埃及和叙利亚之列。2月5日，纳赛尔被提名为这个新构成体的总统。埃及的军事及技术顾问拥入叙利亚，共产主义的威胁消除了。本来，有人还想把也门包括在这个联合体中，但是，在叙利亚发生了一场政变之后，阿联于1961年解散。一直到纳赛尔逝世后，埃及才于1971年不再使用该联合体的名称。在纳赛尔的领导下，埃及向也门派出了一支远征军（1962—1967年）。

出于埃及的政治考虑，迦玛尔·阿卜杜勒·纳赛尔确认三个圈子，“我们的种种活动不可避免地必须限定在这些圈子之内，而且我们必须力求在这些圈子中运动”[②]。这些圈子就是阿拉伯圈子、非洲圈子以及伊斯兰世界。这三个圈子中的第一个圈子，在他看来就是阿拉伯圈子：“无疑，阿拉伯圈子是最重要的，这个圈子使我们联系得最紧密，因为这个圈子的人民是由历史而与我们缠绕在一起的”[③]。拿他自己的话说，第二个圈子就是“黑暗的大陆”。关于这方面，他写道：“如果我们考虑下一个即第二个圈子——非洲大陆——我可以毫不夸张地说，在任何情况下，不管我们可能多么希望，我们都不能依然远离可怕而血淋淋的冲突，而这种冲突今天还在500万到2亿非洲人之间继续进行。由于一个重要且明显的原因，我们不能那样做：我们处在非洲。非洲各族人民将继续看着我们，我们这些人看守着他们的北大门，而且这些人构成了他们与外部世界的联系。我们在任何情况下都绝不能放弃我们的支持责任，我们要用自己的所有力量，把启蒙和文明传播

---

① Gamal Nkrumah, *Nasser Through African Eyes*, in *Al - Abram Weekly Online*, Issue No.606, October 3—9, 2002.

② Gamal Abdul Nasser, *Egypt's Liberation*: *The Philosophy of the Revolution*, Public Affairs Press, Washington D. C., 1955, p.85.

③ 同上，p.88。

到那最遥远的丛林深处。"① 这种看法的趣味恶劣，带着俨然以恩人自居的傲慢味道。已退休的尼日利亚外交官乔·加巴（Joe Garba）恰当地评论说："纳赛尔的泛阿拉伯主义以及他那充满激情的反殖民主义辞藻，是鼓励许多非洲民族主义者的源泉，而那些人从未读过他的著作，因此也不知道他对于他们是怎样地以恩人自居。"②

在整个英国殖民地的非洲，罗伯特·斯蒂芬森·史密斯·巴登－鲍威尔（Robert Stephenson Smith Baden－Powell）的形象颇有传奇色彩：在英国与布尔人的战争中，他是马弗京（Mafeking）的防卫者，而更重要的是，他是世界童子军组织（International Boys Scouts Movement）的创建者。我们被告知，表面上有确切可靠的根据，"他在整个婴儿时期一次也不曾哭过……是位地地道道的英雄，清白地生活，蔑视邪恶，同样也蔑视柔弱"③。在阿散蒂国王普伦佩（Prempeh）被流放到塞舌尔（Seyshelles）之前，巴登－鲍威尔曾经羞辱普伦佩，这在他的《普伦佩的衰败》（*The Downfall of Prempeh*）一书中有详细的记载。我们知道，杀害北部恩德贝勒人（Ndebele）的国王乌维尼（Uwini），是他对付"依然不顺从而且厚颜无耻的"部落男人们的办法。④ 他的看法是，对于这个"纯粹古老的野蛮人"，此种"直接的惩罚……"，做的"只不过是恢复我们的威望而已"。⑤ 从祖鲁兰（Zululand）到黄金海岸，他尽力要让那些已屈服于他的土著敌手们向他唱赞歌，颂扬他。在他看来，墨索里尼是"很有魅力、很幽默也很有人情味的人"。⑥ 然而，对于这个悲剧性反动的反英雄所做的评价，也许没有谁比皮尔斯·布伦敦（Piers Brendon）归纳得那么有力。在巴登－鲍威尔随后的岁月里，亦

---

① Gamal Abdul Nasser, *Egypt's Liberation*: *The Philosophy of the Revolution*, Public Affairs Press, Washington D.C., 1955, pp.109～110.

② Joe Garba, *Diplomatic Soldiering*: *The Conduct of Nigerian Foreign Policy*, *1975—1979*, Spectrum Books, Ibadan, 1987, p.211.

③ Piers Brendon, *Eminent Victorians*, Secker and Warburg, London, 1979, p.197.

④ 同上，p.223。

⑤ 同上，p.224。

⑥ 同上，p.199。

即在20世纪20年代到30年代期间，他抨击所谓“骗子们和共产主义者们”；拒绝接受莫斯科，因为它处在“日耳曼—犹太的方向”指引下；侮辱印度人；支持南非的种族隔离制，至少为白人、棕色人种以及黑人建立了三个童子军组织，而据称黑人“适应了土著的心态”。1937年，他提出建议，认为英国的童子军应当“为了向希特勒青年团（Hitler Youth）表示友好而做些事情”。[①] 就是这样一个人，使我于20世纪50年代，还是阿克拉的一个年轻人时，就怀着满腔热情加入了他的运动，还得到我父母双亲的祝福。数百万非洲小孩几乎把参加过童子军当作一种成年仪式。我们无知地、天真地而又充满喜悦地为巴登-鲍威尔唱赞歌。

经过这一过程，我们与自己的英雄、神祇以及圣像疏远了，这是殖民教育及文化灭绝，这使得我们在非洲所遭遇的西方权力慢慢而稳定地注入到我们中间。在克劳德·麦凯（Claude McKay）[②]的肖像中，殖民主义把我们重组为向“异族诸神”屈膝跪下。[③] 殖民主义不允许为土著圣像留下空间，除非此种英雄和英雄崇拜是公开地或密切地得到整个帝国主义事业的支持。此种英雄对于殖民计划的合理性或道德，并随着逻辑延伸而对新殖民计划的合理性或道德至少应当没有矛盾，或者不应当引起问题。费利克斯·埃布埃们、魁格伊尔·阿格雷们（Kwegyir Aggreys）[④]可能会这样照办，但谢赫·安塔·迪奥普们（Cheikh Anta

① Piers Brendon, *Eminent Victorians*, Secker and Warburg, London, 1979, p.250.

② 克劳德·麦凯（1889—1948），出生于牙买加，1912年移居美国，著名的黑人作家及诗人。——译者

③ Claude McKay, *Outcast*, in *Harlem Shadow*: *The Poems of Claude McKay*, New York, Harcourt, Brace and Co., 1922.

④ 全名詹姆斯·艾曼·魁格伊尔·阿格雷（James Emman Kwegyir Aggrey, 1875—1927），加纳本地出生的知识分子、传教士及教师。1883年受洗而成为基督徒；1898年前往美国，入北卡罗来纳州利文斯顿学院（Livingstone College），1902年从该校毕业，获三个学位；1912年获该校神学博士学位；1920年接受某基金会资助回到非洲，到西非和南非多个国家活动。——译者

Diops)[①]、卢蒙巴们和恩克鲁玛们却不肯那么干。因此，殖民主义创造了两种真理，一种符合主子，另一种符合进行抵抗的叛逆本土人。自由而生机勃勃的本土人的真理是对抗的，而且在文化方面是自信的。不过，尽管遭到无情的抑制，这种真理承认祖先们的精神，并违抗那种与殖民主子相符合的福音。这两种真理的猛烈争斗将会继续，直到最终使被压迫及被抑制的心智得到解放而终止。恩古吉·瓦·提昂戈(Ngugi wa Thiongo)[②]在其作品《让心智非殖民化——非洲文学中的政治和语言》(*Decolonising the Mind*: *The Politics of Language in African Literature*)已为此展示了议程。[③]

在1945年出版、由一位有同情心的殖民官员所写的一部书中，作者在其中的“非洲英雄们”那一章里，对西方殖民主义在非洲所造成的对历史及文化的挪用过程做了充分描述。这位作者理查德·圣巴布·贝克（Richard St.Barbe Baker）含蓄地提到他的同胞们，说道：“有时把某人放到别人的位置上是件好事。让我们设想一下，假如英国被一位贝宁国王征服了，而且来自非洲的传教士被派来，以西非的咒符指导我们，同时，巫医占据了我们的教堂讲坛以及法庭。于是，我们的现代史就不是开始于北方人的征服了，而是开始于贝宁的征服，学童们上学就必须学着知道各位贝宁国王，埃维卡一世（Eweka Ⅰ）、埃维卡十一世，等等。”[④] 作者接着把他的同情换为模型，构成这样一个场景：一位非洲国王征服者，为了视察他所征服的国土及人民而前往英格兰旅行。从逻辑上说，很容易想象，那位国王会发现，各所学校里

---

① 谢赫·安塔·迪奥普（1923—1986），塞内加尔历史学者、人类学者、物理学者及政治家，专长于人类种族起源问题及殖民时期之前的非洲文化，塞内加尔首都达喀尔有一所以其名字命名的大学。另外，作者在此所提到的五个人的名字，都是用复数，分别表示两种类型的这类人们。——译者

② 恩古吉·瓦·提昂戈（1938—），用英语和吉库尤语写作的肯尼亚作家，其作品体裁包括小说、剧本、散文。——译者

③ Ngugi wa Thiongo, *Decolonising the Mind*: *The Politics of Language in African Literature*, James Currey, London, 1986.

④ Richard St.Barbe Baker, *Africa Drums*, The Travel Book Club, London, 1945, p.143.

的英国青少年，都在死记硬背地重复非洲历史。圣巴布·贝克继续他的演绎过程，联想到假如他是一位很有心思的人，那么，他可能很容易地认为，毕竟英格兰人是一个不同的民族，让他们试着模仿非洲人并不好办。[①]而这正是各个殖民列强在非洲也没有能力去做的事情，或者说是有意识地避免的事情。他顺着自己的论据线路估计说，如果这位旅行的首领是一个睿智而机敏的人，那么，他不妨“鼓励我们保存我们自己的历史，这也同样适用于那些构成那么多的非洲背景的传说和民俗”[②]。圣巴布·贝克回忆了他在尼日利亚经历过的一个有说服力的理由：

> 我记得，有一天夜里，我那个年老的夜班保安，一个偏僻丛林里生长的人，发高烧倒下了。于是，我给当地首领去电话，请他选派一个人来代替那个老保安。新换的那名保安几分钟之后来到我这里，当我用当地话向他问好，并问他的名字时，我却惊讶地听到他用英语回答。“回答先生，狄克·威廷顿（Dick Wittington）。”“谁是狄克·威廷顿啊？”“伦敦市长阁下啊，先生。”“你知道他的就这些？”“不，先生。他有一只猫。他曾经是个可怜的男孩。”[③]

作者很有洞察力地观察到，“使我感到哀怜的是，狄克·威廷顿已经取代了那名新换保安的本土英雄。这肯定是一套教育制度的什么地方出了毛病，毫不考虑非洲的土壤或者非洲的传奇故事或历史上的英雄，就把英国文化移植过来”[④]。圣巴布·贝克的讲述和评论实际上就是对殖民体系的控告，而且也控告了通过这个体系的欧洲式教育制度

---

① Richard St. Barbe Baker, *Africa Drums*, The Travel Book Club, London, 1945, p.143.

② 同上。

③ 同上。

④ 同上。

对非洲人的心理所造成的影响。正是通过这种机制而形成了非洲精英们的结构。由于殖民体系洗脑过程成功地被称作教育，非洲人与本来的自己相疏离，持续了下来。距殖民体系瓦解已经50年了，可是一切依旧，若仅仅谴责殖民主义，那是不可宽恕的。如果还略有区别的话，那就是当代非洲的各个统治阶级，必须为他们所继承的既无助也无望地延续不绝的苦难而遭受谴责。

有些人可以从我以上论述中找到暴露出来的问题，这些问题既令人尴尬又很棘手。我认为，作为非洲人所需要的，就是能够盯住真相，直接面对这些问题，从而更好地懂得我们究竟是谁、我们站在哪里、我们需要做什么，以便向前迈步。在为了自由而进行的斗争中，付出再大的代价都是值得的。

我们必须尽可能快地学会让西方的支配及其有关的心理影响成为历史，必须使一切形式的帝国主义时代尽快结束。为了达到这个目的，我们需要首先形成一种超出目前的憧憬，并理性地构建一套战略和计划，以便随着大众社会的要求而向前进，使之成为民主、和平及发展的唯一可行基础。我们必须准备好，以一切可能的手段展开斗争，实现我们的解放。

我们太频繁、太轻易地使自己过于赞成与西方及西方人的关系，太频繁地没有能力，以至于不明白自己是自由而独立的行动者，是能够而且必须确定并指引自己现实的人。为了立足于自身，并取得对自己未来的控制权，我们必须忘记西方，我们必须问问自己，我们想要亲眼见到的非洲和非洲人们究竟是什么？我们能为自己做什么？因为只要这条指引是建基于一种普遍类型的民主原则和解放理想，那么这种指引就绝不是罪行。

第四章　对于进步的探索

进步这个观念是一个难以查明究里的观念，人们对其有种种看法，有些人认为人类并未进步，有些人则把进步视为人类社会及历史中一种不可避免的特性。这里所要表达的观念可归为后一类。正像我所相信的那样，如果人类的进步是既无情又递增的，那么，在我看来，对于非洲的社会进步至关重要的非洲统一，正像黑夜之后就是白天那样，将要发生。我认为，争论的真正要点在于，进步的轨迹究竟是直线性的还是可变性的（包括循环模式）。从历史角度来看，进步是持续不变的，但其轨迹却飘忽无定，是积累地留下来的。进步并不是均匀的，而是螺旋形的，它不服从于直线性的公式以及预设。它阵阵突发而猛烈晃动地向前，有时很急不可耐，有时又像蜗牛爬行。时光流逝，进步产生了新的、独特的以及经常的矛盾。

自 18 世纪中叶以来，作为欧洲启蒙运动的种种哲学假设之中一部分的进步这个观念，在西方社会思潮中一直是一个周期性重复的主题。杜尔哥（Turgot）[①]是倡导进步这一观念的最重要的现代理论家。他确信人类进步是必然的，这一见解被别人归纳为这样的看法："人的智力遗传不断扩大，而且虽然科学、道德、技术以及艺术可能各自按不同的速度发展，因此形成了一些不平衡的发展方面和当代的紊乱，但是，科学特别是数学科学将总是进步的先锋。科学的行进，因此也使人类

① 杜尔哥，全称"安·罗伯特·雅克·杜尔哥"（Anne Robert Jacques Turgot，1721—1781），法国政治家和古典经济学家，重农学派最重要的代表人物之一。——译者

向真理迈进，绝不会停止。”[①] 孔多赛（Condorcet）[②]在《人类精神进步史表纲要》（*Esquisse d' un tableau historique des progres de l'esprit humain*）一书中，从野蛮、蒙昧再到完美的人性，重申了杜尔哥的人类进步的观念。奥古斯特·孔德（Auguste Comte）则以自己的方式响应这一论断。[③]孔德提出的“人类进步法则”（Law of Human Progress），或者换一种说法就是“三阶段法则”（Law of Three Stages），即知识和社会的发展是从神学的（虚构的）阶段，然后发展到形而上学的（抽象的）形式，最后进入科学的即实证的阶段，为社会学理论的各个门类奠定了基础。从莱布尼兹，经过莱辛、康德和黑格尔，进步观念在德意志哲学中一脉相承。马克思则认为，社会进步是发展着的社会结构以及生产方式的结果，是由正在得到满足的与在历史上受到制约的社会各阶级之间的斗争而推动的。维多利亚时期的英国思想家们也思考并分享了关于社会及人类进步的这一顽固观念。这在各种各样的学者例如梅因、泰勒以及最有影响的斯宾塞[④]的著作中得到证实。斯宾塞认为进步“并不是偶然的，而是必然的。邪恶与不道德的确必定消失，人的确必定变得完善”[⑤]。贝利（Bailey）对西方思想中的进步这一观念提供了良好的纵览。[⑥]

---

① Lewis A. Coser, *Masters of Sociological Thought: Ideas in Historical and Social Context*, second edition, Harcourt Brace Jovanovich, London/New York, 1977, p.22.

② 孔多赛，全名“马奎斯·孔多赛”（Marquis de Condorcet, 1743—1794），又译“康多塞”，法国数学家和哲学家，启蒙运动杰出的代表人物之一。——译者

③ Lewis A. Coser, *Masters of Sociological Thought: Ideas in Historical and Social Context*, second edition, Harcourt Brace Jovanovich, London/New York, 1977, p.22.

④ 亨利·詹姆斯·萨姆那·梅因（Henry James Sumner Maine, 1822—1888），英国著名的法律史学家，因其所著《古代法》而被西方学者公认为英国历史法学的创始人；爱德华·泰勒，《原始文化》的作者，“人类学之父”；赫伯特·斯宾塞，著名英国社会学家，“社会达尔文主义之父”。——译者

⑤ Herbert Spencer, *Social Statics*, London, 1892, p.32, 引自 Lewis A. Coser, *Masters of Sociological Thought: Ideas in Historical and Social Context*, second edition, Harcourt Brace Jovanovich, London/New York, 1977, p.123。

⑥ J.R.A. Bailey, *National Ambitions: Being a Critical Study of the European Desire for Progress*, Basil Blackwell Oxford, 1958.

在非洲，自19世纪以来，大多数非洲民族主义者都是为了以现代解决方案克服非洲在科学和技术方面的落后而寻求进步的。从广义上而言，这是非洲人以及其他非西方人超越于西方征服之外而获得的一个最重要的教训。西非的爱德华·布莱登、詹姆斯·“圣”约翰逊、约翰·门萨·萨巴[①]以及其他人因为向非洲的进步挑战而深受困扰，他们认为这种进步就是获取并利用西方的理性和技术。然而，他们对于不加选择地借取和获得西方文明持怀疑态度。布莱登写道：“英格兰及整个信奉基督教地区那种竞争体制或自我中心体制所产生的那些灾难，即使规模小，也在非洲产生了，这规模小得迄今能够运行——幸亏只是在沿海的那些定居点运行……有那么一段时间，按照欧洲人的路线所培育起来的土著非洲人，把欧洲的一切都看得绝对优越，看成对于获得人类最高福祉唯独不可或缺而且有益于这个世界，甚至可以把死人救出坟墓……但是，大量的、悲哀的、日益增多的经历已经向他证明，就他自己或者他子孙后代的幸福而言，这些东西只不过是‘竹篮打水一场空’。”[②] 塞基（Sekyi）同样确信，大量强迫接受西方文明，可能使非洲迈向进步的努力被误导。他警告说：“……非洲及其他地方目前正在竭尽全力仿效欧洲的人们所造成的过错，就是他们正在复制一种病态社会状态的习性。”[③] 在南方，那里的移居者—殖民主义已经

① 爱德华·威尔莫特·布莱登（Edward Wilmot Blyden，1832—1912），非洲民族主义的先驱，美籍—利比里亚籍教育家、作家、外交官及政治家，并曾在塞拉利昂任教5年，出生于今美属维尔京群岛上的一个双亲均为自由黑人的家庭，其父母原为尼日利亚的伊格博人（Igbo）；詹姆斯·“圣”约翰逊（James “Holy” Johnson，约1836—1917），出生于塞拉利昂，双亲均为获得自由的约鲁巴人（Yoruba），早年在教会学校上学，后成为牧师和大主教，是尼日利亚立法院（Legislative Council）的第一位非洲人议员；约翰·门萨·萨巴（John Mensah Sarbah，1864—1910），黄金海岸（今加纳）法律及政治领袖。——译者

② Edward Wilmot Blyden，*African Life and Customs*，1908，pp.7～11，pp.34～42。此处引自J.Ayo Langley，*Ideologies of Liberation in Black Africa，1856—1970：Documents of Modern African Political Thought from Colonial Times to the Present*，Rox Collings，London，1979，pp.82～83。

③ Kobina Sekyi，*The Future of Subject Peoples*，in *The African Times and Orient Review*，October－December，1917。此处引自J.Ayo Langley，*Ideologies of Liberation in Black Africa，1856—1970：Documents of Modern African Political Thought from Colonial Times to the Present*，Rox Collings，London，1979，p.243。

形成了与非洲其他大部分地方全然不同的一套现实，那里的非洲人进步所要求的是平等共存的社会结构，而这种共存可以让移居者和本地人一同和平盈利。这就是 S.M. 莫勒玛（Molema）[①]在其著作《班图人的过去与现在》（*The Bantu Past and Present*）中所提见解的要点是："班图人的社会及经济的远景自然而然地受制于他们将来与统治种族的关系这个问题，所以，如果英国人与班图人之间将来的关系是能够可靠预测的，那么，班图人的经济远景问题就有望解决……"[②] 1912 年"南非土著人国民大会"（South African Native National Congress），即后来的"南非非洲人国民大会"（The African National Congress of South Africa）的创始者之一皮克斯利·塞梅（Pixley Seme）确信，非洲的进步只是一个时间问题。他认为，"祖先们的伟大，未受损害的天赋才能，以及这个种族的恢复能力，其镇压不住而确保其永久存在的秉性，构成了非洲人最伟大的鼓舞源泉……非洲的再生意味着一种新型而独特的文明不久就要补充到这个世界上"[③]。在那段时期，约翰·滕戈·贾巴武（John Tengo Jabavu）在拉夫戴尔（Lovedale）传教团的报纸《科萨信使报》（*Isigidimi samaXhosa*）以及后来他自己创办的班图语报纸《黑人之声报》（*Imvo Zabantsundu*）上，为非洲的教育和启蒙而辩护。塞梅的"再生的非洲"（regenerated Africa）、阿齐克韦的"复兴的非洲"（renascent Africa）、恩克鲁玛的"非洲人格"（African personality）、恩瓦福·

---

① 西拉斯·莫迪里·莫勒玛（Silas Modiri Molema，1891—1965），南非本土人，教师、开业医师，1914 年入格拉斯哥大学医学院学医，学成后回到非洲，1949 年 12 月担任非国大全国总书记，详见 http：//www.sahistory.org.za/people/dr – silas – modiri – molema。——译者

② S.M.Molema，*The Bantu Past and Present*，Edinburg，1920，pp.342 ~ 352。此处引自 J.Ayo Langley，*Ideologies of Liberation in Black Africa*，*1856—1970：Documents of Modern African Political Thought from Colonial Times to the Present*，Rox Collings，London，1979，p.266。

③ P.Isaka Seme，*The Regeneration of Africa*，in *Journal of the Royal African Society*，Vol.5，1905—1906，pp.404 ~ 408。此处引自 J.Ayo Langley，*Ideologies of Liberation in Black Africa*，*1856—1970：Documents of Modern African Political Thought from Colonial Times to the Present*，Rox Collings，London，1979，p.265。

奥里祖（Nwafor Nrizu）[①]提出的阿格雷主义、齐克主义以及非洲领土收复主义（Aggreyism，Zikism and African Irredentism），分别代表了对于处在复兴途中的新非洲予以概念化解释的尝试。

非洲的君主制领导阶层从殖民时代早期以来也支持对现代性的寻求。埃塞俄比亚的绍阿国王（King Shoa）曼涅里克二世（Menelik Ⅱ，1865—1889）后来自称皇帝，颇有声望，不仅保持了该国免受欧洲人的统治，而且为现代行政管理及发展奠定了基础。博茨瓦纳巴曼瓦托部落（Bamanwato）的酋长卡玛三世（Khama Ⅲ，1837—1923）由于向西方化和现代思想开放而获得好名声。他由于过度热心于西方及基督教而遭到批评。博茨瓦纳巴恩格瓦科策部落（BaNgwaketse）的巴托恩酋长（Bathoen，1845—1910）及其儿子西帕皮措（Seepapitso）倾向于采纳西方的技术。莫绍绍一世（Moshoeshoe Ⅰ，1785—1870）所采取的政策，明智地容纳西方人，同时又保留了非洲文化许多方面的完整性，做得比卡玛三世更为成功。在乌干达的巴干达人（Baganda）当中，在穆特萨（Mutesa）一世治下，奠定了文化及政治转型的基础。[②]

在许多非洲语言中，进步这一观念被隐喻地解释为朝前移动的概念，或者朝后而指停滞或倒退。对于这一观念，加人（Ga）说成 *Wo nya wo hie*，阿坎人（Akan）说成 *Yeriko ye enim*，科萨人说成 *Senza inqubela*，卢奥人（Luo）说成 *Wadhi nyime*，塞努福人（Senufo）说成 *Baa shi ye ema*。所有意义上的朝前，都是举例说明，指的是所预期的物质方面可能发生的事物或者非物质方面可能发生的事物，在质量上或数量上得以增进。在当代非洲的现实中，进步这一观念容易转换为“发展”。

在非洲的殖民体系瓦解之后状况下的意识形态里，没有其他得到支持的目的或目标，像对于社会发展的渴望那样，被所有的社会阶层

---

① 恩瓦福·奥里祖（1915—1999），尼日利亚政治家，伊格博人，在尼日利亚第一共和国时期，于1960年至1966年任第二任参议院议长，1965年年底至1966年1月发生军事政变期间，任尼日利亚执行总统。——译者

② M.R，Lipschutz and R.K.Rasmussen，*Dictionary of African Historical Biography*，second edition，University California Press，Berkeley，1989，p.163.

和利益集团一致欣赏。“发展”这个口号实质上在非洲政治精英的语言中是一个不可缺少的象征，它通常被理解为拥护所有社会生活领域里的前进观念，不过，特别是在经济意义上而言的。“发展”作为一个合法的口号，随着各统治政党、军政府和腐败的资产阶级以及学术界和技术官员宗教一般的狂热而产生影响，它在现代非洲的心理—社会方面至高无上，而且在意识形态方面凌驾于全体公民之上，是那么不可抗拒，从而可论证的是，只要技术上及经济上的成长是发展增长的首要指标，那么，非洲人就倾向于漠视“较软的”意识形态方面振作人心的一些象征，如人权和民主施政。

有关“发展”的理想，其卓越之处源于这样的事实，即大多数人认为，非洲在经济及技术上的落后，是努力改善非洲公民生存条件的主要制约因素。发展目标被转换为“餐桌上的食物”、工作、更好的卫生保健、维护人权、良治以及教育普及。但是，发展也意味着，在一般公民的心目中，做选择以及预期的消费项目不仅可以办到，而且在更多阶层的购买力范围内是可行的。

发展目标被那些主导群体明明白白地说出来，而且被大多数非洲公民当作政府得以存在的主要正当理由。其他一些特性，如强制功能、照章管理机制、行使法律及维持秩序、符合民意的执政系统、社会—经济差异以及政府范围内的权力差别，都趋向于只是在小得多的程度上顺从广大公民的意见。对后面这些类目的社会组织及社会生活较为缺乏关注，不仅是由于过于注重发展方面的种种问题，而且需要保持切实可行的生计。对于回应其他关注事项的很一大部分这种惯性，是由于公民社会的社会性制度基础薄弱，以及大众社会在文化及政治上与决策的组织结构中心疏远而造成的。除了内在的公民社会结构及制度方面的弱点之外，这种不利形势更由于社会经济的贫困使之加重了，而这种贫困使得公民社会的领导阶层很容易受到居统治地位的精英在经济和其他物质方面的诱惑。在这种条件下，教会组织、青年组织、工会等，就容易受到控制国家的各个主导集团的指使和操控。

在一个又一个域国里，只要一达到独立，曾经充当民主运动突出侧翼的各个工会，其领导阶层要么成为顺从于居支配地位的政权且讷于言辞的一部分，要么成为劳工阶级不团结的代表。公民社会领导阶层的合作更加容易，因为对于大众的社会及经济压力所产生的影响增加了。

基础设施的欠账被主导精英大大地忽视，同时，“便士资本主义”的风气支配了中产阶级底端的思维。在西非，在20世纪50年代时期，出现了一大批赤脚的商人，他们把自己的全部财产都顶在头上。在加纳的城镇地区，这些人被称为“*apampam store*”，字面意思就是“头上开商店”。西非经商妇女的经济技能大受赞美，但是，最懂得锱铢必较盈利精髓的群体，通常是来自西非的萨赫勒各个地区（Sahelian regions）在一些地方，如阿克拉、拉各斯、蒙罗维亚或阿比让经营的移民。“米老鼠资本主义”（Mickey Mouse Capitalism）在殖民体系瓦解后的非洲风行。在东非，亚裔少数族裔聚集了起来。“合资”公司的原理从未适应于非洲人的种种社会制度。扩大家庭被造就成在一些经济结构范围内运行，这种结构一般而言是模仿西方经验的，尤其是核心家庭的架构更以西方经验为依归。

在整个殖民主义时期及后来，财富积累并未在土著的一些有产群体当中一代代巩固下来。几乎没有任何19世纪及20世纪早期的非洲经商家族及有产者们，今天还能显示出明显的有产景象。40年前，有人做过判断，殖民主义最严重且最有破坏性的遗产是在经济领域，这个领域的形式是落后的，是单一的种植业经济，主要资源的产权均属于外国，存在着一些没有经济效益的“侏儒政府”，贫困及极端贫乏的经济基础，这些就是泛非主义所要正视的政治“合理性”类别。一些国家，如42万人口的加蓬、273万人口的乍得、79.5万人口的刚果（布），在经济上几乎没有意义。所有这些国家没什么产业，只有一些大农场，生产棕榈油、花生、香蕉或可可。[1]

在更近的一些年头里，以加蓬、尼日利亚、安哥拉为例，石油收入的增加，对于土著的一些有产群体的地位而言，几乎没有像对于持续增长的工业企业那样有明显的差别。在尼日利亚，为争夺石油而发生了可怕的内战。多年来，专断的军事统治以及各级民选政府的腐败，已经损坏了精英的发展意愿。在安哥拉，杀害同胞的长期冲突受到各个有影响领域的列强竞争的鼓励。美国的一些石油公司获得了安哥拉的石油，这些石油是安哥拉人民解放运动（MPLA）（以下简称“安人运”——译者）执政的政府出售的。安人运执政政府还从苏联集团购买军火。由若纳斯·萨文比（Jonas Savimbi）领导的“争取安哥拉彻底独立全国联盟”（UNTA）（以下简称“安盟”——译者）与安人运作对，经由南非种族隔离当局的一些机构而向全世界出卖钻石、犀牛角以及象牙，并经由南非和扎伊尔而获得武器，这些武器得到美国中央情报局以及美国政府的批准、保护以及资助。

英国广播公司伦敦总部 1999 年 1 月 3 日的一篇报道说：

> ……在 15 年中，执政的安人运得到苏联的财政支持，并有 3 万名古巴军人助战。安盟的反叛则得到美国的支持，且南非派兵增援。双方的战斗导致成千上万的人伤残或被杀害，直到冷战结束之后，也没有停下来。现在，战争又迫在眉睫了，是由于争夺本来可用于重建这个破碎国家的那些钱财而引起的。安哥拉的石油业正在兴盛的中途，该国还拥有世界上最好的一些钻石矿场。但是，由这些有利可图的工商业所产生的财富，即将进入交战双方的口袋中。20 年来，安哥拉总统若泽·爱德华多·多斯桑托斯控制了该国的油田。这使他的效忠者们过上了奢侈的生活，也为他的战争机器添加了动

---

[1] P. Worsley, *The Third World*, Weidenfeld and Nicholson, London, 1964, 1971 (edition), p.235.

力。由于在安哥拉的大西洋沿岸地区更快地找到了新油田，没有迹象表明他的现金快要用完了。安哥拉当前每天生产约合100亿美元（原文如此——译者）的石油——这个数字预期在未来十年还会增加两倍，一些跨国石油公司正在提供数亿美元的资金，用于勘探海底未曾开发的地带。对于反叛者们而言，钻石使任何资金难题都得到了解决。安哥拉国内拥有世界上最好的一些钻石矿场，其中80%是最高品位的优质宝石矿，只要一些潜水员和简单的设备就能开采这些矿产。1992—1997年，安盟经营着全球最大的钻石走私买卖，利用这种活动购买武器。尽管联合国在此期间早就对安盟予以制裁，但人权组织“全球见证”（Global Witness）却说，国际钻石交易商们还将继续与这些反叛者们做生意。

2002年8月2日，当安盟正式歇手内战时，据报道，除了因为萨文比于当年2月战死之外，为何这时候不大可能重启内战的一个重要原因，是由于安盟的各个钻石矿区至战争后期阶段所得收入，只抵得政府每天92万桶石油产量产值的很小一部分。①

矿产资源丰富并处于非洲腹心地带“黑暗的心脏”战略要地的扎伊尔，在摆脱殖民统治之后，写下了一段尚未解密的悲剧性古怪历史。领导刚果赢得独立的领导人，也就是独立后的第一位政府领导人帕特里斯·卢蒙巴（Patrice Lumumba），从蒙博托那里移送出去不远，就被一些小分队暗杀了。当卢蒙巴遭到他从前的政治盟友和知己蒙博托上校软禁时，他担任独立后的刚果第一任总理仅仅3个月。据德威特（De Witte）的一部著作说，是比利时政府使得比利时的一些公司，具体而言是一些有矿业利益的公司，在美国中央情报局的协助下并与其共谋，与联合国一起策划了消灭卢蒙巴的计划，因为他们认为卢蒙巴对他们

---

① Nicholas Shaxson, *Angolan Ceremony Seals Unita Evolution*, in *Financial Times*, 2nd August, 2002, London, p.3.

的经济利益构成了战略威胁。① 蒙博托·塞塞·塞科推行残忍的新苏丹式专制（Neo – Sultanism）几十年，却博得国际社会喝彩，而在其统治时期，在经济上几乎没有任何增长或发展。在冷战时期，他被西方列强视为反对共产主义影响的壁垒和同盟者。② 道理很简单，就是他赞同西方的资本。他的个人财富足以匹敌后来菲律宾的费迪南德·马科斯（Ferdinand Marcos）。这些从公共财产中挪用及盗用的财富，在该国之外堆起了一大批秘密账户。当他死去的时候，不可能弄清楚在他名下究竟有多少财产。这种把所偷窃的很大一笔本国资财存放到外国银行的做法，正在被揭露，以至于可以用来划分非洲统治精英究竟抱什么态度，确切地说，这就是不把钱财放在嘴边。这是精英的综合症，这种病症就是对本国发展的可能性没有信心。经济方面的爱国主义一直

---

① Ludo De Witte，*The Assassination of Lumumba*（Translated from Dutch by Ann Wright and Renee Fenby），Verso，New York and London，2001。德威特的材料和证据与雅克·布拉桑（Jaques Brassine）的博士论文《对帕特里斯·卢蒙巴谋杀案的调查》（*Investigation into the Murder of Patrice Lumumba*，Mimeograph，Free University of Brussels，1990）形成鲜明对照。该博士论文认为，卢蒙巴被暗杀纯粹是刚果的内部事务，与比利时人无关。布拉桑的论文现在一般被人们认为是对比利时机构的辩解。

② 在詹姆斯·汤姆林斯（James Tomlins）的一篇文章（载于 *Argus Foreign Service*，12 September 1995，Cape Town）中写道，西方各国政府及商人们，包括南非的一些公司，再次向蒙博托·塞塞·塞科献殷勤，据《非洲通讯》（*Letter du Continent*）杂志的编辑、非洲事务专家安托万·格拉泽（Antoine Glazer）报道："蒙博托被禁止进入法国已经两年多了，即使去那里治牙也不准许。但是，他刚刚从坐落在蓝色海岸（French Riviera，这是一个专名，法语为"Côte d'Azur"，指法国东南部地中海沿海一带。——译者）他的别墅度假之后，返回到扎伊尔……西方人已经决定，在动荡的非洲，他们宁愿与一个牢牢掌权的独裁者打交道，也不与一个脆弱的民主政权来往。"他把蒙博托先生描写为"另一个路易十六，那个被谄媚的各国围绕着的太阳王"。格拉泽先生接受法国全国有线电视新闻网（LCI news network）采访时说，美国前总统吉米·卡特曾经到蒙博托的家中拜访。"法国人对于北方的扎伊尔感兴趣，一部分原因是由于对南方的南非不信任"，格拉泽接着说。他在接受一次单独采访时说，他指的是矿藏丰富的沙巴省（Shaba），即原来的加丹加省（Katanga），那里用货运卡车把铜和其他矿产运送到约翰内斯堡销售。"沙巴省省长由于支持该省闹分离，近来被逮捕了"。法国全国有线电视新闻网的一部专题片显示，蒙博托总统上周回到扎伊尔，有评论说，"他在自己的国家被迫住在离金沙萨 1500 公里的某地，他已经 6 个月没有到过金沙萨了。他是统治者，但不再治理"。用财政部一位官员的话来说，"我已经 8 个月没领到薪水了，大多数公务员都会这样对你说……我们这里的通胀率已经达到 8000%，所以，你怎么想得出来，如果我们还领不到薪水，我们怎样养家糊口呢？"

并非其心理的组成部分。瑞士及其他外国金融机构已经成为非洲惯偷精英的主要受惠者。

在苏丹，1955年8月开始了一场战争，当时英国的统治濒临垂危，这场战争无情地撕碎了该国的稳定。1972年在亚的斯亚贝巴签订了协定，使和平一直持续到1983年，困局得以缓解，但就在整个那一时期，在该国有些地区，用那些以喀土穆为根基的各级政府的话来说，那里的“歹徒们”所发起的一场镇压叛乱的低烈度战争，是针对非洲民族主义造反者而持续进行的。这场战争在40年中以几乎未曾中断的方式进行，使该国的大部分资源消耗殆尽。就20世纪的整个非洲而言，苏丹经历了最为漫长的战争。随着加扎勒河省（Bahr el Ghazal）以及科尔多凡的努巴山区（Nuba Mountain of Kordofan）的一些地区发生了种族屠杀，在该国的广大地区，比起发展来，奴隶制和土匪成为更加典型的时尚。苏丹近几十年来上演了非洲最严重的悲剧。

在一篇发表于南非《星期日周末守卫报》（*Sunday Weekend Argus*）1996年2月10—11日的文章中，普拉卡什·奈杜（Prakash Naidoo）提请读者注意一件“令人诅咒的报道，揭示的是非洲历史上最严重的人道主义灾难之一，详细述说规模前所未有的侵犯人权事件”。该报道估计，自1983年苏丹第二次内战爆发以来，已经有200多万人丧生，其中大多是妇女和儿童。当然，这远远比1994年在卢旺达发生的种族屠杀更为严重，在那里，敌对的精英们充分利用族裔情感，挑起了胡图族人的一些杀人小队与图西族人大规模争斗。普拉卡什·奈杜在提到努巴山区的种族大屠杀和族裔清洗时写道：救援人员和“大赦国际”的官员把那次战争称为“开着车子去把努巴人阿拉伯化，努巴人的男子遭到无情杀害，努巴儿童被卖为奴，妇女则被强奸而怀孕”。①

---

① Prakash Naidoo, *Another African Genocide: Millions Killed, Raped, Sold into Slavery in State bid to Arabise Sudan*, in *Sunday Weekend Argus*, February 10/11, 1996, p.18。该报道还写到，据“大赦国际”发言人安迪·莫森（Andy Mawson）说：“在努巴地区，政府系统地实施了对整个社群强制迁居的战略，即迁往由军队控制的所谓‘和平村庄’。我们在这里见到的侵犯人权的一些最糟糕案例，是非洲历史上前所未有的。”

在其他多年来饱经战乱蹂躏的国家，从未有机会得到最适度比例的发展。战争摧毁了基础设施，并阻止了形成新的基础设施。在有些地区，大规模的内部移民及向外移民，削弱或摧毁了一些原本的制度，如家族或世系。稳定的谋生方式是难以应付的。但是，在非洲，越来越显著的事情是，即使在一些相当和平的国家，由于面临着持续恶化的交易条件和下降的商品价格，经济及社会发展依然难以捉摸。非洲的债务负担或债务陷阱很大。对于非洲而言，世界经济的全球化意味着不发达状况的加深及加速。非洲社会的各个劳动阶层和生产阶层所承受的压力正在攀升，生产越多，报酬越少。尽管可以把一部分造成不适的责任归之于各个统治集团的盗窃及寡头政治脾性，但是难题的核心却在于新殖民主义结构及其居高临下的利益，这种利益在结构上持续不断地低估非洲劳工的价值，以便确保大都市国际资本的利润。另外，非洲各国没有能力积累资本并进行投资，也制约着发展。

有一种观点认为，在历史上，还没有任何社会把成长和发展有意识地当作令人讨厌的事情。这可能是蔑视人类生活在生产及再生产方面的现实，蔑视文化的成长是确定及永恒的社会生活原则，而且蔑视人性是一种产生文化的力量。在与西方遭遇之前，非洲各个社会的发展，沿着其生产、分配及交换的存在方式及社会结构所划的路线进行，并适应于该路线而合理化。西方的统治重新形成了发展及成长的概念。社会及经济进步的观念使西方权力在非洲形成特权，这是一种西方殖民主义对土著和原本居民进行教化而获取的利益。其结果是，发展的目标服务于整个殖民企图而组织起来。尽管这样做确实符合土著的利益，但是却被应用于社会，以便维护西方人在文化、经济及政治意义上的霸权。非洲遭到各个殖民列强毫无慈悲心的掠夺，就这样，列强们在一种可追溯到大西洋奴隶贸易的传统上奠定了基础。西方的那些传教团认为，非洲的宗教习俗是异教的，用基督教对其取而代之就是进步，引入棚屋税和人头税（hut and poll taxes）被视为迫使土著工作的一种方式，强制推行殖民者的语言则被当作一种把被殖民者从现代之前的世界予以“解放”的方法。事实上，所取得的主要进步，是把被殖民者越来越多地合并到全球体系中，基本上服务于经济积累过程，以西方掌权的各个大都市为基地。

在殖民体系瓦解后的时期，就寻找可实行的发展范式而言，过去30年的经验显示，有过许多关键模式，也有过许多概念之争。这些有关第三世界发展的理论方略，是由西方学术界主导及编配的。在此意义上说，大多数此类思想观念都反映着西方对非洲社会的关注，都是从流行于工业化资本主义社会的经济及社会假定的有利位置，来看问题。直到苏联解体及其在东欧的势力范围崩溃之时，也有人为第三世界的发展提供了可选范式的一些种类。这些可选项依次假定苏联经济及社会模式的正确性，提供了一些范式，这些范式都不违背苏联体系的全球政治及经济利益。苏联学术界及国家赞助的正统信仰都赞同“通向社会主义的非资本主义道路”（可读做发展）这个概念。在理论上，这个概念提出，避开全球资本主义的影响，与苏联的经济影响联系起来，就可以实现发展。实际上，可以把这个概念阐释为国家资本主义在这种体制下由政府所有的各个国有企业是由官员们管理的。我们当时常常看到，拖拽在苏联路线上的那些国家，在那段时期，要么局部或者全部处于没有盈利或盈利很少的境地，国有企业都由一大批人浮于事的官僚一成不变、效率低下地管理着。一些国家，如纳赛尔执政时的埃及、恩克鲁玛执政时的加纳、塞古·杜尔执政时的几内亚，在这方面提供了有说服力的例证。

尽管东欧的学者对于所讨论的那一时期或多或少都主张统一的路径，只是对于尚未展开的那个时期略微不同，但西方主导的学术界却提出一些更为引人注目的范式转换，并离开最初由美国主导的学术事业，走向一种更为散漫的西方启示。第二次世界大战结束后的西方理论，从历史上来说可确定并按时期而划归为一种三阶段的现象学。在非洲这个发明及模制的接收端，我们经历了20世纪50年代和60年代现代化理论家们的霸权、20世纪60年代及70年代前期的依附论（*de-*

pendencia）和新马克思主义各范式，直到20世纪70年代后期和80年代国际货币基金组织的一揽子调整计划，于是，新自由主义各范式占支配地位。

在第一个时期，现代化理论家占据优势。在他们各种各样的形式和公式中，他们在理论上和哲学上具有一个共同核心特点，即功能论。功能论把各个社会视为一种协调的一体化体系，在该体系中，各个部分的社会特性或文化特性都有其特殊的功能性，这种功能性或多或少地在整体上是平衡的，而整体大于各个部分的简单之和。功能论强调结构的平衡性，强调协调及一体化，从而对变迁因素轻描淡写，并最终提出一种非历史的社会建构，在该建构中，“此处与现在”比“我们来自何处”或者“我们去往何方”更为重要。在这种模式中，冲突这个概念被最小化，就冲突而言的社会制度在很大程度上被视为一种紧张—包容以及紧张—处理机制。功能论范式的早期及各种形式，把多种多样的一些较老社会科学家，如纳德尔（S.F.Nadel）、拉德克利夫－布朗、布罗尼斯拉夫·马林诺夫斯基、梅耶·弗提斯（Mayer Fortes）以及埃文斯－普里查德（E.E.Evans－Pritchard）都包含在内。[①] 在这些学者看来，非西方各个社会的社会转型，涉及“涵化”、“部落解体”以及“社会变迁”。

在跨越两次世界大战的那段时期，殖民制度得到巩固，人类学术语“涵化”在理论上一般是用于暗指各种文化特性的异体交合（cross－fertilization），是一股双行线。在罗伯特·雷德菲尔德（Robert Redfield）、拉尔夫·林顿（Ralph Linton）和梅尔维尔·赫斯科维茨（Melville J.Herskovits）1936年向美国社会科学研究会提交的《涵化研究纲要》（*Outline for the Study of Acculturation*）一文中，作者们表达了这样的观点：“涵化包含一些现象，这些现象起因于具有不同文化的一些

① Malinowski, *The Dynamics of Culture Change: An Inquiry into Race Relation in Africa*, Yale University Press, New Haven, 1961; Radcliffe Brown, *Structure and Function in Primitive Society*, Glencoe, 1952; Mayer Fortes and E.E.Evans－Pritchard, *African Political Systems*, London, 1940.

个人所组成群体直接接触时，他们当中某一方或双方本来的文化模式随即出现变化。”① 然而，可能有少数人对涵化的理解有所不同，如1936年出版的《新标准词典》（*New Standard Dictionary*）中所写的那样，是“某个民族向另一个民族传授的文化”，也就是说，在本质上是个单向的过程。“同化”（assimilation）这个有关概念主要也是文化接触的一个单向概念，它被有些人看成是与“涵化”这一概念截然不同的一类。而在其他人，如莱塞（Lesser）看来，同化就是涵化的一种类型。如果莱塞把涵化看成“两种文化的一些成分混合交融的过程”，以至于与同化有差别，因此，他在这个问题上就做了详尽阐述：“可以认为涵化指的是一些方式，某个文化方面被按照这些方式纳入某种文化中，并被调整而适合于该文化。这意味着在施与方文化与接受方文化之间某种相对的文化平等。然而，同化则是一种转变过程，是对某种被征服或被吞噬了的文化的一些方面，相对于居统治地位的文化形式而调整其地位。当我们考虑到美国印第安人适应欧洲文化时，涵化这个难题就是一个同化难题。”② 赫斯科维茨认为这是带有怀疑论的说法，并认为其方法论原则是根据“施与方文化与接受方文化之间某种相对的文化平等”而决定的，或者是断言，如果某种文化已经“适应具有同样复杂性秩序或技术进步的文化”，那么，该某种文化就不牢靠，并需要“非常谨慎地利用它”。赫斯科维茨还说：“什么时候，某个民族才是自由地或不自由地选择统治群体强加于他们的某种文化的某个方面或其他方面呢?”③ 事实上，非洲的经历从未在选择西方特性上有过多大余地。西方的各种影响毫无差别地强加于我们。非洲在西

---

① 引自 M.J.Herskovts，*Acculturation*：*A Study of Culture Contact*，Peter Smith，Gloucester，1958 edition，p.10。该纲要在这部著作中被当作附录而收入第131页至136页里。

② Alexander Lesser，*The Pawnee Ghost Dance Hand Game*：*A Study of Cultural Change*，in *Columbia University Contributions to Anthropology*，XVL。此处引自 M.J.Herskovts，*Acculturation*：*A Study of Culture Contact*，Peter Smith，Gloucester，1958 edition，p.7。

③ M.J.Herskovts，*Acculturation*：*A Study of Culture Contact*，Peter Smith，Gloucester，1958 edition，pp.8~9.

方影响下的涵化经历，在很大程度上一直是一条单行线。

20世纪50年代早期及中期，除了其他许多人之外，功能论者们又把约翰·米德尔顿（John Middleton）、戴维·泰特（David Tait）、杰克·古迪（Jack Goody）、马克斯·格鲁克曼（Max Gluckman）、塔尔科特·帕森斯（Talcott Pasons）和罗伯特·默顿（Robert Merton）包含在内。[①] 有些人，如帕森斯和默顿，他们特别有创造性和革新性，主要关注理论及方法的一般问题。但是，当时也有一些人更为集中关注殖民体系瓦解后社会发展的一些难题。后面这些人关注的是"现代化"的一些难题，然后是优先项目"社会变迁"和"发展"。就非洲研究而言，在这一时期，也表现为出现了一大批政治科学家、社会学家及经济学家的著作，相对于早期人类学家的著作而言增多了。对非洲社会的研究缓慢地停止于大量保持人类学家们原来的见解，其他社会学科越来越多地入场了。

罗斯托（W.W.Rostow）的《经济成长各阶段》(*Stages of Economic Growth*）一书，把经济上的制度前提视为向"起飞"迈进继而进入"可持续成长"阶段的出发点。一些不同学科受到此书启发，从各自的起点构建了现代化的各种模型，从而回答政治、经济以及社会现代化的各种问题。韦伯的类型学即各种理想类型，形成了这些人大多数著作的结构砖块。[②] 最敏锐的现代化理论家之一艾森施塔特（Eisenstadt），

---

① MacIver，Page，Gluckman，Merton，Parsons，Beals，Max Gluckman，*Custom and Conflict in Africa*，Glencoe，1955；John Middleton and David Tait，*Tribes without Rulers*，London，1958。此种手法的一个有说服力例证可见于下列著作：Marion J.Levy Jr.，*The Structure of Society*，Princeton University Press，Princeton，1952；Karl W.Deutsch，*Nationalism and Social Communication*，New York，1953；S.N.Eisenstadt，*Essays on Sociological Aspects of Political and Economic Development*，Mouton，The Hague，1961；S.N.Eisenstadt，*Social Change and Modernization in African Societies South of Sahara*，in *Cahier d'Etudes Africaines*，Vol.5，No.19，1965；John Middleton（ed），*Black Africa*，Macmillan，New York，1970；Wilbert Moore，*Social Change*，Englewood Cliffs，1963；Gabriel Almond and James S.Coleman，*The Politics of Developing Areas*，Princeton，1960；J.S.Coleman，*The Emergence of African Political Parties*，in C.Grove Haines（ed），*Africa Today*，John Hopkins Press，Baltimore，1955。

② David E.Apter，*The Politics of Modernization*，Chicago，1965，1969 edition，pp.18～19；Edward Shils，*Political Development in the New States*，Mouton，The Hague，1962.

对有关现代化争论的突出特征做了简洁归纳。他认为，注重于发展和现代化所做的研究，显然是由许多主要的假定指引的。这些假定始终是含蓄的，它们侧重的是一些条件，如可持续成长。在这些假定当中，首先是经济领域里集中于发展和现代化的那个假定，该假定对于从经济上解决切实可行的各个现代社会以及政治领域的发展问题，是至关重要的。第二个假定则是相对保证“可持续成长”的现代化的持续性，在最初的“起飞”之后，在任何制度范围——经济的、政治的及社会的组织——内都持续发展。第三个重要的假定是，对“发展”或现代化的所有主要维度，对任何社会的所有这些主要制度领域，都很精湛地予以阐释。[①] 在第二次世界大战之后，随着亚洲、非洲和拉丁美洲试图在进步方面各自独立行动，对发展理论家们的这些关注，并不怎么令人吃惊。同样不怎么令人惊异的是，这些理论的重心落在了美国这个在经济和政治方面取胜最大的国家身上，这个国家从第二次世界大战的战火中脱颖而出。

现代化理论家们漠视西方工业化列强与非西方世界这两者之间的主从关系，并把世界上这两个组成部分，即富人与穷人视为“宛如他们本身就是两个世界”。西方的发展过程被非西方世界当作模范而在结构上加以复制。欠发达、贫穷以及经济增长乏力，最终被归罪于各个穷国本身。几十年来，种种现代化理论按照美国政治往第三世界身上去套。这些理论解释了我们之所以贫穷的原因，指向我们各个社会与他们各个社会之间那种刻意精选的差距。从一开始，种种现代化理论就被某些观察者视为“罩着薄薄面纱的资本主义辩护士”，实际上，这种辩护士在理论方面熟视无睹西方富裕各国从前所采取的发展方式，事实上阻碍着第三世界的发展。[②] 有些现代化理论家在有些情况下，很严重地意识到他们的基本出发点中，就含有艾森施塔特所称的那种

① S.N.Eisenstadt, *Social Change and Modernization in African Societies South of Sahara*, in John Middleton (ed), *Black Africa*, Macmillan, New York, 1970, p.346.

② J.J.Macionis, *Society: The Basics*, Upper Saddle River, 1996, p.202.

“盲从的西方中心论”。[1] 在1961年6月的《遭遇》（*Encounter*）杂志上，托马斯·霍奇金（Tomas Hodgkin）（向一批西方听众讲课时）提出的问题是：“我们全然漠视非洲历史，不理解非洲人对现状抱何种态度，我们远离革命的民主观念，我们的殖民神话所产生的思想是扭曲的——我想提醒一下，这些就是怀疑我们究竟有无可能对殖民体系瓦解后的非洲社会及政治方向予以讨论的理由。”[2] 霍奇金论点的要害是，西方人能否理智地宣称，他们比非洲人自己更理解非洲人？今天，这个问题还像从前一样有效，该问题蕴涵很广泛。其中一个蕴涵是，西方人能否对非洲的发展给出答案。阿普特（Apter）绕开了霍奇金的论点，做出这样的反驳：“通过持续的研究和分析，可以尝试对一些曲解和失误予以纠正。我们关于一些新民族的思想，需要的再也不仅仅是以肤浅的知识为根据，而是需要在我们的观点中保持以本族裔为中心。需要一种新知识，以便描述与我们已经习惯了的那些事件之间的联系。”[3] 当非洲人开始通过西方的眼光查看非洲社会，甚至不理解事实上发生了什么事情，难题就大部分存在了。

这个时期的现代化理论随着依附论学派（*Dependencia School*）的出现而黯然失色。该学派于20世纪60年代活跃起来，用哈罗德·麦克米伦（Harold Macmillan）的话来说，当时，英国“从未有过那么好”。法国则在戴高乐领导下也处于经济高涨时期，一些大规模的经济项目得到第五共和国技术及民主推动力的鼓励与支持：法国于1962年1月启动了法国班轮（liner France）；英法合作生产的协和式超音速飞机于1969年开始处女航；法国于1965年开始太空探测，同时，技术革新与高技术的航空学，还有信息技术以及电信业，得到政府支持。德国的重建扎下牢固的立足点。西方社会达到了繁荣与社会自信的程度，这

---

① J.J.Macionis, *Society*: *The Basics*, Upper Saddle River, 1996, p.347.

② 引自David Apter, *The Politics of Modernization*（*Preface*）, Chicago, 1965, 1969 edition, pp. viii ~ ix。

③ 同上，p.ix。

一切把刚刚过去的世界大战发泄于西方社会而造成的经济及社会荒芜的创伤，坚决地埋葬在人们的记忆深处。与此平行而且直接有关的是，第三世界的不发达深坑加深了。由一些跨国公司引领的世界经济体系全球化处于高潮，而且充当全球警察的美国陷入中印半岛军事困境中，这一困境以美国在越南蒙受羞辱而结束，而不是在全世界的抗议和世界各国人民的示威之前结束。布拉格之春、巴黎学生起义、荷兰的青年无政府主义运动以及阿姆斯特丹的马格德胡斯（*Maagdehuis*）抗议、妇女解放运动的成熟、非洲裔美国人以及爱尔兰的民权运动、非洲独立运动，所有这些都表现出一种抗议文化，并表现出在全球经济及政治方面，西方的使命和方法遭到质问。在赫伯特·马尔库塞（Herbert Marcuse）与胡志明之间，全世界的青年都沉醉于新马克思主义及亲革命的种种理想。关于欠发达地区的发展理论，在这一时期活跃起来。这种观念与安德烈·冈德·弗兰克（Andre Gunder Frank）的见解最为相关，超过与其他任何人的观点之间的相关性。[①] 弗兰克的见解直接来自依附论学派。弗兰克认为，鉴于20世纪70年代全球经济的紧急情况，国家发展的观念是不可能的。弗兰克确信，流行于依附论圈子中的“脱钩”观念，作为一种发展道路是不可能的。萨米尔·阿明（Samir Amin）可能是“脱钩”这种观念最著名的现代理论家。在出现这些观念的物质及社会语境之外，不大可能理解它们的外貌。关于这种理论主题的各种变体，出现于60年代后期到70年代。[②] 如果西方都市化的

---

① A.G.Frank, *Capitalism and Underdevelopment in Latin America*, Harmondsworth, 1969; A.G.Frank et al, *Latin America: Underdevelopment or Revolution*, Monthly Review Press, New York 1969.

② Hamza Alavi, *Peasants and Revolution*, in Ralph Miliband and John Saville (eds), *The Socialist Register*, Merlin, London, 1965; S.Amin, *Accumulation on a World Scale: A Critique of the Theory of Underdevelopment*, Vol.2, Monthly Review Press, New York, 1974; Giovanni Arrighi, *International Corporations, Labour Aristocracies, and Economic Development in Tropical Africa*, in R.I.Rhodes (ed), *Imperialism and Underdevelopment, A Reader*, Monthly Review Press, New York, 1970; Emmanuel Arrighi, *Unequal Exchange*, New Left Books, London, 1973; G.Kay, *Development and Underdevelopment: A Marxist Analysis*, London, 1975.

各国是中心，那么，第三世界就是通过一些跨国公司之手而被无情剥削的依附性外围。在已出现的这一主题的各种变体里，沃勒斯坦的世界体系理论是其中的一个版本，该版本继续占据着相当强大且未稀释的舆论潮流。①

过去十年里，在不停地变着方式解释我们的世界究竟如何运行的那些概念里，全球化已成为最时兴的概念。地球村已成为我们这个时代的现实。就种种文化、族民及民族而言，我们现在日益彼此挤在一起，实际上就像沙丁鱼一样。经济、文化、政治以及社会关系的这种连锁和互渗，已经使得每个人的事情就是其他每个人的事情。对于有些人而言，全球化引发了获胜、征服自然以及人类团结这样的一些感情。有些人则认为，这是我们时代的帝国主义。而对另一些人来说，全球化却触发了恐惧：它被视为不可避免的经历均质化，而且是强势者在新兴的共享文化空间中加之于其余人们的霸权。还有一些人则认为，它解构了个性和存在主义的自由，抹杀了独特性。

离开人类赖以存在的物质条件，全球化正在向一些较弱小的文化发起挑战，这些文化以其多样性而分享一个共同的空间，尤其是在互斗的一些民族主义以及权力和宗教互相交叉并为了影响力和霸权而竞争的那些地方，分享共同空间。这种情况，加上恐怖主义的伴生紧张状态，使得一些人，如塞缪尔·亨廷顿（Samuel Huntington）认为“文明的冲突”即将到来。其他一些人则更有说服力地认为，而且我也更为令人信服地敢于说，就发展更高层次的容忍而言，所需要的，是更强烈的全球意识以及特意在各族人民和各种文化之间构建相互依赖，进行“各种文明的对话”。时常存在着一种非历史主义，它依附于某些人所希望的对于全球化的理解方式。这种非历史主义被人们当作犹如

① I. Wallerstein, *The Modern World – System*: *Capitalist Agriculture and the Origins of the European World – Economy in the 16th Century*, New York, 1974; I. Wallerstein, *The Capitalist World – Economy*, New York, 1979; I. Wallerstein, *The Politics of the World Economy*: *The States*, *the Movements*, *and the Civilizations*, Cambridge, 1984.

我们时代所生长及养育起来的现实一般对待。

全球化这一术语企图描述的现象，具有其所处时代深处的起源。事实上，可以把全球化追溯到对15世纪欧洲扩张所做的解释，那时候，一些贸易关系以一种愈加明显的全球方式而兴起，欧洲处于这种关系的中心，但是，却把这个星球上所有角落都编结在一起。这种扩张的确与资本主义出现并发展成一个国际体系直接相关。全球化这个时髦词语随着起源于20世纪60年代的从属话语（dependency discourse）就朦朦胧胧地存在了，但是，也有一些人对这种新断言的过程进行抗议，其反对者（反全球化的运动）谴责这种过程，认为这是安排人民生活的一种方式，导致全球化从金融界及学术界中出来，并进入日常流行事务的行话中。但是，这还几乎没有使我们更为靠近全球化的含义。这种现象可以是大量的不同事物，或者是一种流行趋势当中的多种表象。它成了一个时髦词语，以致有些人愿意用它来描述当今世界上发生着的所有事情。字典中对这个词语的定义则很枯燥：全球化就是“使金融及投资市场能够在国际上运行的过程，很大程度上是摆脱管制及改进通讯的结果”（《柯林斯词典》）；美国英语中则定义为“使得在范围或应用上成为世界性的”（《韦伯斯特词典》）。然而，金融市场正是这个故事的开始之地。在20世纪80年代后期及90年代早期，被称为“已全球化的”金融市场这一经营模式，被人们视为一种实体，可以对其所接触的世界上的一些地区，不只是在经济方面才造成影响。全球化变得被人们视为不仅仅是经营方式或管理金融市场的方式，它成了一个过程。自那时候以来，这个词语就变得有了生命力。[①]

这个术语常常被用于描述那种假设的政治、经济及文化方面的中性过程。实际上根本不是那么回事。自从15世纪资本主义的全球化肇始以来，它主要是有益于西方的各个有产阶级，这种情况如今依然。然而，有越来越多迹象表明，西方的霸权正在趋于终结。许多观察者

---

① Simon Jeffrey，*What is globalization*? in *The Guardian*（Special Report），October 31，2002.

可能都同意，亚洲尤其是中国正在迅速成为全球经济的发动机。在发表于2003年8月7日《国际先驱论坛报》上的一篇文章中，作者菲利普·鲍林（Philip Bowring）指出：

泰国上星期提早偿还亚洲金融危机期间向国际货币基金组织借贷的120亿美元借款，不仅仅是由于其现在活跃的外部金融条件可以造成的一个技术事件。这是有意识地拒绝所谓“华盛顿共识”的新自由主义教条，那些教条的影响随着亚洲金融危机而达到了其高水位线。现在，那些教条本身在其本国正遭到质疑，因为美国经济正显示出带有亚洲金融危机之前那种特征的许多迹象。无论如何，泰国的动向都是一个标志，这意味着华盛顿主导全球化的时代正在结束，而一些新兴力量正在运转，由此可能导致对于全球化做新的阐释，或者对它那些有关较为自由的商品及资本贸易主题予以拒绝。华盛顿共识本身就是强加于亚洲的，因为从亚洲逃往西方的资本，已经被迫经由布雷顿森林体系以及美国财政部的朋友们的调解而返回亚洲。这对于贷方就是像对于借方一样多的紧急救援。亚洲从危机中复苏，本来是需要西方，尤其是美国市场的。当地市场自然而然附带了一些准入条件，使得亚洲各国就更有理由接受华盛顿的建议。但现在情况正在逆转。美国更为依赖于亚洲资本的注入——目前每天约为10亿美元——而且中国正在变成使贸易继续增长的更重要来源。美国市场迄今仍然是亚洲最大的出口市场，趋势是清楚的。鉴于美国自身的贸易和支付地位，它并不太处于采取强制政策的地位。①

① Philip Bowring, *Turning Point for Globalization*, in *International Herald Tribune*, 7th August 2003.

亚洲奇迹对于非洲而言具有非同一般的教益。世界上这个地区也像非洲一样经历过殖民史，但是该地区大体上已经能够靠着自己的努力获得成功，而且正迅速成为整个世界的经济动力车间。

亚洲并不是经由简单地谴责资本主义以及退入那“人对人的剥削”已经停止了的利维坦理想世界，就解决了自己的种种难题。这种理想世界依然是现存的最高理想，而且对于我们而言，也是在审判日来临之前很久所能接近或实现的希望。但是，只要全球当前的种种现实存在着，人们为了改善非洲人的状况并使他们获取更大利益，就必须把制度按亚洲人所管理的方式而运行。中国共产党人已经找到了这样做的方式。他们已经不拘泥于马克思主义的正统观念，不再阻挠对于改善中国大众的生活所做的追求。他们不再犹豫地与西方资本主义妥协，只要这些妥协转变成中国在经济、技术及科学方面的进步就行。在15年时间里，他们已经达到每年约10%的增长水平，而且正准备着成为21世纪的新兴经济巨人。

把美国人赶出越南的越南共产党人，也找到了一种方式，由现在的世界秩序获取利益，但又不完全抛弃胡志明、范文同以及武元甲的那些理想。他们并没有死板地固守清规戒律而这样做。他们是把本国公民实实在在的利益置于首位而这样做的，所以，他们一方面坚持战略原则，同时又采取灵活机动的策略。我们已经了解到，马来西亚这个国家在摆脱英国殖民统治而独立的时候，经济上与加纳、肯尼亚和乌干达难分伯仲。当时，南非比马来西亚还先进一些。而现在，马来西亚已经成为非洲经济的主要投资国之一。泰国和印度尼西亚也讲述着相似的故事。无疑，我们也对印度的发展抱有很好的指望。

非洲不远的将来所要取得的进步，在于农业。我们不得不供养以及过度地喂养自己，我们必须向世界上其他地方销售更多的主要农产品，这是自然及物质条件把我们安排在良好的环境中所生产的产品。我们在这方面所要做的事情，就是为了让市场开放而战斗：迫使西方按其自由贸易的理想而生活。

只有得到农业革命的支持，非洲才会立即前进。为了达到这一目的，我们必须从古老的社会关系中释放土地，要尽快地放弃半封建及封建的土地所有制，这样就会释放出可供农业发展的资本，并加速农业生产。不能再允许南部非洲白人移民者占用绝大多数土地的情况继续下去了，但是，这方面的纠正过程必须有序而透明地进行。

只有扩大非洲人民在经济、社会及政治结构方面的真实性，非洲才能够取得进步，这几乎没什么疑问。对于非洲的发展而言，统一至关紧要。非洲生产香蕉的各国以及生产花生的各国，如果比照着中国、印度、欧洲或美国那样的谋生方式办，就没有发展机会。另外，必须使得用于积累和投资的社会及文化基础结构合理化，并有意识地使之布置到位。总之一句话，非洲的进步只能由非洲人建立在非洲的基础上，才会实现。

第五章 民族、民族主义及民族问题

这里所指的非洲民族（African nation）是按照完全不同于公认或流行的用法而理解的。在公认或流行的用法中，当代的或殖民体系瓦解后的国家（state）被人们视为民族（nation），或者正在构建的民族。有时候，这种用法则扩大为暗指由各殖民列强继承而来的非洲各域国（countries）是潜在的民族—国家（nation - states），其根据是西方历史所理解的民族—国家。我在此主张，由于我们这些国家是从西方殖民者们继承而来的，它们并不是一些民族。它们是一些渴望成为民族的国家，但是，转型躲避我们，并将继续痛击我们，使我们迷惑。民族正如所料想的那样正在构成，所以，非洲各个新殖民国家还在孕育，几乎已经孕育了半个世纪，可是，却没有为共享及承认集体认同提供切实的根据，也没有为民主及发展所需的制度化提供架构。

在赢得独立那10年（20世纪60年代）之前的一些年之前，科林·利格姆（Colin Legum）[①]就警告一些观察者及研究非洲历史的学者们说，为了稳健地理解非洲现代的民族主义，最初定位就要防止容易受到诱惑而按照欧洲的民族主义经验来阐释非洲的民族主义。这种方法上的欧洲中心论导致粗劣地误解非洲的现实，因为它试图把非洲的民族主义适合于欧洲的规定说明，而不是按非洲的观点来解释这些现实。

总之，假如没有清楚的出发点，从而避免轻易地假设非洲的条件

① 科林·利格姆（1919—2003），南非反种族隔离制活动分子及流亡者。——译者

只是欧洲条件的简单延长，那么，人们就不能逼真地理解非洲的民族主义。这种情况从未真的有过，而且不会真有这种情况。但是，在那令人盲从的西方社会科学以及有关非洲历史的许多论述中，已经是假货充斥。非洲社会及历史的分期，由于其自己的逻辑基础而把这种失真的情况划分为三个时期：殖民地时代之前、殖民地时代以及殖民体系瓦解之后。[①] 利格姆还说过："真实的情况是，500 年来，欧洲把自己扩张到非洲，在这两个大洲之间深深卷入。欧洲现在正在被赶出——大多数时候是和平的，有时则带有暴力。非洲现在正试图与欧洲建立一种新型而不同类型的关系：这种关系最终会怎样，局部取决于非洲内部的发展，局部也取决于欧洲对这些发展抱有什么态度和怎样理解。这种卷入不能逃避，这是确定无疑的。"[②]

利格姆并没有在这场争论中讨论一些事情：500 年的历史怎样打上了挤压的标记；怎样局限于一些观点以及殖民体系瓦解后的潜在问题，或者更确切地说，新殖民国家产生所带来的问题；怎样在发展方面从一开始就被缠住并丧失了能力。殖民体系瓦解后的国家并未使非洲民族主义结出成果。它继承了反殖民斗争的观念，但随后中断了。非洲民族主义在 20 世纪 50 年代之前比实现独立后所涉及地理范围更大。民族主义已经被一些国家那马赛克一般的镶嵌体所包容，每个国家都自称实行民族—国家主权主义（nation - statism），但是又试图抹掉境内和跨境两者的文化多样性。

在学者们当中，对于民族的确切构成成分是什么，或者民族主义究竟指什么，几乎还没有一致意见。在博伊德·谢弗（Boyd C. Shafer）的著名著作《民族主义：神话及现实》（*Nationalism*：*Myth and Reality*）里，他从文本入手，就一个世纪里对民族主义所做的研究予以一些谨

① Colin Legum, *The Phenomenon of Nationalism in Africa*: *The Emergence of Nationalism*, in James L. Hendeson (ed.) *Since 1945*: *Aspects of Contemporary World History*, Methuen, London, 1966, p.179.

② 同上。

慎评论，认为民族主义作为群体忠诚及归属，最有力地充满我们时代人民的思想及行动，但对于它，几乎还没有产生或者的确还没产生确切而公认的定义。他注意到，许多法国、英国、德国、意大利、俄罗斯以及美国的学者都曾试过做这种定义，不同程度地满意，但从未完满成功。其他许多学者则找到了一些缺陷和疏失，并出于他们各自的政治哲学及方法，继续阐明各自的定义。结果还不甚清楚，最终结局就是让科学研究因此处于困境中。[1]这个概念含混不清，难以琢磨，但是人们却轻而易举地应用它，而且常常用得很滥，滥到并不在它的大旗下宣战。民族主义激发了人们的热情，并在历史上把人们召集起来，以促进民主及反民主的事业。

埃默森（Emerson）警告说："还没有哪个人发明出了一个严丝合缝的定义……而不打开许多'假如'以及'但是'这样的漏洞……当我们见到一个……我们凭经验往往就有指望知道某个民族。"[2]埃默森的著作写于20世纪60年代中期，当时非洲各国正在摆脱殖民主义而出现。他进一步顺着下述方向展开了他的论据："我们承认，无疑存在着一个土耳其民族和一个菲律宾民族；我们也有些犹豫地能够接受一个缅甸民族和一个锡兰民族。但是，对于一个乌干达民族或马来亚民族而言，事情也是这样吗?"[3] 可以对埃默森的那些论断做许多评论。当他说"我们"的时候，他并没把缅甸人、锡兰人、乌干达人或者马来亚人包括在内。他指的是西方人，那就是他的读者以及他那番话语的含蓄目标。国家和民族在他的用法中实质上是可以互换的，他所采用的方式，也就是自从民族—国家出现以来西方人所理解的方式。他提出的一个有益论点是，一些民族并非我们从始祖亚当继承而来，他们在历史及社会方面是构想而成的。这一观点与19世纪黑格尔的决定

---

① Boyd C. Shafer, *Nationalism: Myth and Reality*, Harcourt, Brace and World, New York, 1955, p.3.

② Rupert Emerson, *From Empire to Nation: The Rise to Self Assertion of Asian and African Peoples*, Harvard University Press, Cambridge - Mass, 1967, p.90.

③ 同上。

论形成对照。决定论认为，有时，一些民族在他们自己最终形成一些国家的那一时刻之前，已经有了很长的历史。[①]盖尔纳（Gellner）把关于民族主义的后面这一观点，描述为“把它本身视为人类政治生活中的自然及普遍的排序，只会被长久、持续且神秘的嗜睡所遮蔽”[②]。埃默森用另一个例子提出一个相似的论点，所举例子是19世纪马志尼（Mazzini）的决定论中所设的陷阱，其中所含目的论的观念认为，正是上帝“把人类划分成我们地球表面上的一些独特群体，因此种下了一些民族的种子”[③]。以历史和经验来验证，这种论点显然是假的。当埃默森指出“事后来看，每个民族都得到了上帝赋予的外表，但是，正是在成长痛苦的阶段，神圣的意图很可能是模糊的”[④]，此时他的确是正确的。假如各民族并非始祖亚当所创造，那么，极端相反的论点也就不正确了。各民族并非如同且当我们所希望的时候那样，是以帝国主义者在非洲所用那种方式，简简单单地任意在地图上画成的。这些民族就是朱利叶斯·尼雷尔嘲讽地所描述的“在1884年的柏林大会上被瓜分而成的人造民族”[⑤]。尼雷尔所说的“人造民族”，在西方人所熟悉的民族这种意义上，能够成为民族吗？一只小鸡会被简单地指称为珍珠鸡吗？我的论点认为，这种情况都不可能。

在1965年发表于伦敦《泰晤士报》上的一篇文章中，作者说道：“为什么当语言、宗教以及种族被划分开，我们就应当让自己被地图绘制法的划分而由人管理，可是那种划分的思维方式及管理方式更加有效及持久，并能形成地图集上从未标出的这种巨大堤坝。世界将不会

---

① G.W.F.Hegel, *Lectures on the Philosophy of World History*, (translated) H.B.Nisbet, Cambridge, 1975, p.134。此处引自 E.Gellner, *Nations and Nationalism*, Blackwell, Oxford, 1983, p.48。

② E.Gellner, *Nations and Nationalism*, Blackwell, Oxford, 1983, p.48.

③ 同上，p.91。

④ 同上。

⑤ Julius Nyerere, *The Second Scramble*, Tanganyika Standard Ltd., Dar es Salaam, (not dated), p.5.

和平地依照我们的地图而平静下来。”[①] 千真万确！这是屡遭战争之苦的非洲人所需接受的一个教训。一张绷紧的边界之网，公然违背族裔—文化现实以及历史，继而加剧紧张状态，这张网已经使派系争斗的精英们所主导的军阀专制和机会主义冲突，在非洲通行无阻了。需要予以揭露并使其归于最终休止的另一个有关谬误，就是一种想法，它认为使国家形成的任何努力都会导致最后形成民族。历史是在发展方面遭遇流产的各民族的坟场。并非每个案件都按其出现时所企图解决的那样结案，正像历史上的所有事情都有其开端，也在历史上就有其终结一样。希特勒的法西斯主义错觉使他确信，他和他的法西斯主义党徒们已经创造了一个德意志千年帝国。他设法对付了前所未有的野蛮所肆虐的悲惨而恐怖的十年。20 世纪希特勒所推行的民族主义，局部植根于 19 世纪德国思想界——尤其是以尼采、赫德尔、费希特以及黑格尔所做贡献为代表的思想界——的理想主义。这种理想主义的一个信念，涉及对民族—国家的理解，即“意志”就是具有其自己独立生命的集体“精神”。正是在民族的这种超机体意志的界限之内，个人必须调节他或她的“意志”。语言和区域在这种规划中是关键的组成成分。德国对民族及民族主义的惯用语，利用了拉策尔（Ratzel）的生存空间（*lebensraum*）理论，德语中该词语在字面上相当于英语的“living - space”。[②] 拉策尔认为生存空间是至关重要的，因为“要想保持健康，各个物种就必须持续不断地扩张它们所占据的空间量”。这是与民族主义完全合拍的德国社会达尔文主义。所谓对生存空间的需求，就是在俾斯麦当政时期流行的那种论点，当时被当作一种思想体系，用以证明德国、法国及英国的殖民扩张之间的竞争是正当的。

英国人是最幸运的。这个小小岛国的居民们开了那么多

---

① Alexander Steward, *The World*, *the West and Pretoria*, McKay, New York, 1977, p.84.

② James M. Blaut, *The National Question*: *Decolonizing the Theory of Nationalism*, Zed Press, London, 1987, p.35.

> 的枪，以至于现在英国人的后裔已经超过一亿了。仅此一点，就揭示了各个殖民地的重要性。要想获取新的开发领域的某个民族，为了能够赡养其正在增长的人口，显示着其信赖上帝的勇气。目前人们讨论这些严重事情所采取的轻蔑方式，简直骇人听闻。人们用老调子唱一首新歌："是我那更小的祖国"。这只不过是正在把世界翻个底朝天。我们愿意并应当在白种人统治的世界上分享好处……当一个文明民族预感到因大规模殖民而人口过多所带来的危险时，这是一种健全而正常的现象。这里并不实行对大自然的损毁，为健康活动所提供的宽广场地敞开着，它同时增强着母国的民族力量。当有人注意到，甚至已分离的一些殖民地依然有意归顺母国，这时，所有关于可以让各殖民地分离的谈论都是愚蠢的。这个民族这样增多的物质及精神利益，不可能得到非常充分的评价。①

这种观念当然是随着20世纪阿道夫·希特勒统治下的斯文加利式人物（Svengalian personality）②那肆无忌惮的唯利是图而重新出现的，是希特勒向东推进（*drang nach oosten*）思想的一部分。墨索里尼也利用相似的思想，以证明他在阿比西尼亚（即现今之埃塞俄比亚——译者）贪婪的冒险是正当的。墨索里尼在其自传中写道："殖民开发对于我们而言不仅仅是我们人口问题的逻辑后果，而且也已经构成解决我们经济处境的一个公式。"③这就是所有殖民列强透彻理解的语言。英国人于20世纪30年代曾考虑把某些殖民地的领土及人民割让给纳粹政府，而这是希特勒所提让步条件的一部分。在英国政府内阁讨论这一事情

---

① Heinrich von Treitschke, *Selection from Treitschke's Lectures on Politics*, Gowans & Gray Ltd. (translated by Adam L. Gowans), London and Glasgow, 1914, pp.55~56.

② 斯文加利（Svengali），英国小说家乔治·杜·莫里耶（George du Maurier）在《毡帽》（*Trilby*）中塑造的人物，他用催眠术控制女主人公而使其唯命是从。——译者

③ Benito Mussolini, *My Autobiography*, Hutchinson, London (undated), p.212.

时，称之为“对中部非洲重新洗牌”。[①] 这使得我们回想起来，“黑人代理人莫内维尔（M.Monnerville）对于期望被‘移交给纳粹’具有意义深远的结果，显得忧虑重重……在塞内加尔，一些摘自《我的奋斗》的选段在土著中传播——在这些选段中，希特勒把黑人们称为‘长着猿猴头脑的生物’——而且其结果就是在破坏”[②]。对于非洲人们而言，这显然是催人觉醒的呼唤。

---

① 亚历山大·卡多根（Alexander Cadogan）在其日记中所记。见 *The Diaries of Sir Alexander Cadogan 1938—1945,* edited by David Dilks，Cassell，London，1971。在 1938 年 1 月 24 日的一条记载中写道：“2 点 30 分，会议……首相说明了他对于在中部非洲重新洗牌的想法。这相当好，正像所说明的那样，但不会使德国人满意。然而，相当恰当，没做评判。只是表明——首相接受了——假如我们割让殖民地，那只是全面解决的一部分。”（第 41 页）在 1938 年 1 月 26 日的另一条记载中，卡多根写道：“比尔·戈尔（Bill Gore）［即 1936—1938 年任殖民地国务大臣的奥姆斯比·戈尔（W.Ormsby Gore）］4 点钟发言。他说的不很多，解释了我们可能在尼日利亚和黄金海岸要做让步，并希望我们应当与全面解决联系起来而处理殖民地让步事宜。我告诉他，我认为首相已经说清楚了……”（第 41 ~ 42 页）。1 月 31 日的那条记载很有趣，包括如下内容：“安东尼·艾登（Anthony Eden）、范西塔特（Vansittart）、内维尔·亨德森（Nevile Henderson）以及我本人一起看清楚了首相哈利法克斯（Halifax）在那里，威尔逊（H.Wilson）也在，于是长谈，一直谈到下午 6 点 45 分。我们把巴克斯特（Baxter）准备的那份文件交给了他们。那文件中所暗示的‘重新洗牌’的困难和复杂性，使首相有了我们最好是‘做大事’并归还坦噶尼喀（Tanganyika）的想法，也许是服从于边境调整吧。相信这是正确的……”（第 43 页）。在提到内阁的一些正式文件时，戴维·迪尔克斯（David Dilks）写道：“关于所建议的与德国谈判的那份文件，总结了各部门关于西方一揽子计划，裁军，德国返回国联，奥地利、捷克斯洛伐克以及各殖民地等方面的意见。大多数题目下面的进展前景，看起来都相当可疑。1 月 24 日的日记中提到的‘在中部非洲重新洗牌’，意图是为了满足归还殖民地给德国的要求。横跨非洲宽广地带上的那些领土，将要服从一些国际协议的规则。可能会把一块领土交给德国，不是托管，而是根据这些规则交由德国管理。外交部认为，在开始讨论全面解决的其他方面之前，不应当讨论有关这块领土的问题，而且关于德国对一些殖民地有否权利的问题，不应当提前举行谈判。”（第 40 页）关于上述问题以及有关问题的详尽论述，可参见 Leonard Barnes 的 *Empire or Democracy? A Study of the Colonial Question*（Victor Gollancz，London，1939）中的第一部分。

② Leonard Barnes，*Empire or Democracy? A Study of the Colonial Question*，Victor Gollancz，London，1939；*New Statement*，November 26，1938。希特勒以其法西斯主义的幻想写道：“民族国家的第一要务就在于改进婚姻的制度，使它免于给种族留下永久的污点，必须把婚姻视为神圣的制度，用以复制上帝的形象，而不是创造半人半兽的怪物。”见 Adolf Hitler，*Mein Kampf*，Hurst & Blackett Ltd.，London（first published October 1933），October 1938 edition，p.158。非洲希特勒式人物的期望所引起的惊慌，已得到确认，见 Alexander Werth，*De Gaulle*，Penguin Books，Harmondsworth，1965，p.116。

各民族及民族主义与我们一样古老这种观念，继续吸引着那些显然带有保守政治色调的哲学追随者们。在拉斐尔·约翰逊（M. Raphael Johnson）发布于“保守派公民会议”（Council of Conservative Citizens）网站上的一篇文章中，作者以19世纪的风格写道：

> 民族主义是一种政治想象，它一直是存在的，而非纯粹的理论抽象产物。部落以及后来的族体（ethnos）从人类历史的开端就在最集权的各帝国治下存在着，甚至很兴旺。结果，民族观念就是一个在根本上含混而定义不清的观念，因为它必须一直延伸而跨过无数的时期和文化差别。它包含西欧19世纪的自由主义，并包含直到近来东欧的民族共产主义。它还包含一些传统的基督教主题，以及一些自由—科学主题。它包括对于集权制计划经济以及同化的强烈依赖，也包括权力下放和文化特殊性。简言之，民族主义理论在这个全球化时代的使命是困难的使命。民族与国家或共和行政并不是同义的。此外，它也不是与它自己的法典（codification）同义的，因为某种文化首先是活生生的事物。它是浸透于某族人民的文化遗产中的生活，它是日复一日生存着的事物，是内化于该族人民自身——亲属们之内的民族观念。它是由于创造万物的上帝以及该民族的先辈们持续不断的赠与品，而先辈们已经建成后人所享用的一切。另外，它还是自治的权力顶点，因为在民族主义政体中，人民是由他们自己那个集体自我即民族所统治并符合其意愿的。①

各民族及民族主义往往是根据虚构故事与现实而构建的。瑞士就是这方面一个很好的例子。史密斯（Smith）注意到这样一个事实，近

① www.cofcc.org/counterev.htm。（但据译者核对，该网站地址后来已改为 http://cofcc.org。）

来有一些瑞士历史学家专注于瑞士联邦建立700周年这件事情。这些人的研究指出，官方认定的联邦建立年份（1291年），以及有人把该年份以建国虚构故事来阐释，这两者都出自一些不早于19世纪的编造及杜撰。的确，仅仅是在1891年举行建国600周年纪念活动期间，才把1291年的吕特利誓约（Oath of Rütli）神圣化。于是，这就成了瑞士民族的貌似真实的建立文件。这桩历史冒用便利地避开了如下事实：瑞士民族实际上是1848年和1874年所发生的一些和解的产物，而不是从13世纪后期逐渐变成的，就是一个建国虚构故事罢了。该虚构故事本身可能就是现代民族主义者们借便而编造的。①

正如我在其他地方说过的那样，在南非种族隔离制统治下，“多元化”（pluralism）这个词语是以最排他的南非方式所用的许多词语当中的一个，它符合“分开发展”这个概念并证明其正当性。“族裔”（ethnic）成为一种方式，它用于指称非洲人而不必直接那么说。于是，就有了一些措辞，例如“有色族裔”（ethnic colours）、“族裔音乐”（ethnic music）和“族裔食品”（ethnic food）。2005年10月，一个酒吧男服务员让一群有色人离开他应侍的那家名叫“维利耶小憩”（Villiersdrop）的酒馆，说是这酒馆的老板不欢迎“族裔顾客”（ethnic clientele）。②“各居民群体”（population groups）所指的不同的人们类别，以皮肤的色素为根据，在这个种族隔离制国家的一些规则中做了规定。“各民族”（nations）则是“各部落”（tribes）的委婉语，包括祖鲁人（Zulu）、茨瓦纳人（Tswana）、佩迪人（Pedi）、阿非利坎人（Africaner），等等。隐藏在这种普遍公认但被扭曲而效力于阿非利坎人支配逻辑以及利益的术语库后面的整个思想，是一种手法的一部分，用以否认非洲人们

① Anthony D. Smith, *Gastronomy or Geology? The Role of Nationalism in the Reconstruction of Nations*, in *Nations and Nationalism*, *Journal of the Association for the Study of Ethnicity and Nationalism*, Vol. Part 1, March 1995, p.6.

② *Newsclip*, in *Cape Augus*, Cape Town, October 27, 2005, p.23.

占南非人口绝大多数这样的现实。[1] 南非根本上的非洲特性遭到否认，对我们许多人而言，构成了南非政治以及社会中“民族问题”的核心，而且在种族隔离制取消后的南非，依然是一个在文化意义上有待解决的问题。一个宣称有例外的民主证明书的社会，能否以少数人的文化为基础而构建呢？

在种族隔离制的南非，要虚构关于阿非利坎人的民族以及土地所有权的故事，就要否认白人到来之前很久，非洲人们已经生活在南非这一事实。这种否认的第一步就是抹掉如下事实，在欧洲人各群体到来之前已普遍存在于西开普地区（Western Cape）的科伊科伊人（Khoe Khoe）和桑人（San）就是非洲人，从而使得科伊科伊人和桑人的非洲特性被悄悄地否定。从小学到大学的历史教材中，以往都在贩卖如下虚构故事：非洲人是在与荷兰殖民者大致相同的时间来到南非的。在一部 1958 年为中学生编写的历史教科书中，这样写道：

> 布须曼人（Bushman），一些身高刚刚 1.53 米的矮小的黄皮肤人……是南非的第二批居民，可能是从南亚中部被赶走而迁徙来的……根据一种理论，他们当中一部分迁往东南部，占据了马来半岛、菲律宾和澳大利亚；另一部分往西走，进入西班牙；而第三部分找到了进入非洲的路，但被占据着尼罗河地区的较为强大的含米特人（Hamite）逐渐逼往南方。其他一些种族接连从东方进入非洲……霍屯督人（Hottentot）是一族比布须曼人和含米特人身高稍高且肤色略深的人们。根据普遍接受的那种理论，霍屯督人往西南方迁徙到了大湖区（region of Great Lake），他们在那里停留了好几个世纪，后

① K. K. Prah (ed), *Knowledge in Black and White: The Impact of Apartheid on the Production and Reproduction of Knowledge*, The Centre for Advanced Studies of Africa, Book Series No.2, Cape Town, 1977, p.7。“ethnic”的这种含义扭曲，严格说来不限于南非特有。这个词语在西方世界的大量流行用法，表现为“ethnic”的含义是指非西方的那些群体及文化。

> 来就沿着大西洋沿岸迁徙，最终越过了奥兰治河（Orange River）。到16世纪时，他们已经沿着奥兰治河两岸分布……
>
> 开普地区的欧洲人一直到18世纪才与操班图语的非洲人密切接触，后者也像欧洲人一样，是相较而言到南非的新来者。可能他们的故乡在中亚。有人认为他们大量进入了非洲……①

这种无耻伪造的目的是要产生一种虚构故事，以便证明白人声称其原本就在南非以及否认南非社会的非洲人基础，是正当的。民族主义的虚构故事在以往的真实记录中并非罕见的轻率之举。这种虚构故事很不容易更改，以至于在种族隔离制取消后的南非，消除它们已经成为一场新的斗争。

19世纪的一些欧洲思想家，如特赖奇克、巴雷斯、赞格威尔和勒南②各自的哲学倾向相当不同，但他们都具有与黑格尔的有机体论相关的特征，即认为民族最终是“由人类的历史及本性引起的精魂或精神准则”③。在厄内斯特·勒南的著作中所表达的这些思想，也许最为感情丰富。在他那篇著名的论文《民族是什么》（*Qu'est - ce qu'une nation*）里，他断言道：“民族就是精魂，就是精神准则。实为一体的这两者构成为精魂以及精神准则。其中之一者是共同拥有丰富的记忆遗产；另一者则是当今的共同意愿，即生活在一起的欲望，使那种以未

---

① M.S.Geen, *The Making of South Africa*, Maskew Miller, Cape Town, 1971, pp.11 ~ 12。此处引自 K.K.Prah (ed), *Knowledge in Black and White*, CASAS, Cape Town, 1999, p.8。

② 特赖奇克（Heinrich von Treitschke, 1834—1896），德意志历史学家和政论家，强权政治的鼓吹者；巴雷斯（Maurice Barrès, 1862—1923），法国作家和政治家，他的个人主义及民族主义的倾向对于同时代人产生了强烈影响；赞格威尔（Israel Zangwill, 1864—1926），小说家、剧作家、犹太复国主义领袖，生于伦敦，父亲是东欧移民；勒南（Ernest Renan, 1823—1892），法国哲学家、历史学家和宗教学家。——译者

③ Boyd C.Shafer, *Nationalism*: *Myth and Reality*, Harcourt, Brace and World, New York, 1955, p.6.

分割的形式所接受的遗产价值得以永续的意志。”① 很可能有人会打听，20 世纪和 21 世纪的非洲人和亚洲人在这方面的观点如何。很值得回忆的是，艾哈迈德·苏加诺（Ahmed Sukarno）吸收了勒南的思想而创立了用于“印度尼西亚民族”的概念惯用语。② 同样的，恩克鲁玛所用的概念术语，不仅包括加维和杜波伊斯用过的，也有马志尼和黑格尔用过的。20 世纪非洲和亚洲的民族主义者吸收了 19 世纪欧洲人的思想观念，探索随着殖民主义退却之后而觉醒所出现的那些新兴民族的合理性。

关于各民族以及民族主义的争论当中最有异议的一个特征，就是认为民族主义在历史上仅限于欧洲的经验。所以，正如谢弗指出的那样：“用民族主义一词描写 18 世纪之前的历史事件，任何这种用法都可能是时代错误。”③ 凯杜里（Kedourie）以同样重要的措辞写道：“民族主义是 19 世纪初期欧洲发明的一种学说。”④ 这种欧洲例外论藐视历史的比较，其逻辑归宿可能是那些从未有过相似性的社会。所有的社会都是各自不同的，而这是继现代派们磨粉的谷物。

我曾在 1998 年出版的《超越肤色界限》（*Beyond the Color Line*）一书中指出这一问题，在我看来，殖民体系瓦解后的非洲各国既非民族亦非民族—国家，它们仅仅是国家，是新殖民国家。在大多数情况下，

---

① Boyd C. Shafer, *Nationalism: Myth and Reality*, Harcourt, Brace and World, New York, 1955, p.6。又见 Ernest Renan, *Qu'est - ce qu'une nation*, in *Discours et conferences*, Calmann - Levy, Paris, 1887, pp.277 ~ 310。

② J.D.Legge, *Sukarno: A Political Biography*, Allen Lane, The Penguin Press, London, 1972, p.80。作者莱格（Legge）在其中提到《民族主义、伊斯兰教和马克思主义》（*Nationalism, Islam and Marxism*）这篇文章，该文出现于苏加诺的《在革命的旗帜下》（*Sukano, Dibawab Bendera Revolusi*, Vol.1, 1959）里，其英译本见 Cornell Modern Indonesia Project's Translation Series, Ithaca, 1970。

③ Boyd C. Shafer, *Nationalism: Myth and Reality*, Harcourt, Brace and World, New York, 1955, p.5.

④ Elie Kedourie, *Nationalism in Asia and Africa*, London, 1970, p.28。此处引自 James M. Blaut, *The National Question: Decolonizing the Theory of Nationalism*, Zed Press, London, 1987, p.35。

它们都是被往昔的殖民者在过去数百年中为了便于统治而创立的一些实体。尽管对“非洲民族”（African nation）的理解似乎已经广泛流行，但要记住，这种理解并非未曾遭到辩驳，这一点很重要。安东尼·史密斯（Anthony D.Smith）在提到非洲时写道：“民族不能是任何其他东西，而只能是想象的很晚近的共同体，是一种很故意地策划为通常是多族裔社会的共同体。例如，在撒哈拉以南非洲地区，好几个新国家的边界是由殖民列强们于19世纪80年代人为划定的，有时则横跨一些族裔类别及社群，如埃维人（Ewe）、索马里人（Somali）和巴刚果人（Bakongo）。除了民族主义者的想象之外，这些新国家的‘民族’还是什么意义上的呢？即使在他们自己的眼里，他们也只不过是罗伯特·罗特博格（Robert Rotberg）所称的那种‘将要成为的民族’、‘故意的民族’。”① 史密斯对于非洲民族主义者并未创造殖民体系瓦解后的各国这一点，没抓住要领。这些所谓的民族是由各殖民列强创立的。民族主义者是受到当时的现实以及形势的诱导，把他们的民族主义定位于为他们所创立的“民族—国家”的。在这些边界是横贯族裔构成体的情况下，也没有例外。殖民地边界的分界线根本不管族属如何。为了证明把尼日利亚设计为一个民族—国家是正当且合理的，埃德蒙·伊洛古（Edmund Ilogu）在一篇简短而有分量的论文中写道：

> 的确，这片国土现在的西部及北部边界是根据英国政府与法国政府之间的协议而确定的……除了我们可以称为非洲文化类型的那种对这片国土所有各个部分共有的东西之外，在这国土之内还有各种各样的亚文化。缺乏一种共同语言，也缺乏有些人确定某个民族而采用的其他形式的一些客观标准，使得科尔曼（Coleman）断定说，“无论如何，根据那些

① Anthony D.Smith, *Gastronomy or Geology? The Role of Nationalism in the Reconstruction of Nations*, in *Nations and Nationalism*, *Journal of the Association for the Study of Ethnicity and Nationalism*, Vol.Part 1, March 1995, p.6.

> 标准，尼日利亚从来也不是而且现在还不是一个民族……”。我在这一点上同意科尔曼博士的意见，也认为就客观内涵而言，尼日利亚还处于变成一个“民族”的过程中。同时，我又认为，在事实上以及就该词语（似应指“nation”——译者）的法律含义而言，尼日利亚已经是一个民族……尼日利亚于1960年10月1日已经成为一个独立的民族。所以，我们认为，按事实来看，尼日利亚民族已经具有那些主观特征50多年了，已经是一个在领土方面以及其公民们具有共同命运这个意义上的民族。变成“民族—国家”的过程就是依然在继续的过程。因此，本文预先假定这样的事实，即尼日利亚已经是一个民族，但还在寻找把尼日利亚构建为一个“民族—国家”的最佳道路以及方式。[①]

要把某个民族的衣钵，授予还不到一代人那么老的殖民地领土上的创制品，的确是一种令人绝望的企图。这种论点在所有地方的非洲人当中都能听到。这的确是一种标准类型的论点，而这是所谓当代非洲各民族当中大多数非洲理论家们提出的。尽管这种想法的一些变种大量存在，而且在当今非洲大行其道，但是，若假定这类表达公式仅仅是舆论市场上的公式，那可能就错了。与流行观点截然相反的各种少数者的声音，从最早时期的非洲民族主义以来，就已经与这种普通的感想并存了。

关于非洲，在19世纪就有人提出的一些期望之间，不得不产生一种差别，这是由各种各样的殖民社团及其随从们——主要是海外非洲人，以及后来大部分是由源于19世纪非洲大陆的民族主义者和20世纪早期的思想家所形成的。关于前者，利比里亚和塞拉利昂的建立实现了他们的梦想。在美国，早在18世纪，就已经有人建议把非洲人遣

---

① Edmund Ilogu, *Social Philosophy for the New Nigerian Nation*, Etudo Limited, Lagos, Nigeria, November 1962, p.6.

返到非洲。1817 年成立的美国殖民协会（American Colonization Society）为达到这个目的，于 1821 年着手在梅苏拉多角（Cape Mesurado）获取一个地点。至 1820 年，在美国全部1 771 656名黑人人口当中，估计有233 634名自由的非洲人。许多白人基于种族主义的考虑，认为黑人属于不能同化的社会学类别，其状况好于被遣返者，并认为越早把他们遣返就越好。也有些人相信，在非洲大陆建立一个由回归者组成的非洲人的国家，可以提高全世界黑人的地位。建立利比里亚就是这种复杂的缠结需求所产生的结果。[①] 因此，利比里亚启动了美国殖民协会的私人冒险，但是却以独立作为其最终目标。在罗伯特·布雷肯里奇（Robert J. Breckinridge）于 1838 年 2 月 2 日在马里兰州殖民协会（Maryland Colonization Society）上发表的演讲中，他辩护道："我们正在为了全世界从未见过的事情而辛劳，那就是在热带建立一个强大、秩序良好的开明国家……我们已经种植了幼苗，我们不知道哪种意愿会结出果实，我们也不懂得怎样预言，将来有什么意愿会成长为一个自由、文明、拥有可容忍之权力的基督教国家。但我们知道的是，此刻，一个城市，一个由自由文明的基督徒黑人所组建的单一国家，被置于赤道附近，在非洲的西海岸上，于是，强大的奖赏赢了！从那时起，有关黑人种族的复杂而巨大的整个难题就解决了。"[②] 在（1847 年）利比里亚的独立宣言中，陈述有关协定的那些作者们宣称："利比里亚是最受折磨的压迫者们的收容所。我们来到非洲海岸，怀着愉快的希望，要想让我们行使和改进那些便利条件，它们赋予人类尊严……它们是仁慈的造物主种植在每个人心中的，并向轻视、奚落以及压迫我们这个种族的所有人们表明，我们与他们都有着共同的本性，我们与他们都感受着同等的优雅，而且能够平等地前进，为人类增添光彩和尊

---

① Henry S. Wilson (ed), *Origins of West African Nationalism*, Macmillan, St Martin's Press, London, 1969, p.45.

② 同上，p.47。

严。”[①] 在多伊军士长（Master - Sergeant Doe）继而在查尔斯·泰勒（Charles Taylor）的恐怖统治下，利比里亚直到近期（2004 年）还依然是一块专制的地域。

值得注意的是，从一开始，回归非洲的民族主义者就倾向于把自己视为与那些以非洲大陆为根基的群体相分离的。他们把自己视为文明、开化且被历史委以重任的人，是来为那些原始的土著们指明前进的道路。他们经受了西方人的指导，认为自己比非洲的部落民优越，更为接近西方人的文明以及基督的拯救。直到 20 世纪，这种民族意识方面的分裂以各种各样的面目一直持续着。他们把自己称为“美裔利比里亚人”（Americo - Liberians），这些人长期以来充当着一个高于操非洲语言部落民们的种姓。

假如典型的美裔利比里亚人的精神和行动，在这个光谱的一端，呈现在非洲回归者的思考中，那么，非洲裔巴西人各社群的遗赠则处于相反那一端。非洲裔巴西人回归者们的社群，在贝宁被称为“阿古达人”（*Aguda*），其所留下的记录完全不同于美裔利比里亚人。由回归者们组成的非洲裔巴西人各社群，散布于整个西非沿海地区，从几内亚海岸到安哥拉一路上都有。从几内亚海岸到安哥拉，他们以一种独特方式“复归部落化”，例如，黄金海岸/加纳的加人（Ga），变成了所

① Henry S. Wilson（ed），*Origins of West African Nationalism*，Macmillan，St Martin's Press，London，1969，p.59。关于黑人劣等的谣传使这些早期的非洲民族主义者们恼怒。1822 年移居利比里亚并于 1856 年担任共和国总统的斯蒂芬·艾伦·本森（Stephen Allen Benson，1816—1865）在其就职演说中说道：“我常常感到惊讶，是从哪里冒出这样的刻薄话，说什么‘有色人种没有能力自己管理自己’。我屡屡耗费精神，以便找到一些例子，说明恶名是怎样弄出来的，我们自己就有例外，我相信海地就是唯一被承认的有色人种的文明及独立政体。真的，这片不幸的国土上反反复复发生革命和颠覆而躁动不安，但是这些革命和颠覆既不是仅限于其历史上有过，而且不是其独有。相似的原因已经在其他民族当中产生相似的结果，这些民族却不是非洲人的后裔，而是纯粹的高加索人种。南美各国几乎毫无例外都同样屡屡发生内战和革命，事实上我们甚至可以把这种事情追溯到高度文明的欧洲，而且在那片开化的大陆上，最优雅的一些民族当中，也并非罕见地发生过这种事情；要不是新教信仰（这构成了增强为一个民族的那正当性的基础）在那片国土上扎下那么深的根基，那么，17 世纪成功以来，已间隔那么久，恐怕连骄傲的大不列颠也未能幸免”。同上，pp.73～74。

谓塔崩人（*Tabom*）。他们于1835年的马莱叛乱（Malê revolt）之后被驱逐而回往非洲，并于1838年抵达。他们采用了当地人所操的语言，并融入部落环境中。塔崩人被完全整合到加纳人社会里，成为加人奥图布劳哈姆支系（Otublohum Section）的一部分。阿古达人中一些较大群体采纳了丰人（Fon）、阿贾人（Aja）、贡人（Gun）、米纳人（Mina）和埃维人（Ewe）的属性，情况也是如此。在尼日利亚，在约鲁巴人（Yoruba）当中同样能见到“复归部落化”的非洲裔巴西人。[①] 埃利泽·苏莫尼（Elisée Soumonni）确认，与有时候所争论的情况相反，阿古达人遭到一些认同难题的困扰，他认为阿古达人所面临的不是整合或者认同危机这种难题，因为巴西的经验带有非洲文化得以保持这种因素。[②] 而我认为，可以说明这种差异的决定性因素，是这样的事实：从巴西回归的人们大多不是固定的基督徒，而是信仰各种各样非洲宗教的人，尤其是信仰约鲁巴人带到巴西并在回归后又在西非得到肯定的那些宗教体系。许多人也是穆斯林。这些因素使他们较为容易找到文化感觉。美裔利比里亚人以及克里奥尔人（Creole）的疏离感，在很大程度上，则同样是由于改信基督教而使先辈们的宗教从属性被更为透彻地抹杀掉这种性质所造成的。

亚历山大·克拉梅尔（Alexander Crummell）举了一个思想被劈裂及疏离的生动例子，尤以利比里亚的美裔利比里亚人和塞拉利昂的克里奥尔人最为典型。他于1818年出生在纽约，1853年在剑桥大学的王后学院拿到学位，并于同年到利比里亚担任教师和牧师。8年后，克拉梅尔在其著作《利比里亚的英语》（*The English Language in Liberia*）里，

① Babalola Olabiyi Yai，*Les Aguda*（*Afro – Bréslliens*）*du Golfe du Bénin*：*Identité*，*apports*，*idéologie*，*essai de reinterpretation*，Lusotopie，1997，pp.275 ~ 284；Lorenzo D.Turner，*Some Contacts of Brazilian Ex – Slaves with Nigeria*，*West Africa*，in *Journal of Negro History*，27（1），1942，pp.55 ~ 67。“塔崩”（*Tabom*）一词由葡萄牙语的说法 Esta Bom（意为“好、美好、我很好”等）派生而来。当塔崩人（1838年）抵达阿克拉时，他们说的是葡萄牙语，彼此见面的问候语是“*Como esta*?”（你好），回答则是“*Ta bom*”，所以，阿克拉当地的加人就把这些人称为塔崩人。

② Elisée Soumonni，*Some Reflections on the Brazilian Legacy in Dahomey*，in *Slavery and Abolition*，Routledge，Vol.22，No.1，April 2001，pp.42 ~ 60.

显示那种致命的文化—语言疏离及鄙视现象，他以在利比里亚见到的人们所说的语言为例写道：

在这样广袤的地域内，群集着使用各种各样语言和方言的众多部落和民族，这些语言和方言无疑具有共同的起源，但是现在难以发现它们隶属关系的要点。但是，无论它们之间的差异可以是多么巨大，还是有一些明确的低劣痕迹与它们全部都有关，这些痕迹使它们与那些文明的语言拉开最宽的距离。在整个这一类语言里，可以说，总体情况是：(a) 用莱顿·威尔逊 (Leighton Wilson) 博士的话来说，“它们的发音是粗糙、生硬、饱满、模糊的，就词语而言是贫乏的，存在着大量不清晰的鼻音和喉音，拥有很少量的屈折变化并拥有一些语法形式，此外的成分极度难以捕获”。这是他对格雷博语 (Grebo) 的描述，但是我认为，这大体上可以用来正确地描述称为“尼格罗” (Negro) 的整个那一类方言。(b) 另外，这些语言的特征在于观念卑下。由于是粗鲁的野蛮人说的语言，这些语言的标志就是粗暴及怀恨的情绪，以及一些显示出动物习性占优势的天性。(c) 还有，它们缺乏善良、内心真实的观念，并且缺乏正确与错误的区分，而这种区分在我们整个一生中都是熟悉的。(d) 这些语言的另一个显著特征在于缺乏关于正义、法律、人权以及行政命令方面的清晰观念，而这些观念在各个文明国家是非常突出和明显的。(e) 最后一点是，个人当前的神性、上帝合乎道德的统治、人类不朽、审判以及永恒祝福，这些规范着基督徒们生活的至上真理，在这些语言里要么根本就没有，即便有，也是以晦涩和扭曲的方式表达出来。①

① Alexander Crummell, *The English Language in Liberia*, 1861, pp.10 ~ 21 and pp.27 ~ 32。此处引自 J. Ayo Langley, *Ideologies of Liberation in Black Africa, 1856—1970,* Rex Collings, London, 1979, pp.357 ~ 358。

阿约·兰利（Ayo Langley）指出，克拉梅尔常常被人们当作“19世纪非洲的先导知识分子”[①]。这一判断必须予以批判性的评价。克拉梅尔吸取了西方文化趣味的恶毒，傲慢看待非洲本土操非洲语言的黑人，他把这些黑人描述为“粗鲁的野蛮人”。基督教已经使他难以理解非洲。虽然他本人就是一个黑人，就像许多美裔利比里亚人一样，但是，他却接受了比“土著”优越的态度。然而，克拉梅尔并未忘却优势，而美裔利比里亚人觉得自己比周围的部落民们优越。在他1870年向蒙罗维亚公共集会和市民们（Common Council and Citizens of Monrovia）发表的演讲中，他说道：

……利比里亚人民的一个最大失误就是忽视了我们的土著居民。我并不是说这是普遍情况，我高兴地断言，这并未伴随着恶意。这个过错只是相对而言，并非绝对的。我们远远未尽到义务，这既没有理由，也不容原谅。我们对一个疏忽有罪过，这个疏忽伤害了土著民；同时，使我们自己令人忧伤地犯了错误……随着月亮一个月略多的变化，我们从理解的位置变成了占上风的位置；大量堕落的服从者居民围绕着我们。假如我们与我们周围的异教徒之间对比而形成的差异，还没有在我们头脑中形成最鲜明的印象，还没有稍微激起我们自己的想象，那么，我们就是天使而不是人了。这种印象和想象都有了，使得我们自己的能力被夸大，使我们忘却了我们自己的那些令人羞辱的先辈们。这使得我们当中太多的人盲目，多得看不到事实，不懂得我们只不过是从我们周围的异教徒那种条件和蒙昧，离开了很少的几代人而已。这使得我们忘记了对于这些人民应尽的重大义务，而这些人在我们各个家庭中效劳，在我们的农场里干活。这已经使得

① J. Ayo Langley, *Ideologies of Liberation in Black Africa, 1856—1970,* Rex Collings, London, 1979, p.148.

太多的人把土著蔑视为低等的，于是在我们周围形成一大段距离，使得和谐及一致似乎永远也不可能实现了……[1]

在这段话中，不能看漏了对黑人历史的讽刺。这个回归者在头脑中形成西方人的想象，不可避免地接受了西方人的姿态，并以西方人的方式论及他的往昔同宗之人。克拉梅尔在这次演讲的其他段落中若有所思地嘲讽道："我们没本事消灭土著。土著十分朴素，他透彻地感到了这种朴素。你知道，他没有因为你在场而举止无措，他不懂得什么是恐惧。从他的性格上，你看不见任何迟钝、可憎、不屈服的东西。另一方面，他是好奇、好动、喜好模仿的。他留心你的优势，仿照你的习惯而承认这种优势。他愿意为你效劳，而且在为你服务之后，他把'一些战利品'带回家，这些东西是他通过观察和体验而在你家里搜集到的，使他在他的邻居面前成了优越的伙伴。也是在他自己的部落里，你看见他对生活很有把握，因为他完全满足得了自己的需求，供养着一个相当大的家庭，过得高兴自在，寿命很长，并显得生机勃勃。"[2] 克拉梅尔所说的与"土著"疏离，是美裔利比里亚人与本土非洲人之间巨大隔阂的迹象，而这种隔阂有待消除。马孔门（Makonmen）对于此事予以评价道："19 世纪的那些利比里亚建国之父们直截了当地出自奴隶身份，而且以奴隶的心智借来了他们主子们的价值观（就

---

① Henry S. Wilson（ed），*Origins of West African Nationalism*，Macmillan，St Martin's Press，London，1969，p.105.

② 同上，p.109。奥卢费米·泰沃（Olufemi Taiwo）评论道："这条道路上主要的障碍之一，可追溯到其土著的原本居民与迁来定居的美裔利比里亚人之间关系的性质。在那些熟悉利比里亚近来历史的人看来，正是 1980 年塞缪尔·多伊（Samuel Doe）政变的核心成分，以及主要的反叛组织——利比里亚和解与民主联盟（Liberians United for Reconciliation and Democracy）——近来的人员构成，使我们想到这个问题要持续到怎样程度，才会主导利比里亚的政局并改变其命运而成为一个国家。我们从霍顿（Horton）的一些论著——从 1874 年以来的——当中精选到的一份内行的基本原理，那就是他坚持认为，美裔利比里亚人恐怕不得不与他们当时那个新国家的土著居民达成暂时妥协，否则，可能危及该国家的未来前景。假如霍顿警告的那些人已经听到他的话，那么，利比里亚就可以免遭几十年的骚乱、苦难、死亡、毁灭以及羞辱了吗？" www.westafricareview.com/issue5/horton.htm。

像独立非洲的许多资产阶级那样)。来自新世界的那些卑鄙的恶魔注意到，在他们那支配非洲的身躯中，他们戴着大礼帽和手套——他们枷锁的标志，而且他们着手在非洲创造一个与他们周围的‘异教徒’截然不同而分开的统治阶级。”①

第一位打破这一模子的重要思想家是爱德华·威尔莫特·布莱登（Edward Wilmot Blyden，1831—1912)，他出生于丹属西印度群岛（即现在的美属维尔京群岛——译者）的圣托马斯岛（St.Thomas)，受教于荷兰归正宗，而且智力超群。布莱登得到美国殖民协会的赞助而移居利比里亚。不久，他成为一位众所周知的公共人物，担任国务秘书(1864—1866年)。布莱登能言善辩，特别擅长公关，他为自己是纯粹的黑人而倍感自豪，与他所保持的批判性公共姿态堪称匹配，而且他蔑视在他看来属于黑白混血儿所享特权的那些东西。威尔逊（Wilson）就此评论道:“在布莱登移居到一个英属西非的据点之前，他的思想已经开始显得范围很广，因为他声称自己代表整个黑人种族说话，并越来越把自己看成一个非洲人而不仅仅是利比里亚人。虽然他常常连续返回到利比里亚，并接受该国政府的一些委任，但利比里亚国民（nationhood）现在遇到的一些难题，只是他所关注的黑人种族及非洲传统文化如何生存这种难题的一个方面。他热切地相信，独特的黑人种族及非洲文化可以对世界文明做出重要贡献，所以，他强烈拒斥某些人的想法，而所有那些人都认为，西非的最佳前途在于完全同化于西方基督教文明的制度以及价值观。”② 布莱登的理智声望毫无疑问，他的思想观念的逐步演进也是显而易见的。

布莱登以一种有趣的方式，跨越了回归者非洲人与本土非洲人之间在思想观念上的鸿沟，他说:“在非洲，单单是欧洲文明所造成的毁灭性影响，还没有干扰土著各部落的成长。整个广阔的乡间，由于奴

① Ras Makonmen，*Pan - Africanism from Within*，Kenneth King (ed)，Oxford University Press，London，1973，p.278.

② 同上，p.230。

隶贸易导致人口减少，但在这些乡间毫无防卫的状态下，已经抵挡了白人的殖民贪婪。这些乡间等待它们正当而天生的所有者们降临，这些所有者现在遭到放逐。”① 他在呼吁回归者起到领导作用的同时，也发出同样气息的声音：“有一类合并将对于那些被逐往国外而回归的黑人具有不计其数的好处，当诺曼底人入侵英格兰之时，就发生过这种合并——这是同源的一些种族或者相同种族的不同家族之间的合并。美国黑人将在曼丁哥人（Mandingo）、贾洛夫人（Jalof）、富拉赫人（Foulah）、维伊人（Vey）、克鲁曼人（Kroomen）以及格雷博人（Grebo）当中找到丰富而激励人的血统。让他赶紧回家吧，把他的血液混合到这些部落的血液里，这种融合将有益于健康。”② 布莱登还呼吁弥合回归者与“土著”之间、海外侨民与本土人们之间的隔阂。假如这种音信下沉而得出良好效果，那么，就可以论证，多伊和泰勒所造成的那些悲剧，可能也会产生不同的结果。

民族主义在塞拉利昂以许多方式发展的模式，实际上与利比里亚的情况并不相同。但这两个国家的回归定居者却很相似。1787 年，400 名来自美国、加拿大新斯科舍省以及英国的自由奴隶得到英国帮助，回到塞拉利昂，定居在他们所说的“自由省”（Province of Freedom）。还有其他群体的自由奴隶加入到这个定居点，不久，那里就成为弗里敦（Freetown）（此“弗里敦”之意译即自由城。——译者）。1792 年，弗里敦成为英国在西非的第一批殖民地当中的一块。成千上万的奴隶回到弗里敦，或者在那里得到自由。这些回归的非洲人亦即后来被他称为“克里奥人”（Krio）的人们，源于非洲所有各个地区。科恩（Cohen）写到，一场反抗奴隶贸易的运动日益壮大，在海地革命之后（尤其是在工业化的大不列颠）于 1808 年达到顶点，促成了“重获”（recapture）政策。英国海军开始在公海上抓捕贩奴轮船，并把所捕获的

① Ras Makonmen, *Pan - Africanism from Within*, Kenneth King (ed), Oxford University Press, London, 1973, p.231.

② 同上，p.235。

奴隶放掉，安置在塞拉利昂的弗里敦。据估计，1814—1824 年之间，共有12 765名非洲人进入这个殖民点。“重获”的次要移居现象——巴西和古巴需要奴隶而产生的直接作用，一直持续到 19 世纪 80 年代——转而造成另一轮释奴运动。塞拉利昂重获的那些奴隶们可以选择留在该殖民地，或者应征当兵，要么移居西印度群岛。[①] 留在非洲大陆的那些获释奴隶经由一项活跃的计划，得以皈依基督教并受到教会教育，其中的许多人自己传教。有些人学会了手艺和做小买卖，还有一些人进入商界做大生意。有些人积攒钱财，购买报废的运奴船只和一些货物，交由英国人拍卖掉，沿着海岸做买卖，对欧洲商人形成相当厉害的竞争。具有讽刺意味的是，他们的生意不久就扩大到把他们卖出去的那些港口。1835 年在巴伊亚（Bahia）发生马莱叛乱之后，好几百个非洲人被驱逐到非洲，1844 年在古巴发生楼梯阴谋（*Escalera Conspiracy*）之后，100 多人被驱逐到非洲，还有另外 1207 人，其中包括 978 个获得自由的人，被驱赶到特立尼达和格林纳达。[②] 对于那些在塞拉利昂停下来的人来说，他们当奴隶的经验使他们与家园和传统断绝，很快同化于英国生活方式的某些方面。

然而，在塞拉利昂的克里奥人与美裔利比里亚人之间，还有一些很不相同之处。许多被安排到塞拉利昂的人得到营救并从运奴船上放出来，所以，他们知道自己的非洲大陆的来源。据估计，在 19 世纪 20 年代，在塞拉利昂停下来的那些重获者，一半以上来源于约鲁巴人。1848 年所做的人口普查把这一数字估计为 54%。[③] 许多人能够沿着西非海岸，尤其是在各个不同的英属殖民领地，形成并保持商业和其他

---

① Robert N. Buckley, *Slaves in Redcoasts*: *The British West Indian Regiments*, Yale University Press, New Haven, 1979; Brain Dyd, *The Empty Sleeve*: *Story of the West Indian Regiments of the British Army*, Hansib Publications, London, 1898; Tony Martin, *Pan - Africansim*, *1441 to the 21th Century*: *Building on the Vision of Our Ancestors*, Mimeo, Undated.

② Peter F. Cohen, *Orisha Journeys*: *The Role of Travel in the Birth of Yorùbá - Atlantic Religions*, in *Archives de Sciences Sociales des Religions* (EHESS), January—March 2002, 117, pp.17 ~ 36.

③ 同上。

方面的人际网络。但是，就他们的民族意识而言，大体上不像利比里亚的情况，他们并不能有效地弥合克里奥人与“土著”之间的裂缝。

詹姆斯·阿弗里卡纳斯·霍顿（James Africanus Horton，1835—1883）在其《西非各国与各族》（*West African Countries and Peoples*）一书中提出了一种关于非洲独立的理论，接着对于实现这种独立开了一些方子。霍顿对于维克多关于黑人低劣的假设予以反驳。他接着论证了非洲人需要别人把他们当作什么看待。在西方人抵达非洲之前，非洲人在历史上已经使自己构成了一些内聚的社会，有着他们自己的行政及司法制度。霍顿认为，这种社群借助于适当的外力，能够很好地发展为令人可接受的政纲。霍顿估计，西非已经群集为一些民族，即使一些由多个部分组成以及较为原始的民族，也有民族政府。①

霍顿探讨主题时所带有的理性是离奇的，他避开了关于非洲的那些烂漫观念，并以机敏的方式领会现代性。他关于国民的观念，并不是脱离英国而做的构想。相反，他寻找与英国殖民主义的适应之处。霍顿认为：“例如，塞拉利昂应当有一位选举出的国王，以便与他们在国王麦考利（Macaulay）治下安排为第17个民族的做法相一致，而黄金海岸则可以意味深长地划分为两个自治的共同体，即芳蒂王国（Kingdom of Fantee）和阿克拉共和国。”② 正是霍顿有计划采用的理性主义，吸引了一位研究泛非主义的著名德国学者伊曼纽尔·盖斯（Imanuel Geiss）予以良好评价。盖斯评论道：“只有19世纪的霍顿，以及一位不大引人注意的20世纪的乌干达作者亚图（Yatu），似乎抓住并接受

---

① Peter F. Cohen, *Orisha Journeys: The Role of Travel in the Birth of Yorùbá – Atlantic Religions*, in *Archives de Sciences Sociales des Religions*（EHESS），January—March 2002，117，p.30。霍顿还警告说：“当我们为利比里亚人每年从美洲迁来利比里亚而高兴的时候，我们应当提醒他们，除非他们在这个国家所遇到的那些土著居民的情况有某些改善，使得这些居民可以在规模上与他们自己相等，否则，政府就别指望未来会繁荣兴旺。”此段直接引文据 James Africanus Horton，*West African Countries and Peoples*，Introduction by George Shepperson，Edinburgh University Press，1969，p.243。

② Henry S. Wilson（ed），*Origins of West African Nationalism*，Macmillan，St Martin's Press，London，1969，p.31.

现代化的合理后果。对于泛非主义而言不幸的是，霍顿于1883年早逝，事实上直到近期他还不受人们重视；亚图则被人们完全遗忘了，迄今似乎还找不到哪位产生了公共影响的人是他的追随者。”①

阿托-阿乌马（Attoh-Ahuma）不停地摇摆于西非参照系与黄金海岸之间，把他的语言指向受过教育的西非，同时他又寻求把黄金海岸定义为一个民族。他说：“我们敢于肯定，以神圣的理由，并确信无疑地强调，我们是一个民族。它也许是一个‘悲惨、撕裂、受折磨、被扭曲的第三者’；或者，引用更为权威的话来说，是一个民族，是‘分散而剥落的……一个被配给并遭到蹂躏的民族’，但依然是一个民族。假如我们不是一个民族，那么，就该是创造一个的时候了；对于在同样地区的任何一系列国家而言，无论该地区多么广阔，在任何时候都可以融合为一个民族。我们有一个民族，另外，我们还有一个往昔——‘虽然它在历史上并不优美’。我们拥有一个种族的政治章程、集权行政体系，这个种族生长繁衍于我们自己的土壤上。人们用阿坎语就能顺着长达350英里的海岸，在10.59万平方英里的地区，或多或少地通行。所谓一些语言也可以简单地认为是许多方言，它们往往都是较有乡土气息的。但是，为什么继续呢？”②阿托-阿乌马的民族主义是由较早的一个版本激发的，那个版本在50年后以渴望政治独立而为人所知。但是，在他那个时代，他还不能理解在英国王冠和国旗这一架构之外的殖民地自由。他说道：“我们正在一面遮阴的旗帜下被紧密连结在一起——这面旗帜就是正义、自由和公平的标志；我们受我们各自国王之王的统治，并和平地结合为一个至高无上的帝国——而那众王之王就是乔治六世陛下。在米字旗下受庇护的黄金海岸，对于所有那些可能无节制地压制我们享有共同的权利、特权以及国民地

---

① Imanuel Geiss, *Pan-Africanism*, in *Journal of Contemporary History*, Vol.4, No.1, 1969, p.197.

② Attoh-Ahuma, *The Gold Coast Nation and National Consciousness*, Liverpool, 1911, in J. Ayo Langley, *Ideologies of Liberation in Black Africa, 1856—1970,* Rex Collings, London, 1979, pp.162～163.

位的人来说，就是无可辩驳的论据。”[①] 使阿托－阿乌马的民族主义建立起来的政治妥协主义，与殖民强权相比，是这个时期的大多数非洲民族主义思想家所持的立场。班德勒·奥莫尼伊（Bandele Omoniyi）[②]对于在尼日利亚匆忙调整殖民主义的责任而发出警告说：“在列举欲求，或者说列举土著在法律及政治方面的无能为力之同时……当发生一些变化时，对他们应当予以适中、逐步而仔细的考虑，并符合一致和实际的思路，使我们对此同意。”[③] 不过，他肯定了对于民主施政的需求，这种需求在那个时代显然是现代的。他坚持认为：“在我看来，我们这些人当中缺乏一个政治委任代理人，或者一个由人们选举出来的政治领袖，这是我们数不清的弱点和意见不合的源头。一位选举出的领袖，完全不同于按惯例予以承认的领袖。于是，这就成了密不可分的障碍，使我们之间无望达成任何协议。因为我们没有一个共同的集结核心或联合的基础。但是，若没有一个合法构成的政党，会有选举出的领袖吗？”[④] 他提议尼日利亚需要创立民选政府，接着，阐明了尼日利亚的政治组织的结构，于是写道：“这就是提议要建立尼日利亚全国政治联盟（Nigerian National Political League），连同建立尼日利亚全国总会（Nigerian National Club）。”[⑤] 奥莫尼伊对于现在有教训并有牵连的尼日利亚政体发表了看法。他是第一个强烈赞成尼日利亚统一为一个国家的人，并认为尼日利亚不应当被剁得七零八碎的。他写道：“关于各个土著公国（native principalities）这一问题，我愿意推荐一种‘外部与内部联合’的制度。我指的是，经由这种制度，而不是让尼日利亚人分

① Attoh－Ahuma, *The Gold Coast Nation and National Consciousness*, Liverpool, 1911, in J. Ayo Langley, *Ideologies of Liberation in Black Africa, 1856—1970,* Rex Collings, London, 1979, p.163.

② 班德勒·奥莫尼伊（1884—1913），尼日利亚民族主义者，以其著作《为埃塞俄比亚运动做辩护》（*A Defence of the Ethiopian Movement*）而著称于世。——译者

③ Bandele Omoniyi, *Manifesto*, in J. Ayo Langley, *Ideologies of Liberation in Black Africa, 1856—1970*, Rex Collings, London, 1979, p.184.

④ 同上，pp.184～185。

⑤ 同上。

裂为一大批小公国，每个这种小公国都由某些弱小而不受注意的统治者——在公共政界籍籍无名且无人理会——所掌管，我现在提议，我们要采用一种又大又紧凑的强力帝国形式，在各个构成成员结成联邦的基础上，服从于一个中央权力。然而，在此情况下，这种超越于仅仅是联盟的各成员之间的联邦，其程度是亲密的；每个成员所拥有的独立程度，超越于在纯粹地方自治自由的首领统辖之下所能公平享有的一切。在这种情况下的英国政府，就是中央权力，它具有处理所有外部事务的联邦主权。”① 这些早期的民族主义者对于殖民强权采取了妥协主义的姿态，这不大令人惊奇。那是一个殖民强权势不可当的时代，那时候，对于非洲的大多数绥靖刚刚完成，而且西方强权与技术的调情是那么令人胆寒，以至于许多民族主义者难以梦想到，殖民强权及西方人的监护终于有一天会缓解或者完全消除。即使卡塞利·海福德，他曾以许多方式构思过超越边界的民族主义，并且是“领先灵魂”以及 1919 年成立的英属西非国民大会（National Congress of British West Africa）的幕后首脑，却也在他的那部于同年出版的著作《西非的未来》（*The Future of West Africa*）中，鼓励年轻人去实现对于现代的希望及迎接挑战。他这样写道：“我今天给你们带来希望的音讯。接触一下大自然就已经使整个西非成为亲戚。对我们祖传土地的一个共同威胁，已经使我们成为一体——经受危险的一体，安全的一体。我们联合起来就会站住，分开就会倒下。这也可以恰当地是说我们的长辈们。应当向你们呼吁，这更为恰当。在你们的中小学和大学生活中，有一些现代设施，你们使一些因素存在，它们应当使聪明的合作变得容易。当一种政策将指引西非各从属领地的政府，这时候，还有人看不见这个时代正在到来，那么，他就是一个可怜的旁观者。有谁还不明白，拯救西非完全取决于对西非在大不列颠帝国之内所处地位有清楚的概

---

① Bandele Omoniyi, *Manifesto*, in J. Ayo Langley, *Ideologies of Liberation in Black Africa, 1856—1970*, Rex Collings, London, 1979, p.186.

念，那么，此人就不热爱他的国家，他就不是带领他的人民。”[①] 他是在为民族主义以及西非的团结而辩护，容纳“在大不列颠帝国之内”的说法。法杜马（Faduma）[②]可以就不列颠而写道：“在政治界，我们已经有一些帝国创建者对于臣民和附属领地各族人民怀有高尚的理想，并取了大不列颠这个名字，这是一个他们无论走到哪里都热爱和赞美的名字。”[③] 同样的，迟至1926年，约翰·威廉森·库耶（John Williamson Kuyé）以非常有利的观点，看待与不列颠的联系。他写道：

> 我们以往几个世纪与大不列颠的联系，已经为我们打开了思想的远景。一个新时代已经利用了世界和人类，它们一同——由那种已经影响了我们思维方式的种族意识的感觉所驱动——在发展着。这种对于非洲种族及非洲民族特征的情感，在本世纪比起以往更为重要；有趣的是要注意它在西非人们当中奇妙的发展，对于今天而言，它就是社会经典。思想家们的教导不仅阐明了理论的重要性，而且一些公共人士和爱国者的行为或多或少已经成功地证明了它的可行性。一些人士例如美国的布克·华盛顿（Booker T. Washington）和布格哈特·杜波伊斯（Burghardt Du Bois）、塞内加尔的布莱斯·迪亚涅（Blaise Diagne），或者尼日利亚的詹姆斯·泰勒（James Taylor）、著名的《非洲邮报》（*the African Telegraph fame*）、黄金海岸的卡塞利·海福德、冈比亚可敬的班科尔·布莱特

---

① J. E. Casely Hayford，*The Future of West Africa*，in J. Ayo Langley，*Ideologies of Liberation in Black Africa*，*1856—1970*，Rex Collings，London，1979，p.208.

② 奥里沙图克·法杜马（Orishatuke Faduma），出生于塞拉利昂，19世纪末期至20世纪早期的非洲民族主义者，于19世纪80年代在伦敦大学和耶鲁大学求学，后来成为泛非主义者爱德华·威尔莫特·布莱登的追随者。——译者

③ Orishatuke Faduma，*Not Failure*，*But Low Aim is Crime*，An Address delivered at the Centenary Tabernacle Church on the occasion of the First Annual Celebration of the Old Boy's Association of the United Methodist Collegiate School，Freetown，March 12，1999，in J. Ayo Langley，*Ideologies of Liberation in Black Africa*，*1856—1970*，Rex Collings，London，1979，p.197.

(D.J.Bankole Bright)以及精力充沛而又爱国的爱德华·斯莫尔(Edward Small),他们所做的努力,都已经证明这个种族那牢不可破的活力及韧性,即使在那些对于非洲各个时代所做观察最为肤浅的人看来,也是如此。①

库耶关于西非的梦想与英属西非国民大会其他成员们的梦想同步。他以自己的态度,大声地表达了英属西非的团结。在1926年1月4日于冈比亚的巴瑟斯特(Bathurst,冈比亚首都班珠尔的旧称。——译者)的圣玛丽学校(St.Mary Schoolroom)举行的英属西非国民大会第三届年会上由库耶宣读的一份首要论文中,库耶强调了关于自决的一些观念,这些观念是伍德罗·威尔逊刚刚在几年前所阐明的。库耶提议说:"在英属西非的历史上,从未记载过有一个像自决一样的原则,具有那么一致的影响和那么广阔的前景——这个原则已经给英属西非国民大会带来活力。在本世纪的前25年里,我们已经看见了那种使冈比亚和黄金海岸与尼日利亚和塞拉利昂至今还相互隔绝的因素,亦即部落偏见所造成的破坏。今天,各个殖民地(以及这些殖民地的各土著部落)的代表们在这个大厅里集会,以便决定一个整体的英属西非以及一族人民(a people)②的英属西非人们之命运。"③短缺自由但同时也是在监护下有所短缺而造成的精神分裂症,就是令人畏缩以及这些相互对立的立场所采取的方式,它们都掺和着拒不服从的论证苛刻,但是又效力于减轻对殖民管理的恐惧。库耶提出:"所以,西非人们要想

① John Williamson Kuyé, *Right of the People to Self - Determination* (*With Special Reference to British West Africa*), in J.Ayo Langley, *Ideologies of Liberation in Black Africa*, *1856—1970*, Rex Collings, London, 1979, p.215.

② 原文这里并未使用"a nation",而是用了"a people",其含义与人民自决权有关,仅译为"民族"并不达意,但若翻译为"一个人民"则不符合现代汉语表达习惯,因此把不定冠词"a"译为"一族"。——译者

③ John Williamson Kuyé, *Right of the People to Self - Determination* (*With Special Reference to British West Africa*), in J.Ayo Langley, *Ideologies of Liberation in Black Africa*, *1856—1970*, Rex Collings, London, 1979, pp.213~214.

止步不前是不可能的。虽然我们由于结盟已成为英国人，然而，还不指望不是非洲人。我们已经获取大英帝国统治下和平时期的巨大利益，我们还想保存我们的种族特性。属于天赋政策（Nature's policy）的这种进步只能通过自决而达到，因为我们已经懂得了，英国民族主义的可靠性就是通过它而得到保障的。大宪章的历史确证这一事实。但是，假如我们是英国的公民，假如我们形成为我们这个辉煌帝国里一个重要而且全然不可缺少的单位，假如'现在还不可能分开我们的生活'，那么，我们与母国和谐地生活在这个重建时期就真是正确的。"①

19世纪以及本世纪早期所构想的民族主义，其许多追随者都是优秀人才，其语言和象征大多被很有限的一批知识分子以及专业人员阶层所接受。许多人士，如克拉梅尔、布莱登、詹姆斯·约翰逊（即霍利·约翰逊，Holy Johnson）、奥里沙图克·法杜马、阿托－阿乌马、莫觉拉·阿贝比（Mojola Agbebi）以及马克·海福德（Mark C.Hayford）都是传教士。布莱登的朋友、人称"现代非洲政治思想之父"的詹姆斯·阿弗里卡纳斯·比尔·霍顿（James Africanus Beale Horton），他的思想和一些观念被别人评论为"太繁琐，以至于没涉及……他自己那时的……非洲的……受过教育的人们所碰到的一些难题；那些思想和观念太短暂、太着重于世俗、太偏于物质方面……且因为它们对于本土非洲人较深层的本能，简直说不出什么话"②。这种看法可能相当夸张。在大多数情况下，早期那些受过西方教育的民族主义者，把表达有较多支持者的观点视为自己的累赘，尽管他们追随者的范围较为狭窄，也是如此。1826年，一名自由奴查尔斯·福斯（Charles Force）创办了《利比里亚先驱报》（*Liberia Herald*）。不久后他去世了，爱德华·布莱登于1830年沿用了这份报纸的名称。第一份非洲人自办的报纸，是1858年

---

① John Williamson Kuyé, *Right of the People to Self – Determination* (*With Special Reference to British West Africa*), in J.Ayo Langley, *Ideologies of Liberation in Black Africa*, *1856—1970*, Rex Collings, London, 1979, pp.215～216.

② 同上，pp.34～35。

在黄金海岸创立的《阿克拉先驱报》(*Accra Herald*),由查尔斯·班纳曼(Charles Bannerman)所办。在东非,第一份基库尤语(Kikuyu)报纸是*Muigwithania*。该报初创于1925年,由乔莫·肯雅塔(Jomo Kenyatta)主编,他后来成为第一任肯尼亚总统。在西非,20世纪30年代最杰出的记者是民族主义者纳姆迪·阿齐克韦(Nnamdi Azikwe),他后来成为首任尼日利亚总统。他与华莱士·约翰逊(I.T.A.Wallace Johnson)一道创办了《非洲晨邮报》(*African Morning Post*),他们把它称为"在各方面都独立,并且毫不中立地影响非洲"的报纸。1927年,阿齐克韦在拉各斯创办《西非向导报》(*West African Pilot*)。[①] 在南部非洲,为了让默默无闻的人发出声音,并为公众舆论提供基准,许多早期的非洲民族主义者兼职或全职从事新闻业。腾戈·亚巴乌(J.Tengo Jabavu)、蒙亚奎恩(A.Monyakuane)、约翰·杜布(John L.Dube)和皮克斯利·伊萨卡·塞梅(Pixley Isaka Seme)分别主编了*Imvo Zaba Ntsundu*、*Naledi ea Lesotho*、*Ilanga lase Natal*和*Abantu - Batho*;所罗门·普拉亚杰(Solomon Plaatjie)先是主编*Koranta ea Becoana*,后来则主编*Tsaka ea Batho*。而佩里格诺(F.Z.S.Peregrino)主编《南非旁观者》(*South African Spectator*),索加(A.K.Soga)则主编了*Izwi Labantu*。

在整个非洲,许多这样的人士,为了促进他们所考虑的黑人的利益,在合作而不是对抗的意义上,寻求利用新出现的一些殖民地政治结构。这种努力既有成功,也有失败。然而,他们所做探求达到的整

① www.bbc.co.uk/wordsevice/africa/features/storyofafrica/13chapter7.shtml。"东非的非洲人那时不像西非那样享用较好的新闻媒介。到20世纪30年代,使用英语的新闻媒介由旗帜报业集团(Standard Group)主导,它们的名称是《东非旗帜报》(*East African Standard*)[原为亚洲记者吉万吉(A.M.Jeevanjee)创始的《非洲旗帜报》(*The African Standard*)]、《蒙巴萨时报》(*Mombasa Times*)、《坦噶尼喀旗帜报》(*Tanganyika Standard*)以及《乌干达守卫报》(*Uganda Argus*)。非洲人在东非经营的新闻媒介于20世纪20年代和30年代启动。最早的用非洲语言所出著名报纸之一是*Sekanyola*,1920年以卢干达语(Luganda)出刊,以乌干达和肯尼亚的巴干达人(Baganda)为发行对象。坎帕拉郊区卡特韦(Katwe)以乌干达的舰队街(伦敦的新闻业集中之地——译者)而知名。以卢干达语所出其他报纸包括分别于1927年和1928年创办的*Gambuze*和*Dobzi Iya Bugamda*。"

体效果，为那种以传承方式持续下来而深入到20世纪的思想及一些观念的传统奠定了基础。在非洲的大部分地区，在反殖民运动的早期阶段，就已使得受过西式教育的本土人士与资本主义产生之前的各统治集团，以协商和结盟的方式进行合作。的确，许多有教养的人士本来扎根于一些贵族集团，从其中冒出来。在南部非洲有这种证据，奥登达阿尔（Odendaal）做了论证。[①]在东非和西非，也可分辨出那时有类似的阶级联盟。

从非洲民族主义出现的很早那些开端起，作为一种对于西方征服及强权的西方化非洲所做反应，一种替代观点的非洲以及非洲文化特性就已经存在了。我们可以把这种观点称为关于非洲的古典观点。作为一种政治及社会—文化的产品，这种认同永恒地超越当前存在的地域边界。认同于非洲人并不是经由西方创造的政治及地域公式及制度而突出的；那时候，在任何情况下，都不是根据当代国界及其伴随而来的团结一致的那种政治边界或文化关联，把非洲人作为政治之人（*homo politicus*）而限定的。非洲人们那时属于扩大家庭、家系、氏族，以及较大的国家形成体和非国家变体。在有些情况下，这些特性与清楚的地域划界有关，不过，一些地理参考点常常是无关的。在这样的情况下，就不存在地理上的邻接。例如，当今莱索托那时候的统治氏族巴奎纳人（Bakwena），现在则在学术方面是博茨瓦纳奎嫩区（Kweneng District）巴奎纳氏族人。在地理方面，巴奎纳人的两个群体隔着约300公里。尽管现在莱索托的巴奎纳人被称为索托人（Sotho），而且博茨瓦纳的巴奎纳人被当作巴茨瓦纳人（Batswana），但事实上他们两者之间在族裔—文化上的差异，比起严格的族裔或“部落”的差异来，实质上更多地在于方言方面。这种差异所针对的东西，事实上在于，索托人与茨瓦纳人（Tswana）在族裔—文化上几乎没有什么截然不同之处。他们实际上所表现出的在同一谱系之内不同的族裔—文化程度，

① A. Odendaal, *Black Protest Politics in South Africa to 1912*, Barnes and Noble, Tototwa, 1984, p.47.

更主要的区别在于语言使用方面不同方言的屈折变化，而不是所谓“部落的”差异。我记得25年多之前与西帕皮措（Seepapitso）讨论过这个问题，他是博茨瓦纳的巴恩瓜克策人（BaNgwaketse）的酋长（他也曾有时相继担任过博茨瓦纳驻美国和中国的大使）。他当时说过的许多话，被已故的国王贝嫩·莫舒舒（Bereng Moshoeshore）于1986年向我确证过。这个问题对于殖民时代之前的非洲人而言确定无疑，用不着争辩。另外，在索托人—茨瓦纳人当中存在的鳄鱼氏族（crocodile clan）也在南非的恩古尼人（Nguni）和绍纳人（Shona）这两个群体中可以见到。在该两个群体中，该氏族被称为恩衮亚氏族（Ngwenya clan）。这当然就指明所有这些群体具有共同起源，且这些同氏族的人们在历史上先于现在那些被区分开的族体而存在，后者则是在殖民主义统治下为人所知的，并一直沿袭到现在。同氏族人们也往往指明地理上的根脉。已经有人把这些实际情况与正在变化的非洲认同联系起来。因此，在祖鲁人（Zulu）当中，假如你希望辨认某个人的地理及氏族方面的隶属关系，那么，你可以问他“*Ungowaphi*”，意思是“你是哪里人”，此人可能回答说“*NgingowakwaNgwenya*”，意为“我是恩衮亚那个地方的人”。

殖民时期的非洲人在这方面是不一致的，但也是在这方面，即使在自我认同成立的情势下，这些认同在第一种情况下也是把非洲人当作一个人的特征，由他或她所从属的那地域帝国的殖民强权予以辨认。在第二和第三种情况下，认同可能缩小在从属者所属的那个行政殖民地域上。那时候，你是一个纳米比亚、博茨瓦纳、南非或津巴布韦的茨瓦纳人；而在后一种情况下，你被认作一个洛齐人（Lozi）或巴罗策人（Barotse）。你那时是来自特兰斯凯（Transkei）而不是锡斯凯（Ciskei）的科萨人（Xhosa）。在特兰斯凯，你的根基和亲戚在恩格科博（Engcobo）。你可能是蓬多人（Pondo）、滕布人（Tembu）、蓬多米萨人（Pondomisa），非洲人们逐渐接受了这些认同及标签，以至于这些东西表现为他们处于存在条件下的实为被迫接受以及现实的情况，但是，若要这样提议，却可能在论证方面不真诚，因为一个非洲人成了尼日利亚人、黄金海岸人、肯尼亚人或南非人，是由于在殖民主义统治下，他或她丧失了在历史及文化方面约鲁巴人、阿坎人、卢奥人（Luo）或索托人—茨瓦纳人的团结一致。的确，虽然他或她得到了这些新标签，但是恺撒的东西应当归恺撒，基本的文化及历史特性这种规定着日常生活的要素，是遗产和归属，没有哪个非洲人很容易与它们决裂。正是这种遗传下来的谋生方式、环境和生态适应性、宗教及礼仪生活、祖先崇拜、由长者决断的制度、烹饪习惯、禁忌以及语言，使他或她安然稳靠于他或她所归属的社会和历史。

在西方人到来之前，新来者始终都是基于文化变异和社会距离而有所区别的另一种非洲人而已。就非洲人所显示的人们的族裔—文化联系这个方面而言，各部落的印记那时是有用的。各部落的印记、划伤处以及瘢痕常常被当作装饰，不过，它们也提供了有文字记载之前各个社会在族源、地理以及文化隶属关系方面的线索。在受到奴隶贸易影响的一些群体中，利用部落印记尤其普遍。在那些因贩奴战争以及抢劫奴隶而被骚动和混乱席卷的社会里，这种印记被当作辨别族源的有用记号和标志。微小的变异标志着在社会—文化方面很接近，而且有时候也代表着宗教及礼仪方面的证据，在这种情况下，这种显著的标记在社会交往中就形成接纳或排斥。

语言在那时候是一种社会标记，它提供社会门径，但也是社会混合的决定性因素。多语制已经是一些非洲社会的品质证明，即使在殖民化之前也是如此，而且已经是个人和集体的一种可靠历史踪迹。一些语言，如迪尤拉/班巴拉语（Dyula/Bambara）、豪萨语（Hausa）、斯瓦西里语（Swahili）、索托/茨瓦纳语、卢奥语、阿姆哈利克语（Amharic）和富拉尼/富拉语（Fulani/Fula）那时就是地区语言以及确凿证据，证明存在着一些跨过广阔地域并穿过不同文化而移动的群体。

总之，我们在任何情况下都不能说，目前这种由殖民时代继承下来的边界，保存着殖民时代之前的族裔—文化诸特性。殖民主义篡夺了非洲人的族裔—文化委托范围（terms of reference），并企图根据西方的主权、代理领事及领主这类突发奇想，或者殖民利益的行政权宜之计，用那旧的委托范围永久地把新的委托范围排挤掉。尽管非洲人们对于殖民秩序已做出让步，并与这种秩序所鉴定的遗产妥协，但是，他们当场且在他们自己当中，对于殖民经历所强加的历史上的蔑视，还保持着古老的团结一致和参考点。因此，在长久的殖民主义所不能抵达或者无需抵达的那些生活领域，非洲人保存并维持了那些与殖民国家的现实无关的、在象征和习俗方面的团结一致。这些现实大部分都保留到了现在这个时代。

另外，还有一个重要的注意事项是，从20世纪早期以来，尽管非洲人被殖民者分隔，但是，在大多数情况下，正如我们所知的那样，非洲的民族主义思想及实践都跨越了边界。英属西非国民大会（成立于1919年）以及非洲民主联盟（Rassemblement Démocratique Africain）（成立于1946年）都是地区性组织，它们在殖民经历的后期阶段，要么被分割，要么就是收缩在狭小的殖民地边界中。的确，就非洲民主联盟的情况来说，它起初的设想是把整个操法语的黑非洲地区包括在内的。[①] 恩克鲁玛于1947年建立的一个组织“环路”（The Circle），明白非洲民主联盟的整体目标。“环路”的格言是“‘三个S’——服务（Service）、献身（Sacrifice）、受难（Suffering）。该组织的两个目标是：（1）继续使我们以及环路组织充当为了西非团结及民族独立而进行斗争的革命先锋；（2）支持全西非国民大会（All West African National Congress）为了创建和维护非洲社会主义共和国联盟（Union of African Socialist Republics）而进行斗争的这一思想及主张。”[②]1912年1月8日成立的非洲人国民大会（African National Congress），培养了一串其他区

---

① Bakari Traoré, *Les Partis au Sénégal Depuis 1946*, in Bakari Traoré, Mamdou Lô and Jean - Louis Alibert (eds), *Forces Politiques en Afrique Noire*, Presses Universitaires de France, Paris, 1966, p.36.

② Colin Legum, *Socialism in Ghana: A Political Interpretation*, in Friedland and Carl G. Rosberg Jr. (eds), *African Socialism*, Stanford University Press, California, 1964, pp.153 ~ 156.

域政治组织，这些组织要么沿用该大会的名称，或者略微改动而命名：巴苏陀兰大会党（The Basutoland Congress Party）、马拉维大会党（Malawi Congress Party）、南罗德西亚非洲人国民大会（The Southern Rhodesia African National Congress），以及其他。① 颂歌《上帝保佑非洲》（*Nkosi Sikelele Africa*，这是豪萨语歌名，对应英语歌名为 *Lord Bless Africa*。——译者）成了赞比亚、津巴布韦以及南非这三个国家的国歌，这并非偶然。一些人物，如爱德华·布莱登、亨利·西尔维斯特·威廉斯（Henry Sylvester Williams）、杜波伊斯或者阿弗里卡纳斯·霍顿的履历和贡献，以及卡塞利·海福德在其《埃塞俄比亚未被束缚》（*Ethiopia Unbound*）一书中，均指向这样的事实：早期的非洲民族主义并不仅仅是跨越了边界，而且在理论上和实践中，还把本土非洲人和海外非洲人都包括在内。

前些日子，我得到了一本由伦敦大学研究俄罗斯历史多年的教授西顿－沃森（Seton－Watson）所写的小册子。我于是集中注意西顿－沃森，因为在此前一个星期，我一直在撰写一篇关于非洲语言的论文，并阅读了一篇关于如何为奥罗莫语（Oromo language）选择罗马字母表（*qubee*）的争辩文章。② 在这篇文章中，作者开头就提到他所注意的事情："休·西顿－沃森（Hugh Seton－Watson）曾经观察到，在一些非洲民族主义的发展中，显然缺乏'语法学家和哲学家'这样的中介。这明显地反映出，非洲与欧洲相比，语言的功能很不相同，在欧洲，自从罗马帝国时代以来，语言就已标志着政治边界。但是近来所做的一些研究，显示出对非洲状况所做分析有变动。"③

上述评论的真实性冲击了我，因为我有一段时间仔细考虑过，怎样就这件事情找到更为广泛的含义。事实上，还没有任何地方的语言

① Wilfred Burchett，*Southern African Stands Up*，Urizen Books，New York，1978，p.245.

② Thomas Zitelmann，*The Return of the Devil's Tongue*：*Polemics about the Choice of the Roman Alphabet*（*qubee*）*for the Oromo Language*，in *The Oromo Commentary*，Volume IV，No.2，1994，pp.24～28.

③ 同上，p.24。

是与民族主义无关的，就非洲这个范围而言，除了北部的阿拉伯语以及南部白人所用的阿非利坎语之外，情况都是如此。更确切地说，在非洲，已被接受的那些殖民者语言，被我们所崇拜和赞扬。所以，当我偶然看到西顿-沃森那本小册子，我立刻从书架上拿下来读，发觉这是一本良好的读物。那是在1964年，西顿-沃森在悉尼大学的第九届乔治·朱达·科恩纪念讲座（Ninth George Judah Cohen Memorial Lecture）上，发表了他的如下观点：

> 非洲民族主义的领袖们已经并依然不得不在他们的各族人民（peoples）当中创造民族意识。问题在于，民族将会是什么单位？是由先前的殖民统治者们创立的国家吗？将会有加纳的，以及上沃尔特的，以及肯尼亚的，以及安哥拉的这些民族吗？或者非洲本身就是这种单位？象征着非洲从属者们与欧洲统治者们之间有所差异的那种因素，让欧洲人有机会羞辱非洲人的那种因素——受过教育的少数人，必然比乡间大众，更为频繁且更为厉害地遭受这种羞辱——这是种族及肤色因素，这些因素与民族意识的基本焦点都将是相同的吗？从表面上判断，真的好像有某种东西，被人拿来为如下观点说话：非洲的一些民族之间缺乏明显的区别，而且种族这个势不可当的共同因素，以及由于种族因素而在以往受到羞辱，可能会促进一个非洲民族这种观念的发展。另一方面，即使在超音速飞行器的时代，身体上的障碍似乎依然难以对付。[1]

西顿-沃森（35年前）提出的这个问题，与我要在此回答的问题相重合。外来者们所感觉到的现实，与盘旋在当地居民们眼旁和耳旁

① Hugh Seton-Watson, *Nationalism: Old and New*, George Judah Cohen Memorial Lecture 1964, Sydney University, 1965, p.12.

的现实，常常在感情和政治上有距离，但是，相关的个人利益以及更宽广的感情用事群体的利益，阻碍了他们的理解。萨米尔·阿明（Samir Amin）在其著作《阿拉伯民族》（*The Arab Nation*）一书的序言中，提出了相似的问题：

> 阿拉伯的公众舆论对于巴勒斯坦所发生的一切事情都极为敏感。什么才是更为自然的呢？从摩洛哥的大西洋海岸到波斯湾，从地中海到撒哈拉沙漠的中央和尼罗河上游，一千万人说的都是同样的语言，听的是都是同样的广播节目，读的都是同样的书籍，看的都是同样的电影。他们在当代全都受到同样的欧洲帝国主义压迫。然而，当有人问起他们当中某个人“你是什么国籍（nationality）”时，没有谁回答说是“阿拉伯人”，回答的将是“摩洛哥人”、“埃及人”、“也门人”，等等。这一千万人像阿拉伯民族主义的当代理论家所声称的那样，组成了一个民族（nation），即阿拉伯民族（Arab nation）了吗——即便让这个民族还处于形成过程中？或者它们构成了15个虽然有关但不相同的民族（nations）了吗，就像正统的共产主义长期以来所主张的那样？①

替换成肯尼亚人、南非人和多哥人，你会看到阿明所提到的摩洛哥人、埃及人和也门人那种情况，类似地反映在非洲人当中。但是，我们不得把阿拉伯人混同于非洲人，反之亦然。阿拉伯人正在为阿拉伯统一而进行正义的斗争，我们则希望非洲统一是为了我们自己。

1964年，一半以上的撒哈拉以南非洲地区刚刚摆脱殖民统治，或者临近于摆脱殖民监护。一连串所谓民族—国家随着仓促摆脱殖民列强应运而生。从世界上这个最不破碎的大陆上，几乎在一夜之间，非

---

① Samir Amin, *The Arab Nation*: *Nationalism and Class Struggle*, Zed Press, London, 1978, p.10.

洲成为地球上在政治方面最为分离和脱节的一个大洲。这些国家的诞生以及其领土被划分为表面上是民族国家的那种特异方式，与历史上19世纪“争抢非洲”期间西方列强在地理上瓜分非洲所采取的方式，是匹配的。似乎非洲突然获得了新鲜的生活租约。这不过是谎言而已。这些新国家接二连三增生的新名称——其中许多套用了旧日一些非洲帝国的国名，再加上它们在联合国取得席位，形成令人信以为真的印象，似乎非洲的品质突然升高，或者处在认真前进的关头，正在超越遭受西方奴役那令人麻木的种种现实。非洲人似乎有了选择权，可以聚结为一个巨大的政治及经济单元，或者形成为一些大国及小国拼合的碎片。

殖民体系瓦解后的经历给予了我们教训的事情是：统一的非洲所需要的第一选项，对于那些因此而梦想的人们而言，依然是空头支票。在独立后的40年里，这个选项在许多把它当作可实现选项的非洲人的头脑中，已经变得相当模糊。非洲人已经在很大程度上专注于认同，这种认同是正在退却的殖民列强遗留给他们的，且尤其对于很少或根本没有记住独立前那个时代的那些人而言，当前的种种现实太容易显得像是从古远时代就传了下来的。多年来，一些既得利益在殖民体系瓦解后的秩序中已经得到巩固。凭借着国旗、国歌、仿造的神话以及对国家地位那种毫无根据的述说，就把对于历史上的连续性及正统性所做的伪装，赠予了武断地构想而成的精英们，而他们在历史上的那些根据也是伪造的。非洲的巴尔干化为构建一些杜撰的历史打下了基础：一些既新鲜又常常是精心制作的历史故事为一些新领土说话。于是，一部尼日利亚史、一部黄金海岸史、一部津巴布韦史等，成为可信赖的学术训练教程。在任何情况下都还不足一个世纪长的帝国主义者们的那些创作作品，穿上了新历史故事的华丽服装，俨然在历史上是公正的，而且带着完整而久远的气味。至少就现在而言，这完全是一个巨型骗局，是正在离开的殖民列强以及落入它们手中并协助它们获取当地利益的本地精英们，对于非洲人们泄愤所设计的，它们就这样把交出来的殖民地国家再施洗礼，成为殖民体系瓦解后的国家，但实际上这就是新殖民机构。当我们在19世纪末期离开大西洋奴隶贸易时代而进入大肆夸张的“自由贸易”时代，相似的骗局针对我们而来。

我们必须使我们的民族意识摆脱新殖民紧身衣的束缚，那紧身衣是以新殖民国家为基础而认同及定义（与公民权不搭配的）国籍（nationality）的。我们身为非洲人所要获得的利益，在19世纪后期及20世纪初期非洲被分隔且由正在离去的殖民列强匆匆修订而到位的这种遗产的基础上，并不能实现。我们对于自己究竟是谁这样的感觉，必须超越殖民间歇期的种种现实，但并不蔑视这种间歇期对我们产生的一些效果。换言之，在政治领域，就这种间歇期对于我们较大的社会选择所造成的影响而言，在牢固而更宽广的民主基础上，非洲民族主义要求我们有集体进步。当然，正如前面指出的那样，我并非指的是在新殖民国家情境下组织起来的民族主义；那种受限制的民族主义，其限度是由殖民列强为我们设定的。那些把非洲民族主义的概念限制在殖民地边界之内的人往往会说：我们现在处于“民族主义者之后”的时代，所以，我们应当把有关民族主义的著作合拢，别读它们。正是这种幼稚的理解以及未完成的民族主义进程，使得我们处在当前这种紧要关头。

在我们这个时代，假如非洲民族主义已经普遍指的是非洲人希望对达成自治的政治手段予以控制，那么，超出这一范围之外，与自治及自作主张有关的政治，相对而言还很少表达出来，也很少实现。迄今为止，非洲民族主义还没有办法在文化或经济层面上处理自治及自作主张，甚至在政治领域也是如此。正如已经有人指出的那样，非洲民族主义已经宣告它自己在很大程度上是一个分割形成体（a parcelled - out），而且巴尔干化的现实比非洲人的战略利益更为适合往昔殖民统治主人们的广泛利益。

正是非洲民族主义的这些不足之处，这些中途落脚之处，在有关文献及政治议论中，构成了所谓“民族问题”的基础。所以，在当代非洲，“民族问题”就是整个范围的非洲现实，在这种现实中，非洲人显示得疏离于文化、语言、经济以及政治方面的赋权条件（empowering conditions）。所以，在某种意义上，我们可以说，那种拒绝由非洲人们完成民族主义未竟事项的首要条件，恰恰就是显示得十分透彻的新殖民条件。殖民主义者们曾把我们的外部自然环境、河流、湖泊、海洋、山脉、植物群落以及动物种群重新命名，以便尽可能重新创立他们所知道及熟悉的一些名称。于是，非洲人就得到了一些所谓基督徒的姓名。对于主权的偏心，使用殖民者的语言，对非洲人的宗教习俗及礼仪大力诋毁并使之“异教化”，由西方人的利益对非洲经济的一些制高点几乎完全控制，英语、法语、葡萄牙语及阿拉伯语在媒体中唱主角，在经济事务中的从属，由扩大家庭变为核心家庭的结构，所有这一切都是让消除本民族化得以巩固的一些特征，而消除本民族化无意间已经带来“民族问题”。只有完成了民族主义的未竟事项，填补并弥合了这些缺口，非洲的解放和发展才会实现。在非洲所有各国，这些缺口以及不足之处在不同的程度上都可以辨别清楚。然而，正是在那些从前的移民—殖民地区，这些差别都十分明显。在南非的种族隔离制取消10年之后，阅读偶然发现的下列文字很有趣：

> 据说拒不把一些非洲语言当作科目（假设是说这些科目“低劣”并“浪费时间”）的一所林波波河（Limpopo）旁的学校，就会有……教育部长纳勒迪·潘多尔（Naledi Pandor）来访。她为卡普里科恩中学（Capricorn High School）的校长皮特·内尔（Piet Nel）声称不情愿实施教育部新的语言政策而表示惊讶。波洛夸内（Polokwane）学校——从前的一所C级模范学校，其学生当中80%是黑人——现在处在那一个痛苦的语言行列中央……本省教育局局长奥龙·莫措阿勒迪（Aaron Motsoaledi）以前说，教育部知道，卡普里科恩中学的教师们告诉过学生们，一些黑人语言是“低劣”并“浪费时间”的。

> 潘多尔说过，她也曾接到电话，有人告诉她那所学校的黑人孩子们得知，假如他们学习一种非洲语言，那么，他们很可能不能学英语和阿非利坎语。“假如这是真的，那么，这件事情很严重，因为这是不诚实的消息”。①

这是在一片国土中发生的事情，那里约83%的人民操一些非洲语言。在其他一些非洲国土中，没有移居者—殖民主义历史，同样的问题很明显，但是以另一种不太种族化的姿态出现。所有非洲各国，从独立时代刚一开始，就自负地宣称它们各自的非洲语言中，被所有公民所说的那种，最终就是“国语”（national language）。只有很少几个国家把这种语言的地位加固为“官方语言”，亦即在日常基础上的公务所用语言。这样做的蕴意在于，在名义上，某些地位尚不充分的“官方语言”，其身份被加固了。就非洲人生活中所用各种非洲语言的用法及作用而言，并没有经历过使任何语言超越“国语”地位而提升的情况。一些主导阶级和精英们确保那些殖民者的语言继续占统治地位。在殖民体系瓦解后的50年的非洲，还讲着这种故事。

在一个又一个国家里，教育家们试图证明，以母语所进行的教育，在开始几年里，对于掌握该语言至关重要。这种想法认为，学生们这样学了三四年之后，就应当把学习范围扩大到殖民者的语言。这是明智之举，传教士们一个多世纪之前就已经确信这种明智了。我们怎样还继续这种经验，以便试图对此予以证明，这是任何人都会猜测到的。对于世界上其他地区而言共同的智慧，就是我们所需要的验证和证据。我们还没有发现，在世界上任何地方，有哪个发展中国家或发达国家，是用某种借来的语言而取得成功的。这就是在文化层面上当代非洲的

① Prega Govender, *School in Hot Water Over Languages*, in *Sunday Times* (South Africa), 26th March 2006, CapeTown, p.13。那位年轻的莫桑比克语言学家皮塔·邦赫塞·阿尔凡德加（Pita Bongece Alfandega）与我（于2006年2月25日在哈拉雷）交谈时告诉我，在殖民时代，一些葡萄牙人把一些非洲语言说成是“猴子的尖叫”。

“民族问题”所形成的主要特征之一。

切入所有各族裔的非洲各国边界，使得非洲各种文化不可能充当“民族文化”的基础。起初，当代非洲的所谓“国语”始终如一地主张，没有超越殖民主义的历史。超越殖民主义而存在的历史，就是非洲人的长期文化中长久保存的历史，当然，是先于殖民主义而存在的。所以，在殖民体系瓦解后那种国家的语境下对“民族文化”（national culture）这个观念予以讨论时，人们只能认真地谈及新殖民主义的种种文化。删除或减小这些边界的意义，就会准许历史上的各种非洲文化自由结合，并可以让植根于非洲社会及历史中的种种民族文化，超越殖民者所创立的那些边界所带有的蕴涵。我想说的是，非洲各国的边界阻止了非洲文化的发展，使之超越不了新殖民主义的那些限度。

依据南非的经验，还没有哪个地方的非洲人们控制着他们“自己”经济方面的那些高端。我们的媒体由一些报纸主导，而用以出版这些报纸的语言，只有少数人用起来是充分理解或者能够写得流畅的，但这些人还不到全部人口的10%。我们大多数的非洲人都不明白这些悬殊，正是这种悬殊构成了民族问题。我们当中明白这些缺点的人，即精英们，要么不想改变事情，要么没有政治意愿那么做。因此，我们迟疑地守在非洲民族主义的中途落脚之处，甚至古怪地常常不好意思与非洲民族主义有关联。然而，只要非洲民族主义的未竟事项尚未完成，非洲的发展所充当的民主和解放的一种手段，就没有多少指望存在。我们只是已经局部地走在民族主义的道路上，更大一段路途还在前头。

我所说以及所指的民族主义，在总体上基于非洲人们的团结，那就是泛非主义。假如非洲人们要想获得成功，那么，就不得不把新殖民主义所庇护的民族主义替换掉。力主泛非主义的非洲民族主义，必须把非洲巴尔干化所留下的遗产清退掉。这是我们前头行进路途的一部分。非洲人们被分开，就不能幸存，就竞争不过中国、印度、欧洲、美国或者阿拉伯世界。所以，我们的最佳利益显然就是让非洲人们统一起来。

假如我们身为非洲人而不关注自己的集体利益，假如我们没有意识到自己是非洲人，而且不准备定义及追求这些利益，那么，就难以明白，我们怎么能够指望其他人关心我们的利益。只有那么多的那种不怎么属于非洲人的人们，才会毁灭我们。反反复复的饥荒，以及伸出去的讨饭碗，挫败着使我们获得救赎的那些方法，从而使得那种只能靠外来援助而发展的神话破灭。由一种社会运动所引导的文化主张，在这个阶段至关重要。用莫勒费·阿桑特（Molefi Asante）[①]的话来说，以非洲为中心的取向，在政策和实践中，支持非洲人在历史及文化方面的亲和关系，回忆那种被埋葬的记忆是攸关生死的，那种记忆就是非洲发展的唯一现实的根基。

① 莫勒费·凯泰·阿桑特（Molefi Kete Asante），1942年生，非洲裔美国学者、历史学家及哲学家。——译者

第六章　海外非洲人和本土非洲人

关于有非洲血统的人们，其历史和人口统计方面最显著的特征之一，就是今天我们实际上分布在全世界，但人数的集中程度各不相同。在非洲之外，最大量的非洲血统人们是在巴西，有人提到，按他们各不相同的肤色暗度来看，他们约占巴西人口的一半。在哥伦比亚、委内瑞拉、秘鲁，以及整个中美洲，还有墨西哥、美国、加拿大和整个西印度群岛，都分布着有非洲血统的人们。几个世纪以来，大量的这种人们已经在西亚死亡，而且稳定的侨民涓流的确找到了进入印度、中亚、巴尔干半岛以及除此以外其他地方的道路。

假如这些群体就是历史上古老的侨民，那么，在较为晚近的上个世纪，大量的侨民已经接二连三地到了欧洲和北美，以及除此以外的其他地方。总之，今天已经到处都有非洲人。被人们忘却的事情是，大多数这种移民的根源被直截了当地归为非洲人们的奴隶身份历史。值得注意的是，非洲人出现在亚洲、欧洲和美洲几乎不是晚近的事情。非洲人在古希腊和古罗马已经出现过；在伊斯兰教产生之前的多个世纪，我们已经去过阿拉伯和亚洲其他地方了；而且“贩卖非洲奴隶的国际贸易规模很大，以至于从本质上来说是全球性的”①。

除了20世纪主要是去往欧洲和北美的移民之外，在世界上非洲人现在能见到他们的同类的所有这些地区，他们大部分是遭受奴役和痛

① Joseph E. Harris（ed），*Global Dimension of the African Diaspora*，Howard University Press，Washington，1982，p.3.

苦而被带到了那里的。在地球上不同的地方，非洲人为不同的主人辛劳和干活。在非洲奴隶贸易那个时代，有那么多的非洲人被带到这个大陆之外，以至于在1850年，约有三分之一的有非洲血统的人们生活在非洲之外。在几乎四个半世纪（1441—1888年）的岁月里，跨大西洋两岸的奴隶贸易造成了约1500万至2000万的海外非洲人（African Diaspora），他们来自非洲的许多地区，特别是非洲西海岸各地。跨大西洋奴隶贸易的整个过程是种族灭绝的。奴隶搜捕和贩奴战争都是破坏性的，不仅丧失生命，而且扩大了产生于非洲社会长达450年的社会混乱，并遗留下种种问题。在非洲大陆本土以及跨过大西洋“中部通道”的运输过程中，有更多的奴隶丧命。在奴隶们抵达西半球后一年之内，有10%～20%的人死去。大多数被奴役的非洲人，其中约为总数的42%，沦为加勒比海地区甘蔗种植园的奴隶。这些奴隶当中约38%的人在巴西的甘蔗种植园和矿山，还有约15%的人在拉丁美洲其他不同地区，约有5%的人被卖到北美。欧洲殖民主义作为经济制度出现在非洲的奴隶制中，大多数历史学家长期以来都同意这种看法。资本主义作为一种经济制度而出现，与跨大西洋奴隶贸易，与奴隶贸易及被奴役的各族人们的劳动所产生的财富，都有直接的关联。马克思写道：“美洲金银产地的发现，土著居民被消灭、被奴役和被埋葬于矿井，对东印度开始进行的征服和掠夺，非洲变为商业性地猎获黑人的场所：这一切标志着资本主义生产时代的曙光。这些田园诗式的过程是原始积累的主要因素。”[①] 在1943年出版的埃里克·威廉斯（Eric Williams，后来的特立尼达和多巴哥总统）的那部著名著作《资本主义和奴隶制》（*Capitalism and Slavery*）里，说明了从对于美洲加勒比人土著居民的奴役，到使用白人罪犯和契约劳工，一直到使用黑奴，这些社会变迁有助于形成加勒比地区的蓄奴派。威廉斯指出，黑奴的起源可以从经济基础方面，而不是用种族动机予以解释：“那与劳工的肤色

---

① Karl Marx, *Capital*, Vol.I, Lawrence and Wishart, London, 1954, p.703.

无关，而是与劳动的廉价有关。”[①]17 世纪时，新大陆的爱尔兰裔奴隶并不普遍。

在阿拉伯人的奴隶与欧洲人的奴隶之间，当有一些非洲人被阉割的时候，其他非洲人绝不是没有受害，或者没有在身上被烙下印记；驱赶非洲人的那些主子们把他们像役畜一样使唤。有关对非洲人鞭抽和棍打、上烙印以及阉割的那些记录，不仅使我们的身体留下痕迹、受到伤残，而且造成精神上最严重的损伤。克劳德·麦凯（Claude McKay）在他所写的诗歌《沦为奴隶》（*Enslaved*）里，对这种经历写下证言：

哦，当我想到我那长期遭受磨难的种族，
在令人厌倦的几个世纪里被鄙视、被压迫，
被奴役并被私刑处死，被拒绝享有人的地位，
在基督徒西方人的重大生命线中，
在继承权被剥夺的那黑土地上，
那是在被抢夺的黑土地诞生的古老故乡。
我的心中充满仇恨，变得沉重如铅，
为我这个在大地上没有家园的种族。
于是从我灵魂的黑暗幽深之处，
我向复仇天使哭着喊着，
要那个令人迷惑不解的白人世界完全毁灭：
让它被大地那巨大的子宫吞掉，
或者像祭献的烟雾那般朝上翻滚，
使我的人民解除他脖上所套之轭。

当有人讨论非洲的奴隶制时，往往主要是关注大西洋奴隶贸易。

① Eric Williams，*Capitalism and Slavery*，Andre Deutsch，London，1964 edition，p.19.

事实上，非洲的奴隶贸易存在过两种样式。第一种也是有较古老记录的那种样式，就是阿拉伯奴隶贸易，出现在东非的沿海以及内陆，而且它那种穿越撒哈拉沙漠的附产品，在历史上几乎可以回溯到两千年前。在东非沿海，这种贸易的活跃地区从莫桑比克延伸到索马里，使一些奴隶死于阿拉伯湾（Arabian Gulf，即波斯湾——译者）、印度以及中亚。另一条路线沿着尼罗河伸进阿拉伯世界的其他地区以及信仰伊斯兰教的西亚。第二种样式，也就是更让人时常回想到的非洲奴隶制的那一章，那就是大西洋奴隶贸易，出现在西方扩张开始之时的15世纪中叶，延续到19世纪下半叶。确切地说，它的容量和地理范围使它在非洲社会的发展和演进过程中，成为最为动荡的因素。

另一个相对安静和模糊的地区，就是从亚洲以及非洲其他地区进入南非的奴隶贸易。荷兰人扮演了这种贸易的主角。他们在17世纪中叶遭到葡萄牙人排挤之后，首先启动了奴隶贸易的一个特殊篇章。1658年，第一批奴隶被带到南非，他们就是来自几内亚沿海的400名西非奴隶。不久以后，即1667年，荷兰东印度公司开始用船只从印度沿海、爪哇岛、锡兰、东非以及马达加斯加贩运奴隶。[①] 连同本地区的非洲土著科伊科伊人（Khoe Khoe）和桑人（San）这些群体，各种群体的混合，为形成南非的开普有色社区打下基础。

这种故事中所说的大西洋西侧的奴隶贸易，比起非洲那一侧即东侧的事情来，已经被人们调查和研究得很透彻了。即使已经被识别的西非沿海一些海港进行奴隶贸易的规模，这方面的数据目前也相当短缺。[②] 关于这个大洲的奴隶制方面的调查材料和数据，普遍缺乏，这样就局部地汇合成对非洲本土奴隶制（indigenous slavery）性质的那种并不确定的推测，而且还有人坚持“非洲人出卖了他们的兄弟姐妹、母

① M.H.de Kock, *Economic History of South Africa*, Cape Town, 1924, p.13; K.K.Prah, *Beyond the Color Line*, Africa World Press, Trenton, 1998, p.118.

② Melvin Drimmer (ed), *Black History: A Reappraisal*, Doubleday & Company, Garden City, 1968, p.29.

亲和父亲”当奴隶这种观点。

据阿卜杜勒－拉希德·纳阿拉（Abdul－Rasheed Na'Allah）说，贝宁共和国总统马蒂厄·克雷库（Mathicu Kérékou）曾建议召开一次集会，以便本土非洲人可以就奴隶制问题而向海外非洲人道歉。[①] 另一位观察者塔努·亨利（Tanu T. Henry）则写道：“1999年末，克雷库成为第一位公开承认非洲人在奴隶贸易中起了作用并为此道歉的非洲国家领导人。他的姿态，包括在巴尔的摩的大使命教堂（Church of Great Commission）里向非洲裔美国人会众跪下，被许多人认为，对于医治把本土非洲人与海外的非洲裔人民分开的那些历史性创伤，是一次诚挚而受欢迎的举动。在贝宁召开的一次集会使一些欧洲人、美洲人和非洲人集中到一起，请求奴隶贸易的受害者们的后代予以饶恕。不久以后，加纳前总统杰里·罗林斯（Jerry Rawlings）向海外非洲人做了类似的道歉。当比尔·克林顿总统在非洲访问格雷岛（Goree Island）[②]时，仅仅是由于没为了奴隶制而做道歉，就被堵住而停步；甚至连他在美国和欧洲开始提到西方人的过失，也遭到严厉的批评。”[③]

近年来，持这种观点而发出最突出声音的人，可能是哈佛大学的亨利·路易斯·盖茨（Henry Lois Gates）。阿卜杜勒－拉希德·纳阿拉指出了如下事实：“斯基普·盖茨（Skip Gates）在他的《非洲世界奇观》（*Wonders of the African World*）这套视频系列节目中，让一些非洲人向他道歉，因此显示他的信念，那就是非洲大陆的非洲人需要向海外非洲人当中的奴隶后代们道歉。”[④] 的确，盖茨在他制作的纪录影片《非洲世界奇观》中说得很明白的这个观点特别有用，因为正如先前有人说

---

① Abdul－Rasheed Na'Allah, *Thoughts on the Atlantic Slave Trade: the Roles of Africans and the Issue of Apology for Slavery*, in *West Africa Review*, Vol.2, No.2, www.westafricareview.com/war/voll.2/voll.2a/NaAllah.html.

② 格雷岛，塞内加尔首都达喀尔的港口外面约两千米远的大西洋上一个岛屿，在历史上以奴隶贸易中心而闻名，是欧洲殖民者最早涉足的非洲据点之一。——译者

③ T.T.Henry, *An American in Africa Talks about Reconciliation*, www.africana.com/article/daily/index.20010814.asp.

④ 同上。

过的那样，这样就把这个观点公开了，这本来只是个相当普通的观点，却有人要压低声音说。阿米奇·奥科洛（Amechi Okolo）写道："这个问题那种争论不休、令人困惑而又尴尬的性质，使许多非洲学者和非洲裔美国学者羞于面对。"[①] 奥科洛继续评论道："这个主题无论在何时提出，总是引起争论，所以，我能够理解，为什么它吸引那么多的人注意。我是20世纪70年代初期刚刚在普渡大学（Purdue）当研究生时，第一次听到这个问题的。我当时很困窘，因为此前我对于非洲人在奴隶贸易中可能是共犯这种事情，并没有接受过许多想法。从那时以后，我认识到，许多白人学者很喜欢提出这个问题，那是因为这种办法对于他们很有用。"[②] 盖茨的作品已经引起许多人的强烈反应，其中最激动人心的一些反应，已经发表在2000年度的《西非评论》（*West Africa Review*）上。多米尼克·贾尔（Dominic Jale）在《加纳编年史》（*Ghanaian Chronicle*）中写道：

> 非洲大陆所面临的经济危机只不过是一场诅咒而已，哈佛大学的非洲裔美国学者亨利·路易斯·盖茨教授说过："*假如你们拥有的是一片大陆，那里的同类人们以及就那件事情而论的人类资源，由于贪图微不足道的钱财而被卖出去了，那么，你们还指望看见什么呢？对于这片大陆正经受着所有种类的困难，我毫不吃惊*。"他是在会见马蒂尼·德索萨（Martine de Souza）时这样说的，而此人的曾祖父弗朗西斯科·德索萨（Francisco de Souza）是著名的巴西奴隶贸易商兼贝宁共和国——从前的达荷美——境内的维达（Ouidah）[③]总督。盖茨是在执导由马蒂尼·德索萨在贝宁的维达港所摄影的那部名为

---

① Amechi A. Okolo, *My Preliminary Response to*: *A Preliminary Response to Ali Mazrui's Preliminary Critique*, www.westaficareview.com/war/voll.2/okolo.html.

② 同上。

③ 维达，贝宁共和国大西洋省的一个城镇，濒临几内亚湾，葡萄牙、法国、荷兰、丹麦、英国和美国曾在该地竞相贩卖奴隶和进行棕榈油贸易，1893年起属于法国。——译者

《非洲奇观》（*The Wonders of Africa*）的纪录影片当中“不再回归之处”（point of no return）那一节时，说了上述那番话的。[①]

尽管盖茨并未使用“诅咒”这个词，但是他的文风可以像贾尔合理归纳的那样，就是那种意思。这是一种异常迷信的、不科学的思想转变，这种转变出现在（上文中斜体所标出的）这种样式的历史事实中。把非洲当前发展中遇到的危机，归为某些非洲人曾经在奴隶贸易中参与共犯这种事实，那顶多就是显示了一种粗鲁的、没有受过历史方面教育的看法；或者在最坏情况下，则是需要使掩藏在非洲人参与大西洋奴隶贸易后面真正而较大的利益，令人满意并免除责备。福拉博·阿雅伊（Folabo Ajayi）对于盖茨那些看法所做的评论颇有道理：“当斯基普·盖茨那时候赞同我所说的艾里斯·沃克（Alice Walker）那种看法，即今天的非洲人就是一堆脏乱东西，因为非洲人把他们自己人卖了当奴隶，我真的大吃一惊。唉，假如非洲由于出卖自己的人民当奴隶，现在正在受到惩罚，那么，似乎西方就要因为它干了同样卑鄙的人口拐卖，起到同样有罪的作用，现在该大受奖赏了。再说了，是谁把谁卖了当奴隶的呢？许多搜捕奴隶的人后来被别人抓捕，被卖为奴。西非到处是从海上运奴船中折转回来以及废奴制度实施后获得自由的非洲人的后代。据说还存在着一些档案，表明有大量的非洲人去到美洲当了契约佣工，不过，他们是自由之身。”[②] 在（2000 年 6 月 4 日）与先前的黑豹党首领伊冯妮（Black Panther Yvonne King）交谈时，她的意见是，假如盖茨那个论题，即本土非洲人由于曾经把自己的兄

① Dominic Jale，*Africans are a cursed people*，in *The Ghanaian Chronicle*，Vol.2，No.103，Saturday 20，12，2003，www.ghanaian－chronicle.co./onsaturday/page9b.htm。贾尔还做了如下有益的评论：“理解非洲人们在奴隶贸易中担当共犯的动态，对于理解非洲人们在历史上是积极而多样的人们来说很重要。这种理解不应当减除人们对奴隶贸易的痛恨，或减除对于其在美洲留下的不平等及种族主义遗产的痛恨。”同前。

② Folabo Ajayi，*The Travelogue*：*Wonders of African World*，in *West Africa Review*，Vol.1，No.2，www.westafricareview.com/war/voll.2/voll.2a/NaAllah.html.

弟姐妹卖身为奴，现在就是一堆脏乱东西，那么，我们究竟怎样才会找到解决我们难题的办法？盖茨的那些论点在这方面的确太情绪化，不够理智。

顺路往下再走一步，超越盖茨的推理，我们就遇到了里奇伯格（Richburg）的想法，他认为，当今非洲整个混乱场面使他确信，自己身为一个美国人，虽然也像祖先故土的那些非洲人一样是个黑人，但是他很高兴自己并非那脏乱东西当中的一员。“我那时候在非洲，在我祖先们的出生之地，站在河边，并不是一个非洲人，而是一个美国记者——仅仅是个旁观者——注视着那些非洲黑人们的臃肿身体，从一条瀑布上顺流而下。当时我就想到，假如有一些不同的事情，究竟是什么，哦，我本可能就是他们当中一分子——或者可能遇到了类似的情况……遇到了发生在这片野蛮大陆上，无数正在进行的内战或部落冲突里的其中之一。所以，我感谢上帝，使我的祖先度过那次远航活下来了。”[1] 因此，里奇伯格把新世界的奴隶制遗产转变为一次获得救赎之旅程。他的确为非洲感到羞耻。他想尽可能拉大自己与这个非洲之间的距离，这地方是那么不可救药地狂暴，而且毫无能力自己救助自己。但是，他用自己的话语含蓄地赞颂美国，在同样这个美国，“黑人们现在形成美国城市下层阶级的核心。所有黑人男子当中，有三分之一的人，在20～30岁这个年纪，都被监禁，或被判处缓刑，要么就是获得保释。毒品正在摧毁黑人共同体”[2]。里奇伯格为之庆幸的美国，实际上是白人创建及掌管的美国。有一个加勒比地区的人对于里奇伯格的那些观点做出如下反应：“我正等待着那一天，那时候，某个白人可能会由于奴隶制、法西斯主义、殖民主义及种族主义的万恶遗产，拒斥他自己的欧洲祖先。里奇伯格就是一个白痴。我是一个非洲

---

① Keith B. Richburg, *Out of America: A Black Man Confronts Africa*, Harper Collins, Jeppestown, 1997, p. xii.

② 同上，p. xiii。

裔加勒比人。”[1] 的确，里奇伯格观点的正面和反面已经引起了许多情绪化的回应。里奇伯格个案的可悲之处在于，他是在当代非洲那杂乱的种种考验和苦难之外，为他自己的美国性状而构建起那个个案。

纳阿拉以如下评论阻止盖茨：“我们需要知道，非洲人是否告知了欧洲，他们过去是些奴隶，并邀请了欧洲人来购买奴隶；还是欧洲人有他们自己的计划，诱使那些不了解情况、在军事方面较为虚弱的非洲人们，在大棒与胡萝卜之间选择，出卖自己的兄弟姐妹。我们需要知道，是否有哪个非洲人，对于那种让他自己那样的人们被卖到海外的想法，未曾抵抗……奥波博国（Opobo）的贾甲国王（King Jaja）[2]以及他的同时代人们发生了什么事情，是否非洲人真的未曾反抗过奴隶贸易……对于那些其兄弟姐妹丧身为奴的非洲人、那些其丈夫被卖走并被强迁到欧洲以及美洲种植园的妻子们，有谁肯向他们道歉？对那些其表兄弟姐妹们、姨妈姑妈们、侄儿外甥们遭到集体屠杀以及被扔到大海里喂了鱼虾蟹鳖的人们，有谁肯向他们道歉？对那些其 *aso ara* ‘衣不蔽体’ 而被赤身裸体强迁的人们，那些其家园、民族和大陆长久饥馑而难以发展的人们，有谁肯向他们道歉？假如被带到新大陆的所有那些非洲人，都回到他们祖先本来的地方，留下来辛劳种地、养鱼，那么，非洲很可能比现在这样好得多。”[3] 我回想起来，20 世纪 60 年代中期，在荷兰，历史学家夸梅·达阿库（Kwame Daaku）坚持认为，有一些档案记载了非洲人反抗过奴隶制。格洛丽亚·埃米亚瓜里（Gloria Emeagwali）性急地抓住这一点而说道，这种“倾向就是暗示并旁敲侧

---

① Joseph Collins，http：//www.strauss.za.com/afric/ke-amz-richb.asp.

② 奥波博国，由土著的伊格博人（Igbo）于 1870 年建立的一个传统城邦国家，位于尼日利亚南部，其创建者、国王贾甲（1821—1891）本名“朱博·朱博嘎”（Jubo Jubogha），伊格博人，12 岁被卖为奴，后来改名为“贾甲”与英国人做买卖。详见“wikipedia”有关词条。——译者

③ Abdul - Rasheed Na'Allah，*Thoughts on the Atlantic Slave Trade*：*the Roles of Africans and the Issue of Apology for Slavery*.in *West Africa Review*，Vol.2，No.2，www.westafricareview.com/war/voll.2/voll.2a/NaAllah.html.

击地认为，非洲及非洲人所发明的奴隶制应当终止了”[①]。埃米亚瓜里提醒我们，刚果王国（Kongo）的国王恩津嘎·姆贝穆巴（King Nzinga Mbemba）即阿丰索（Afonso）[②]在1526年10月18日致葡萄牙国王的一封信中，对“奴隶贸易的邪恶”有他自己的思想：“……我们不能料想，由于所提到的那些商人每天正在把我们的一些本国人、大地的子孙们和我们一些贵族的儿孙们以及臣子们、亲戚们带走，会造成多么大的损害，因为这些贼盗和没有良心的坏蛋把他们洗劫一空，拿走了这些贼盗和坏蛋渴望得到的本王国的财物和器皿；贼盗和坏蛋们把我们的人抓走、卖掉，那么堕落，那么放肆。阁下：我们的国家人口正在彻底减少，殿下您不应当同意这样干，也不应当接受这样为您效劳。为了避免这种情况，我们需要您的那些王国里，只是有些牧师和为数很少的人在一些学校上课，除了圣餐上要用的葡萄酒和面粉以外，不再需要其他商品。这就是我们为何祈求殿下您在这事情上给予帮助和救援的原因，望您命令您的那些代理人，不应当让他们送些商人和器物来这里，因为我们的愿望是，在这些王国里，不应当存在任何奴隶贸易，也不应当放走奴隶。就上面提到的事情，我们再次恳求殿下您同意，否则，我们就不能补救这种明显的伤害……（七月六日写于刚果我们的城里）。”

约翰·桑顿（John Thornton）的一些议论也使得那种争论更加充实了。桑顿认为，奴隶制或这种奴役体制，是许多非洲社会遇到西方人之前就已确立的特征。由于这种缘故，按他估计，在许多非洲统治者的心目中，对于奴隶制的思想，那时就存在着现成的适应性，而这些统治者已接受了某个人可以奴役另一个人这种事实。其实，这并非那

① Gloria Emeagwali，*On the Slavery Issue in Wonders of the African World*，in *West Africa Review*，Vol.2，No.2，www.westafricareview.com/war/voll.2/voll.2a/NaAllah.html.

② 刚果王国，约14世纪出现在非洲中西部的国家，位于今安哥拉北部、刚果共和国、扎伊尔西部以及加蓬的最南部，全盛时期北达刚果河流域，南抵洛慈河，西至大西洋，东到宽果河流域，19世纪末被欧洲殖民者瓜分；恩津嘎·姆贝穆巴（？—1543），刚果王国第六位国王，基督徒名字即“阿丰索一世”，1506—1543年在位。——译者

时候只有非洲各个社会才独有的现实，在世界上其他许多地方也存在着类似现象。桑顿指出，非洲的首领们经常都遇到有关奴隶制的道德和伦理难题，尤其是葡萄牙人和其他欧洲人所展示的那种奴隶制，情况更差。这些情况与非洲的土著习俗截然不同，按这类习俗，奴隶们与主人家中的人员婚配并不少见。① 桑顿那些议论听起来可能就像对我们许多人所做的道歉，但是，说得更为温厚。他对一些流行的认知做了有益的矫正。

另一位观察者约翰·佩拉索（John Perazzo）并未故意措辞温和，而是做了尖锐的评注："许多非洲社会也可观地把奴隶卖给西方而获利，且因此有力地支持了跨大西洋的奴隶贸易。"佩拉索公正地指出如下事实：一些沿海地区较为强大的黑人国家，想方设法垄断腹地的运输，（以及）惊人地繁荣起来。一些非洲王国完全是通过贩奴而获得威力并达到繁荣。他接着就并不虚假也不粗鄙地暗示道："实际上，很可能跨大西洋奴隶贸易真的让非洲的商人们有事可干，比欧洲商人们干得更多。"佩拉索接着提出论证，说道："虽然奴隶贸易通常被说成是让所有的非洲人都一律败坏了，但是，黄金海岸那些做奴隶买卖的社区，却由于奴隶制以及强烈反对英国为废奴而尽力所做的事情，兴旺起来。冈比亚、刚果以及达荷美的部落首领们实际上派过一些代表团去伦敦和巴黎，为反对废奴而辩论。塞内加尔的统治者和商人们要求把他们的领地归类为法属'保护领地'，而不是'殖民地'，以便他们可以合法地继续做贩卖奴隶的生意。"② 佩拉索提供了一些可疑的数据支持他的论证，我们还不知道他那些证据的出处。他说道："在 19 世纪中叶那三分之一时期，非洲需要的奴隶极大增加了。由于西方的买入者们放弃了市场，使得大量的非洲人留在自己的本乡而容易沦为奴隶。因

---

① John Thornton, *African Political Ethics and the Slave Trade: Central African Dimensions*, http://marauder.millersville.edu/~winthrop/Thornton.html.

② John Perazzo, *Reparations: Overlooking African Complicity in the Slave Trade*, in *Front Page Magazine.com*, 8th May, 2002.

为这样过剩，奴隶们的价格大大下降，从而使得对他们的所有权更加吸引了非洲买家。因此，1830 年之后，在这片大陆上的广大地区，黑人遭受奴役的情况戏剧性地增多。在 19 世纪 30 年代，单是桑给巴尔岛的奴隶人口就超过了 10 万人。在苏丹西部，奴隶很多，以至于在 19 世纪下半叶占了该地区人口的大部分。到了 1870 年的时候，在尼日利亚南方的一个城市里，104 个家族就拥有合计为 5 万多名奴隶，平均每家有奴隶约 500 名。总体上来看，1850 年之后，黑非洲购买者们所获得的奴隶，比出口到东方和西方的总数还多。这一时期那个典型的非洲买家做出决定，从他的奴隶中压榨他所能够压榨的所有那些劳工，迫使他们超长时间干活，使他们难以承受而几乎丧命。东非的种植园经济在 1875—1884 年之间达到最兴盛，当时肯尼亚沿海就有大约 4.5 万名奴隶，占那里总人口的 44%。埃塞俄比亚那些高原以及乍得湖以东地区，1820 年时奴隶仅占该地区居民的 4%，但到 1900 年时，却有三分之一的居民是奴隶。在辽阔的萨赫勒沙漠草原区，从塞内加尔的大西洋海岸，延伸到乍得湖湖滨地区，到 19 世纪末，奴隶占全部居民的三分之一乃至一半。在附近的一些商业中心，这一比例达到 80%，令人吃惊。到了 1900 年的时候，在尼日利亚北部的索科托（Sokoto）伊斯兰教长国，那里的面积大致相当于加利福尼亚州，却拥有至少 250 万名奴隶。”① 上述引文的真正含义在于，至 19 世纪初叶，依靠非洲奴隶劳动为生而出现的全球资本主义体系，正在转变它的劳动社会学意义。

常常有人提出一个问题，是否由于一些经济因素的驱动，迫使农奴制、强迫劳役以及奴隶制得以废除。的确，有证据间接地表明经济因素至关重要。有人确信，那一时期的许多利益攸关方所利用的自由劳工，在经济方面胜过抵押劳工。我们得知，一位当代英国驻伯南布哥（Pernambuco）领事估计，在奴隶主用于购买奴隶所支付的资本里，丧失了 12%的利息，但会从其他方面赚回这些利息。奴隶制并非由于

---

① John Perazzo, *Reparations: Overlooking African Complicity in the Slave Trade*, in *Front Page Magazine.com*, 8th May, 2002.

人道主义原因而衰落。但是，这样说并非没有考虑到废奴主义者所发出的声音以及所产生的影响，在政治上所起的重要作用。霍布斯鲍姆注意到，由于英国的压力而有效地终止了国际奴隶贸易，这显然切断了奴隶的供给，并迅速提高了奴隶的价格。从非洲进口到巴西的奴隶，1849 年为 5.4 万名，至 19 世纪 50 年代中期实质上降为零。国内奴隶贸易这一因素在废奴主义者所做论证中虽然利用得很多，但它似乎并没起到重大作用。从奴隶劳动到非奴隶劳动的转变，在政治经济方面很重要，并发出了紧急的结构变迁信号。到 1872 年时，在巴西，自由的“有色或混血”人口几乎是奴隶人口的三倍之多，甚至在“纯种黑人”当中，上述两群人口的人数几乎也是相等的。据估计，在古巴，到 1877 年的时候，奴隶的人数减少一半，从 40 万名减少到 20 万名。也可能甚至在最传统的奴隶耕作地区，从那个世纪的中叶起，制糖、机械化制糖厂在生产过程中对劳力的需求减少了，尽管在古巴这样的地方，糖业经济还在增长，对于农场工人的需求是对应增加的。然而，鉴于欧洲甜菜榨糖业越来越激烈的竞争，以及蔗糖生产中劳力成分所占极高，那么，对低端劳动成本形成的压力是相当大的。奴隶种植园经济能够承担沉重的投资于机械化和奴隶工人中双重的成本吗？起码在古巴，这种计算鼓励了对奴隶的替代，与其说用自由劳工，不如说是用来自尤卡坦（Yucatan）的玛雅印第安人以及中国的契约劳工予以替代。奴隶制作为一种劳动剥削的方式，在拉丁美洲无疑是走向了衰落，即使在废奴之前也是如此，与这种劳动形式相反的经济案件在 1850 年之后越来越多地出现，对于资本家而言，这是很令人信服的。[①]

这种事情的暗含之义在于，当奴隶劳动在新大陆急剧衰落时，在产地造成奴隶劳动的机器依然大行其道。非洲的那些蓄奴国家及帝国，如阿散蒂、贝宁、达荷美依然被各个统治阶级所实行的蓄奴习俗及消费习惯吸引着，这些阶级是在此前几个世纪中形成的，对欧洲所需要

---

① E.J.Hobsbawm, *The Age of Capital*: *1848—1875*, Weidenfeld & Nicolson, London, 1975, pp.184 ~ 185.

的奴隶劳动做出回应。这就是即使非洲及新大陆的奴隶制被废除之后，蓄奴习俗为何还在苟延残喘的原因。非洲的那些有产阶级在几个世纪中已经成为那期间发展起来的奴隶经济体的附庸。这是对“自由贸易”、新兴矿业及工业资本以及非洲的种植园中所生产的初级农产品所做的回应，这种初级农产品充当了经济的驱动力，而这种驱动力则最终使奴隶搜捕及奴隶制不再延续。

非洲人并没有到外国去选择他们当中特殊类型的人，没有去把欧洲人变成奴隶并卖给欧洲人。奥耶坎·奥沃莫耶拉（Oyekan Owomoyela）关于这种事情所得到的一些研究成果颇有远见。他说：“有人对于谁把谁卖身为奴以及可能应当存在着什么程度的罪行而做的那些过分简单的评论，忽视了好些事实。谁使我们成为奴隶而加以伤害，过去常常是个运气或机会的问题，原因在于，假如军事接触的运气不相同，那么，抓捕他人者本身就很容易成为俘虏……那些奴隶的非洲裔美国人后代，现在谴责非洲人是那种把他卖掉的人们的后代，他认为那些人本来可能有机会成为不同的人，而现在却成了正在被谴责的人，被某个身为非洲奴隶贩子后代的某个非洲裔美国人所谴责。”[①] 人们并没有从大洋彼岸回来告诉非洲人那时候发生了什么事情，使他们被漂洋过海抓走。这片大陆的非洲人从未对那个系统有过全盘图景。那种残酷的特权那时候归白人享有。那时为了金子、象牙、奴隶等而从事非洲贸易的欧洲人，是一些残忍的冒险者、窃贼、海盗以及专业的拐骗者。那个系统是从欧洲流出来的，但其好处首先而且最可观地归给了欧洲商人和冒险者们，其次才轮到南北美洲的殖民者，最后给了非洲那些统治阶级以及那些早期的买办。正如先前所说，在那些世纪里的大多数时候，没有任何人从那些种植园回来报道过那时正在运送什么货物。亚霍达（Jahoda）指出了要点：“为了保持适当的看法，不得不强调，绝大多数奴隶是从非洲的那些以海岸为生或者海岸附近的商人以及酋

① Oyekan Owomoyela, *Monumentality*, *Scriptocentrism and Other Mismeasures of Man*, in *West Africa Review*, Vol.1, No.2, www.westafricareview.com/war/voll.2/voll.2a/NaAllah.html.

长们那里买来的。由欧洲人直接捕获的很少，因为这样做可能会与那些无论如何都情愿卖奴隶的人发生冲突。存在着形式相对温和的家族奴隶制（domestic slavery），使非洲的居民偏向于接受这种交易，虽然这些交易可能不太符合那些被运往欧洲的不幸的人们所设想的后续命运。”[①] 我们不得忘记，当随后的归国者们分批回来时，特别是从非洲裔巴西归国者各社群回来的一些人，卷入了奴隶贸易并成为像那些显著的奴隶贸易商一样著名的人。

我在其他地方曾经指出，本土的蓄奴习俗普遍流行于非洲，尤其是在权力和特权沿着水平的社会—经济界线而运行的那些分层社会中更甚。但是，非洲的本土奴隶制绝不是残暴的制度，不像阿拉伯人治下或欧洲人领导下那样糟糕。从社会学角度看，那时候奴隶们得到容纳，而且奴隶制是一种增多社群人数的方式。在大多数情况下，奴隶与所有社会—经济层次的主人社群中的人员婚配。奴隶的谱系是按氏族和世系这两个级别算的，而且从未被人认为是有效独特的。正如西非的阿坎人部落所说“*obi nchre obi echi*”（意为“你不要指望去窥探或针对人们的谱系”）的那样。[②] 格雷斯（Grace）写道：“……欧洲奴隶贸易商们的到来，实际上导致西非奴隶的数量增加了，并导致奴隶制的情况恶化……显然，欧洲人抵达西非最初是强化并鼓励了那里家族奴隶制的制度。”[③] 事

---

① Gustav Jahoda, *White Man: A Study of Attitudes of Africans to Europeans in Ghana before Independence*, Oxford University Press, London, 1961, p.2.

② K.K.Prah (ed.), *Reflections on Arab-Led Slavery of Africans*, Centre for Advanced Studies of African Society, CASAS Book Series No.35, Cape Town, 2005, pp.7~8.

③ John Grace, *Domestic Slavery in West Africa*, Frederick Muller Limited, London, p.4。格雷斯提供了来自阿内内（Anene）和罗德尼（Rodney）的证据，以便支持他如下论点：“当阿内内把（奴隶贸易开始三个世纪之后的）19世纪流行于贝宁的人祭，与一些葡萄牙旅行者早在16世纪对贝宁所做的良好报道进行对比，就提出这个问题。罗德尼甚至进一步谴责欧洲人，他坚持认为，上几内亚海岸的家族奴隶制是邪恶的，也许这种制度的确存在，就像一些欧洲人著作所写的一些内陆部落中那么多。”同上。又见 J.C.Anene, *Southern Nigeria in Transition, 1885—1906: Theory and Practice in a Colonial Protectorate*, Cambridge, 1966, p.22; Walter Rodney, *African Slavery and Other Forms of Social Oppression on Upper Guinea Coast in the Context of the Atlantic Slave Trade*, in *Journal of African History*, VII, 3, 1966, pp.431~43。

情的真相是，非洲本土奴隶制这种制度本身适合于正在全球化的西方在经济方面对奴隶的需求。为了满足非洲各统治阶级所消费的西方商品，主要是枪支、杜松子酒、丝绸等，奴隶、金子和象牙就成为他们进行贸易的交换物品。枪支弹药特别值钱，因为它们直接或间接地是最有权的商品，能够换取大多数顶得起它们价值的其他商品。非洲各王国和各帝国的好运与霉运在整个奴隶贸易时代都联系在了一起。例如，阿散蒂和达荷美渐渐有兴趣支持贩奴战争、搜捕奴隶以及奴隶贸易。

然而，假如本土非洲人和海外非洲人要想前进，要想解决那些将来会与非洲的解放、统一以及应对挑战相关的突出问题，那么，就需要对上述争论双方各种各样的观点做深入的了解和研究。不管怎么样，盖茨的著作已经引起了许多人的情绪及思索。马丁·基尔孙（Martin Kilson）在其对盖茨著作所做的评价中，故意语调尖酸地暗示说，在普通的理智论述中，盖茨显得“……很像是一个神经质的人，想以我所说的‘贬低黑人的词语’那种理智论述的模式，来表达他关于非洲裔美国人的社会—文化及政治样式的论述，我应当补充一句，那种模式就是涉及黑人种种现实的理性论述，盖茨的理智同行夸梅·安东尼·阿皮亚（Kwame Anthony Appiah）也是沉溺于其中的。其次，亨利·盖茨关于非洲裔美国人的社会—文化及政治样式的许多论述，显出一种十足的变色龙品质——很像是个狂躁症患者，想要在一方面‘贬低黑人’或‘反感黑人’的模式，与另一方面表面上弥补的‘善待黑人’的模式之间移动，来形成他关于黑人种种现实的论述，哪怕这种弥补姿态最终也是假冒的。”① 基尔孙做过那些用力猛击的评价之后，又发出一些与盖茨那部影片相关的结论。基尔孙写道：

> 从本质上而言，亨利·盖茨关于他本人自视甚高的那种近

① Martin Kilson, *Master of Intellectual Dodge: A Reply to Henry Louis Gates*, *The Black Scholar*, Spring 2000, Vol.30, No.1, in *West Africa Review*, www.westafricareview.com/war/voll.2/voll.2a/NaAllah.html.

视，其主要因由可以看成是两方面的：一是《非洲世界奇观》那部影片失败了；二是智力上缺乏教养，使得那种贬低黑人的模式中弥漫着一种气味——这种气味实际上在预示着那部系列影片的政治见解。还有什么东西可以解释，为何缺乏把该系列影片说清道明的一系列训教格式——即一种格式化的引导纲要或格式，以便向美国观众传达一系列定量的关于非洲历史及文化的实实在在信息？还有什么东西可以解释，为何亨利·盖茨在这部系列片中，展示了那么多层次的令人难能以置信的傲慢？例如，在访问传统的埃塞俄比亚科普特教堂（Coptic Church）之时，竟然出现美国那些郊区资产阶级住所中那种人所穿的休闲服装，这大为不敬。与卑鄙行为相关的大不敬，对于科普特教堂宣称拥有方舟的历史真实性，以及对于盖茨故作姿态攀爬那方舟所在的那处圣地之大门那种大不敬，做了注释。亨利·盖茨大概不敢以这样轻率且幼稚的大不敬而行事，也是这样去拜访以色列犹太教、英格兰国教会、罗马教廷的传统圣所，或者西方其他任何地方。①

另一位非洲裔美国学者格温德林·米克尔（Gwendolyn Mikell）发现，盖茨在他那部影片中，整个手法都出了毛病。米克尔说道："我觉得，盖茨对跨大西洋奴隶制的苦恼，已经把他的一些目标扭曲为影片制作者和讲述者。我们所有人都明白与奴隶制有关的苦恼和苦难，但是不能接受有人把负面、私人以及反历史的意见端出来，仿佛这些意见就是假托有学术性而在素材方面可靠的事实。我觉得，盖茨已经构思了他自己对非洲伟大这种非洲中心论观点的抨击。在我看来，盖茨的视频节目企图描绘一幅图景，其中是想象的非洲裔美国人与本土非洲人观点之间的分界线，以及这条界线在历史上的作用。我身为非洲裔美国人，这种做法

① Melvin Drimmer(ed), *Black History*: *A Reappraisal*, Doubleday & Company, Garden City, 1968.

冒犯了我。”[1] 阿桑特（Asante）同样也批评了盖茨，并做出这样的反应：“假如有人仔细听听亨利·路易斯·盖茨说的，那么就是说，假如非洲不参与奴隶制，奴隶制的整个事项似乎没有出现过。谴责奴役之苦的受害者们，在历史方面不正确，在道德上也站不住脚。”[2]

阿里·马兹瑞（Ali Mazrui）也与盖茨较量，不过，没那么动气。他借用了爱德华·赛义德（Edward Said）（屡见有人译为“萨义德”。——译者）在其著作《东方主义》（*Orientalism*）中的那套术语，该著作提到西方帝国主义在古典西方帝国主义时期对亚洲所持的种种想当然、屈尊以及毫不费力的一些优越态度，马兹瑞暗示，可以把盖茨的电视系列片视为正在开创的“黑人东方主义”：

> ……把文化上的屈尊，与家长式占有以及隐秘的选择性结合起来，这种新的黑人范式诞生啦？盖茨的电视系列片中那种屈尊，可能已经是在埃塞俄比亚以及圣约方舟（Ark of the Covenant）上最糟糕的屈尊。家长式占有则是在大津巴布韦（Great Zimbabwe），以及在廷巴克图（Timbuktu）[3]的那些手稿里的奇思妙想中曾经有过。选择性不仅实质上击倒了整个北非，还击倒了非洲人口最多的国家尼日利亚。尼日利亚这个非洲三种最大且在历史上最有活力的文化——约鲁巴、豪萨和伊格博——之中心，从未得到资格而成为“非洲世界奇观”之一，哪怕是斯基普·盖茨与沃尔·索因卡（Wole Soyin-

---

① Gwendolyn Mikell, *Deconstructing Gates "Wonders of the African World"*, http: //www.westafricareview.com/war/voll.2/mikell.html.

② Molefi K. Asante, "*Wonders of Africa*": *A Eurocentric Enterprise*, http: //www.westafrica-review.com/war/voll.2/asante.html。阿桑特的论点与笔者对夸梅·阿皮亚的作品《在我父亲家里》（*In My Father's House*）所做推断相似。我把阿皮亚这部作品称为“谴责父亲家中的受害者们”。载于 *Beyond the Colour Line*, AWP, Trenton, 1999。

③ 大津巴布韦，一座废弃的城市，那里曾经是津巴布韦王国铁器时代后期的首都，始建于11世纪，续建至14世纪，全盛时期面积达722公顷，可容纳1.8万人。廷巴克图，马里城市，在撒哈拉沙漠南缘，邻近尼日尔河，1400—1600年曾为伊斯兰教文化中心。——译者

ka）这位黑非洲唯一的诺贝尔文学奖得主关系密切。盖茨的选择性也使白人与大西洋奴隶贸易脱了钩！①

在争论分界线相反的两边引发一些意见的另一个问题，一直就是大西洋与东非/北非（即阿拉伯奴隶贸易）的这两种奴隶贸易，对于非洲社会的稳定和演进所造成的影响这个问题。在争论的一方，由巴兹尔·戴维森（Basil Davidson）在《黑母亲》（*Black Mother*）以及沃尔特·罗德尼（Walter Rodney）在《欧洲怎样使非洲欠发达》（*How Europe Underdeveloped Africa*）中所提出来的论点是，奴隶贸易无法计算地破坏了非洲的结构以及社会福祉，而且这是非洲欠发达的首要原因。争论另一方的最佳代表奥利弗（Oliver）和费奇（Fage）在他们的《非洲简史》（*Short History of Africa*）中提出论点："奴隶贸易可能已经带来了有限的利益，至少对西非某些地区是这样。"②

阿拉伯奴隶贸易一直是非洲历史中最经久耐说的话题之一。从7世纪初叶起，当阿拉伯人开始征服非洲北部，阿拉伯人就几乎持续不断地一直进行这种征服，直至今日。多年来，苏丹总是成为新闻报道的主题，因为该国的一些地区一直在打内战，而且奴隶制一直在该国存在着。毛里塔尼亚是另一个切题的例子。阿拉伯的奴隶贸易一直都趋向于把妇女和儿童当作更大的奖赏。妇女和女童成为小妾，她们生儿育女，所生的这些儿女一般都在阿拉伯社会中同化。男人通常被阉割，并被当作劳工、卫士以及战士使用。为了造成没有性能力的阉人所进行的阉割，就是做外科手术而割掉阴囊和阴茎，主要是对年轻的

---

① Ali A. Mazrui, *Black Orientalism? Further Reflections on "Wonders of the African World" by Henry Louis Gates J.*, November 11, 1999, http://igcs.binghamton.edu/igcsstie/dirton2.htm。沃尔·索因卡谨慎地介入盖茨一边，并且颇有分寸地批评马兹瑞。某些言辞交换显然是由沃尔·索因卡与阿里·马兹瑞各自看法和感知之间那种为时甚久的差异而提出来的，这种交换至少可追溯到1991年。参见 Wole Soyinka, *Ali Mazrui and "Skip" Gates*, African Series, http://www.africana.com/DailyArticles/index.19991117.3htm。

② Melvin Drimmer (ed), *Black History: A Reappraisal*, Doubleday & Company, Garden City, 1968, p.29.

非洲男子实施这种手术，这种手术致使人的死亡率很高。克洛德·梅拉索（Claude Meillassoux）根据德尚（Deschamps）、高格（Cuoq）和阿比博（Abibol）的著作而写道："事实上，有两种形式的阉割：一种是'挨着肚子的'，把整个生殖器割掉；另一种则有限地只割掉那对睾丸。只有第一种割法会使被阉割者不可能性交。然而，这是为了阻止已经很高而且损失惨重的死亡率，这种死亡率影响到75%～90%的年轻受害者。这样高的死亡率使幸存者的价值提高，所以，这种人顶得同样年纪普通奴隶的四倍到十倍的价钱。"① 我们要指出，在古代世界的大多数王国，从罗马、希腊、印度、中国以及北非，一直到崇奉圣经的那些国土，阉人们都充当内宫仆人、闺房卫士、士兵以及间谍。阉人们在现代并非籍籍无名，他们常常被嘲弄，也在18世纪的欧洲歌剧中成为崇拜的偶像，一直是被阉割成儿童一般，以便保留并强调他们那种男性的女高音嗓音。梵蒂冈教廷唱诗班使用阉人的习俗，一直到1878年才被终止。去势的侍从武官随侍于莫卧儿帝国国王两旁，英属印度各诸侯国的王公们直到20世纪还保持此种习惯。但是，可能没有哪里的太监们具有古代中华帝国宫廷中那么巨大和长久的历史意义及社会影响。②

尼亚芒库（Gnammankou）告诉我们，在多个世纪里，儿童拐卖是

---

① Claude Meillassoux, *The Anthropology of Slavery*: *The Womb of Iron and Gold*, The Athlone Press, London, 1991, pp.188～189; H.Deschamps, *Histoire de la Traite des Noirs de l'Antiquité a nors jours*, Fayard, Paris, 1971, p.19; J.M.Cuoq, *Recueil des sources arabes concernant l'Afrique occidentale du VIIIe au XVIe siècle*, CNRS, Paris, 1975; M.Abitbol, *Tombouctou et les Arma*, Maisonneuve & Larose, Paris, 1979, p.217.

② Mary M.Anderson, *Hidden Power*: *The Palace Eunuchs of Imperial China*, Prometheus, Buffalo NY, 1990, pp.15～18。著名的14—15世纪中国舰队司令郑和就是一个太监，有人相信他于1421年已经发现了美洲、澳洲以及世界上其他地方。哥伦布使用的那张地图是葡萄牙人从中国人那里获得的。在舰队司令郑和那跨距达28年的海军生涯中，他访问了37个国家，绕过非洲之角航抵大西洋，并指挥着一支舰队，其舰只数量超过当时整个欧洲各舰队合计的船舰。参见Gavin Menzies, *1421*: *The Year China Discovered the World*, Bantam Press, London, 2003。又见Fang Zhongfu and Li Erhe, *Peace Mission on a Grand Scale*: *Admiral Zheng Ho's Seven Expedition to the Western Oceans*, Foreign Language Press, Beijing, 2005。

沦为奥斯曼帝国治下的那些欧洲、亚洲和非洲国家及地区一种广泛流行的习惯。一般是名为“血税”（blood tax），这种习惯是为君士坦丁堡（伊斯坦布尔）的奥斯曼帝国苏丹的一些不同宫廷而筹划的。黑人儿童及白人儿童都是这种奴隶制的受害者。幼女的命运永远都是进入闺房成为小妾，或者成为女仆，男童则在奥斯曼帝国的军队和行政部门效劳，并被用作仆人或家奴。他们当中的一些人在宫廷或苏丹的内室当了小听差。奥斯曼帝国里第一批黑人太监是1485年收进去的，苏丹们派人去埃塞俄比亚和乍得湖地区把这些人带进宫里。到15世纪末期，白人太监还在闺房里监视那些小妾。1587年，一个黑人男子当了太监总管。这样一些在闺房当差的太监，被称为“基兹拉阿加西”（Kizlar Agasi）。第一个黑人太监官至帕夏（pasha），并担任戟兵司令，他担任过该帝国各种各样的高阶官员，并拥有一些重要的宗教办事处。他还是麦加和麦地那的该帝国一些清真寺和圣地的管理人员。他与苏丹很熟，关系很好，而且是在那个国家最受人敬畏的人士之一。他退休后定居于埃及，在那里过着奢靡的生活。直到今天，苏丹宫廷中那些黑人太监那时候常常逗留的有许多房间的那座建筑物，还在后来的土耳其首都伊斯坦布尔供人参观。据估计，总共有600名太监曾住在那里，而且是同时一起住。他们可能到过他们的非洲本乡，不过，这大概是想象吧。因此，就有人能发现那些房间的墙壁上画着一些非洲风景。[①]海尔廷·埃芬迪（Hayrettin Effendi）所提供的关于土耳其末世苏丹的最后一个太监的证据如下：

> 我记得我小时候的事情，那恍如昨天。我出生于哈贝什斯坦[②]，是个加拉人（Galla）。我的名字本来是居尔纳塔

① Dieudonné Gnammankou, *Hayrettin Effendi*: *The Last Black Eunuch in Turkey*, in *Tinabantu*: *Journal of African Affairs*, The Centre for Advanced Studies of African Society, Cape Town, Vol.2, No.1, 2004, p.97.

② 原文为“Habesistan”，据查，这是一个土耳其语词，意为埃塞俄比亚。——译者

(Gülnata)。我们生活在一个小村，那时候很幸福。我七八岁的时候，和我们村里一些岁数差不多的小伙伴在村中空场子上玩耍。我们总是玩同样的游戏。我们经常你追我赶到处跑。直到有一天，有些人骑马来了我们村，他们不像我们那地方的人，他们脸上的皮肤颜色比较淡。这些人还带着武器，来抓我们，其中一个人捂住我的嘴，险些把我憋死，憋得我两眼都快鼓出了眼眶。这些人抓住了我所有的朋友，把我们全带走了。当时，我听不懂他们说的是什么话。后来，我才知道他们说的是阿拉伯话。我们刚刚被带到一个村子里，这些人把我们放在一个大院子中，那里有些像我们一样的小孩，他们说的话也和我们一样，而且都在低声哭泣。我们不明白，为什么那些人要把我们带走。我们在那大院子中的人，都是一样的伤心。我们在开头那三天里，没吃没喝，也很害怕。过了几天，我们被阉了［在马萨瓦（Massawa），那是埃塞俄比亚海边的一个半岛，当时被土耳其人所占领］。在好多年里，我根本不能忘记自己所经受的疼痛和折磨。被阉割两个星期之后，才给我们疗伤。我们被带到一些港口，那里也有一些像我们一样的男孩和女孩。我们说的都不是相同的语言，但大家同病相怜。所有的男孩都被阉了，彼此相处很好。后来，我们被带上一条船。我们高兴地逃离了那些怪物。可是，会被带到哪里去呢？我们想，那些人大概会把我们扔到大海里。我们什么也不知道，每件事情全都不确定。我们本来村里的乡亲们，我们的兄弟，我们的姐妹，我们的妈妈，都远远地甩在后面去了。我们到哪天才会又见到他们呢？我们当中有些人一刻不停地大哭。我们都害怕得要死。我们第一次看见大海，很惊慌。在那条船上，我们一直合拢成一群，盯着波浪看。还有什么倒霉的事情等着我们呢？当这些小孩想着可能要回到自己本来的村里，高兴得大声尖叫。我们只高兴了一小会儿。那个翻译告诉我们，很难把我们送回原来的村子里了，奴隶制被废除了，我们自由了……（在亚丁）我们登陆，下了船……我们被带到集市广场上。那个英国司令讲了一通话，被翻译成阿拉伯话。可是，我们一点儿也没听懂。后来才有人为我们翻译成哈贝什①话。说的是，由于奴隶贸易遭到禁止，要把我们送到一些军事指挥官以及他们信任的文职人员家中……那些指挥官是一些土耳其人，还有一些文职人员桑吉卡（Sanjka）。冬天来了，那是我生平第一次看到雪。天很冷。雅库普（Yakup）把我送给了伊斯坦布尔某个有名的人物，我很失望。我爱雅库普像爱父亲一样。他把我送给了切尔克兹·梅赫梅特（Cerkez Mehmet）帕夏。奇怪，怎么能把一个人当礼物送出去呢？我后来明白，是可以这么干的……1918 年，禁止蓄奴（Mesutiet）②，我们自由了……我和一位朋友买下这所房子，她是宫里的女士。那所房子由我们掌管着。这是我们的命。③

---

① 哈贝什（Habesh），许多厄立特里亚人和埃塞俄比亚人的自称，苏丹人常用该词语指厄立特里亚人和埃塞俄比亚人，几个世纪之前，现在的厄立特里亚被称为“哈贝什斯坦”。——译者

② Mesutiet，应为土耳其语，意为“the banning of slavery”，见 Hayrettin Effendi，*The Last Black Eunuch in Turkey*，http：//lists.topica.com/lists/TheBlackList/read/message.html？mid = 911087102&sort = t&start = 16274。——译者

③ Dieudonné Gnammankou，*Hayrettin Effendi*：*The last Black Eunuch in Turkey*，in *Tinabantu*：*Journal of African Affairs*，The Centre for Advanced Studies of African Society，Cape Town，Vol.2，No.1，2004，pp.98～99。尼亚芒库写道：“20 世纪 60 年代，在伊斯坦布尔的一些街道上，尤其是在博斯坦吉（Bostanji）街区那一带，有人还会遇到那一批最后的太监。这些太监通常对他们的往事闭口不言，把他们的秘密带到坟墓里。然而，海尔廷·埃芬迪这个末代苏丹雷沙特（Resat）的最后一个太监，在其于 1976 年去世之前一年，决定把他毕生的故事讲给那个街区的一位朋友听……那是他被带离埃塞俄比亚 70 年之后的事情。海尔廷是一个身材出众的文雅男子，他个子高高的，为人友善、大方，住在一所带花园的房子里，他与他深爱并尊敬的一位切尔克斯族妇女合住。海尔廷是埃塞俄比亚的加拉族人。他的故事就是奥斯曼帝国时代所有黑人太监的故事，几个世纪以来，这种故事一直都是秘密。他的证言揭示了太监们的苦难。那是一位高度清醒的人对他那个时代人类本性的错乱所抱的见识。这种证言有力地吁请人类绝不能再允许此类暴行发生。这也是带有希望的消息。”同上，p.98。

难以给出阿拉伯和奥斯曼帝国的奴隶贸易方面的人口统计数字。不管在这两个地方的哪里，都有2000万至3000万非洲人成了这种贸易的牺牲品。鉴于历史的长度和地理范围的广度，这种贸易对于整个那一时期非洲各个社会的演化和稳定性都有深刻的影响。阿拉伯奴隶贸易的种种现实已经达到了很经久的维度，以至于经常保持在非洲人集体记忆的最显赫之处，且对于那些与阿拉伯人比邻而居的非洲人而言，他们保持着社会关系方面这种难以忘怀的日常因素。这局部是由于许多非洲人的头脑中去除了本大陆统一的观念，那是一种政治赝品，无望兑现。

东非的奴隶贸易在许多方面如同西非的情况一样可怕。在19世纪的大多数年月里，从桑给巴尔岛那一带，阿拉伯人就以王国或伊斯兰教长国的方式进行统治，这个岛屿以及非洲大陆的许多沿海城镇，都是由那些被称为“阿吉达”（*Akida*）和“琼贝”（*Jumbe*）的阿拉伯官员统治着。阿拉伯商人从他们在桑给巴尔岛上的基地，组织一些商队大篷车，车上装有各种商品，驶入非洲内地，把车上商品卖给非洲人，换得象牙和奴隶。这些商人对非洲各族土著民的冲突战火助势，并趁势从各部落相互交战的胜利中获取奴隶。确切地说，成千上万这样的奴隶来自如今的刚果共和国、尼亚萨兰（Nyasalan）、莫桑比克以及北罗德西亚。奴隶们在被迫把象牙运送到海边的可怕行程中，所走的最熟悉道路是顺着乌吉吉（Ujiji）、塔波拉（Tabora）和巴加莫约（Bagamoyo）这几个城镇，这些城镇被阿拉伯人建成从事贩奴活动的中心。在沿海，象牙常常卖给印度商人，奴隶则在桑给巴尔的奴隶市场上售卖，有证据表明，在19世纪后期，那里是全世界最大的奴隶贸易市场。一些奴隶贩子从阿拉伯、波斯、埃及和其他一些东方国家远道而来；18和19世纪，这种奴隶贩子也来自西方一些国家。当地的阿拉伯种植园主们同样购买奴隶，为他们种植丁香和椰子。这样抢掠奴隶使沿海一带的人口一直在减少，促使那些装运奴隶的大篷车进一步渗透，更深入地抵达非洲内地。利文斯顿（Livingstone）和其他一些观察者的看法是，每当有一名奴隶抵达海岸，就有十名奴隶已经死在内地。[①]1871年，英国政府的东非奴隶贸易委员会（Committee on th East African Slave Trade）发布的一份报告中，对这种交易做了描述：

> 为阿拉伯大多数地区从事这种交易的那些人，都是苏丹在桑给巴尔岛的臣民。这些奴隶贩子为了在内地干，全副武装，并带了一些商品，如小珠子和棉布，以便做实物交易而换得奴隶。当他们一抵达交易场所，就煽动某个土著部落与另一个部落开战，有时则帮助某一边。他们的援助几乎总是保证自己所支持的某一边获胜，战俘则成为他们的财产，这种财产要么是根据权利得到，要么是买下的，在后一种情况下，价格只顶得几英尺棉布。在这种运作过程中，成千上万的人被杀死，或者最终由于伤病或饥饿而死去，一些村子被焚毁，妇女和儿童被当作奴隶带走。那片国土上，从沿海到现在的奴隶贩子交易场所之间，全都居民减少，这证实了搜捕所留下的恐怖特征。经由这些手段及其他方式已经获得数量足够多的奴隶，经得起在半路上严重的损失，奴隶贩子们开始随着这些奴隶前往海岸……奴隶们被编队成群行进，男的脖子上被分杈的棍子夹着，入夜，他们被拴住而固定在地上，或者被捆在一起防止逃跑。妇女和儿童都用皮条捆住。任何逃跑的企图，或者想解脱捆绑的企图，或者在行进途中来回晃动、掉队落后，都只会遭到惩罚——立即处死。生病的跟在后面，运奴大篷车走过的路上，沿途留下将要死的以及死去的奴隶们。阿拉伯人只以那些可怜的生物进入市场上那种价格买下他们，假如阿拉伯人不想支付运费，就不付出。结果，大量的奴隶死去，或者在半途中被杀掉，幸存下来的，

① Raymond Leslie Buell, *The Native Problem in Africa*, Vol.1, MacMillan Company, New York, 1928, p.261.

在抵达目的地时，都处于最悲惨、最憔悴的状态。①

许多奴隶贸易是由阿拉伯湾的那些教长国沿着东非海岸监督进行的。我们获知，有些非洲奴隶最终在波斯当了水手，其他一些人，要么在阿拉伯湾当了潜水采集珍珠的人，要么在阿曼军队里当兵。还有些人成了美索不达米亚地区（今伊拉克）的盐池工人。许多非洲奴隶成为家奴，在一些家族里干活，妇女们则沦为性奴隶。②

尽管一千五百多年由阿拉伯人引领的西非奴隶制度越过撒哈拉沙漠，沿着尼罗河流域狭长地带，跨过红海，并进入东非沿海，但是，在阿拉伯及奥斯曼的世界上，现在却很难见到有非洲血统的人们、他们的文化特征以及他们长期存在过的其他痕迹。这是因为阿拉伯人及奥斯曼帝国引领的奴隶制度不允许保留奴隶们的原有文化。经由阉割男性奴隶这一有规则的特征，由阿拉伯父亲与非洲奴隶母亲所繁衍的后代，在几代人中形成，并完全被同化以及阿拉伯化。阿里·马兹瑞与人会见时提出来的正是这种论点：“阿拉伯奴隶贸易……既然是一个不同的障碍。因为家系制度的缘故，那就不得不以完全不同的方式操作。许多奴隶母亲的孩子们成为阿拉伯人，他们向上移动。所以，整个制度与这里的不同，存在着进入统治种族的血亲关系共同抉择（biological cooptation），这种抉择在跨大西洋奴隶贸易的情况下，几乎永远不会发生。所以，在跨大西洋奴隶贸易的情境下，一分为二显然多得多，你知道谁是奴隶的后代，而且他们会继续处于劣势。”③我反对马兹瑞的看法：“你在这里所说的，阿拉伯那时对非洲人的奴役并不是像大西洋奴隶贸易那样的悲剧，并不是像那样使非洲人减少。是谁决定了非洲

① *Report from the Select Committee on Slave Trade*, in *East Coast of Africa*, Vol. XII, 420, 1871, p. iv.

② *BBC World Service feature on the East Africa Slave Trade*, http: //www.bbc.co.uk/worldservice/africa/features/storyofafrica/9chapter3.shtml.

③ *Philippe Wamba's interview of Ali Marzrui*, www.africana.com/DailyArticles/index-20000425.htm.

人想要‘进入统治种族的血亲关系共同抉择’，或者非洲人‘奴隶成为主人那个种族的成员’的？整个这样的社会操纵运行起来，符合谁的利益？你的话语相当厉害地让人恼火，很伤人，使人想起某些令人恶心的吃尸鬼一般的20世纪空想家，许多人宁愿忘记他们。我很懂得这样的事实，‘许多奴隶母亲的孩子们成为阿拉伯人’，但是，那并没有使阿拉伯的奴隶制度变得更好，因为有阉割、有太监以及那一切。的确，我们从苏丹这个国家以及各个非洲—阿拉伯交界处一些地方的例子，就非常清楚地知道，‘被共同抉择’的阿拉伯人对非洲人常常很邪恶，比那些共同抉择他们的人更甚。”① （2004年）正在达尔富尔进行的种族屠杀，提出了一些交界处的非洲—阿拉伯关系的未来这个难题。

假如本土非洲人正在名副其实地把事情弄得很糟糕，那么，我们也需要承认，海外非洲人也好不到哪里去。在海地独立200周年庆典刚刚过去不久，在美国政府的庇护下强迫让－贝特朗·阿里斯蒂德（Jean－Bertrand Aristide）离开本国，一下子就使海地的案例进入全景视图。在过去几十年里，由“爸爸医生”和“孩儿医生”（Papa and Baby Doctor）多年进行的连续统治或所施行的暴政，使杜瓦利埃父子（Duvaliers）引来全世界对他们的臭骂。②当代海地的那些耻辱，被人们视为非洲裔人民在历史记录中的病症和典型。③ 海地在独立200年后，

---

① K.K.Prah，*Conference on Reparations for Arab－led Slavery*（油印本），Cape Town，October 10，2002。

② 海地长期以来政局动荡，人所共知，实难尽述。此处涉及该国如下几个人物。让－贝特朗·阿里斯蒂德，1953年7月15日生，海地政治家，曾四度担任总统（1991年、1993—1994年、1994—1996年、2001—2004年），2004年2月29日辞去总统职务，随后乘飞机离开海地，开始流亡生涯。弗朗索瓦·杜瓦利埃（François Duvalier，1907—1971），绰号“爸爸医生”，1957年9月当选为海地总统，直到去世未曾卸任，成为终身总统，实为独裁者。让－克洛德·杜瓦利埃（Jean－Claude Duvalier，1951—），弗朗索瓦·杜瓦利埃之子，绰号“孩儿医生”，1971年4月其父去世，时年19岁的小杜瓦利埃继任海地总统。1986年1月海地发生大型示威游行及大罢工，导致小杜瓦利埃带着家眷乘美国运输机逃出了海地。2004年2月，正在美国流亡的小杜瓦利埃表示能回到海地。另，海地独立于1803年。——译者

③ Kole Omotoso，*Season of Migration to the South*：*Africa's Crises Reconsidered*，Tafelberg，Cape Town，1994。又见 Guy S. Antoine（Editor－*Windows on Haiti*），*The Haitian Revolution*：*Past*，*Present and Personal*，Intermedia Haiti，6.1.2004。

依然是西半球最贫穷且最悲惨的国家之一。

无论从哪一点来看，海地都与世界史上大多数人民的感觉毫不相干，但是，没有什么东西可以让真理离得很远。海地革命事实上撼动了18世纪那许多可爱假设的核心，那就是关于自由、平等的理想普遍适用于所有的人，无论其种族差异如何，都渴望这种理想。法国革命和美国革命，甚至基督教教会（正像它自身后来适应于全世界的反犹太主义、美国对黑人的种族隔离，以及肯尼亚、罗德西亚和南非的种族隔离政策那样），都从未使它们自己献身于根除奴隶制度并促进一套普世的人权这样的目标，必须强调一下“普世”（universal）这个词语。海地革命是这种类型的第一次运动，勇敢而公开地向所有那些关于种族低劣的假设挑战，而且以那个时代最强大的欧洲民族的那些军队所取得的军事胜利为证，支撑这种挑战。这在那个时代并没有通过被忽视的关口。它在美国和西方世界的其他地区触发了一场巨大的恐惧：海地的榜样可能被复制，并使它们那种获取高额利润的种植园体系迅速终结。从那种恐惧中，渐渐形成了抑制海地得到新闻以及得到文明世界的捐款这种需要。强有力的经济利益与西方人的种族主义意识形态相呼应，在那个时代指定了海地的独立不应当得到承认。[①]

在20世纪30、40和50年代，巴西学者吉尔贝托·弗雷热（Gilberto Freyre）为巴西培育了种族宽容之土地的形象。这种形象由于美国历史学家弗兰克·特南鲍姆（Frank Tennenbaum）的印象而得到强化，特南鲍姆同意，巴西的种族关系与那种令美国苦恼的种族暴力以及刻板的种族隔离，形成鲜明的对比。的确，在20世纪50年代，巴西在种族民主政治方面的形象很好，促使联合国教科文组织进行了一系列有关的调研，其目的是让它成为值得仿效的楷模。今天，许多巴西人还乐于相信，他们的国家在很大程度上没有什么种族歧视。但真相十分不一样。联合国教科文组织进行的那些调研，被设计为突出并赞扬巴西

① C.L.R.James, *The Black Jacobins*, New York, Vintage Books, 1989, pp.33~42.

和谐的种族关系，哺育了整整一代有判断力的学者，其中著名的有弗洛雷斯唐·费尔南德斯（Florestan Fernandes），他们坚持认为，巴西的种族民主政治这种形象就是放错了地方，而且水平低下。今天，当学者们说起巴西的种族民主政治来，他们往往加上讽刺的引号。肤色色素沉着在巴西依然被当作社会分层的指标，而且，被许多人视为在巴西构成数量上占多数的那些非洲裔巴西人，在巴西社会生活的所有方面，都还遭受着歧视。更用得着讲讲的是如下这些事实：非洲裔巴西人正苦于婴儿死亡率高、没有土地、很少有机会上学、遭受就业歧视，以及被警方施暴。①

近年来，巴西黑人已经开始在日常生活中提出自己的主张。许多黑人组织在过去 10 年中已经建立，这些组织公开承认他们的黑人属性。用 T 恤衫带上一些信息，如百分之百的黑人形象，据说在一些大城市，如在里约热内卢、圣保罗很容易见到。黑人美发产品公开销售，以黑人为导向的杂志已经在书报摊上打开销路，黑人现在出现在电视商业节目中。一些黑人激进分子说，他们感到灰心丧气，有些巴西人竟然还不相信自己可能是种族主义者。对全国所做的统计表明，只有 2% 的黑人学生达到大学水平，而同样的水平在白人当中为 10%。50% 多的巴西黑人是文盲，而全国人口中这个比例仅为 20%。黑人婴儿在满一岁之前可能死亡的比例，是白人婴儿的两倍。以前，在这个约有 1.67 亿人的国家里，大多数人的意见对严格的经济不平等指标这种统计都是蔑视的，不像对种族不公正方面的统计那样在意。巴西是最后一个正式结束奴隶制度的国家，结束于 1888 年，那里的种族问题一直十分复杂，很难处理。这是一件飘忽不定而又很模糊的有待处理事务，之所以这样，是因为肤色的范围格外宽，以至于好几代人的混血留下难题，而且还因为每个肤色暗度在巴西社会的情境下都各有不同的社会分量。人们是以 10 种不同的肤色暗度来各自认同的。1991 年的人口

---

① Darien J. Davis, *Afro - Brazilians Time for Recognition*, in *Minority Rights Group Reports*, December 1999.

普查表明，47%的巴西人认为他们是黑人或棕色人种，51%的人说他们是白人，2%的人则自称是其他肤色。巴西的肤色范围一度被该国的一些领导人认为是导致衰落的缺陷，这促使他们在19世纪后期和20世纪初期试图靠引诱并邀请欧洲人移入的方式，来把整个社会变白。但是，直到1930年，巴西的社会学家和人类学家都还在为了该国五彩缤纷的种族是一种天赐重礼而欢呼。在整个20世纪，所有肤色的巴西人都为他们多样化的族国（nation）很少出现种族关系紧张而倍感自豪，而这样的紧张关系似乎把美国撕成了碎片。种族蔑称及诋毁之类的标记不得公开出现。那里从未存在过合法的种族隔离，相互仇视的群体大概也不存在。“种族民主政治”这个概念成为社会上公开承认的咒语。然而，黑种巴西人依然是该国很不显眼的公民，这是一种还没被当作种族偏见而遭到谴责的地位，他们的经济地位成了便利的托辞。巴西人从前对此不置一词。[1]

一位圣保罗大学的教授注意到，几年以前，在电视上绝不会看到黑人，因为大家认为，黑人只会与丑陋而肮脏的事情有关。在那些最常遭到指责的群体当中，也许没有哪个巴西机构否认过，种族主义被大张旗鼓地加上了罪责。多年来，一些人权组织坚持认为，警察是最有可能杀害黑种及棕种的嫌疑者。更为复杂的情况是，在警察部门中有不少黑人当差。警察部门中这种突出的黑人数量有着历史的原因，黑人要想脱离那种毫无出路的贫民生活，当警察是可以利用的很少几种途径当中的一种。据估计，全巴西军队和警察部门人员当中，黑人至少占50%。[2] 凯瑟琳·邦德（Kathleen Bond）写到，大多数巴西人都认为自己是混血的非洲人、欧洲人，以及土著后裔。然而，实际上种

---

① Stephen Buckley, *Brazil's Racial Awakening*, in *Washington Post* (*Foreign Service*), Monday, 12th June, 2000.

② 同上。

族主义促使人们持续不断地想让自己白化。例如，许多莫雷诺[①]常去把头发拉直，人们宁愿找浅肤色的人结婚，许多人各自进行自己认同，而且彼此都带有绰号，用以表示较浅的肤色色调，如莫雷尼尼奥（moreninho，棕色的）、卡非（cafe，咖啡色的）、穆拉托（mulatto，黄褐色的）、布隆西亚多（bronzeado，棕褐色的）这些叫法，而埃斯库利尼奥（escurinho，暗色的）用于给少数的人取别名。极少有人愿意认同为尼格罗人（Negro）。即使那些自称为黑人的人，也常常没办法劝说其他巴西人不把他们混同于莫雷诺或者穆拉托。许多人认为，被别人叫做黑人，依然是一种侮辱。[②]

一位古巴社会问题研究者尤金·霍德弗里德（Eugene Godfried）写道："30多年来，我一直在注意古巴官方有关该国黑人的政策和立场。我说，卡斯特罗博士又表明了一种态度，因为这不是第一次：他在好几个其他场所也这样做过，包括1985年举行的古巴共产党第三次代表大会上，我个人作为正式的客人参加了那次大会。他在那次大会上公开承认，种族歧视还在他的国家存在着，需要采取措施反对这种歧视。"[③]菲德尔·卡斯特罗甘愿承认古巴还存在着种族主义，这是坦率而老实的，在那个地区这样做不容易。但是，古巴举行革命多年之后，这种现实留下的许多问题，还有待于回答。

种族主义在委内瑞拉以各种不同的形态和方式继续活跃着，而奴隶制度早已废除150多年了。非洲裔委内瑞拉人各组织网络（The Net-

---

① 莫雷诺（moreno），即穆拉托（mulatto），亦即黑白混血的黄褐色人种。此处的莫雷诺应当源于巴西伯南布哥州（Estado de Pernambuco）的城市莫雷诺（Moreno）之地名。"莫雷诺"是美洲常见地名，在阿根廷、厄瓜多尔、墨西哥、美国也有同名的省、州及城市等。——译者

② Kathleen Bond, *Black Movement Searches for Justice in Brazil*, Maryknoll Mission Association of Faithful, SEJUP (Servico Brasileiro de Justica e Paz), *News from Brazil*, No.374, November 12, 1999。肤色带来的困扰在拉丁美洲有深深的根源。我们获知，在西班牙人统治下的墨西哥，从前有16种正式的肤色或种族。1976年，巴西地理和统计局（Brazilian Institute of Geography and Statistics）进行了一项调研，询问人们各自所认同的肤色，有134种肤色被列出来，见 http: //www.zonalatina.com/zldata55.htm。

③ Eugene Godfried, *Reflections on Afro-Cubans*, in *Tinabantu*, Vol.2, No.1, 2004, p.11.

work of Afro – Venezuelan Organizations）希望黑人的文化贡献得到宪法的承认。①

卡尔文·西姆斯（Calvin Sims）用生动的话语描写了非洲裔秘鲁人的宿命："一些魁梧的黑人门卫穿着雅致的殖民地制服守卫在利马那些最豪华的酒店门口。一些脸色严厉的黑人送葬者，身着黑色短礼服，戴着白手套，在这个城市最高档的丧礼上抬着棺材缓缓行进。门卫通常是酒店里黑人的唯一职业，而那些抬棺送葬者在绵延不绝的哀悼者当中是典型的仅可见到的黑面孔。"在秘鲁这个有2300万人口，其中主要是西班牙人及印第安人后裔的安第斯山地区国家里，这类活计和其他仆役杂活以及下等工作，全都留给了黑人干，而人们认为，他们的肤色带有使这类工作信得过的气氛。西姆斯还写到，寻求私人司机、厨师、门卫、大管家以及女仆的那一类招工广告，常常标明"尼格罗人"或"莫雷诺人"优先，这两种说法是黑人在秘鲁的称谓。黑人所占该国人口比例不到1%，然而，黑人的社会角色一直是显著的。在那些富裕的秘鲁人家，雇用一名黑人大管家或女仆照看门户、备办晚宴会，被别人视为时尚。没有哪次像样的葬礼，缺了黑人送葬抬棺者能够办成。②

关于在今日阿根廷究竟有多少人会自称有非洲人血统这一问题，布宜诺斯艾利斯公教大学（Universidad Catolica de Buenos Aires）的一位人类学家亚历杭德罗·弗里赫里奥（Alejandro Frigerio）回答道："他们自己的人数难以计算，混血血统的人们在阿根廷历史上常常不被当作黑人，因为有黑人血统那时候并不被别人认为合乎体统。今天，'尼格罗'这个词语被宽松地用于指肤色略深的任何人，但他们却可以是土

① Humberto Marquez, *Venezuela: Racism Persists, 150 Years after the Abolition of Slavery*, in *Tinabantu*, ibid, p.21。又见 Winthrop R. Wright, *Café Con Leche: Race, Class, and National Image in Venezuela*, University of Texas Press, Austin, 1993。

② Calvin Sims, *Peru's Blacks Increasingly Discontent with Decorative Role*, in *New York Times*, August 17, 1996, p.2.

著印第安人的后裔，或者中部和东部的移民。”[①] 据估计，在阿根廷有100万“非洲裔”，虽然许多人现在都不明白，他们的曾祖母和曾祖父可能就是黑人，不过，这也可能是过分的估计。另据估计，有2000或3000名非洲裔阿根廷人是奴隶后裔，还有一些“拉美土生尼格罗人”（negros criollos），在佛得角社群（Cape Verdean community）有8000～10000人，他们当中大多数人出生于阿根廷，另有1200人则出生于巴西、乌拉圭、古巴以及非洲的一些社群，这种情况比较接近真相。[②]

在巴拿马，操西班牙语的黑人与那些有安的列斯群岛血统的黑人之间的矛盾，显而易见。除了这两个群体之间的历史性差异之外，文化及语言的差异使得事情更加复杂。[③] 哥斯达黎加的情况与巴拿马既有相似之处，也有所不同。哥斯达黎加在历史上有两个阶段涉及两群人：一群是殖民地时代的黑人，另一群是19世纪以及20世纪早期进入哥斯达黎加的黑种西印度群岛人。“在历史上，这些人是巴拿马情况下所描写的同样两群人。哥斯达黎加的不同之处在于，没有证据表明这两群人们彼此承认过对方是有非洲人血统的人。这种情况可能曾经发生在孤立的那些个人当中，但没有发生在社会层面上，因为当西印度群岛人抵达时，较早那群有非洲人血统的人已经混合在那哥斯达黎加熔炉里了。”[④]

在厄瓜多尔，黑人社群相对于普通居民而言是一个微型社群，而

---

① Hisham Aidi, *Blacks in Argentina: Disappearing Acts*, *Global African Community: History Notes*, 2.4.2004, http: //www.iidh.ed.cr/comunidades/diversidades/docs/div-enlinea/disapearing.htm.

② 同上。

③ Joseph Downer - Marcel, *The Black Presence in Panama*, in Ruth Simms Hamilton (ed), *Creating a Paradigm and Research Agenda for Comparative Studies of the Worldwide Dispersion of African Peoples*, Monograph, No.1, African Diaspora Research Project, Michigan State University, East Lansing, Michigan, 1990, pp.65～69.

④ Paula Palmer, *The Process of Whitening and the Changing Definitions of Racial Groups in Costa Rica*, in Ruth Simms Hamilton (ed), *Creating a Paradigm and Research Agenda for Comparative Studies of the Worldwide Dispersion of African Peoples*, Monograph, No.1, African Diaspora Research Project, Michigan State University, East Lansing, Michigan, 1990, p.78; Lorein Powell - Benard, *Personal Reflection in the Search for Meaning Behind the African Diaspora in Costa Rica*。（原文如此——译者）

后者是由白人或梅斯蒂索人以及土著美洲人所组成的。这个社群一直反抗极为式微了的地方性种族主义。①

乌拉圭的情况没有多大不同。被带到巴西与阿根廷之间这个小国里的非洲奴隶，大多数在大城市里当仆人和建筑工人。奴隶制度已经消失很久，但大多数乌拉圭黑人还被困在他们先辈们所从事的那些工作中，80%的人在服务行业，所有黑人妇女里四分之三的人当女仆或厨师。②

在哥伦比亚，对非洲人的奴役于1851年5月21日正式结束。所有的公民都发誓忠诚于“一个上帝、一片国土和一种语言”。但是，乔科省（Choco province）前省长路易斯·希尔韦托·穆里略（Luis Gilberto Murillo）却坚持主张一些原则，那是基于促进哥伦比亚的白人传统，并排斥约占该国人口26%的黑人而制定的。长达40年的内战使得大约300万人在该国成了难民，这个数字当中估计有40%的人是黑人。③

在背风群岛（蒙特塞拉特、圣基茨和尼维斯—安圭拉、圣马丁），向风群岛（瓜德罗普、多米尼克、马提尼克、圣卢西亚、圣文森特、格林纳达）以及加勒比海地区其他地方（牙买加、波多黎各、特立尼达和多巴哥、巴巴多斯、圣托马斯、圣克罗伊、托尔托拉），不同程度上还是肤色色素沉着的政治化经济占上风。在某种程度上，在西印度群岛的一些地方，肤色或种族等级制近年来已经弱化。例如，自从巴哈马群岛独立而且黑人在维尔京群岛主政以来，非洲裔—巴哈马人以及黑种维尔京群岛人已经升任各级政府及民政机关的职位。④在圭亚那地区（法属圭亚那、苏里南和圭亚那），双重的肤色分等使非洲裔与印度裔赞助的敌对精英之间的关系，更为紧张。由于美洲印第安人少数

---

① Linda Pressly，*A Black and White Issue*，*BBC Radio 4*，April 17，2002，18.10 GMT.

② Amelia Vilaverde，*Colour Blind*，in *New Internationalist*，Issue 226，December 1991.

③ Karen Juanita Carrillo，*Afro - Colombians Speak of Surviving a War*，in *Mundo Afro - Latino*，2002，http：//www.mundoafrolatino.com/english/041204.htm.

④ D.Reber Dunkel，*Reflections on the African Diaspora Project*，in Ruth Simms Hamilton（ed），*Creating a Paradigm and Research Agenda for Comparative Studies of the Worldwide Dispersion of African Peoples*，Monograph，No.1，African Diaspora Research Project，Michigan State University，East Lansing，Michigan，1990，p.36.

者与其他东亚族裔少数者们肩并肩地近乎边缘化，于是存在着这种貌似真实的不和。沃尔特·罗德尼对此有细致入微的观察，他在 1976 年的一次街头公众集会上讲道：

你们知道，我们已经干了太多种族方面的蠢事。我并不是想这也指责那也指责。我认为，不止一个政党应该对这个国家的种族关系危机负责。我觉得，我们的领导阶层在这一点上令我们失望了。我认为，50 年代，尤其是 60 年代前期的外来干涉对于引起各个种族彼此对抗，是一个重要因素。但是，我关心的是现在。假如我们曾经犯过一次错误，那么，我们今天就经不起在这方面被误导。没有哪个普通的非洲裔圭亚那人、哪个普通的印度裔圭亚那人，今天经得起种族神话的误导。我们一次又一次地失败。生活费远远超过薪水增加，与种族有关系吗？店铺里空无一物，与种族有关系吗？本来就缺乏民主，却在地方选举那一级把全国普选复制为范例，与种族有关系吗？铝土矿的矿工们不能选举自己的工会领袖，与种族有关系吗？不管某人是印度裔还是非洲裔，却日复一日地没有适当的当事人资质证明，于是还没就业就失业了，或者老是得不到职位升迁，这与种族有关系吗？显然，我们务必要跳出障眼法，还要认识到那是想搞分离，而不是要为本国普通非洲裔及印度裔人们的利益着想。20 世纪 60 年代，在两边及上下摆布别人的那些人，并不是受害者也不是失败者。失败者是那些参与打架的人，是那些动手动脚以及挨了拳脚的人。他们也是今天的失败者。是该我们明白的时候了，那些掌权的人还想让我们保持那种心态——使我们被那种心态迷住，害怕行动，或者考虑欠周地行动，因为我们相信，我们的种族利益危若累卵。我们确实不得不超出一些种族难题吗？我们确实不得不去找到方式方法，以便确保这

> 个社会上有种族公平吗？但是，凭着少量几个所谓垄断着权力的黑人，真的办不到榨取所有各个行业工人阶级的生计，并转身指望他们会处理一些问题，如阿诺德·朗珀索德（Arnold Rampersaud）事件，还得到普通黑人的支持，因为我们会说，“毕竟那只是个印度裔，我们可以把他吊起来，毫不费力。因为正如我以前所说的那样，你们从一件事情开始，以另一件事情结束。这个制度不止步于种族歧视，因为这是一个阶级压迫的制度，它只是用种族的外套，伪装其阶级实质而已。它最终会对付任何不顾及肤色的人，他们最终甚至会去对付他们自己，因为，假如你今天是那一方的成员，那么你明天就会免受不公平之害，对此可别相信。因为当某个怪物生长起来，它就会长得失控，甚至会把那些创造怪物的人们吞噬掉。该是我们的人民明白的时候了”。①

政治及哲学的透明度很少采取如此浅显的方式。沃尔特·罗德尼的遗产还与我们同在。他的演说词所引起的共鸣远远超出了乔治敦（Georgetown）那条街道，那里曾播放了他的演说。文化的多元化及移植正在海外侨民当中引起对认同的有趣置换与结合。埃利奥特·斯金纳（Elliot Skinner）谨慎地说道：“多元社会的整个问题，被示范为来自加勒比海地区的人们再度发现，他们试图与更多的居民加以比较而定义自己。我出生于特立尼达的‘巴巴多斯人双亲之家’。我那时是一个陌生人。虽然我是一个‘巴巴多斯人’后裔，但是，在纽约，我成了一

① Walter Rodney（1942—1980），http：//www.multiworld.org/m-versity/althinkers/rodney.htm。罗兰·西格尔（Roland Segal）在其《海外黑人》（*The Black Diaspora*）一书中写道：“1980 年 6 月 13 日，沃尔特·罗德尼……被一颗炸弹杀死。据他弟弟说，当他和哥哥在一起而且哥哥受伤之前，他们哥俩得到了圭亚那国防军一位无线电专家所送的对讲机，而那位专家表示自己是反对现政权的，他们哥俩拿出那部对讲机来看时，按说明做了测试。那位自称的专家在随后那天乘着直升飞机进入内陆，并从那里飞到国外，随后在苏里南着陆。伯纳姆（Burnam）本人究竟有多大的牵连，还不清楚。这次暗杀本身在整个地区引起愤慨。给罗德尼送葬的队伍有 2.5 万多名所有各种族的圭亚那人参加。”

个西印度群岛人，与一些人一样，比如皮特·约翰逊（Peter Johnson），而他现在是牙买加驻美国大使。有些人把他们自己称为在纽约的加勒比人，而且他们对于自己究竟是一个特立尼达人还是巴巴多斯人，或者格林纳达人，还很在意。”①

在北美，海外侨民中所表露出的另一个有趣特征，就是非洲裔美国人与从非洲来的较晚抵达者之间发出暧昧矛盾的那种东西，而那些晚近抵达者已经在美国安家。有些伪装的紧张状态在某些与这两个群体有关的街区可以察觉到。另外，在来自不同国家的晚近抵达者之间存在着其他矛盾。尼日利亚来的人可能聚拢不离，埃塞俄比亚、塞内加尔以及加纳来的那些人也是这样。与彼此有关的神话产生过程形成了认同的一个部分，这种认同是由这些群体所进行而成为圈内与圈外的。在一些地方，比如英国、法国和美国，这种趋势特别引人注目。很可能海外非洲人的数量会随着时间的流逝而增长。吵嘴没什么用，表面上的差异用不着强调。非洲人需要的是学会在全球更加合作，学会跨越亚文化界线而从事经济、社会及文化事业。另外，美国及其他地方的非洲裔人在政治方面团结起来比分离更好。就他们集体利益的代表性来说，由他们自己去找到，肯定比较明智。世界更大，非洲人之间的理解以及为了共同的目标而工作，对于泛非事业的成功而言至关重要。已经有人对散布在拉丁美洲一些国家非洲裔人口的数量，做了如下估算：

拉丁美洲的非洲裔人口

国家	占各国总人口比例最少与最多估算数字(来源1)				其他来源(来源2)	
	最少占比(%)		最多占比(%)		占比(%)	总计
巴西	5700万	33	1.29亿	75	44	7560万

① Ruth Simms Hamilton (ed), *Creating a Paradigm and Research Agenda for Comparative Studies of the Worldwide Dispersion of African Peoples*, Monograph, No.1, African Diaspora Research Project, Michigan State University, East Lansing, Michigan, 1990, pp.52~53.

非洲民族：该民族的国家

续表

国家	占各国总人口比例最少与最多估算数字(来源 1)				其他来源(来源 2)	
	最少占比(%)		最多占比(%)		占比(%)	总计
哥伦比亚	650 万	15	1800 万	43	21	910 万
委内瑞拉	220 万	9	1700 万	70		
多米尼加共和国	94.6 万	11	770 万	90	84	720 万
秘鲁	160 万	6	260 万	10		
巴拿马	40.6 万	14	220 万	77		
厄瓜多尔	64.5 万	5	130 万	10		
尼加拉瓜	46.8 万	9	67.6 万	13	9	46.8 万
洪都拉斯	13.4 万	2	33.5 万	5		
玻利维亚	17 万	2				
乌拉圭	3.8 万	1			5	17 万
古巴					62	700 万
法属圭亚那					66	13.2 万
圭亚那					44	39.5 万
苏里南					41	16.4 万
海地					99	770 万
牙买加					98	260 万
波多黎各					19	74.1 万

来源 1：*No Longer Invisible*：*Afro - Latin Americans Today*（edited by Minority Rights Group, London, 1995），按 2001 年人口估算；

来源 2：*The CIA World Factbook* 2001。

上表引自 Teun A. van Dijk, *Racism and Discourse in Spain and Latin America*, Universitat Pompeu Fabra, Bacelona，出现于如下丛书：*Discourse Approaches to Politics*, *Society and Culture*（Benjamins, Amsterdam），Version 2.0, December, 2004。

阿拉伯和奥斯曼世界的状况正如先前所指出的那样，已经具有它们自己的特性。有人可能已经想到，黑人奴隶一千多年不间断地流动，可能已经在这些社会留下相当大一批可以见到的黑人。恰恰相反，情况并非如此。原因很简单。文化及身体的同化已经记录在阿拉伯和奥斯曼世界的非洲人经历中。从摩洛哥到阿拉伯湾，关于非洲人的记载，不管是严密的还是比喻的，都见不到。

贝克尔勒格（Beckerleg）在她那篇关于非洲裔巴勒斯坦人的论文中说："就像在阿拉伯世界的许多地方一样，大多数巴勒斯坦人提到任何看得出来的撒哈拉以南地方人或者黑非洲人的外貌时，称之为'阿贝德'（*abed*），该词的字面意思是'奴隶'。因此，指称奴隶和黑人的那些词就成了可以互换的。许多有非洲人血统的巴勒斯坦人，但不是他们所有人，都避免用'阿贝德'这个词，他们称自己为'苏穆尔'（*sumr*）（复数）。因此，大多数有非洲血统的巴勒斯坦人称自己为'阿斯玛尔'（*asmar*）（阳性单数）或者'阿比德'（*abid*）（单数），这两个词翻译出来就是'黑的'。在巴勒斯坦人所说的阿拉伯口语中，'苏穆尔'这个词指黑色，比'索德'（*swad*）这个词好，人们认为后者用来指人或事情比较粗俗。这么说很有趣，因为在其他一些说阿拉伯语的国家，'索德'用来指黑色，'苏穆尔'则指棕色。那些没有'黑人'血统的巴勒斯坦人可能会把自己称为'白人'，但是这只是个描述词，是为了把自己与那些有非洲血统的巴勒斯坦人做对比，而后者也被人们当作阿拉伯人。在世界上的这个地区，与人们有关的主要族裔区别是犹太人与阿拉伯人。"[①]在所有的海外非洲人里，正是阿拉伯世界的非洲人消失了，或者说，假如你宁愿，那么，接受同化最好。否认非洲人的根源，是随着同化过程而进行的。关于非洲裔巴勒斯坦人，贝克尔勒格还说，除了在耶路撒冷有一个结合得很紧密的非洲人社区之外，大多数非洲裔巴勒斯坦人都不认同于非洲人。有些人的脸上可能已经显出了非洲人血统，但是他们却表示，不知道自己有这种血统。[②]

---

① Susan Beckerleg，*The Hidden Past and Untold Present of African - Palestinians*，in *Tinabantu*：*Journal of African National Affairs*，Vol.1，No.2，June 2003，The Centre for Advanced Studies of African Society，Cape Town，p.15.

② 同上。

约瑟夫·哈里斯（Joseph Harris）的研究对印度的非洲裔印度人方面的研究，做了最初的开创性贡献。[①] 一些非洲人，其中大部分来自非洲东部沿海，起先到印度是当商人和自由劳工，后来才有一些由阿曼的阿拉伯人以及更后来由葡萄牙人运到印度的奴隶。阿拉伯人运到印度的非洲奴隶从事各种各样的工作，但是，印度穆斯林统治者的奴隶军队是这些奴隶最重要的职业领域。印度的穆斯林统治者们依赖于他们同一教派的那些人，最好是外国人，以便满足军队中的工作需要。这样就强化了他们对土著印度居民的政治控制。因此，宗教有助于我们理解，为什么孟加拉的穆斯林国王鲁恩－乌德－丁·巴巴尔克·沙阿（Rukn－ud－din Barbak Shah），早在1459年，就养着一支足足有8000名非洲奴隶的军队。[②] 在中世纪的印度，并不禁止黑人奴隶充当拥有权力和特权的王室奴隶，尽管这只对于很有限的一小部分个人和群体可行。1590年左右在德干高原经由傀儡国王穆尔塔扎·尼扎姆·沙阿二世（Murtaza Nizam Shah Ⅱ）而进行间接统治的马利克·安巴尔（Malik Ambar），在这一点上就是很好的例证。然而，对于解释1500年左右被吞并的果阿、达曼以及第乌（Goa，Daman and Diu）这几个葡萄牙殖民地中黑人奴隶的地位，种族因素越来越重要。在葡萄牙人的统治下，黑人奴隶在主人的商业、农业以及家务中从事仆人的工作。女奴大多被当作妓女或小妾。[③] 在今日的印度，非洲裔印度人被替代地称为“哈布希”（Habshi）或“希迪”（Siddi），那是指古吉拉特邦（Gujarat）的一个表列部落。表列部落地位在印度也指派给其他一些群体，并对他们在就业和其他

---

① Vandana Kohli，*Africans in India*，in Ruth Simms Hamilton（ed），*Creating a Paradigm and Research Agenda for Comparative Studies of the Worldwide Dispersion of African Peoples*，Monograph，No.1，African Diaspora Research Project，Michigan State University，East Lansing，Michigan，1990，pp. 61～63。又见 Joseph Harris，*African Presence in India*：*Consequences of the East African Slave Trade*，North－Western University Press，1971。

② 同上。又见 Graham Irwin，*Africans Abroad*：*A Documentary History of the Black Diaspora in Asia*，*Latin America*，*and the Caribbean During the Age of Slavery*，Columbia University Press，New York，p.142。

③ Vandana Kohli，*Africans in India*，in Ruth Simms Hamilton（ed），*Creating a Paradigm and Research Agenda for Comparative Studies of the Worldwide Dispersion of African Peoples*，Monograph，No.1，African Diaspora Research Project，Michigan State University，East Lansing，Michigan，1990，pp. 61～62.

行政管理方面，以及教育、经济机构中予以特殊考虑。总计约5000名希迪当中的大多数人生活在古吉拉特邦，这些人都是穆斯林，他们主要集中在萨乌拉什特拉（Saurashtra）半岛的贾姆布尔（Jambur）和朱纳格特（Junagadh）这两个地区。希迪主要生活在该半岛的森林地区，操古吉拉特语。他们可能是自由商人及阿拉伯奴隶的后裔。除了古吉拉特邦之外，还有一些希迪社群分布在卡纳塔克邦（Karnataka）。在卡纳塔克邦大约有6000名非洲裔印度人，其中42%是基督徒，32%是穆斯林，26%是印度教徒。这些穆斯林希迪可能是在抵达印度之前，由于被阿拉伯人捕获并奴役而改宗伊斯兰教的。另外，基督徒希迪则可能是由于葡萄牙奴隶贩子的缘故而改宗。大多数城市非洲裔印度人群体居住在安得拉邦（Andhra Pradesh），住在首府城市海德拉巴（Hyderabad）。海德拉巴的希迪操乌尔都语，而且全都是穆斯林。他们是尼扎姆或海德拉巴之王雇用的非洲骑兵卫士的后裔。虽然海德拉巴的非洲裔印度人操乌尔都语且在人种方面并不独特，而古吉拉特邦和卡纳塔克邦的希迪们操各自当地的语言，但无论这两个群体的定居地区如何，他们都有自我认同和集体记忆，这反映着他们共同的血统。①

尽管黑人海外侨民在白人的奴役下遭受了种族主义对待，饱含悲伤，很不公正平，但是，海外非洲人中还是有一些积极的光彩照人之处，尤其是在美术、体育、音乐、时装以及文学方面，更加突出。黑人无疑在一些设定得分的项目（setting - markers）中已经是领跑者，不仅在美国如此，在全世界也是这样。在美国，黑人已经创造了风靡于美国及全世界的流行音乐。12小节布鲁斯及其后代已经主导并抹杀不掉地影响了全球的流行音乐教程。爵士乐已经成为全球性的音乐风格。吉莱斯皮（Gillespie）、阿姆斯特朗（Amstrong）、埃林顿（Ellington）、巴锡（Basie）、戴维斯（Davis）、沃勒（Waller）和霍利戴（Holiday）等

---

① Vandana Kohli, *Africans in India*, in Ruth Simms Hamilton (ed), *Creating a Paradigm and Research Agenda for Comparative Studies of the Worldwide Dispersion of African Peoples*, Monograph, No.1, African Diaspora Research Project, Michigan State University, East Lansing, Michigan, 1990, pp. 62 ~ 63.

人的名字，已经在全世界家喻户晓。在体育界，非洲裔美国人写下了卓越的记录，泰格·伍兹（Tiger Woods）、杰西·欧文斯（Jesse Owens）、杰克·约翰逊（Jack Johnson）、乔·路易斯（Joe Louis）和穆罕默德·阿里（Mohammed Ali）以及其他许多人，都同样众所周知。青年人的流行文化继续被美国的希荷普文化（hip – hop culture）[①]猛烈激发。在文学界，美国文学已经从20世纪20年代的哈莱姆文艺复兴（Harlem Renaissance）时的一大群黑人作家，繁衍出了当代黑人作家群，他们包括如下名人：兰斯顿·休斯（Langston Hughs）、杜波伊斯（Du Bois）、克劳德·麦凯（Claude McKay）、詹姆斯·鲍德温（James Baldwin）、理查德·赖特（Richard Wright）、托尼·莫里森（Toni Morrison），以及其他人。同样的，在西印度群岛的黑人中，从卡利普索即兴演唱（calypso）到雷盖音乐（reggae），从板球运动员到作家，其名堂之多，我们实难尽数。巴西桑巴舞在音乐厅和夜总会很流行，而这是起源于20世纪50年代和60年代西非一些城市中心的一种舞蹈。

总之，按我估计，在我这一生的时间里，非洲裔美国人已经取得了进步，但还有许许多多失调和困难存在于美国社会的下层阶级中。我们这个时代的事实是，已经连续产生了两位非洲裔美国国务卿，其中一位是男性，另一位是女性，这就是黑人已经合法地跻身于美国政府最高层的明证。我们可能丝毫也不喜欢科林·鲍威尔（Colin Bowell）和康多莉扎·赖斯（Condoleezza Rice）所推行的政治，但并不会阻止我们庆贺非洲裔美国人慢慢地成为美国的权力精英。他们身为非洲裔美国人而在美国社会取得的成功，应当与我们有关系。人们可以这样做，同时又同意杜波伊斯的明智看法，即为了这样的职位提升，往往要付出一种有辱人格的代价：“……为此而付出的代价，常常是思想被奴

---

① 20世纪80年代在美国城市黑人青年中流行的文化，主要有霹雳舞、说唱音乐、涂鸦艺术这三种形式。又译“嘻哈文化”。——译者

役、真相被扭曲以及我们自己的人民被压迫。”① 我还要如实地说一句，本土非洲人对于海外非洲人具有强烈的亲密感和自豪感，多少代人都是这样。我之前那一代人的确是这样，我们这一代人是这样，新的一代人也会继续这样。虽然屡屡如此，但这种依恋所外露出来的措辞和抄袭品，对于实现目的而言是荒谬的、夸大的以及无助的。

尽管我们希望骄傲地把我们与非洲裔美洲人的成功联系起来，具体而言是与北美联系起来，但是，我们还要记住，这并非那种应当为本土非洲青年的启蒙和发展设定步调的希荷普文化。黑帮说唱、皮条客说唱（*Gangsta rap*，*Pimp rap*）和暴力文化及其滋生的粗俗，不能被当作非洲文化复兴的基础。的确，对于有些本土非洲人想要从美国文化（不管是黑人的还是白人的）中寻求智力拯救以及前进方式那样的趋势，人人都必须远远避开它。相似的，我们不能接受某些非洲裔美洲人（包括西印度群岛和南美的非洲裔）的一些观点，即关于黑人的自由和解放，他们一切都要教训非洲，而实际上他们根本不向非洲学习一丝一毫。这些观点事实上可能是根据一种想法而来的，即在白人世界与白人共处的那些美洲的非洲裔，比他或她在非洲本土的同胞，懂的更多，更为文明。因此，尽管马库斯·加维（Marcus Garvey）很了不起，但他只把自己说成是“非洲的临时总统”。② 杜波伊斯承认：

① W.E.B.Du Bois，*The Autobiography of W.E.B.Du Bois*，New World Paperback，International Publishers，1968（1979 edition），p.406.

② George Padmore，*Pan-Africanism or Communism*? Dennis Dobson，London，1957。有人察觉，帕德莫尔（Padmore）带着略微嘲笑的语调说到加维的运动：“作为非洲未来帝国的元首，他的正式头衔是‘殿下，君主’，而且他的酬金是2.2万美元。‘高等执行委员会’即影子内阁的18名成员每人一年的酬金是3000至10 000美元。‘临时政府’被任命或宣誓之后，加维就把贵族地位及爵士身份授予其成员。这些黑人显贵，‘尼格罗帝国’的第一批贵族，被加上尼罗河公爵、刚果伯爵、尼日尔子爵以及赞比西男爵之类的响亮称号。其他人则被封为埃塞俄比亚、阿散蒂以及莫桑比克的高贵效劳团骑士（Knights of the Distinguished Service Order）。加维甚至抢先于温斯顿·丘吉尔一步，创立了乌干达‘霸主’。这些人全都配上了式样仿照英国骑士团的华丽的袍子和帽子，上面带有一些册封标志，如嘉德勋章（the Garter）、巴思勋章（the Bath）和蓟花勋章（the Thistle）。这些黑人贵族甚至比白人贵族打扮得更耀眼。对于尼格罗人而言，他们非常喜爱华而不实的服装。”同上，pp.93~94。

“美国黑人太经常地假设，他们在非洲的领导能力是自然而然的。”①他还在别处非常直率地解释说：“我一度把你们非洲人当成小孩看待，认为我们有教养的非洲裔美国人要引领你们奔向自由。我那时错了。”②真理在于，非洲的进步将是来自本土的资源及灵感。从文化上来说，有一些重要的东西我们应该向美国学习，有许多思想观念是由非洲裔美国人的某些多方面表达的那种山姆大叔文化霸权主义所引发的。

非洲的解放和文化复兴将在非洲的条件下出现，其设计和构造将要严格地以非洲的灵感为基础。在这方面，我与科比纳·塞基（Kobina Sekyi）③为伍。戴维森（Davidson）是这样概括塞基的立场的：“他后来相信，美洲黑人自称要领导非洲，就像那时候牙买加的马库斯·加维（1887—1940）以极端形式所表达的那样，既无礼，也很荒谬；他（指塞基——译者）在1925年出的那本小册子里对此说过许多话。对非洲人的拯救可以由美洲的非洲人予以物质援助，他同意这一点，认为

① W.E.B.Du Bois，*The Autobiography of W.E.B.Du Bois*，New World Paperback，International Publishers，1968（1979 edition），p.401。要注意的是，这种心境并不局限于海外非洲人。一直接触西方的那些本土非洲人，其态度并无不同。在一些西方宗主国的非洲本土学者认为，他们对非洲的独立斗争给予了指导。那是发生在殖民主义结束之前的事情。肯雅塔们、班达们（Bandas）、尼雷尔们、奥博特们（Obotes）、卡翁达们、阿齐克韦们、恩克鲁玛们以及其他人全都是这种类型。他们都在实现“独立”的过程中成功了，并承袭了他们在各自新殖民国家的领导地位。在独立之后的几十年间，在西方的几代非洲人，还沿袭着他们的假定，认为自己是非洲有效发展的先锋。这并未发生，但今天在欧洲和美洲还有许多年轻一代非洲裔，认为若有人要造就非洲的变迁，那就是他们。现在，要产生可行的发展观念，其重心在于国内，并不在海外。[另，本条注释原文中出现的多个人名均为复数，表示各国相应的一些类似人物以至于其家族成员。现对前面尚未出现之人物予以译注：阿波罗·米尔顿·奥博特（Apollo Milton Obote，1924—2005），乌干达政治家，1962年带领乌干达脱离英国殖民统治而独立，因而被视为现代乌干达的国父，1962—1966年任该国总理，1966—1971以及1980—1985年期间两度出任总统。海斯廷斯·卡穆祖·班达（Hastings Kamuzu Banda，1902—1997），马拉维政治家，非洲独立运动领导人之一，马拉维共和国首任总统，1966年始任，1971年宣布为终身总统，连任至1994年，在同年大选中被击败，流亡南非。——译者]

② W.E.B.Du Bois，*The Autobiography of W.E.B.Du Bois*，New World Paperback，International Publishers，1968（1979 edition），p.406.

③ 科比纳·塞基（1892—1956），本名威廉·埃苏曼-格维拉·塞基（William Esuman-Gwira Sekyi），黄金海岸的民族主义律师、政治家及作家。——译者

'但是必须由来自非洲人的非洲之彻头彻尾非洲的非洲人予以控制和指导'。"①

我要对马尔科姆·艾克斯②的见识予以追问，来结束本章，他是在（1964年12月12日）于纽约哈莱姆区的公共论坛上发表其言论的。有人问他，假如非洲裔美国人回到非洲，可能会被那里的非洲人接纳，他对此是怎么想的。他予以解释之后，认为其中有些人可能受欢迎，另一些则不然，对此，他说了下述理由："那些将会做出贡献的人可能受欢迎，而那些不会做贡献的人则不受欢迎。"③ 我不同意他的这种看法。美洲的非洲裔肯定有权对获得非洲国家的公民身份提出要求，不受歧视也不应附带条件。这种情况越早出现，对我们所有人越好。不管他们是想提出这些权利要求，还是想迁徙而"回到非洲"，都是另一回事情。大多数人可能并不想这样做。马尔科姆·艾克斯接着做了更为生动的评论："……以华人为例吧。你们问我关于红色中国的事情。华人过去常常不受尊重。他们过去常常在这个国家利用那种措辞，说什么'你没有中国佬（Chinaman）的机会'。你们还记得这种说法吗？你们后来听不到这样说了。因为中国佬从前的机会比现在多。什么原因呢？因为中国现在强大了。自从中国变得强大并独立以来，它就受尊重了，得到了承认。所以，不管现在某个华人走到哪里，都会受到尊重，得到承认。"④ 这种议论的含义现在甚至比20世纪60年代前期更真实，因为中国已经在技术上猛烈而戏弄地朝前射击。马尔科姆·艾克

---

① Basil Davidson, *Africa in Modern History*, *The Search for a New Society*, Penguin Books, Middlesex, 1978, p.180.

② 马尔科姆·艾克斯（Malcolm X），本名马尔科姆·利特尔（Malcolm Little，1925—1965），美国黑人领袖，与马丁·路德·金齐名的黑人人权运动人物，其穆斯林名字为"哈吉·马利克·沙巴兹"（El-Hajj Malik El-Shabazz），出生在美国内布拉斯加州一个黑人家庭，1947年因"入室行窃"罪被判处监禁，在狱中服刑7年，期间转而宗奉黑穆斯林运动……1965年在哈莱姆区一次舞厅集会上被枪杀。——译者

③ Malcolm X, *Malcolm X Speaks*: *Selected Speeches and Statements*, edited with Prefatory Notes by George Breitman, Grove Press Inc., New York, 1965, p.210.

④ 同上，p.211.

斯接着做了一些类推和训诫：“同理，当非洲大陆处于独立状态时，就能够创造为增强其力量及其在这个地球上的地位所必需的统一，从而非洲也会像其他那些大洲一样受到尊重，于是，有非洲起源、非洲传承或非洲血统的人民，不管走到哪里，都将受到尊重——但是，仅当而且仅因为他们还有某种更大得多的东西，好像在他们后面的时候，才是这样。你后面有那东西，你就会得到某种尊重；你后面没有它，则你在这个社会中的太阳下面，就几乎可以为所欲为——通过华盛顿所能想到的任何一种法律的检查——而且你们和我还将要努力，让他们实施那种法律。我们将会像他们过去常常说的那中国佬一样，‘他没有中国佬的机会’。现在，你们还没有黑人的机会。但随着非洲获得独立，你们和我就会有不止一次机会。我对此百分之百地相信。”① 这就是马尔科姆·艾克斯对处境的诠释。其中简单的真理就在于：大西洋两岸非洲人的解放和进步是深深地纠缠着的，它们互为补充，互不分离。

---

① Malcolm X, *Malcolm X Speaks: Selected Speeches and Statements*, edited with Prefatory Notes by George Breitman, Grove Press Inc., New York, 1965, p.211.

第七章　对非洲统一的信念以及相关问题

关于非洲统一的理想以如下观念为前提：有非洲血统的人民之解放、发展及繁荣，只能由人民的团结而实现。作为民主和解放的运动，它在其向着自由、正义和自决的历史性推动过程中，与其他人类成员分享共同的灵感。这种理想过去从未打算是一种仇外的或内向面貌的原则。它承认整个人类是同类，且它的倡导者对于所有各族人民的解放及自由，总是表示支持。但是，这一理想的提倡者持续不断地声明，非洲的自由和统一，就其民主及为人喜爱的要求而言，是不能妥协的。

有些人可能会争论说，在追求这一理想的过程中，还未取得多大的进步，因而非洲的统一没有出路。我们要对他们说，对于我们当中那些致力并从事于这一事业的人而言，我们不为怀疑的阴影所笼罩地确信：因为非洲统一这一理想是人类大范围的解放、正义及自由的一部分，这一理想的最终实现不会在我们心中存疑。非洲的独立过程、由大多数人治理这样的政治规划，以及非洲参与到对世界的各种商议中，证明对解放的迫切要求是真实的，同时是以这种理想为基础的。预期如同这种进程一样的历史进程，可能会遇到一些失误、挫折、障碍及打扰，但是，如果我们具有宽广的历史眼光，那么，就不大可能怀疑对非洲统一的寻求，已经在20世纪对海外和非洲本土这两者的黑人世界的发展，产生了深远的影响。

泛非主义作为一种理想，它的进步和挫折对于其他各族人民当中那些相关理想的命运而言，并没有太多的不同。作为一些理想的各种

“泛”运动，的的确确都是19世纪下半叶的一种产物。在我们这个时代，正是欧洲人而非其他任何群体，一步又一步地朝着统一而迅速前进。多年前，在第二次世界大战期间，奥古斯特·韦伯（August Weber）就评论道：“最重要的是，事实上对于成立一个欧洲联盟的决定性理由，是最终消除持久的战争威胁。”① 一些遭到频繁争论的类似想法，甚至带有一套宪法草案，在第二次世界大战的早期阶段就由艾弗·詹宁斯（Ivor Jennings）提了出来。②

总的来看，一个联合起来的非洲可能会使非洲的那些战争结束。对于非洲人们而言，实现更大程度的欧洲统一以及欧洲联盟的成熟，既是一种灵感，也是一次机会，以便获悉关乎统一的一些理想得以制度化所带来的一些教训和一些利益。但是，非洲统一的一些路径却不得采纳那种对欧洲榜样盲目模仿者的观点。非洲的种种现实十分不同。

欧洲的理想由来已久，有些人是由查理曼大帝那个欧洲而激发了灵感。的确，处于欧洲计划核心的法德协定，赢得了查理曼帝国心脏地带的统一。近来重读一些年之前发表于《文汇》月刊（*Encounter*）上的一封信，可以看到，该信作者弗里德里希·邦德（Friedrich Bund）牢牢抓住了韦农·波格丹诺（Vernon Bogdanor）的想法，用来说起波格丹诺对于该杂志中先前一个问题的论点：“作为欧洲人的意识就是，该意识可能首先是出现在20世纪的一个现象。”的确，即使情况如此，欧洲联盟的一些成就在我们这个时代也展示着这种意识的力量。弗里德里希·邦德写道：

> 诚然，不管欧洲人的意识是旧的还是新的，都绝对不会对一些实际事项是决定性的……任何人都应当记住，即使最

---

① August Weber, *A New Germany in a New Europe*, Lindsay Drummond, London, 1944, p.174.

② W. Ivor Jennings, *A Federation for Western Europe*, Cambridge University Press, Cambridge, 1940.

宽宏大量的海岛英国精神，也存在着至少一千年的欧洲传统。事实上，已故的丹尼斯·德鲁日蒙（Denis de Rougemont），这个不久前在日内瓦逝世而被广泛哀悼的不知疲倦的欧洲时事评论员，把关于欧罗巴的一部经典文选放在一起，而这部文选是以六七种语言出版的。他费尽苦心，甚至查明了“欧洲意识”在古代世界的起源，展现了赫西奥德、贺拉斯以及亚里士多德在这方面的文本。但丁和伊拉斯谟表现出众。歌德和席勒、圣皮埃尔（Abbé de Saint－Pierre）以及莱布尼兹和孔多塞作品中的“欧洲精神”，都在该文选中有生动的举例说明。谁会继续下去呢？即使最遭人误解的尼采，在他那反日耳曼精神的言论中，也是一个为更大的欧洲那种心态和忠诚做辩护的支持者——如同海涅一样，而托马斯·曼的确如此。①

正如所有的民族主义现象一样，常常很难理清来龙去脉。欧盟其实现在已迅速实现，这证明欧洲世界为了让一个统一的欧洲成为真实所带的那种感情和欲望，是有力的。即使现在，也有一些人坚持认为，这个计划最终会流产。我却与他们意见相反。还没有什么可见或不可见的迹象，表明欧盟的理想正在濒临消散。比邦德于 19 世纪后期所提到的一些依据更为靠近我们这个时代，那是 1897 年 3 月 19 日索尔兹伯里勋爵（Lord Salisbury）在英国上议院发表演讲时所说的话：“我们的责任是维持欧洲的联合行动［欧洲协调（Concert of Europe）］……是我们摆脱持久恐怖及战争灾难的唯一希望。”② 另一个对这个问题的典型宣告，是厄内斯特·勒南（Ernest Renan）在他 1882 年于索邦神学院

---

① Friedrich Bund, *The European Spirit*, Letter in *Encounter*, Vol.LXVII, No.1, June, 1986, p.77.

② Viscount Cecil of Chelwood, *All the Way*, Hodder and Stoughton Limited, London, 1949, p.253.

发表那次著名演讲中进行的。他论证道："一些族国[①]并非永恒的。它们有过开端，也会有结束。它们可能被一个欧洲联邦所取代。"[②]今天，假如我们处在与欧盟站在一起的地方，则这个陈述显得几乎就是预言一般。在切尔伍德的塞西尔子爵（Viscount Cecil of Chelwood）1931年草拟的一篇论文中，主题是关于法国领导人白里安（Briand）给当时的欧洲委员会的一项提案，塞西尔子爵评论道："白里安先生是正确的。存在着一个确定的欧洲联邦（Commonweal of Europe）。对于欧洲列强，摧毁了那个真相的、正在出现的当务之急，既不是它们的海外领土或海外殖民地，不是欧洲贸易与全世界的联系，也不是本大洲各族国传统的敌意。欧洲的统一，的确是被这次大战的烟云以及各种新兴民族主义的刺耳喧嚣所遮蔽，它还剩一些东西，那就是直到20年前，还没有哪个有教养的人不质疑的东西。的确，历史为欧洲联盟充满了一些图式，从神圣罗马帝国终结而成为一个政治实体之日，一直到欧洲协调，那是已故的索尔兹伯里勋爵于1897年所辩护的'唯一可能的欧洲构造之胚胎，它能够从灾难性的战争所造成的荒芜后果中，拯救文明'。欧洲内部的争吵，比起家里的争吵，既不那么真切，也不那么剧烈。但这些争吵依然是家里的争吵，既可叹，又根本不自然。甚至拿破仑都宣称过，欧洲人的每次战争都是内战。"[③] 切尔伍德发出的那些思想和情感，将会被现在和接近现在的大多数泛欧思想家所接受，如被罗伯特·舒曼（Robert Schumann）和让·莫内（Jean Monnet）接受，而且欧盟的成功在为这些渴望作证。

尽管阿拉伯世界由于巴勒斯坦的国家地位作为对其更重大的挑战和奖赏，可能会在不长的几年之内实现，因而经受着我们这个时代的紊乱，但是，我们很清楚，在伊拉克被入侵之后凝结成一场叛乱，这

---

① 原文为 nations，因为后面提到欧洲联邦，所以不惯译为"民族"。用通指的"国家"也比较含糊，因为还有 country（域国）和 state（政国）可指国家。——译者

② E. Renan, *Qu'est qu'une nation?* Lecture at the Sorbonne, Paris, March 11, 1882.

③ 同上。

场叛乱的叛乱分子及其领导阶层来自阿拉伯世界的所有角落。那些陈旧的阿拉伯君主政体以及残暴的西非各政治王朝正处在长期的厄运中，它们终将让位，所采取的方式和道路，在很大程度上将取决于它们的前摄性（pro – activity）和癖性，如何应对民主政治、开放的社会体制以及技术专家现代派的新兴习惯。阿拉伯统一这一理想，使阿拉伯民族（*el wantani el arabi*）保持着的强烈、深化且有弹性的理想。但是，实现这个理想将取决于其动员手段的能力如何，以便在朝向统一的一些模态（modalities）中，体现民主实践和民主过程。起始于 20 世纪 40 年代后期的复兴党意识形态，反映了许多阿拉伯人的观点，那就是拥护阿拉伯民族主义并打算把所有各个阿拉伯国家统一为一个阿拉伯民族，该民族从大西洋延伸到阿拉伯海，跨越被视为奥斯曼帝国或欧洲的殖民统治者所裁决及人造的那些边界。然而，这种阿拉伯统一的景象还不仅仅限于那些复兴党人之幻想。布什政府企图把这种梦境连根拔除，要让生长于伊拉克及其之外的根须和枝叶，不大可能繁茂成荫。的确，在反抗奥斯曼土耳其人及欧洲人的殖民主义期间，在第一次世界大战期间及其之后，阿拉伯统一是大多数阿拉伯民族主义者的感人号召。复兴党意识形态不同于泛阿拉伯主义那种造就社会主义及完整要素（integral element）的较老情操。在阿拉伯裔欧洲人联合会（Arab – European League）这个阿拉伯散居移民组织（Arab Diaspora Organization）的网站上，确认其幻想的一部分就是要鼓励在经济和政治方面与阿拉伯世界整合为一体。“这样应当导致在所有的阿拉伯土地上建立一个联邦制阿拉伯政国。这个国家是阿拉伯人民民族斗争的最终目标。阿拉伯统一也是对那些被授予权利，在阿拉伯联邦之内拥有他们各自的自治、自我管理区域的族裔及语言上的少数者群体的合法渴望，所予以的回答。”①

在中国，公元前 221 年，秦始皇征服了相争之列国，开创了中国

① 见 www.arabeuropean.org/aboutus.html。

的统一外貌。然而，秦始皇去世后，秦朝未能延续，统一的帝国由汉朝在公元前202年再度建立，直到公元220年汉帝国瓦解，此时，中国或多或少地形成了统一的清晰意识。这种意识在将近四个世纪的分裂中残存着，一直到公元589年由隋朝再度统一。中国的统一在各个朝代的历史中得到验证，无论统治中国的这些朝代起源于外来者还是本土（原文如此——译者），都是如此。历经了唐、宋、元、明各王朝以及于1911年被推翻的清王朝，继之而来的又是一段混乱和战争的时期。最后，中国共产党最终取得胜利。因此，当1949年9月30日毛泽东宣布“这种全国人民的大团结，是中国人民和人民解放军在中国共产党领导之下，经过长期的英勇奋斗，战胜了美帝国主义援助的蒋介石国民党反动政府之后所获得的”时，他肯定了长期理想的成果。毛泽东回忆了这一理想的智力谱系，指出：“一百多年以来，中国人民的先进分子，其中杰出者有如领导辛亥革命的伟大革命家孙中山先生，为了推翻帝国主义和中国反动政府的压迫，领导广大的人民，进行了不断的斗争，百折不挠，再接再厉，到现在，终于达到了目的。当着我们举行会议的时候，中国人民已经战胜了自己的敌人，改变了中国的面貌，建立了中华人民共和国。我们四万万七千五百万中国人现在是站立起来了，我们民族的前途是无限光明的。”① 50年后，中国在经济、技术以及科学方面的进步，证实了毛泽东的预言。中国的确站立了起来。②

---

① 参见 Mao Tse - tung，*Long Live the Great Unity of the Chinese People*，Selected Works of Mao Tse - tung，Foreign Language Press，Beijing，1977，Vol.5，pp.19 ~ 20。

② 本段中前面那些引语，出自《中国人民大团结万岁》，这是毛泽东受中国人民政治协商会议第一届全体会议委托而起草的会议宣言。另外，该全体会议于1949年9月21—30日在北平中南海怀仁堂召开。在9月30日的会议最后一天，选举了中央人民政府委员会和主席、副主席。选举完毕，全体代表一致通过了上述会议宣言，并向人民解放军发致敬电，还确定了建立人民英雄纪念碑的办法和碑文。代表们随即于当天下午到天安门广场，为人民英雄纪念碑举行奠基典礼。傍晚六点，代表们就位后，周恩来为典礼致辞。代表们随即默哀。然后，毛泽东宣读了纪念碑碑文：“三年以来……在历次斗争中牺牲的人民英雄们永垂不朽！”——译者

在非洲的情境下，尤其是在西非，韦尔奇（Welch）区别了实际上被利用的三种意义上的统一这个观念。在一种情况下，现有的一些殖民属地被得到授权的中央行政机关认可，与这种按照联邦制操作的一个变体，如喀麦隆联邦共和国合并了，或者成为完整统一的国家，由联合国主持公民投票之后，把英属多哥兰（English Togoland）合并为加纳就是范例。第二种程度的统一只包含功能合作、关税联盟协定、共同服务机构、统一货币区，等等。前法属西非（French West Africa）的非洲金融共同体（Communaute Financiere Africaine 或 African Financial Community）的货币就是这样的一个例子。在这种情况下，除了特殊的职权和有关机构之外，各成员国政府的主权并没有委托于他人，没有形成拥有主权的新的中央政府。按韦尔奇的看法，第三类重要的统一涉及同盟、咨询机构，以及在一些国际组织，如联合国中的投票表决会议（voting caucus）和联合策略如何形成，在这种情况下，并没有哪些单独的政府转让主权。[①] 在这方面，布特罗斯·布特罗斯－加利（Boutros Boutros－Ghali）在非洲统一组织刚刚成立不久后所发表的一份文件中，写到该组织是“预定为了促进单独一个大洲的各国政府进行磋商并采取联合行动的一个国家间组织”[②]。换言之，该组织被制定成了一个区域或大洲咨询机构，可以在达成一致时执行联合行动。在该组织的整个历史上，其功能从没有超出于此。随着岁月的流逝，它的主要鼓动者为了实现政治及经济上统一的非洲所怀有的那最初梦想，就渐渐消退了。

韦尔奇基于一些西非例子还说到，似乎存在着四种条件，在这些条件之内，一些前殖民属地可以被连接，形成较大的政国实体（state entities）。在这些条件中，第一种是大众支持的民族主义运动存在，这

---

① Claude E. Welch, Jr., *Dream of Unity*, *Pan－Africanism and Political Unification in West Africa*, Cornell University Press, New York, 1966, p.4.

② Boutros Boutros－Ghali, *The Addis Ababa Charter*, in *International Conciliation*, DXVLVI, January 1964。此处引自 Claude E. Welch, Jr., *Dream of Unity*, *Pan－Africanism and Political Unification in West Africa*, Cornell University Press, New York, 1966。

些运动的首要目标是让有争议边界的两边，在政治上统一起来。虽然单是哪一方就可能在边界的相反两边都有其成员，但是，在西非的通常情形下，在英属地区和法属地区形成了不同的群体，而它们的目标是相同的。对此，韦尔奇尤其思考了埃维人（Ewe）的统一运动。第二种条件是，一些统一的形成体可以在相对流动的政治状况下达到，在这种状况下，统治机构及边界的变化不会被当权的那些政府反对。第三种条件，各属地实体之间的统一可以经由外部不偏不倚的且受尊重的权威机构（通常是联合国）而造成，这种机构听取请愿而协助统一的企求，予以技术及监督方面的协助，并鼓励政治上各方与殖民行政当局面对面地交涉而促成统一。能使统一形成的第四种条件，是得到正在执政的权力默许，没有这种默许，没有哪种运动可以把各殖民地区统一成功。[①] 在韦尔奇于20世纪60年代中期所谓的“非洲独立的十年”所区别的这些能够促成统一的条件中，有趣的是这样的事实：在不同的程度上，所区别的那些因素当中的某些方面，现在依然很有效。首先，在我看来毋须争论的是，在我们这个时代推动非洲统一，就要有以大众为基础的、在非洲范围广泛的政治运动，此种运动的核心目标是非洲人民在政治及经济上的统一。在政治上竞争的这类或这些运动，需要始终不渝地采取民主的方法和途径。其出发点必须加上一个坚实的文化覆层（cultural vestiture），该覆层使我们的文化及历史属性中的非洲民族意识得以巩固并生根。没有文化运动，非洲民族意识就不能得到支撑。尽管有合法的外表，这种外表是殖民体系瓦解后的当今国家所具备的，但是，非洲团结与自由之更大梦想，依然持久而令人难以忘怀地存在着，在模模糊糊的一些理论及实践中所存在的这种梦想，重现并闯入非洲政治的种种现实中，许多观察者却认为，它被忘却了。我们所见那些持久的分心、分裂的倾向以及内乱，对于殖民体系瓦解后的秩序中那些根本弱点而言，含义很深。坦桑尼亚前总统、

---

① Claude E. Welch, Jr., *Dream of Unity*, *Pan - Africanism and Political Unification in West Africa*, Cornell University Press, New York, 1966, p.5.

已故的朱利叶斯·尼雷尔于1997年在加纳发表演讲时，说过这种事情：

> 这就是我对新一代非洲领导人以及非洲各族人民的恳求：带着坚定的信念，即*没有统一就没有非洲的未来*，为了统一而工作。换句话说，假如我们还想在太阳下面有一个地方，当然就是这样。我拒绝对民族—国家予以赞颂，我们是从殖民主义手中继承了这东西，而且我们正试图从这继承的东西中造成一些人为的民族。我们所有正试图如此的非洲人，过去都不得不是加纳人或坦桑尼亚人。所幸对非洲而言，我们还没有完全成功……*统一将不会使我们富裕，但能够使非洲及非洲各族人民难以被人漠视及羞辱。所以，统一将对我们做出决定以及尝试实施我们的发展，增加有效性*。我这一代人领导非洲赢得了政治自由，以及非洲各族人民必须拿起非洲自由的闪烁火炬，用他们的热情和决心为这火炬再加上燃料，举着它向前进。①

几乎没有任何要点能比这段演讲说得更为彻底，更为朴素。法农指出，紧跟在独立时代之后，非洲需要决定究竟是不是要向前进，团结起来“像一个巨大躯体一样拒绝任何伤残”，因为在他尖锐的意见中，不能存在“既与殖民主义作斗争的一个非洲，以及另一个试图与殖民主义进行种种商议的非洲”②。法农这些话里提出了两个两者选一的场景，其中一个显然是占优势的，至少现在如此。非洲的巨大躯体已经受到侵犯，已遭伤残，并继续遭到更厉害的伤残。阿马杜·阿希乔（Amadou Ahidjo）以喀麦隆政党联盟（*Parti Politique de l'Union Camerunaise*）的名义于1962年介入争论，赞同非洲统一，他说道：“人

① Cover Story，*Africa Agenda*，Vol.3，No.4，2000.

② Frantz Fanon，*Lumumba's Death*：*Could We Do Otherwise*？in *Towards the African Revolution*，London，1970，p.202；K.K.Prah，*Beyond the Colour Line*（*Preface*），Trenton，NJ.，1998，p.1.

们必须说，我们（在外交政策方面）的首要急务一直是并依然是达成有效的非洲团结，怀着朝向非洲统一的远景，其必要性——现在已被毫无异议地接受——不再必须证明。”①

关于非洲试图处理其困难而破碎的遗产，正如尼雷尔在上文中所说的那样，“所幸对非洲而言，我们还没有完全成功”。那种殖民体系瓦解后所建立的即新殖民主义的国家，模仿陈旧的欧洲民族—国家，它试图采纳现代资本主义国家的命名法，正如19世纪以来为人所知的那样，但付诸行动的，却展示出一套滑稽的仿制品和虚伪的“民族—建构”名头。的确，正如尼雷尔列举反面例子所说的那样，殖民体系瓦解后所建立的那种国家，其失败之处，归根结底是赞同一种主张，即在非洲实行宽广保护伞下的政治及国家秩序，那就是把当前这些并不成功的新殖民主义国家整合为一种统一的非洲秩序。什么样的原则和途径才会有利于这个统一规划呢?

只有经过使当代国家更多的分权，使权力在草根层次本地化，把国家权力有效地转让给地区及乡村的一些结构，才能实现一个统一的非洲，而那些结构尊重有益的历史及文化方面的制度习惯，并许可人民把一些过程当成得到承认和继承下来的制度予以认同。简言之，这是一种把权力交给人民、交给大多数人，并尊重他们的传承和记忆的安排。此种文化、历史以及制度方面的记忆跨越殖民时代所形成的那些边界。其范围需要按当地居民的认可和表达，但仅仅只是一些历史惯例来建立，这些惯例把人民日常生活中的经验，固定成他们懂得并确信的价值观和含义。在全球化时代赞颂当地居民，就是肯定所有的群体及文化都是平等的，并含蓄地辩驳那些霸道的文化假设。这有助于扩大民主政治观念的意义，超出其被人理解为个人公民权的狭隘局限，进入文化权利以及把文化赋权为实用事情，并使社会条件能够让

① Amadou Ahidjo, *Policy Report of the Union Camerounaise*, in Rupert Emerson and Martin Kilson (eds.), *The Political Awakening of Africa*, Prentice – Hall, Inc./Englewood Cliffs, New Jersey, 1965, p.136.

民主得到表达这样的领域。

在这个非洲民族得以实现的另一个层次上，要求创造一个民主的泛非结构和机构、一个保护伞机构、一个政治党派及组织，该政治党派及组织在非洲各国总体的对外政策、经济以及把暴力的合法使用垄断地行使为军事及治安功能这些领域，认真地并随着时间逝去而民主地呈现有效的合法性。这个政治组织必须允许其支派或分支机构在各个非洲国家按照它们各自的速度朝着目标前进。换言之，尽管我们分享统一的战略目标，但是，必须为战术差异留下余地，以便处理非洲各国那些特殊的、依环境而定的奇异事情。我在此提到的情形并非牵强附会。从历史上来说，在殖民地时期，法属西非的各民族主义政党当中那个最有意义的政党非洲民主联盟（*Rassemblement Démocratique Africain*），开始就是一个联合政党，它是在每个殖民属地都有其“分部”的单一的政党。它的一些最聪明且很有远见的领导人，都曾希望把那个殖民地联邦转型为一个独立的联邦，因此，从一开始，就把前法属西非的所有非洲人民团结起来。[①] 戴维森（Davidson）关于此事的判断是有趣而又正确的。法国当局本不希望做任何这种事情。按该当局那些人物的想法，一个如同这样的较大联邦制国家可能有能力保卫自己；他们宁愿把他们这个殖民地联邦切割开，并确保在其每块属地上分别出现一个虚弱的独立政体。这正好是他们 1956 年所干的事情，当时，每块属地都被赐予相同的一种“内部自治”，就像人民大会党（Convention Peoples Party）在此之前五年就已经为加纳赢得的那样。照此方式，非殖民化就成为一种新型的“巴尔干化”，进一步把非洲分解成一些贫穷、欠发达以及人口少的各自单独的国家，也就是贫弱国家。[②] 帝国主义分而治之的原则那时候大行其道。

殖民体系瓦解后的非洲秩序，就国家的国际地位而言，已经展示

① Basil Davidson, *Black Star: A View of Life and Times of Kwame Nkrumah*, Praeger Publishers, New York, 1974, p.120.

② 同上，pp.120～121。

了被描述为“米老鼠主权”（mickey mouse sovereignty）的那副面貌。非洲各国向人类社会所有其他国家宣示主权和平等。进行了这种宣示，许多人可能乐意行动，并假定他们能够与当代世界那些列强平起平坐地行动。但是，他们很快就发现，在这个真实的世界上，并不是所有的国家在实际上及影响力方面都一律平等。有些国家比其他国家更为平等。美国之所言或所行，就与冈比亚之所言或所行有所不同。在非洲，没有任何一个国家所发出的声音，其音量及影响力能够与欧洲或工业化亚洲的任何国家相匹敌。直截了当地说，非洲各国还没有什么声音，而且不能够有什么声音或影响力，远达我们的想象力所容许的那种程度。但是，当我们团结、贫穷而又绝望的时候，我们将把非洲人们当作同等者对待。从独立时代一开始，这种要义就得到一些非洲领导人如凯塔、杜尔、肯雅塔、尼雷尔、恩克鲁玛、阿齐克韦的充分理解。问题在于，为什么他们那么无望地没能拼凑成功呢？

答案是，那些被重构的殖民地国家中嵌入的约束因素，不允许进行朝向统一的运动。首先，这些国家代表着与先前殖民主子们的下流妥协，要保护其昔日主子们的经济、文化及政治利益，比保护一些羽翼丰满的独立实体在这些方面的利益，更为广泛。其次，这些新殖民地国家里那些统治及主宰群体对于维持现状，具有首要的且不容易更改的兴趣，这种现状与他们享有的特权和权力紧密相关。早在20世纪60年代，尼雷尔对东非联邦的计划为什么流产提出了疑问，那时，他就以他一贯的直率评论道：“那正是我们的过错，一些领导人的过错。我们是些罪人——在东非就像在非洲每个其他地区一样，都是罪人。正是我们拒绝把人民带向统一。群众太懂道理了，以至于对关乎他们自己的统一不闻不问。领导人们却只是喃喃咕咕地说：‘可能对我发生什么事情？谁可能会战胜困难呢？’群众并没有问这类问题。但是，当权的那些领导人只不过不想冒失败的风险而已。”[①]1960年，乌弗埃－

① 引自Leonard Barnes，*African Renaissance*，Victor Gollancz Ltd.，London，1969，p.152.

博瓦尼（Houphouet - Boigny）既是戴高乐执政的宗主国的部长，也是象牙海岸的总统，他以及随后的塞内加尔的桑戈尔（Senghor）那时大体上都成了工具，把统一的、“独立的”法属西非联邦的那些期望统统凿毁，而这个联邦正如此前有人简述的那样，在即将独立前的那段时期，在某些西非人的圈子里讨论过。由于法国军队驻扎在许多法国前殖民地，经济区或货币区由一些法国商行以及以“他主子的声音”在政治上歌唱的新殖民地精英们主宰着，非洲人那时不能统一，现在也无法统一，除非精英或群众某一方，或者这两个群体双方，都可以尽一切手段调配政治意愿及行动，那么，才能统一。[1]

基于历史、文化、经济、社会及政治诸特征的国家之间共同性而不断扩大并集体参与的民主实践，就是将要让非洲人民的统一过程得到准许之所在。无论在哪里，人民都可以对影响他们生活的所有情况为自己说话以及做决定，这是必须予以鼓励的，否则，这类决定就必须由人民公开选择及选举的领导人或者代表们来负责。这些领导人或代表应当以不止一种方式，对于那些合格选民所提出的问题做回答。民主政治是我们这个时代让广大群众得以解放的“女仆”，它提供唯一真实的哲学原理及社会实践，这将使朝向非洲统一的那种广泛的、自由调和的进步得到担保。在民主政治以及解放受到低劣的独裁者们及其当地及国际盟友持久阻碍或隔断的地方，我们都应当尽一切必要及可行的手段，加以反抗。

所有这一切意味着，让我们首先成为更为地道的非洲人，更喜好对我们的集体遗产提出权利要求；不必非要是加纳人、肯尼亚人、尼日利亚人、南非人或者埃塞俄比亚人，等等。但是，也更加是恩古尼人（Nguni）、索托人 - 茨瓦纳人、基塔拉人（Kitara）、富尔富尔人（Fulful）、班巴拉人 - 迪尤拉人 - 曼登人（Bambara - Dyula - Mandeng），或者是奥罗莫人 - 博拉纳人 - 索马里人 - 伦迪勒人（Oromo - Borana -

---

① 引自 Leonard Barnes, *African Renaissance*, Victor Gollancz Ltd., London, 1969, p.152.

Somali – Rendille)，等等。以那样的方式，对非洲人民的文化及历史方面予以肯定就将会实现，而且经济及发展增长的制度基础可能更容易有效。对民主实践的更好制度化是至关重要的因素，该因素应当有推进作用。我们必须摆脱由于回应殖民主义而生长起来的新殖民地民族主义。我们必须把非洲的民族主义构建在适当的位置上，拥抱所有的非洲人。补充一句，我并不是说，我们不应当是（或停止是）冈比亚人、肯尼亚人、埃塞俄比亚人或南非人，我说的是，我们肯定更应当是非洲人。

50年后，90%的非洲国家依然在经济上没有偿债能力，在政治上是侏儒，在教育和语言方面已经新殖民地化，而且在技术方面没有希望。尽管我们不能把我们那些国界冲走，但我们不得表现为仿佛它们就是“金科玉律”，仿佛它们即将是或意味着永远充当分割的工具，阻碍对非洲文化及历史的赞颂。我们必须找到可实行的、民主的以及有助于解放的方式，阻止它们挡在大路当中，使道路畅通，让更多的人民互相来往，并相信我们的文化及历史方面的遗产。当我们说我们不能把新殖民地国家冲走，指的是我们生活于其间的现实，是我们生活于其间的世界，但是，就像人类过去生活于其间的所有世界一样，它们是由人类创造的，它们应时而生，应时而灭。当它们停止了有效的服务，没有了存在的根基，它们就死了。当全体选民决定应当使它们终止，那么，它们就被废除了。

殖民体系瓦解后的国家已经成为结构上缺乏能力的源头组织，无法给遍布于大地的非洲大众带来物质及社会方面的指望。相反，失控的军费、战争、贫困化、艾滋病、腐败以及普遍的不宽容，已经成为新殖民地国家的外显现象和社会病状。便利地说，争斗不止的精英们剥削着本族裔及本地人的感情、宗教、语言以及其他文化属性，以求囤积和挪用税收和种种资源。

重要的是，我们要适当注意在本大洲战争的普遍化和比邻发生那种紧急场景。非洲人与恐怖和战争一道生活：在胡图人—图西人的冲突中发生的种族灭绝暴行已延续了50年的——也是非洲最长的——苏丹战争、塞拉利昂的大屠杀和砍手砍脚行为、利比里亚的军阀恐怖行动、在安哥拉内战中政府军与安盟反叛军竞相屠杀平民并抢劫该国的钻石开采场。刚果民主共和国在过去10年期间成了非洲的战争风暴眼，它卷起了血腥的大漩涡，其他非洲国家包括津巴布韦、纳米比亚、安哥拉、苏丹、利比亚、厄立特里亚、乌干达、卢旺达、中非共和国以及乍得，一次又一次地处于战争的狂暴历史中，以闪电战开始驱逐蒙博托。埃塞俄比亚与厄立特里亚断断续续地互相残杀。图阿雷格人（Tuareg）的那些战争已经在政治上给马里、尼日尔和乍得造成创伤。在西非，在塞内加尔、几内亚比绍、几内亚－科纳克里、塞拉利昂、利比里亚以及后来在象牙海岸的多米诺骨牌效应，都是不祥之兆。索马里继续处在积习难改的军阀统治下。随着阿富汗塔利班被粉碎，据说，有些基地组织的成员已经在索马里的军阀那里找到了天堂。现在正越来越被议论的事情是，索马里可能成为布什政府反恐战争的下一个目标。

假如非洲和非洲人要想向前发展，那么，非洲就要像谢赫·安塔·迪奥普和恩克鲁玛指出的那样，统一起来，没有其他选择。我在做这种直截了当的陈述时，回想起弗朗西斯科·圭恰尔迪尼（Francesco Guicciardini，1483—1540）所说的话："虔信神灵的人说，信仰可以做一些高尚的事情，而且正如福音书告诉我们的那样，甚至可以移动大山。原因就是信仰养成顽强。有了信仰，就意味着只不过牢牢相信——几乎确信无疑——事情都并非没有道理；或者说，假如事情都是有道理的，那么，就要更牢固地相信它们，而不找理由予以说明。有信仰的人坚守他的信念，走自己的路，无畏而坚定，蔑视艰难和危险，准备经受任何绝境。现在，由于世界上的一些事务受制于机会，而且受制于一千零一种不同的偶然性，就有许多方式，可以让时间通道按此方式，给那些顽强守信的人们带来预想不到的帮助。而且，由于顽强是信仰的产物，于是，据说信仰就能做一些高尚的事情。”[1] 我推选了“对非洲统一的信仰及相关问题”（*The Faith of African Unity and Related Issues*）这一章，并非基于这样的论点：非洲人民的统一这种观念及目标是一种宗教信条，或者是被“我相信”类型的而非“我认为”这种合理化的论据予以更多辩护的一种观念。我在此说到的信仰，更多的是在合乎逻辑以及有理性的基础上驱策的，而不是千禧年的一些热望，或者各种各样的宗教体验。这一种信仰，自 1903 年以来卡塞利·海福德已经与我们把它公开宣布了，它有清楚的泛非主义意图，海福德在他献给“统一的西非”的《黄金海岸土著诸制度》（*Gold Coast Native Institutions*）里已经对此表明。在我们这个时代，这个意图被修改成包含所有的非洲人。

在本大洲以及海外的某些非洲人当中，有一种趋势，就是希望稍微偏重一点儿地依靠埃及，把此当作非洲往昔和未来的启示、主张以及源泉。尼罗河两岸的非洲人无疑从远古以来就形成了一些促使埃及文明出现的大事，而那是世界上最古老的文明。古老埃及的文明就是非洲的文明。而且无疑（在我看来这样说更为重要），智人（*homo sapiens*）的整个历史，至少 95% 就是非洲的历史。似乎从奥杜威峡谷（Olduvai）[2]到古埃及的路线，的确是从德拉肯斯山脉（Drakensberg）到埃塞俄比亚高原，那里堆积着大量的人类历史，而且正是尚待进行深度调查的历史。也就是说，人类这种由文化创造的动物，在非洲表现得最早、最广泛且最无可辩驳。考古学是研究非洲历史的最佳工具。一些年以前，利基（Leakey）于 1961 年 2 月在牛津大学的赫伯特·斯宾塞讲座上发表的演讲开场白中这样说道：“在我们所访问并有人参与关于非洲的交谈的每个国家，那些本应当懂得更多的人经常不变地所提

---

① Francesco Guicciardini, *Maxims and Reflections of a Renaissance Statesman* (*Ricordi*), translated by Mario Domandi, Introduction by Nicolai Rubinstein, Harper and Row, Harper Torchbooks edn, N.Y., 1965, p.39.

② 奥杜威峡谷是坦桑尼亚北部一考古遗址，以出土丰富的化石和旧石器时代石器而著称于世。——译者

到的问题，就是‘但非洲为世界进步做了什么贡献？……不是车轮，不是书写，不是数学，不是艺术……不是这个，不是那个，也不是其他事情……’，对非洲的这些批评忘记了，当今科学界的人们，很少预料到地满足于非洲过去是人类本身的诞生之地，而且从那时之后几百个世纪，非洲还是整个世界进步的前锋。”① 在我看来，过度依靠于古埃及，最主要的是不得不满足某些人所感觉到的心理需要，以便特别是向西方人证明，非洲并非光板一块没有什么文明。我要说，在这方面，把西方人忘了吧，我们并不是非要向西方人证明任何事情。我认为，这是自卑情结的一个标志，这种自卑困扰于西方人对我们有什么想法、怎样说我们，因而生成。无论如何，埃及在不止一个方面不再为当代非洲所有了。自 7 世纪以来，埃及的文化已经阿拉伯化，埃及不再是非洲的。大多数埃及人甚至并不自认为是非洲人，他们认为是阿拉伯人。尽管我们必须赞扬迪奥普、奥本加（Théophile Obenga）、钱塞勒·威廉斯（Chancellor William）、莫勒菲·阿桑特（Molefi Asante）②以及其他人的工作，但我们必须面对与非洲—阿拉伯那些边界地区有关的真相，以及在那里几乎已经显示了 1400 年的一些事实。

关于含蓄的自卑情结这个问题，已有许多非洲思想家列举过检验证据，包括保罗·阿祖梅（Paul Hazoumé）在其研究成果《一个达荷美人以宗教揭示的他之内心》（*L'Ame du Dahoméen révélée par sa religion*），姆博努·奥吉克（Mbonu Ojike）、布布·阿马（Boubou Hama）的著作《桑海古国》（*Songhai*），塞缪尔·约翰逊（Samuel Johnson）牧师的《约鲁巴人史》（*History of the Yorubas*），乔莫·肯雅塔的《面对肯尼亚山》

① L.S.Leakey, *The Progress and Evolution of Man in Africa*, London, Oxford University Press, 1961, p1.

② 奥本加，1936 年出生于原法属赤道非洲（今刚果共和国）的首都布拉柴维尔，他在政治上是泛非主义的积极支持者；钱塞勒·威廉斯（1898—1992），非洲裔美国社会学家、历史学家及作家，著有《黑人文明之毁灭》（*The Destruction of Black Civilization*，1971）；莫勒菲·阿桑特（1942—），非洲裔美国学者、历史学家和哲学家，专长于非洲裔美国人研究、非洲研究。——译者

(*Facing Mount Kenya*)，马克西米利安·凯南（Maximilien Quenum）和丹夸（J.B.Danquah）的《阿坎人的上帝教义》(*The Akan Doctrine of God*)，都曾举证。沃捷（Wauthier）指出，他们全都对非洲各传统宗教中的一神教做了证明。帕尔梅纳斯·吉森杜·莫凯里（Parmenas Githendu Mockerie）、希拉·阿桑（Sylla Assane）、乔莫·肯雅塔以及恩德巴宁吉·西索尔（Ndbaningi Sithole）也对传统非洲社会中的民主特性进行了争辩。沃捷问道："为什么非洲的知识分子就应当那么热衷于证明黑非洲人民信仰上帝，且撒哈拉以南的一些部落社会尊重民主？"他自己给出了答案："原因似乎是不言而喻的。这两种特性对于他们而言，似乎是殖民列强文明的基本标准，这种标准本身就是基督教的民主。"[①] 正是以这种标准为基础，一些西方人对传闻的非洲人的落后做了论证。所以，对于一些非洲人觉得有必要为自己证明，并向全世界证明，他们并非西方人所理解的那样野蛮和粗鲁，这不大值得惊奇。但是，应当对这种做法有个限度，及时点到为止。

法老制文明的决定性非洲根源，以及该文明与朋特（Punt）、麦罗埃（Meroe）、纳帕塔（Naphata）[②]的关联，今天不再像往日那样，有杭伯格（Homburger）和谢赫·安塔·迪奥普之类学者就尼格罗－阿非利加各语言的埃及起源而提出他们的论据，引起那么多争论了。让·叙雷－卡纳尔（Jean Suret－Canale）在他的研究成果《黑非洲》(*Afrique Noire*)里已经暗示了如下一些事实："可以用另一种方式予以很好的阐释：埃及人的演进受到了尼罗河流域一带所讲的尼格罗—阿非利加各语言的

---

① Claude Wauthier, *The Literature and Thought of Modern Africa*: *A Survey*, Pall Mall Press, London, 1966, p.52。作者指出："有趣的是要注意到，甘地并不认为有必要形成印度制度与西方民主的比较价值观。在他对欧洲物质文明轻蔑的更宽广语境下，他相当强烈地抨击英国国会制度的无所作为及腐败。"

② 朋特，古埃及对红海南岸及其毗邻的亚丁湾海岸的称呼，相当于今埃塞俄比亚和吉布提沿海地区。麦罗埃，古代库施的城市，其遗址在尼罗河东岸、今苏丹凯布希耶以北，公元前590年，麦罗埃成为库施王国的首都。纳帕塔，约公元前750—前590年库施王国的首都，位于尼罗河第四瀑布下游，地当今苏丹北方省库赖迈附近。分别详见《简明不列颠百科全书》(中文版）第6卷第448页、第5卷第702页、第6卷第148页。——译者

影响。”在那种把文化扩张过程视为单向交流的论据中，存在着非辩证的、古典播散论者的风味。柯廷（Curtin）对此种观点予以告诫，评论道：“……没有证据表明埃及总是给予，而黑非洲总是接受。假如撒哈拉沙漠以南的农业可以被确认是起源于公元前5000年，那么，埃及与撒哈拉以南非洲很可能在那个时期就是非常同等的。”正如叙雷－卡纳尔和柯廷所做的观察颇为有用一般，他二人所阐述的黑非洲与埃及之间暗含的矛盾，是不合宜而且误导人的。通往埃及南部的文化传播路线，起始于尼罗河上游源头，这在东非及合恩角地区是恰当的。但是要注意到如下事实：正是在这个地区，已经找到最早的智人化石，说明在东非与埃及南部之间，肯定发生过一个重要阶段的人类历史。尼罗河流域犹如一条文化互换的路线，而且流动的埃及文明从努比亚（Nubia）借来了一些文化形式，继后则从南边、东边或西边借得。[①] 无论确切情况可能如何，叙雷－卡纳尔又提出了一个论点，即埃及文明那时具有密切的亲和力，并与东地中海和亚洲的中东地区一些文明有联系，“但是其超出了尼罗河流域和撒哈拉各地区的影响力，极为有限”。不过，更重要的是，与它比较一下：“……黑非洲诸文明表现出一些原初特征，这些特征既不是必然也不是令人信服地可归因于外部影响，除非有人要回到黑非洲人民就是劣等那种先验的前提下。”[②] 重要的是要记住，古代埃及人是非洲人，无论他们是否毛发卷曲，肤色为黑色、棕色或蓝色，他们所表现的文化和历史都是非洲人的。他们起源于非洲，并与非洲最贴近的那些文化有关联。现在与埃及结合在一起的文化以及人民，是来自阿拉伯半岛的征服者，他们只是到了7世纪才进入埃及的。

---

① Philip D. Curtin, *African History*, New York, 1964。此处引自 Melvin Drimmer（ed）, *Black History: A Reappraisal*, Anchor Books, New York, 1968, pp.23～24。又见 K. K. Prah, *Encounters with the Imagery and Sociology of Knowledge of African Liberation*, Inaugural Address, University of the West Cape, Series No.65, 1992。

② Claude Wauthier, *The Literature and Thought of Modern Africa: A Survey*, Pall Mall Press, London, 1966, p.86.

这些讨论的结果已经成了马丁·伯纳尔（Martin Bernal）珍贵的学术成果《黑色雅典娜》（*Black Athena*，1988）这部著作。作者在这部计划为四卷本著作的第一卷的导言中，仔细审查了希腊历史的两个历史模式。一个模式把古典希腊视为本质上是欧洲人或雅利安人，是历史的产物；另一个模式则把希腊人实际上视为黎凡特人，是文化上位于埃及和闪米特文化区的文化产物。作者指明，这两个模式分别为雅利安的与古代的。古代模式是古典及希腊化时期被希腊人所分享的观点。古代观点则认为，希腊文化是作为埃及和腓尼基殖民化的产物，大约在公元前1500年而兴起的，并经由这个过程而使土著居民开化文明了。重要的是，希腊文化“继续大量地借取了近东诸文化”。希腊历史上竞相争斗的雅利安模式发展到晚近的19世纪早期。起初，它否认其埃及根源，后来，在19世纪90年代、20世纪20年代和30年代西方世界那“反犹太双高峰期间”，雅利安模式的更为极端版本甚至走得更远，以至于否认与腓尼基的联系。伯纳尔在导言中写道：“假如我力促推翻雅利安模式及其被修正的古代模式所替代的模式这一做法是正确的，那么，就必须不仅要重新思考‘西方文明’的根本基础，而且还要认识到，种族主义以及‘大陆沙文主义’（continental chauvinism）渗透了我们的历史编纂里，或者书面史的价值体系当中。古代模式并没有重大的‘内部’缺陷或者解释功效方面的弱点，它是由于外部原因而被推翻的。对于18世纪和19世纪的浪漫主义者以及种族主义者而言，这不过是对希腊人无法容忍而已，这种无法容忍被视为不仅是欧洲的缩影，而且是对非洲人和闪米特人殖民。所以，古代模式不得不被更为令人可以接受的东西所推翻及取代。”

为了使历史记录变得真诚率直，把非洲从殖民地及新殖民地的社会学及历史编纂中解放出来，并“使非洲人们恢复对他们往昔的自豪”，收回并重新定义他们的历史—文化遗产，为此所尽的努力，已经使某些最优秀的非洲学者心醉神迷并保持关注。这些问题具有陈年佳酿的意义。皮克斯利·艾萨卡·塞姆（Pixley Isaka Seme）（非洲人国民大会前主席）于1905年见证说："埃及所有的辉煌事物都属于非洲和她的人民。这些不朽成就乃是对他们伟大而原创才华之不能毁灭的纪念品。并非要经由埃及，单单非洲就有权要求享有此种卓越的历史成就。我可能已经说起过埃塞俄比亚的一些金字塔，尽管它们的体量不如埃及金字塔那么大，但在建筑之美方面却远远超过了。"①

加纳人夏尔·德格拉夫－约翰松（Charles de Graft－Johnson）在他的《非洲的荣耀：已消失的尼格罗文明之故事》（*African Glory*：*The Story of Vanished Negro Civilization*）中，以生动的语言概述了三个中古非洲帝国加纳、马里和桑海的杰出成就。桑海帝国被摩洛哥苏丹曼苏尔（Al Mansour）所率军队打败，那些军队不仅终结了中古非洲帝国的生命，而且还导致非洲历史的演化和进程中大量的聪明才智遭受损失。一些摩洛哥军人丧命，由此使他们的率领者对桑海帝国的城市居民，尤其对廷巴克图有学问的人们，采取了严厉的手段。所有的学者、讲师、教授、法学家以及神学家都被戴上镣铐押送到摩洛哥。在这些被押送的人当中，有桑科尔大学（Sankore University）的杰出历史学家艾哈迈德·巴巴（Ahmed Baba）教授，他的著作在《苏丹史》（*Tarikh es Sudan*）②和其他著作中被屡屡引用。艾哈迈德·巴巴教授直到1607年才从摩洛哥监狱中获释，同年，他回到廷巴克图并在那里逝世。③

约瑟夫·基·塞尔博（Joseph Ki Zerbo）愤慨而尖刻地指出了如下事实：关于当代非洲落后这种迁延不移的理论，是多个世纪的隔绝造成

---

① Pixley Isaka Seme，*The Regeneration of Africa*，in *Journal of the Royal African Society*，Vol.5，1905—1906。此处引自 J.Ayodele Langley，*Ideologies of Liberation in Black Africa*，Collins，London，1979，p.262。

② 桑科尔大学又名"廷巴克图大学"，是马里古国的廷巴克图三大学术中心之一。据说，14—16世纪期间，该大学所招收的外国留学生，人数比当今纽约大学的留学生还多。详见网文词条"Sankore University"，http：//www.muslimmuseum.org/1005/sankore－university。《苏丹史》，1655年左右由阿卜杜勒·萨迪用阿拉伯语编写的编年史，详见 http：//en.wikipedia.org/wiki/Tarikh-al－Sudan。——译者

③ Claude Wauthier，*The Literature and Thought of Modern Africa*：*A Survey*，Pall Mall Press，London，1966，p.87.

的结果，在科学上是站不住脚的。其真实的原因在于“……从 15 世纪到现在，那些掠食者们，欧洲及马格里布地区的一些港口中那些偷盗成性的地痞流氓，自己常常被判处死刑，却为了最低的商业利润，以摧毁和掠夺垫底，勾引了尼格罗各族人们”[①]。的确，正像莱奥·弗罗贝纽斯（Leo Frobenius）所说的那样：“野蛮的尼格罗人这种概念，是欧洲人的杜撰，直到本世纪之初还在欧洲流行。”[②] 直到欧洲中世纪时期，非洲文明还能够与世界上其他地区所能找到的任何文明相匹敌。阿拉伯奴隶制（持续到现在）以及大西洋奴隶贸易长时期的许多所作所为，颠覆了非洲作为人类及文明之摇篮的形象。历史学家基曼（V.G.Kieman）对于 18 世纪英国人的一些态度做过评论，他写道：“18 世纪时，据信在伦敦有好几千个奴隶，奴隶们被登上广告，有人为抓捕逃亡的奴隶出赏金，直到 1772 年经由曼斯菲尔德（Mansfield）[③]判决一个案子，才在英国土地上终止了奴隶制。一种奴役的氛围把非洲人当作一个种族而紧缠着，在阿姆斯特丹的小旅馆招牌上就见得到这种迹象的表现，那招牌上有一个上了镣铐的黑人蜷缩在一个抽烟斗的年轻人脚下，那就是做这种买卖的。”[④]

奴隶贸易动摇并扰乱了非洲各个社会的演变过程。南非人莫勒玛早在 20 世纪前期就提出了这一论点：“奴隶制对于把非洲变为一片被

---

① Claude Wauthier, *The Literature and Thought of Modern Africa*: *A Survey*, Pall Mall Press, London, 1966, p.91.

② Leo Frobenius, *Histoire de la Civilisation Africaine*, Paris, Gallimard, 1936, p.56。弗罗贝纽斯还提出了这样的论点：“15—17 世纪的航海家们所揭示的事情，提供了关于黑非洲的一个确凿证据……所有那些协调且结构良好的文明，那时处于辉煌的全盛期，直到欧洲征服者们发达之日，才歼灭了这个全盛期。因为那个新的美洲国家需要奴隶，而且非洲提供了成千上万整船整船装运的奴隶。然而，奴隶贸易绝不是很容易令人良心安顿下来的一件事情，它急需正当理由。所以，有人就把黑人当成半人半动物，当成商人们的商品。”此段直接引语据 W.E.B.Du Bois, *The World and Africa*: *An Inquiry into the Part which Africa Has Played in History* (1965), International Publishers, New York, 1978 edn., p.79。

③ 曼斯菲尔德（William Murray Mansfield, 1705—1793），1765—1788 年任英国王座法院的首席法官，1772 年他判决一个从美洲殖民地逃到英国的黑奴不应被强迫送回殖民地去，这是表现出他在判案时秉持公正超然态度的三个典型案件之一。——译者

④ V.G.Kieman, *The Lords of Human Kind*, Weidenfeld & Nicolson, London, 1969, p.195.

遗弃的、实际上的死亡之地，其所作所为，比其他任何力量都有过之而无不及。”①它加快了社会—结构方面的封地转让（infeudation）过程，而这种过程是在激发了群体内部冲突和敌对的条件下滋生起来的。它撕裂了非洲社会的织体结构，并在几个世纪中造成了一场稳固的人口大失血，这使得非洲的能力发展和生产关系从根上遭到破坏，同时，又促成那里的商业向欧洲的产业资本转移。② 欧洲人和阿拉伯人进行的奴隶贸易对我们造成的社会创伤之深，无法估量。在欧洲人进行五百年奴隶贸易，以及阿拉伯人进行一千多年奴隶贸易的情况下，非洲人们被驱赶，远途跋涉，并且像役畜一样被卖掉。非洲各社会中特定地方和无穷无尽的不稳定性，以及由此产生的发展受抑制，对于非洲人当今处在其中的许多心理—社会以及文化的惰性，在结构上负有责任。我们成了被囚禁的基督徒，但这并没有促使那些捕捉我们的人释放我们，而富尔人（Fur）遭到大致相同方式的对待，势不可当地现在都变了成穆斯林。但是，这并没有对他们在苏丹的达尔富尔遇到阿拉伯民兵（*Janjaweed*）有所帮助。令人惊奇的是，我们从长期的蹂躏中活了下来，我们将活下去。

海外非洲人的历史充满了反抗和暴动。圣多明戈的非洲裔美洲人是推翻殖民统治的第一批非欧洲人，他们在图森·路维杜尔（Toussaint L'Ouverture）的领导下这样干了。在1630—1694年，从刚果被带去当奴隶的非洲人，在巴西东北部建立了一个独立的非洲人国家。在牙买加、苏里南、卡宴（Cayenne）和德梅拉拉（Demerara），逃走了的奴隶们在

---

① S.M.Molema，*The Bantu*，*Past and Present*，Green，Edinburgh，1920，p.331.

② 达阿库（K.Y.Daaku）已注意到这个事实，即对于几个世纪中从非洲丧失的人口的数量，人们几乎没有什么共识。戴克、奥利弗、费奇和滕科让（Dike，Oliver，Fage and Tenkorang）这几位教授所估计的数字从1000万到1400万不等。见K.Y.Daaku，*The Slave Trade and African Society*，in T.O.Ranger（ed），*Emerging Themes of African History*，Proceedings of the International Congress of African Historians，Dar es Salaam，October 1965，Nairobi，1968，p.191。而杜波伊斯所定的这一数字则更大得多。

大山深处一直自由地生活着，等来了种植园奴隶制结束之日。[1] 对于那些被囚禁的奴隶，在悲惨的“中央航路”（middle passage）噩梦般行程其间，以及抵达新世界之日，自杀成了普遍的首选命运。一些名字，如韦斯利（Vesley）、特纳（Turner）、塔布曼（Tubman）以及马鲁恩（the Maroons）[2]融入了海外非洲人流行的口头传说中。所谓“地下铁路”（underground railroad）则是奔向自由之路。苦工和私刑是打在美洲的非洲裔生活中的标记。发生过无数形式的反抗和挑衅，包括使用暴力、步行和步态、跳舞以及语言表达。在美洲受奴役的男女非洲人那时唱着“圣歌”，歌词中充满对自由的渴望，充满犹太教—基督教神话那种异常的快感和崇高。今天，整个世界都承认，那时候，“迪普河”（Deep River）把他或她与自由分开了，“约旦”（Jordan）就是通向救赎之路，乘着“可爱的四轮马车”（sweet chariot），一面“轻轻摇晃着”（swinging low），[3]可能会把他们从囚禁之中带往家乡。[4] 对压迫者及压迫的挑衅从未远离过奴隶们之口，他们唱道“不再有驱赶的鞭子抽打我，不再有啊，不再有”，或者以保罗·罗伯逊的《老人河》（*Old Man River*）做样板，唱道“我必须继续战斗下去，直到死为止”。[5]“埃塞俄比亚”那时在歌中代表非洲和自由，“巴比伦”则代表白人世界对他人的奴役。这种特殊的意象保留至今，成为牙买加的塔法里教（Rastafar-

---

① Melvin Drimmer（ed），*Black History*：*A Reappraisal*，Doubleday & Company，Garden City，1968，pp.30 ~ 31。又见 G.Padmore，*Pan - Africanism or Communism*，Dennis Dobson，London，1956，pp.32 ~ 33。

② 此为音译，意译则是逃亡奴隶。该词来自西班牙语词 cimarrón，字面之意是“住在山顶上”，含义相当于英语词“fugitive、runway”，用以指拉丁美洲以及北美洲的逃亡奴隶。——译者

③ 此句出自历史上的一首美国黑人圣歌“Swing Low，Sweet Chariot”。已知该歌曲的最早记录是在 1909 年，由费斯克大学（Fisk University）费斯克喜庆节歌手们（Fisk Jubilee Singers）所录音。——译者。

④ 纳姆迪·阿齐克韦写道：“当奴隶们在美国或加勒比地区的种植园里唱着他们悲痛的歌曲时，他们记得自己的非洲故乡。”见 Nnamdi Azikiwe，*The Future of Pan - Africanism*，1962，in J.Ayo Langley，*Ideologies of Liberation in Black Africa*，*1856—1970*，Rex Collings，London，1979，p.303。

⑤ Marie Seton，*Paul Robeson*，Dennis Dobson，London，1958，p.236.

ian）运动的中心主题。在巴西，卡波艾拉（Capoeira）舞蹈及音乐那时就是反抗压迫的表达方式。[1]

从一开始，在美洲就一直存在着黑人分离主义的传统，以及让黑人“回到非洲去”的思想。对这种思想最有力的解释者是马库斯·加维（Markus Garvey），他是世界黑人进步协会（Universal Negro Improvement Association，UNIA）的创始人，以及黑星路线计划（Black Star Line Project）的创建者（后面这个组织的名称，是在恩克鲁玛当政时为独立的加纳建立全国航线而采用的），但是还包括一些重要的而且历史上先前的人物，如马丁·德莱尼（Martin Delany）和罗伯特·坎贝尔（Robert Campbell）。德莱尼的预言是，“非洲是我们的父母之邦，我们是它合法的子孙后代……很久以来，我都不再适应北美的那些边界线了，而且这些后代子孙也一起不再适应他们所主张的边界线了”[2]。

另一个奇特而悲伤的趋势就是，有人在所有方面把黑色性状（blackness）当作与非洲人同等而对待，这是一种关于肤色的无助成见，而且过于看重肤色。达利特人（Dalit）、美拉尼西亚人、土著澳大利亚人，以及老挝和柬埔寨的一些群体，由于其肤色和其他一些体质属性而被视为“非洲人”。这种立场的最荒谬之处以其他一些方式得逞。这样的智力难以理解，在非洲与阿拉伯交界的一些地方，那里的阿拉伯人和非洲人同样都是黑的。不能根据肤色来加以区别，文化和历史才是恰当的分辨标准。

非洲的人们就像人类的其他成员一样，将在适当的时候向前进。关于这一点，不会有多少疑问。非洲的现代性不得不对传统的制度有所差别地对待。我们不得不根据我们具有的条件而发展，但这并不意味着我们具有的每件事物都值得保留。阻挡解放和现代性道路的那些

---

① Peter Feyer, *Rhythms of Resistance*: *African Musical Heritage in Brazil*, Wesleyan University Press, Middletown, Conn, 2000; Floyd Merrell, *Capoeira and Candomblé*: *Conformity and Resistance in Brazil*, Markus Weiner Publishers, Princeton, NJ., 2005.

② M. R. Delany and Robert Campbell, *Search for a Place*: *Black Separatism and Africa*, *1860*, Ann Arbor Paperbacks, The University of Michigan Press, 1971.

制度，将被迫放弃。所以，在政治上，根据以往半个世纪的实情来看，我们的进步不会发生在我们今天所见到的那种发展无效的、巴尔干式碎片化国家的基础上。我们对于创建这些国家曾经是无所作为。这些国家是为我们创建的，但不是为了服从我们的利益，而是为了使欧洲列强获利，正是这些列强进行了这种瓜分的、很令人痛苦的而且残忍的决定，才形成了这些国家。具有讽刺意味的是，尽管我们常常因殖民主义以及殖民者留下的遗产而哀叹，但是，我们似乎要想最固执地捍卫殖民主义那最有害的遗产——那些殖民地边界。

我们所需要的，首先是非洲人民的团结，一群人民的团结。当非洲人民团结起来，这个大洲的大部分就会被统一。非洲一大部分在地理上的统一，将会是非洲人民团结的直接成果。非洲北部的阿拉伯将会达成其与本大洲之外的阿拉伯世界其他部分的统一。团结起来的非洲人民将会构成一个民族，这是相当明白的事情，这个民族将能够在正在全球化的世界上把握它自己。换言之，只有非洲人民团结起来，才能够使我们跟上解除国有化的全球化潮流（denationalizing tide of globalization）。

非洲的人类解放这个过程，将要求对非洲各国边界的那种种僵化及密而不透的弊病予以蔑视，展开挑战，那些边界，当今比其当年在殖民主义统治下更为令人难以亲近。这些难题不能由别人为非洲人解决，只有我们可以解决。

第八章 解构新殖民国家

我们生活在自从殖民时期肇始以来最费劲难耐的时代。自第二次世界大战结束以来，三分之二的非洲人经历了这种或那种形式的战争。这个时代早期的那些战争都是反殖民主义的独立战争。随后发生的其他战争，则是内战或边界战争。就数量而言，这些战争当中许多都是20世纪80年代后期发生的。这些战争根本的社会效果，在某种程度上与奴隶贸易时代那些战争以及反殖民主义的反抗战争并无不同。持续的不稳定、社会磨损以及使人力资源骤然减少，严重而持久地阻滞了发展和进步。

今天，大多数非洲的战争是内战，几乎没有任何边界战争宣布过其意图。在这方面，非洲的经历类似于拉丁美洲的情况。在拉丁美洲，整个20世纪，除了巴拉圭与玻利维亚之间（1932—1935年）的查科战争（Chaco War）之外，没有公然在国家之间进行的战争发生。非洲一些战争中的人员伤亡特别多。由于有这些正在扩大且溃烂的战争现场交叉杂乱地存在于这个大洲，使其未曾发展，也不可能发展。在以往10～15年里，有一种新的措辞为非洲各国的情况臆造出来了：它们被简直又刻薄地叫做“已失败诸国”（failed states）。正如我在其他地方所说，“已失败诸国”是一些处于不同转型阶段的国家，它们从有序到无序，从稳定到混乱，不一而足。[①] 这正是用于指一些国家的一种诊断型且混成的措辞，这些国家在发展及行政方面是那么脆弱、散漫以及固

① K.K.Prah, *African Wars and Ethnic Conflicts——Rebuilding Failed States*, Africa Regional background paper, Human Development Report 2004, UNDP.

守，以至于它们未能按当今世界上普遍接受的对国家的一般指望那样快活地度日。“已失败诸国”是一些正在丧失其能力，无法有效地维持民事行政体系正常运作的国家，它们渐渐面临法律和秩序的崩溃。如使警方和军方凝聚、对领土控制、让监狱体系正常运行、司法部门的体制连贯一致，以及为管理所有这些机构融资，均在不断地恶化。

大多数“已失败诸国”位于非洲。在西非沿海地区，它们确实已成为典型。“已失败诸国”以某国之内所铺开种种样式的政府瘫痪为象征。然而，某个“已失败诸国”那最有决定性的奇特之处，在于那些通常受委托而代表国家拥有武器的群体，面临敌手。这些敌手主要是一些反叛者、军阀、歹徒，以及一些治安维持人员，后者专门在城镇和乡间震慑那些因恐惧而有精神创伤的居民，并从他们那里榨取财物。然而，这不仅仅是对国家权力的挑战者，他们针对人民而犯此种罪行。国家的暴力同样常常就是这种恐怖的罪恶。他们结成帮派，彼此对打，并为了控制及获取资源而与国家势力对着干。这种无需承担义务及费用的暴行，一直在引发非自愿的移居、猖獗的侵犯人权、扩大的饥馑和因疾病蔓延而恶化的状况、艾滋病扩散以及地方流行病。一份联合国艾滋病规划署（UNAIDS）2005 年的报告《艾滋病在非洲：至 2025 年的三种景象》（*ADS in Africa: Three Scenarios to 2025*）指出，到 2025 年，生活在非洲的人当中，可能有 8000 多万人死于艾滋病，除非采取一些协调行动，才能够拯救某些人的生命。艾滋病在非洲成为地方病，并由于战争环境而加快流行。武装冲突的那些散漫及嗜杀，加剧着由艾滋病病毒/艾滋病危机而猛然造成的那些现实。武装冲突打碎家庭生活的凝聚力，并撕破各个社群的完整性，造成了身处于国内及国外的数百万乃至上千万的流亡者。妇女和儿童成为容易遭到性侵犯以及强奸的群体，被那些毫无纪律约束、彼此交战的武装群体当作进行恐怖主义活动的选项。经由卫生设备而使之免遭危害或毁灭的人很少。这种条件成为艾滋病/艾滋病病毒加速扩散的肥沃土壤。

一名身在“已失败诸国”的战争受害者，于2003年在利比里亚证明了这个论点：“我总是从甲地跑到乙地，又从乙地跑到丙地。”[①]那些正在失败的国家，其数量于过去半个世纪中爆发增长，现在，全世界有大约20%的国家接近崩溃，而50年前仅有6%的国家是这样。1955—1998年，有136个国家失败了——包括全部非洲国家当中三分之一的国家。[②]经常被提到的非洲“已失败诸国”是索马里、刚果民主共和国、利比里亚和塞拉利昂。关于索马里，一位没有偏见的观察者十多年来注意到，索马里已崩溃的状况，使得有大量机会在那里窝藏、征召以及培训恐怖主义者。那里易于穿越及渗透的边境、无数不受监控的简易机场以及漫长的海岸线，使得该国成为渗透活动的理想之地。氏族的无情追击和延续，以及全国各派系的战斗，直接造成公共服务的基础设施，如医疗、供水、环境卫生以及教育的全面崩溃。在这种情况下，妇女和儿童成了最严重的受害者。[③]近年来，这个已失败国家的社会危机自己苏醒过来，已经繁衍成救世主伊斯兰教（messianic Islamism）的汹涌浪潮，该教派是严重争夺的军阀靠山政治力量之开端，而且旨在获取资源。

矿产竞争获胜是造成冲突局面的主要因素之一，导致出现了“已失败诸国”综合症。已经赢得可选绰号“冲突钻石”（conflict diamonds）或“血腥钻石”（blood diamonds）的各种钻石，由于它们的起因以及赢得它们所采取的方式之缘故，与其他战略性矿产一道，支撑了军阀制度。全世界75%的钻石都是在非洲开采的。[④]

2000年初，美国有线新闻网（CNN）驻非洲记者夏莱恩·亨特－高尔特（Charlayne Hunter – Gault）写到，对非洲国家所产钻石的要求，

---

① 引自Barnaby Phillips，BBC News，Central Liberia，*This Week*，2003 – 08 – 24。

② Seth Kaplan，*Fixing Failed States*，Mimeo.，New York，2004.

③ Matt Bryden and John Prendergast，*The Perilous Chaos of Forgotten Somalia*，in *The Daily Star*（Beirut），January 31，2005.

④ Ian Smillie，*Viewpoint*：*Conflict Diamonds – Unfinished Business*，（International Development Research Center）Canada，IDRC Reports，2006 – 06 – 07.

已经在政府与各争斗力量之间燃起了战火，这场战火导致成千上万的平民死亡。据加拿大非政府组织“非洲加拿大伙伴关系”（Partnership Africa Canada，PAC）2000年1月发布的一份报告，由军阀、帮派分子、政府官员以及国际矿业公司挑起、在塞拉利昂进行的为期七年的战争，其目的是几乎不顾一切地获得值钱的宝石。“非洲加拿大伙伴关系”组织特别批评了比利时城市安特卫普的那家主要钻石市场。据说，有一些比利时官员故意忽视一项清楚的证据，即从利比里亚和其他一些国家采购的许多钻石，是走私而运出塞拉利昂的。①

该份报告的共同作者伊恩·斯迈利（Ian Smillie）注意到，在钻石业整体上得到严格管理之前，塞拉利昂似乎从未有过和平。是什么时候发生的这种事情呢？美国众议院议员托尼·霍尔（Tony Hall，俄亥俄州民主党人）说，在塞拉利昂战争期间，反叛者开始有500名军人，但是，由于他们抢劫了一些钻石矿场，其人数迅速增加到2万人，拥有市场上所能买到的最好的某些武器。在安哥拉，那里已被战争席卷25年，有人认为，安盟反叛军通过所谓“冲突钻石”，自1992年至2000年，已经赚了将近40亿美元。“最野蛮、最邪恶的行动在一些钻石矿场执行了……损毁，大规模的损毁。据总部设在伦敦、调研过20世纪90年代安哥拉合法及非法贸易的一个倡导组织——全球见证组织（*Global Witness*）的亚历克斯·耶尔斯利（Alex Yearsley）说，成千上万人的手臂被砍断。加拿大那份有关塞拉利昂钻石贸易的报告敦促该国政府‘确保透明性’、高标准以及它的钻石采购、估价和监督等活动的严格的完整性。”②

该报告批评了比利时的钻石高级委员会（*Hoge Raad voor Diamant*），这个驻安特卫普的产业保护伞组织，其作用是强化安特卫普作为世界钻石交易中心以及为比利时政府监督钻石进出口所处的地

---

① Charlayne Hunter - Gault and Reuters，*Lust for diamonds kills thousands in African wars*，CNN.com.，January 12，2000.

② 同上。

位。该报告称，“在近些年里，有许多司法调查已经表明，整个（比利时的）系统几乎侵犯了任何中立的系统，并招致贪腐行为”。例如，利比里亚的年均开采量为10万~15万克拉——然而钻石高级委员会却记录着，1994—1998年之间，比利时从该国进口了3100万克拉钻石。

该报告说，由于不能在利比里亚开采出所有的钻石，其中的大多数是从塞拉利昂及其他国家走私而来的。类似的，象牙海岸显然在1995—1997年之间每年出口了150多万克拉钻石到比利时，尽管那里的钻石开采业已经于20世纪80年代中期就停业了。在塞拉利昂，政府于1998年出口了8500克拉钻石，但是，钻石高级委员会所记录进口量却是77万克拉。斯迈利挖苦地评论道：“拿任何半打合法的钻石生产者——几内亚、加纳、科特迪瓦、中非共和国为例，那里的正式出口量仅仅顶得比利时进口商所宣称进口量的一半。拿南非来说，那里的违法钻石每天经由已经倒闭的南非矿场而洗矿。拿加拿大或美国来说，那里实质上对于钻石粗坯的进口没有严格控制。拿卢旺达、乌干达、冈比亚、刚果（布）、津巴布韦这些国家以及其他国家来说，它们每年合起来出口了价值几亿美元的匿名钻石粗坯，尽管它们本身都不开采一个克拉的钻石矿。”[①] 一些年来，比利时当局害怕有更负责的执业方把这个行业的生意从比利时赶到一些像以色列、黎巴嫩这样的地方或其他地方。

“非洲加拿大伙伴关系”组织的那份报告还告发了总部设在南非的世界上最大的钻石交易商戴比尔斯公司（De Beers），该报告称：“假如戴比尔斯公司想在一些国家如塞拉利昂获取更大利益，且假如想停止从一些其生产基础可忽略不计的国家采购大量钻石，那么，本可以做许多事情来结束当前这种高水平的偷盗和走私。”对此，戴比尔斯公司宣称，它许多年之前就已停止了在塞拉利昂的生意，并于近来（至

---

① Ian Smillie, *Viewpoint*: *Conflict Diamonds – Unfinished Business*, (International Development Research Center) Canada, IDRC Reports, 2006 – 06 – 07.

2000年）停止了在刚果共和国的买卖。戴比尔斯公司的经理蒂姆·卡彭（Tim Capon）表示，该公司并非警察，而且“我们相当自信的是，我们现在并没有经手可称为冲突钻石的任何钻石的买卖”。该公司宣称冲突钻石仅占全球钻石交易量的7%，并对那种可能危害合法交易的行为提出警告。①

在另一份报告，即由联合国任命的一个五位成员组成的专门小组——该小组受15个成员国组成的安理会之命，调查矿石和木材在刚果共和国究竟是怎样助燃内战战火的——于2001年4月发布的报告中，得出下述结论：1998年9月，对金矿、钻石矿、木材、钴矿石、钽铁矿石、金钱和牲畜以及房产的“大规模抢劫”，由卢旺达人、布隆迪人、乌干达人与一些叛军军人联手开始了。于是，这场抢劫发展成“有系统的且全系统的开发”，主要是由卢旺达、乌干达以及它们的盟友，在它们所控制并垄断而囤积的那些市场上所在地区，经过有组织地榨取矿产和税收而进行的。卢旺达总统保罗·卡加梅（Paul Kagame）和乌干达总统约韦里·穆塞韦尼“即将成为非法开采自然资源以及使冲突继续的教父”。

然而，联合国的这份报告并未指责他们个人从刚果战争中敛财。卢旺达军队和反叛军与刚果民主联盟（Rally of Congolese Democracy）结盟，还开采了大量钽铁矿，钽不仅被广泛用于电灯泡灯丝，而且还用于从便携电话到核反应堆的一些高技术装置中。欧洲和亚洲很多国家的外国公司正在从卢旺达和乌干达进口非法开采的各种矿石。那个专门小组发现，被卢旺达和乌干达以及它们的叛军“大规模抢劫”的矿石、咖啡、木材、牲畜和金钱，用于结盟而支持所谓刚果的“自我融资战争”。然而，该报告承认，其调查结果中有一处“不平衡”，因为有关津巴布韦、安哥拉和纳米比亚的资料极少，而这些国家的军队是

---

① Charlayne Hunter - Gault and Reuters, *Lust for diamonds kills thousands in African wars*, CNN.com., January 12, 2000.

支持金沙萨政府的。①

这些国家都没有特别合作。虽然有人只列举了几个例子，以表明非法出售钻石、金矿石、钽铁矿石（即铌铁矿—钽铁矿，一种稀有矿石，用于制造手机、手提电脑，每克这种矿石可卖400美元）及钴矿石等所得的数十亿乃至上百亿美元，怎样死在西方一些跨国公司的账户上，该报告列举了总部设在美国、欧洲和南非的85个公司，据说这些公司违犯了经合组织的“道德准则”。那报告所列名单中包括如下这些名字：英国的安哥拉—美洲集团公司（Anglo - America）、巴克莱银行（Barclays Bank）、戴比尔斯公司，德国的拜耳公司（Bayer A.G.），美国的美国矿场公司（American Mineral Field）、卡博特公司（Cabot Corporation）。②

尽管非洲的腐败并不局限于那些“已失败诸国”，但是，在非洲那些“已失败诸国”，腐败呈现为超现实的、常常令人很讨厌的奇异比例和形式。在社会经济秩序完全被打乱的情况下，几乎再没有什么商品或服务能够以“正常”的方式得到。每件货物都有价格，而且在这些国家里，这些货物要价都是一倍半。随着通胀一直不停地以两位数字攀升，甚至有时是以三位数猛升，金钱并不总是能够以稳定的方式买到货物或服务。日复一日，价格连连上升，于是，人们有时宁愿要现货而不愿要现钱。那些“已失败诸国”中的腐败遍及整个社会。人人都知道，人人都是腐败的，而且腐败被视为正常，它总是被人取了一

---

① http: //www.peace.ca/UNreportCongo.htm。该报告提出下述建议：暂时禁运来自卢旺达、乌干达和布隆迪的钽铁矿石、木材、金矿石、钻石以及其他矿石；冻结各个反叛军政府及其领导人的金融资产；冻结继续在刚果开采自然资源的那些公司的金融资产；立即对各个反叛组织禁运武器；在冲突结束之前，暂停世界银行和国际货币基金组织对卢旺达、乌干达和布隆迪的支援；由该地区的各国政府成立一个委员会，调查在它们领土上进行的与刚果战争有关的金融活动；刚果应当通过使钻石贸易自由化的手段，遏制违法钻石的流动；卢旺达、布隆迪和乌干达应当对在1998年之后，其农作物、土地和资源被没收的那些农户和其他人，予以赔偿。

② Chris Talbot, *UN Report Accuses Western Companies of Looting Congo*, World Socialist Web Site (WSWS), 2002 - 10 - 26.

些化名，使它听来、看来都很干净。因此，在某些场所，它被称为“佣金”（commission）、“佣工”（help）、“增甜剂”（sweetener）、“掺和”（dash）、“激励”（incentive），但是几乎从不被公开叫做贿赂（bribes）。腐败的弥漫性很快就影响到人们的道德及伦理行为，它所造成的后果，尤其危害迅速习得思维及行为习惯的年轻人，于是，你怎样赚钱倒显得无关紧要，重要的是你必须有钱。在加纳有一部流行音乐喜剧，其中有句歌词是“*sika ye moja*”，大概意译即为“金钱是你生命之血液”。

2006年2月，肯尼亚由于该国政府的好几个部集体辞职而震撼全国，因为它们在一些腐败行为中起了很大的作用。其他一些人，包括前国家元首丹尼尔·阿拉普·莫伊（Daniel Arap Moi）在内，显然与第二桩丑闻有牵连，那就是所谓“古登博格”事件（“Goldenberg” affair）①，在该事件中，数十亿美元支付给了一些并不存在的金矿及钻石出口商。

除了被民事裁定为与之相伴的暴行和破坏之外，大多数“已失败诸国”还以经济灾难（economic melt-down）为其特征。没有其他任何特性比暴行更大，这是这些社会的最显著特征。贫穷和经济灾难往往为人们打开种种腐败习惯行为的方便之门。腐败影响伦理准则，暴行使生命变得没有价值，再加上社会弊病，则加快了社会的全面崩溃。这些国家具有滥用法律规则的特征。然而，无法无天比简单的独断专行更为典型。

在大多数非洲的“已失败诸国”里，由于小型武器及其廉价而出现的周期性波动和伺机渗透，使得这些武器很容易进入所有人的手中。轻武器充当国家和社会进行暴力干预的工具，加快了非洲国家的分解。这种国家的结构，是自从独立时代开始以来我们就知道并理解的那种。据“小型武器调查”组织（Small Arms Survey）发布的一份报告，一些专家估计，全世界散布的小型武器和轻武器，数量超过6亿件，2003年造成8万~10万人在与冲突有关的事件中死亡。在全世界散布的这

---

① 此事件涉及一家外国企业古登博格国际集团公司（Goldenberg International），故得此名。——译者

6亿多件轻武器，各国未能控制它们，其中有3000万件在非洲，800万件在西非。这种武器积攒在一些国家，如利比里亚和刚果民主共和国，多年来使这些国家惨遭蹂躏。①

就其本质而言，“已失败诸国”是一些正在溃烂和分解的实体，它们把自己的社会及政治腐烂状态传播及转移到邻接的边界那一边，并持续不断地骚扰和危害其邻国及那些地区的安全。因此，“正在失败或已失败诸国”不仅危害自己本国人民，还加害于各个邻国。它们为恐怖分子、毒品交易分子以及武器走私犯提供了安全可靠的避难所。它们是我们在非洲所面临的许多暴行及人类危机的源头。无法无天、暴行、抢劫、掠夺以及强奸无休无止地反复循环，在日常生活中留下痕迹。因经济上的失血和遭劫而导致生产崩溃，使这些国家遭受损失。随着时间的流逝，“已失败诸国”沦为总体上无以维持其充当国际社会中能生存成员的一个实体，其存在依赖于施舍和赏赐。非洲的“已失败诸国”数量还在不停地增多。因此，某个“已失败国家”这个概念并不仅仅描述一种状况，而且也是一个过程。此类国家往往都想使自己永世长存，并日益倾向于选择盲动主义及叛乱的作为。民主政治在“已失败诸国”实现的机会极少。②

非洲的一些战争并不完全归因于本地激发的那些因素。在非洲，从奴隶制时代起，国际利益就持续不断地串通不同的交战各方，以求获得经济利益和地缘政治利益。波斯、葡萄牙以及阿拉伯的商人们在东部沿海与一些互为敌手的酋长和族裔派系所进行的那种煽动性的、助燃战争的军火交易，也在西部沿海由葡萄牙、英国、丹麦、荷兰以及法国的竞争对手们进行了几个世纪。在非洲南部，主要是英国人、荷兰人和葡萄牙人扮演了这种角色。奴隶贸易的首领们以及他们的属官们在昔日奴隶贸易时代的所作所为，从历史角度来看，在我们这个

① http://www.spacewar.com/2005/050713172934.9s0nhd52.html.

② K.K.Prah, *African Wars and Ethnic Conflicts——Rebuilding Failed States*, Africa Regional background paper, Human Development Report 2004, UNDP.

时代已由非洲的军阀以及一些领导人所代替。他们以竭泽而渔的贸易方式，处置自己领地后院的矿产，为的是得到更多的武器，以便进行他们那种食肉为生的旧习。凭借着他们拥有的矿产，他们从不缺少一些利益攸关方，为他们供应这样或那样的武器。

赤道几内亚2004年发生的那场政变阴谋，牵涉到英国前首相玛格丽特·撒切尔之子马克·撒切尔（Mark Thatcher）以及他的朋友西蒙·曼(Simon Mann)。这是一场错综复杂的阴谋，为的是在赤道几内亚获得一个据点，并染指那里的石油，要安排他们选定的一个人担当国家元首。这件事情看起来宛如约瑟夫·康拉德（Joseph Conrad）创作的一部19世纪后期戏剧，或者20世纪中期卢蒙巴遇害之后刚果发生的一出戏剧。这个故事已经在亚当·罗伯茨（Adam Roberts）的《大钱政变》(*The Wonga Coup*)[①]一书中讲得很详细。[②]

今天，星星点点散布在非洲的前法属殖民帝国各处的，是一些法国守备部队军人。他们对这些国家的主权所造成的影响，与希拉克政府治下的法国对布什政府予以批评所说那样，并无不同，那样说的事情，指的是把所谓“主权”（于2004年）移交给美国人的、精心挑选的伊拉克过渡政府。当美国移交权力时，在该国还有13.8万名美国以及其他盟军部队的军人。

主权至少要求国家必须具有使用“合法”暴力的专有权。另一个重要的西方强权，它在非洲的土地上拥有较为有限的武装部队，那就是美国。美国当前（2006年）的石油供应约有15%来自西非。随着时间的推移，该地区的战略重要性有所提高。该地区的一些国家，要么生产石油，要么是启动了石油开采，包括喀麦隆、乍得、刚果共和国(刚果布)、加纳、加蓬、赤道几内亚以及圣多美和普林西比。圣多美

① “wonga”一般指澳洲大白面鸽（当地土著语），但此处是英国俚语，指一大笔钱（a lot of money），见相关书评：*Dogs of War*，review by CAROLINE ELKINS，The New York Times，August 13，2006，http：//www.nytimes.com/2006/08/13/books/review/Elkins.t.html。——译者

② Adam Roberts，*The Wonga Coup*，Profile Books，Johannesburg，2006；Heidi Kingstone，*The Wonga Coup*，in *The Saturday Star*，Johannesburg，July 8，2006，p.13.

和普林西比是一个微型的海岛国家，那里蕴藏的丰富的海底石油已经被发现，并可能成为美国在几内亚湾的一个新的军事基地。英国人在这个大洲拥有数量更为有限的军事人员。在即将来到的时期，很可能会有更多的外国部队开进非洲，其中很大一部分是国际维和部队。不管他们是谁，归根结底他们将能够在非洲保持有待观察的和平。

首先，已经在非洲泛滥的大量武器，来源于北半球那些工业化国家。正是这些来源，使得销售名单上正在列入非洲那些无穷无尽的交战各方。在世界银行的报告《平民冲突的一些经济原因及其对政策的含义》（*Economic Causes of Civil Conflict and their Implications for Policy*）中暗示，那些其国内生产总值约四分之一依靠原材料销售的国家，比那些经济更为多样化的国家，更可能发生内战。该报告还指出，叛军战士们抢劫初级资源，以便继续作战。① 自殖民体系瓦解后的初期以来，一些雇佣兵常常被一些非洲政府和国际采矿利益集团雇用于冲突局势下，以便实现他们的利益。② 雇佣军们（战狗们）（dogs of war）已经由（当地以及外国的）一些政府、反叛军政府或一些商行雇用，代表它们执行军事行动。尽管一些非洲国家政府采取措施根除这种做法，但是，似乎并不缺乏那样一种人，他们准备利用自己的训练和技能，效命于愿意支付适当价钱给他们的任何人。③

难民问题随着战争而来。大约有 300 万难民，或者几乎占全世界难民总数的三分之一，出现在非洲。至 2003 年，非洲的干旱已经使 3800 万人由于食物短缺而危及生命。在这个群体中，最为弱势的人是难民，因为他们转移了住地，从而削弱了他们对付食物短缺困难的能

---

① Claude Anthony, *Commentary on War and Warlordism in Africa: The Role of Western Democracies in Fuelling Africa's War and Warlordism*, in *Tinabantu: Journal of African Affairs*, The Centre for Advanced Studies of African Society, Cape Town, Vol.1, No.2, June 2003, p.52.

② E.K.Aning, *Whiter Africa's Security in New Millenium: State or Mercenary - induced Stability*, in *Global Society*, Vol.15, No.2, 2002, pp.149 ~ 171; Adbel - Fatua Musah and J.K.Fayemi (eds), *Mercenaries - An African Security Dilema*, London, Pluto Press, 2000.

③ Martin Plaut and Keith Somerville, *Mercenarieis in Africa's conflict*, in *BBC News Report*, 15th March 2004.

力。在国际救援委员会（International Rescue Committee）、耶稣会难民服务社（Jesuit Refugee Service）、国际难民组织（Refugees International）和美国难民委员会（U.S. Committee for Refugees）2003年3月发布的一份联合陈述书中提到，世界粮食计划署（The World Food Programme）执行总干事詹姆斯·莫里斯（James T. Morris）在2003年2月25日向美国参议院外交关系委员会所做的关于世界饥饿问题的听证会说明时，解释了粮食短缺怎样对难民营中的难民造成剥削，包括为了得到粮食而做的性交易："这些人就是已经处于非常困难状况下的人，而且粮食短缺导致严重的敌意和冲突，并使得一些难民营几乎无法管理好。另外，年轻姑娘们尤为处于弱势，年轻姑娘们被迫转向一些我们觉得不可以接受的事情，以此找到资源而便于活命。"[①]

"已失败诸国"遇到的一些表面上棘手的难题（或者以此为借口），已经促使一些人认为，殖民地或重新殖民化的解决方案值得做。卡普兰（Kaplan）写道："在少量的紧迫情况下，一些国家将会破碎，而且没有能力形成任何良好管理的状态，即使有最良好的意愿和外部帮助，都是如此。一些国家如海地、利比里亚以及刚果，已经反复证明，它们没有能力依靠自己而建立健全的制度。对于这些国家而言，只有把重大的权力委托给某个区域组织，或者与运行良好的国家共治，才能够可靠地修复破碎的政局。在问题最严重的一些情况下，联合国或许能够采取激进的措施，形成一类新的委任托管，以便管理已失败的国家。然而，这些委任托管必须不像是殖民地的。"[②]但是，这种被托管的领土只能是"殖民地的"。在马修·帕里斯（Matthew Parris）为（伦敦的）《泰晤士报》1997年8月22日那一期所写的一篇题为《走出到非洲的惨状之外》（*Out of Africa's horror*）的文章中，作者以新殖民地的

---

① *African Refugees Face Severe Food Shortages*, International Rescue Committee - IRC Communication, Washington, March 10, 2003.

② Seth Kaplan, *Fixing Failed States*, Mimeo., New York, 2004; Richard Caplan, *A New Trusteeship? The International Administration of War - torn Territories*, London, The International Institute for Strategic Studies, 2002.

心绪和屈尊俯就的腔调，恬不知耻地提起非洲在经济管理上的困难和失败，而且告诉政府，非洲需要更多的西方监护：

> 假如非洲的那些行政部门所缺乏的东西就是信息或诀窍，那么，情况可能是，经验（以及西方的协助）可以提供这种东西。但是，假如正在丢失的东西是勤奋、正直、宽容以及对公共管理的信任这些习性，那么，就没有理由去设想；假如我们等待得足够长久，这些习性就会养成，就像不可设想被其父母虐待的某一代人对待自己的孩子们会更好一样。正好相反，残忍、腐败、懒散的政府是自我强化、自我增殖的。使充足的行政管理成为自我可持续的，而且整个结构将保持稳定，在此之前，某种最低标准的、根深蒂固的良好秩序——假如你们喜欢的话，那就是一个议席——就必须实现。我提醒一句，那时，在这些习性根深蒂固之前，欧洲放弃了非洲。我们欺骗了自己，竟然相信创立行政管理结构、任命行政官员以及留下书面指示就足够了。但是，各殖民强国已开始的那些行政管理价值标准，那时并没有充分扎根，而且现在已经衰亡了。没有理由相信，它们自己的调解必定复活，或者会从有本事的人给予的帮助经验中“学到”。没有理由相信，在过去 40 年里已经恶化的一个大洲，肯定会在今后 50 年里改进。

2005 年 8 月，我收到一位在美国的青年非洲学者的电子邮件。他相信，由于当前非洲遇到危机以及非洲人在前进道路上的失败，所以，与新殖民的利益达成某种数量的妥协，可能是必要的。用他的话来说就是：“我正在倡导一项非洲各管理机构全球化项目（Globalization of African Institutions of Governance），这是一个系统，它支持把西方专家们直接结合到非洲的一些政府管理体制和机构中。”已经有一个阴险的再殖民化缓慢过程，或者假设你宁愿把它叫做“深化的新殖民主义”也行，正在布雷顿森林体系的庇护下进行。在一个又一个国家里，这些体系正在人们面前形成有关国家政府的一些平行行政管理机构，并带了一些默不作声的协议。假如我们对已解除束缚的非洲的发展和解放所报希望还有待实现的话，那么，还需要对这些遍地蔓延的新殖民过程予以揭露和辩驳。①

解决“已失败国家”现象带来的那些难题，答案肯定不能到那些最新的或已升级的新殖民处方中去找。看起来，好像使“已失败诸国”稳定所需要的两种最重要的条件，一种是经济的正常秩序，这个条件非常重要；另一种就是民事和军事的正常秩序。换言之，国家还需要加强，经济则需要康复。而且，一个条件直接有助于另一个条件。的确，可以论证一下，若不达到这两个条件，“已失败国家”的病患就即将到来。然而，我们必须扪心自问的那个问题是，鉴于非洲“已失败诸国”的历史，这段历史可追溯到好几十年前，而且牵涉到越来越多的国家，那么，在某种程度上，“已失败国家”这种现象莫非正在成为大多数非洲国家的宿命。一个又一个国家正被引向失败状态，而且令人生疑的是，像冈比亚、多哥、莱索托、斯威士兰、索马里这样一些国家以及许多其他国家，是否曾经“自给自足”，即是否在经济上是一些有生存能力的实体。归根结底，解决方案在于泛非主义架构之内。把各种资源、设施、能力以及利益聚集起来，似乎就是非洲能够自如行动并免受“已失败国家”综合症折磨的唯一途径。

非洲的战争根源于一些经济、政治和文化因素，它们是一些条件，这些条件具有一些历史，这些历史根源于殖民地往昔那种经济不能自立的各国跳棋盘，而那些国家是由那时正在离去的殖民列强武断地创建的，与非洲文化、经济和政治的现实无关。假如和平在非洲有待实

① K.K.Prah，*African Unity*，*Pan - Africanism and Dilemmas of Regional Integration*，in Ibbo Mandaza and Dani Nabudere（eds），*Pan Africanism and Integration in Africa*，SAPES Books，Harare，2002，pp.19～20.

现，那么，我们可能需要作为非洲人而集体地回归制图板，并提出一种新秩序，这种秩序把我们所有人团结起来，从而创造一个可行的架构，以便容纳各种分裂倾向。将使我们能够做出此种安排的那个主导原则，就是民主政治原则，但其应用方式，是可以让历史及文化的种种现实沿着民主的路线而发展。看起来，尽管现有各国可以不复存在，但是，可能要在人们坦诚相待的基础上，创建一些国家之间机构，从而发展这种新型民主的、统一的非洲秩序，这才是明智之举。这是我与达尼·纳布德雷（Dani Nabudere）①分享的一种看法。只有一个统一的非洲，才能够为一个经济可持续发展以及切实可行的族裔—文化共存的民主而和平的非洲，提供基础。

鉴于非洲民族主义的历史，泛非主义如同过去 150 年中有关的一些想法那样，对统一有所渴望，以及局部地但始终如一地增进执行及实现其目标，非洲统一的一些理想显然最终将会实现。然而，重要的是要记住，朝向实现这些目标的过程，不可能是一帆风顺及完全和平的过程。

新殖民秩序遭到拆除正在我们眼前发生，而且这种拆除是随着穿过整个大洲那过多的战争和冲突而正在触发的。这些冲突的漩涡中心集中在中部非洲，集中在刚果民主共和国和东非的大湖地区。非洲三分之二的地区已经直接或间接地被卷入这口战争大锅里。所以，非洲在这种广义战争形势下的牵连，已经是既联锁又互渗的。因此，解决方案以及对和平的寻求可能也需要牵涉所有各有关方面。

这种局面造成了对寻求和平与民主的需要，以便集体努力，针对非洲冲突及战争的那些根源做一些集体决定。很可能一些国际利益集团将会在非洲当地找到不同方面效忠于它们的人，这可能会加剧这个

① 达尼·瓦达达·纳布德雷（Dani Wadada Nabudere，1932—2011），乌干达学者、作家、政治科学家以及发展问题研究专家，曾任乌干达伊斯兰大学（Islamic University）教授和姆巴莱的马库斯·加维泛非研究所（Marcus Garvey Pan - Afrikan Institute，Mbale）执行所长。——译者

大洲的紧张及冲突的局势。所以，需要有关的非洲人把战争、和平以及民主政治在非洲的含义摸清想透，并为民主权利的发展、公民社会的进步以及非洲的和平与统一予以引导。

第九章　族性、语言、认同以及非洲统一

以历史记录的证据来看，除了发展目标的基数以外，在殖民体系瓦解后的非洲，另一个重要的利害关系需要在国家的构造织体之内，把殖民列强按一种在历史及文化方面不合理型式匆匆拼凑成的多种族群结合在一起。把这些群体塑造在一些内聚的所谓“民族—国家”里，这种吸引并支配着根本忠诚的需要及愿望，已经在一片又一片国土上，检验了那些主导及统治群体的巧妙，并始终如一地躲避一个又一个国家。对这种目标的追求以及在社会操纵中随之而来执行这种追求，就是所谓“民族建构”。对于每个新兴的非洲独立国家而言，在过去几十年中，至少在刚独立的早年岁月里，发展目标已经在占优势的精英们的那套政治术语里，充当了意识形态的诅咒。然而，鉴于过去 40～50 年非洲的社会紧张状况及分裂倾向，难以指出，是在哪些情况下，这些努力已经显著地产生了积极的结果或者无条件的成就。

在某些情况下，平衡或权衡一个族群的利益，而不顾及另一个族群的利益，这样一些企图，已经浪费了稀缺的物质资源，而这些资源本来可能已经由于发展而较为有利地配置了。没有任何地方像尼日利亚一样，由于教育作用及引人注目的考虑，把国家划分为了 40 多个州，每个州都配备了一应俱全的州权力以及依靠稀缺资源供养的笨拙而累赘的官员，而这些资源本来是可以更好地用于发展和解决大众社会真正有需求的那些问题的。

在其他一些情况下，已经有人企图消除关于文化及族裔团结方面

的所有表达，并想把这种团结像隔代遗传及令人难以接受的部族制面目一样，掩藏起来。因此，尽管深深插入大多数非洲人心理中的一些族裔认同和文化亲缘，其存在得到人们承认，但是，却没有可信赖及可用的范围使它们得以表达。相反，有人担心它们，并把它们当作应当从公共视野下隐藏起来的社会归属来看待，因为它们显示出一种不受欢迎也不能令人接受的非洲人的面目。就像大多是先于西方人而存在的事情一样，有人认为它们是落后的，甚至是可耻的。新殖民主义国家成为对它们进行抑制的最重要工具。因此，这种团结和忠诚遭到否认和诋毁，有人徒劳无益并不顾一切地希望它们会消失掉一些，但是，在非洲，还没有在哪个地方，想要消除这些社会忠诚的做法已经真正见效。在某些情况下，族裔团结及地方主义团结的一些实情在口头上被否认。不过，在变化了的社会—经济条件下，它们忽然又会重新冒出来。当它们冒出来的时候，它们屡屡出现在各种冲突的语境下，并发出要把社会撕裂的威胁。

近来，在埃塞俄比亚和乌干达这样一些国家，在对族裔及文化的效忠被人当作地域定位的构想而遭到否认和抑制多年之后，这种效忠正在得到更加制度性的承认，被当作日常生活的一些事实，而这些事实不能简简单单地消除或冲洗掉。在埃塞俄比亚，自从门格斯图（Mengistu）执政时期以来，对各族裔（ethinicities）或各部族（nationalities）很不甘心的承认更为显著了。阿赛吉德克·梅孔嫩（Asegedech Meckonnen）自信地写道："埃塞俄比亚许多部族要求行使他们的'群体'权利——使用他们自己语言、发展他们文化的权利，并要求他们在埃塞俄比亚这个国家所受尊重的那些权利，甚至不是我们应当询问的某种东西。"[1] 穆塞韦尼政府在乌干达，尤其是在该国南部，也给予了一些古老的班图王国有限的政治空间。特维西格耶（Twesigye）评论道："门格斯图那时正想把那

---

① Asegedech Meckonnen, *Rights of Nationalities: The Thorny Issue of the Ethiopian Politics*, in *Dekialula.com – Ethiopian Online Newsletter*, June 13, 2005.

些王国恢复成文化机构，而没有任何政治权力。”[①]在以上两种情况下，尽责的政权都声称将会努力规定并详细阐明一些民主的组织，这些结构将在较为广泛的国家结构体之内让族裔亲缘得以共存，从而能够应对那些对发展所形成的紧迫而又较为关键的挑战。究竟这些努力是否充分，是否足以达到创立有利于民主多元化、适合于非洲条件的可行组织，都只能随着时间的流逝来判断。在我看来，这些开端和妥协都不是根据一些原则而准许的，而这些原则意在使这些社会开放。它们得到准许，是出自对纯粹的政治权宜之计的考虑。当局认识到，假如这些开端不是即将来临，那么，爆炸性的紧张状态就可能在国民中渐渐加强。在尼日利亚，一种坚持传统领导地位的异常粗鲁且机会主义的形式，在过去几十年中已经出现。首领地位严格说来就是有人把钱带来，这种人想要地位，有了这种地位就有了“首领”称号。出了费用，于是就可以在社会上获得首领的名分。这种“待价而沽的首领地位”必然从根子上破坏尼日利亚制度的传统基础。

按当前普遍的社会科学学识来看，各个族裔是流动的，而且在构造上是一些正在变迁的现象。某些有继现代派取向（post - modernist orientation）的意见把这种论点向一些夸大了的目的地挤压过去，在那里，族裔构成体的流动性这个概念，及时地在任何一点上，不惜虚构地形成族裔。族裔是一个使垂直的社会团结即跨阶级的团结被隔离的社会学定义。此种团结总是变动不居，这是事实，但这一事实并不会使团结短命。人们的族裔认同毕生不会改变。至于族裔的文化归属关系，它把我们依历史而定位于既定的文化环境之内。它确定了语言、风俗、价值观、信仰、氏族制、世系等，并为人们在其社会互动中提供日常参照系和一些定位点。它可以被积极地利用，使得人们有自信

---

① Emmanuel K. Twesigye，*African Monarchies and Kingdoms of Uganda*，http：//www. hartford - hwp.com/archives/35/034.html，23/2/1995。特维西格耶还说：“乌干达应当是一个联邦政体。该国应当有强大的中央政府，但是，地方上一些王国以及各地区政府应当被授予充足的权力，以便发展它们所在各地区，包括建立中小学、大学、银行以及媒体通信网络。防务、公路、法律、铸币和外事关系、贸易和教育认证，以及如此之类，应当还是联邦的义务。”

心；也可以被消极地利用，从而成为达到沙文主义目的或仇外目的之聚集点。在其语言及文化亲和力依赖于地理范围而确定的一些群体所构成的那些社会里，由于资本主义和金钱关系使社会及经济生活均质化及一体化，当族裔边界有时被精英们和一些领先阶级利用，把支持者们动员起来，追求狭隘利益以及获取资源，这时，这些边界就成为一些争权夺利群体的冲突爆发点。

非洲政治中最持久的特性之一，事实上就是各政党更多的是一些个人品性的集合体，而不是意识形态及哲学方面互有差异的一些规划的集合体，而政治家们已经被这些集合体所吸引。所以，某个非洲政党要想证明其独特的存在是正当的，或者基于有人呼吁把含混的、未知的或说明得很差的社会—经济规划说清，说清楚自己与其他政党的意识形态歧异，并不总是很容易。在许多情况下，只要把这样一些规划说清楚，那么，它们实质上总会与某个规划并无不同。为了根据某些重要的标准找到并证明某种单独的存在是正当的，而这些标准可能难以找到，这种需要使某些政治上群集的人们，求助于个性竞争以及公众更卑鄙的文化本能。于是，就有人求助于族裔团结。①

① Okwudiba Nnoli, *Ethnic Conflict in Africa*, in *CODESRIA Working Paper*, 1/89, Dakar, 1989, p.1。（路透社）发在报纸上的一篇文章《选举挑起族际紧张状态，象牙海岸村民们逃避》（*Ivory Coast Villagers flee as Elections stirs Ethnic Tensions*）就是这类事情的一个典型例子，该文载于 1995 年 10 月 27 日的（南非）《开普时报》（*Cape Times*）。有些官员说，在星期天举行总统选举之后，将近 2000 名鲍勒（Baoule）村民已经逃到象牙海岸西部城镇加尼奥阿（Gagnoa），避开了与支持敌对派的贝特人（Bete）的族际紧张状态。一个不希望透露姓名的宪兵军官说，上星期布置在该地区以保证选举安全的一些部队，当时在那里的各个村庄巡逻。卫生部部长说，已派出一支医疗队，防止疾病在难民当中爆发。据多家报道，在选举预备阶段，多达 18 名鲍勒人被杀害。一些调查人员说，他们能找到的只有一具尸体，但是这个传闻在敌对派的据点里引起了紧张。星期天守在加尼奥阿附近一处路障那里的敌对派军事人员们宣称，他们抓到了亨利·科南·贝迪埃（Henri Konan Bedie）总统——他是一个鲍勒人——派送的一货车武器，那是送去武装村民的。一些宪兵军官驳斥说，那些说法都是胡编滥造。约 80 名鲍勒人在选举之前已经逃到加尼奥阿的宪兵司令部避难。敌对派的象牙海岸人民阵线（Ivorian Popular Front）抵制这次选举，其领导人洛朗·巴博（Laurent Gbagbo）先生是加尼奥阿贝特人。星期天选举时，贝迪埃先生得票率为 96.25%。内政部部长估计有 56% 的选民投了票，但有些外交官说，可能只有约 45% 的选民投票。在加尼奥阿，敌对派军事人员使大多数投票站未能开放。一些官员说，只有约 12.5% 的登记选民能够投票。

为何各个政党常常难以证明其独特政治立场的正当性，其首要原因在于，它们的领导人真的没有独特的政治立场。正像与其密切相关的精英们一样，他们在那种社会—经济命运有限又收缩的一些社会中，分享同样基础和利益。正如先前有人指出的那样，因而政治论战充其量就成为进行一些人身攻击的对抗。哲学及意识形态方面的问题对于他们向政治机关寻求的推理、论证而做明确表达，几乎不起重要作用。争夺权力并因此获取资源，就是他们的目标，而且调动本地居民们的情绪成为索求选区支持的最便利方式。由于同样的原因，政治效忠很容易由于个人原因和机会主义原因而转移。于是，政治家们就由于不便向其选民们仔细说明的一些原因，“转而支持对方”。在当代南非政治中，一些职位和可能获得的酬劳，使得“议席交错”情况的许多没说出口的根本原因凸显了。各个政党没有能力把用来对付反对党的那些已确立且已制定好的基本要素表达清楚，其中另一个原因就是在许多非洲社会中，一些受传统约束以及在文化方面特定的群集人们，位于独特的地理区域中，在他们日常生活里，受到那种对于他们相当有特效的一些古老的习惯、价值观、规范、仪式以及信仰的激励和掌控。此类文化特性往往渗透及控制着他们社会生活的所有领域，并引人注目且强有力地冲击着他们的谋生方式。于是，文化差异与经济区别并行不悖，而且明显地支配着不同的政治利益集团。在这种环境里，一些文化上的区别点和特殊性往往比那些在全国存在的一般化问题，具有更直接的影响和意义。这种共同性容易对当地居民或族裔的象征符号及标语口号做出回应。一些政客懂得怎样趁机利用这种共同性所形成族裔团结的首要原因，所以，他们就容易操纵这种团结性。在非洲，正如在世界上许多其他地区一样，在未来一些年里，那些独具一格且本地特色很浓的情感，很可能在社会生活的调整过程中，如阶乘一般，越滚越厉害，久留不去。正是在此种局势下，常常使得非洲乡间的许多人现在还是由他人组织起来。30 年前，沃斯利（Worsley）曾写道：“排他主义的遗产依然故我，但是，针对统一却存在着一些强大而日渐增长的压力，所压程度比那种由国界所形成的统一更高。由于这些原因，非洲的民族主义并非在某个民族的边界，比如说在‘尼日利亚民族’的边界之内运行——这不像西欧那种民族—国家一样，但是其运行范围既更为狭窄也更为宽泛，而且这些紧密关系越来越经常地支配着如对于‘尼日利亚民族’那样的情感忠诚。”①

这种观点今天依然像针对非洲独立早期所述那样确切。自从非洲出现一些内战以来，这些内战已经证明，族裔分裂是加重社会冲突的断层线，而这些冲突是由相互竞争的各精英联盟为了日益稀缺的资源而进行的社会—经济争斗所引起的。在一些非洲国家，如蒙博托治下的扎伊尔、阿明治下的乌干达、分别由努迈里（Numeiri）和博卡萨治下的中非共和国、多伊治下的利比里亚、恩圭马（Nguema）治下的赤道几内亚，以及其他许多国家，国库被寡头统治集团肆意掠夺，这些寡头集团只顾他们自己的利益，对其余则毫不顾惜，这是公认的。在一些地区，例如索马里、塞拉利昂、苏丹或利比里亚，军阀统治多年来已经没有能力治理国家，那些在悲惨的大众中搜刮殆尽的、被毒品麻醉了的携枪暴徒们，滥施恐怖行动和抢掠，却无人制止。

本书提出的论点之一是，影响非洲应对发展挑战的文化及族裔因素，只能经由泛非主义的一些方案及途径，予以满意的处理。一些族裔及文化特征跨越了所有非洲各国的边界。在任何情况下，要想不经过有关的及邻接的各国予以合作及支持，就形成解决方案，既在理论上靠不住，也在实践中行不通。由于跨过边界的一些资源相似，而且分布在这些边界两侧的各族裔的谋生方式往往相同，使资本主义的渗透已经跨越边界而复制了一些社会阶级。

在当代世界这个新的地球村中，一些国家和民族日甚一日且更为密集地生活得像紧邻或近邻一样，为了和平而繁荣的共存，需要奉行的真正准则就是在国际范围中遵守多元及包容的范式，这可以容许及

① P.Worsley, *The Third World*, Weidenfeld and Nicholson, London, 1964, 1971 impression, p.234.

鼓励多样性，使得整体力量和多边主义这种资源繁荣兴旺，作为一种必不可少的方法论工具，实现正常的国际秩序。大体上而言，当代世界人民现在比以往彼此联系更紧密。一个家庭的各成员可以很容易地分布在好几个大洲，他们并不是访客，而是不同国家的公民。这里一发出信息，那里及其他地方立刻就能收到。此方每个人的事情，也是彼方每个人的事情。国际市场的联系已经非常密切，以至于当今的全世界及其一体化密不可分。在世界上某个地区产生的各种商品和服务，在其他所有地区都能迅速地用上。对于许多人而言，国际旅游比在当地旅游更为平常。

尽管文化差别依然存在，但是，一种被日益共享的文化空间也在迅速成长。正是全球化的文化实情，使人类最终被阐释。人类共享的文明更多的是以实现了的那些社会特征，而不是以有人归结出的一些标准为基础的。我们怎样处理多样性，这将会决定我们究竟是在民主的世界上，还是在分裂的、受到愚蠢杀戮的冲突所折磨的局面下——就像近年来在刚果东部和苏丹那样，成功地把文化多元主义制度化。

正是文化使我们区别于并高于其他动物。人类把文化当作社会遗产来学习及创造，这种遗产总是不停地被改变，并一代又一代地被当作人类天赋的物质制品及非物质制品而传递。文化是递增的，同时又是广泛累积的。因此，既然我们创造文化，文化也就把我们创造并限定为既是一些单个的个体，也是一些群体的成员。文化所集合的种种理想、价值观、制度化的行为模式、社会化的象征符号以及共享的含义，强调着语言的向心性。语言及其功能的社会特性充当人类各群体关键的交流工具，这使得语言既是极重要的分隔器，同时又是用于团结人们的无形工具。的确，语言是文化的首要成分。在非洲，除了语言本身之外，紧密相连的一些神话以及仪式常常是表面上不同的族裔—文化各群体所共有的。

非洲是整个世界上文化最为多元化的地区之一。尽管这种广泛的多元性并不是非洲独有，但鉴于该大洲的地理体量，这种斑斓多彩的文化有时会形成差异无穷无尽的印象。然而，较为精密的人类学考察，揭示了表面上截然不同的一些文化之间那广泛的收敛性以及结构相似性。非洲传统的各宗教体系，尤其展现出大量遍布于整个该大洲的形式及结构上的统一性。传统宗教及仪式的这种类同属性是存在于非洲人们当中最统一的文化形式之一。

当把族裔—语言特性纳入考虑时，此种文化的统一性就变得更加显而易见。在非洲，大多数被我们当作独特语言计算的那些东西，实际上都可以看成一些“核心语言”的方言。在每个这种核心语言的范围之内，都存在着可互相通晓的言语变体或者方言。我们若在某种“核心语言”的语群之内，横切其中各种语言的谱系来看，则它们之间互相可通晓的程度各不相同。恩古尼（Nguni）语群中那些可互相通晓言语的形式，包括祖鲁语、科萨语（Xhosa）、坎瓜内语（Kangwane）以及恩德贝勒语（Ndebele）。索托—茨瓦纳语群则包括佩迪语（Pedi）、索托语、茨瓦纳语以及洛齐语（Lozi）。使用恩古尼语群和索托－茨瓦纳语群这两个语群各语言的人，分布在六个国家，在每一种情况下，都在南部非洲发展共同体地区（SADC region）使用。非洲社会高级研究中心（The Centre of Advanced Studies of African Society，CASAS）的研究成果（该中心迄今为止已经揭示出第一、第二、第三语言使用者的情况，我们要记住，大多数非洲人都是操多种语言的）揭示，超过75%的非洲人所说的核心语言不少于12种，这些语言是：恩古尼语（Nguni）、索托－茨瓦纳语（Shoto－Tswana）、斯瓦西里语（Swahili）、安哈拉语（Amharic）、富尔富尔语（Fulful）、曼登坎语（Mandenkan）、伊格博语（Igbo）、豪萨语（Hausa）、约鲁巴语（Yoluba）、卢奥语（Luo）、东部内拉卡斯蒂恩语（Easter Inter－lacustrine）和西部内拉卡斯蒂恩语（Wester Inter－lacustrine）。全部非洲居民当中多达85%的人说的是16种核心语言当中的某一种或几种，除了以上列举的12种语言之外，另外还有4种核心语言，分别是格贝语群（Gbe）、阿坎语群（Akan）、奥罗莫/博拉纳语群（Oromo/Borana）、古尔语群（Gur）。加上其他一些语言，如索马里语/桑布鲁语/伦迪勒语（Somali/Samburu/Rendille）及基孔戈语（Kikongo）、鲁巴语（Luba）、阿坎语、姆本杜语（Mbundu）、林加拉语（Lingala）以及奥文本杜语（Ovimbundu），所使用人口占全部非洲人的比例约为90%。对于8亿~9亿人而言，使用这些较大的互相可通晓语言的集群，几乎不能被称为小的言语社群（speech community）。非洲的这些族裔—语言或文化实情为非洲人提供了认同感，这种感情常常跨越个人身份，而个人身份却是殖民主义的产物。这些认同感就是身份认同，处于非洲生活中的首要层次，在各种日常活动中非常重要，而且是决定性因素。

殖民地国家及其所确定的边界，在很大程度上继承了殖民体系瓦解后所做的安排，它们蔑视及颠覆了非洲人生活中那种既定的古老身份认同。殖民强权打上新的个人身份烙印，并移交了新的归类标签。很少有人注意到那些为非洲人所划定的殖民地边界的蕴涵之意。这些边界否定了非洲人的身份认同，以及自治的、非洲人的世界观这些实情。

因此，殖民地国家的出现意味着对认同感的修改，而这种认同感是非洲人先于殖民统治就已形成的。这些新的基准条件（terms of reference）践踏并降低早于殖民地的那些身份认同，但并不把它们完全废除。这些条件不可能抹杀非洲人是成千上万年非洲历史产物的文化基础这一事实。殖民时期之前的认同被淹没了，但是对于被殖民的非洲人们的思维和习俗，还有强大的影响。对于谋生方式及生存条件与他们经过时间验证的习惯和传统习俗紧密相关的那些人，这种影响尤其强烈。因此，尽管有些人像都市人那样被较为彻底地卷入殖民地社会的经济、社会及政治关系中，很容易接受殖民主义强加的身份认同，但是，对于绝大多数其生活及谋生方式更为牢固地坚守传统社会及乡村社会的人们而言，他们的利益与旧秩序紧密相关，殖民主义产生的新型身份认同基准点，却对他们不大起作用。但是，恰好对于这些群体，殖民主义使人想起一些新的族裔。以殖民地管理机构、传教士为基础的一些归类标签和身份识别，引起了语言认同和其他一些新的鉴别含义。正是精英们培育了最密集的新型归类标签。这种敏感性以他们充当殖民地统治及行政管理的首要工具，能获得很可观的利益为前提。

在殖民地时期，殖民地行政人员以及传教士有时会考虑到管理的权宜之计和便利行事，有时则出于布教工作着想，尤其是为了便于翻译圣经，就把一些小方言以及分布地域狭窄的当地群体，提高其地位而成为“部落”或族体。一些民族学家也过度地热衷于“发现”了他们自己的部落，受此驱动，一些属于二级单位（subunit）才更为适当地大得多的群体以及扩大了的文化，就被当作“部落”而被人“发现了”。因此，操巴里语（Bari）的各族人们，即分布在苏丹南部、刚果民主共和国以及卢旺达的蒙达里人（Mondari）、法杰卢人（Fajelu）、卡夸人（Kakwa）、巴里人（Bari）以及恩扬巴拉人（Nyangbara）被鉴定为各自单独的群体，而事实上，他们当时只是一个族裔—语言及文化构成体的几个二级组成者。在马拉维由班达（Banda）执政时期，为了在表面上强调文化及政府的自治或分离，尼扬贾人这个部类（Nyanja variety）[①]在马拉维语中被持续不断地归类成切瓦人（ciCewa），与津巴布韦的该部类名称的字词拼写式样截然不同。在西非，操格贝语各族民，从尼日利亚巴达格里（Badagry）的阿贾人（Aja），到贝宁的阿贾人（Aja）、贝宁的丰人（Fon）、贝宁的贡人（Gun）、贝宁的米纳人（Mina）、多哥的米纳人（Mina），一直到多哥的埃维人（Ewe）和加纳的埃维人（Ewe），都使用广义而言可互相通晓的言语形式，并共享非常近似的文化模式及风俗习惯。现在他们被别人一律当作全然不同的一些族群对待。也可以拿另一些群体说说同样的情况，即德国冒险家施韦因富特（Schweinfurth）于1873年把这些群体命名为“俾格米人”（Pygmies）。这个族裔—文化群体的真正名称是巴卡人（Baka）。在加蓬北

① 原文所用“variety”，通常汉译为“种类”，在生物学上译为“变种、亚种”，此处译为“部类”，以便与我国相关学界有关非洲之常用术语“部族”衔接。——译者

部，他们被别人称为巴卡人。他们还有另外一些他称，在该国东部，他们被称为巴科雅人（Bakoya）；在拉图尔维尔（Latoursville）地区，被称为巴库伊人（Bakuyi）；在夏于山区（hills of Chaillu）被称为巴邦戈人（Babongo）；在莫阿比（Moabi）附近则被称为巴林巴人（Barimba）。虽然他们的族称各种各样，但是他们本质上是同一群族裔—文化之族民，不过，他们所用语言各不相同。

在沦为殖民地之前的非洲南部，绍纳人（Shona）各个部类的谱系实际上是从莫桑比克传出来的，恩道人（Ndau）这一部类在那里居主导地位，可能经过八个部类的流变，最终变为博茨瓦纳北部边境的卡兰加人（Kalanga）。至 20 世纪 30 年代，天主教和新教的传教士把这个实体所用语言，在拼写上新造了三种截然不同的书写方式，于是成为一些分开的语言，以便区分各自的神灵边界（spirit boundaries）和布教区（catchment areas）。显然，尽管特拉普派玛利亚希尔修道会（Trappist Marianhill）[①]传教士和耶稣会修士（Jesuits）两者都属于罗马天主教教派，但是，他们却把绍纳语中可互相通晓的变体，构建为希曼尼卡语（ciManyika）和泽祖鲁语（Zezuru）这两种各自分开且有所区别的书面语。2005—2006 年，非洲社会高级研究中心在马瓜（Magwa）、钦本杜（Chimbendu）和切巴内（Chebanne）几位教授的领导下，对该领域进行了研究，提出了要把南姆布亚语（Nambya）、巴尔维语（Barwe）和赫斯瓦语（Heswa）纳入绍纳语群中。正是由于这些原因，已经有某些人论证说，非洲的族性就是殖民主义的杜撰。

然而，后面这种论点却把婴儿连同脏洗澡水一起泼掉了。尽管殖民主义为一些群体做了族裔归纳，而这些群体既不是充分地与其邻近

---

① 1909 年由一位奥地利特拉普派（Trappist）教士弗兰兹·普法纳（Franz Pfanner）在南非夸祖鲁—纳塔尔省（KwaZulu Natal）的派恩顿（Pinetown）镇外一个居民点玛利亚希尔（Mariannhill，该词意译则为“圣母玛利亚丘”）所创建的罗马天主教修道会，因以得名。详见谷歌英文版相应词条，http：//en.wikipedia.org/wiki/Missionary-Order-of-Mariannhill。另外，特拉普派是天主教西多会的一个支派，1602 年始建于法国，详见《简明不列颠百科全书》（中文版）第 7 卷第 698 ~ 699 页。——译者

居民相互区别，又不是他们自己视为与其他人们分开或截然不同，但是，从殖民地之前那个时代直到现在，一些文化特性，如亲属关系制度、信仰体系以及宗教习俗、神话、语言、文化价值观以及其他风俗习惯，一直都是真实的。它们是一些文化次级部件（sub－unit），社会化是围绕着它们而发生的。它们作为历史及文化的类别几乎是不能虚构的。的确，它们使非洲人的生活及行为具有自己的特征。我们所面临的真正挑战在于，如何把这些实际事物转化为积极的成分，经由明智选择的政策而利用它们。

尽管在殖民地时期开始之际，大多数非洲社会已经演变为精巧的国家政治结构，但还有一些社会的分层化很粗糙，同时，另外一些社会则仅仅显示为部落性质的分支世袭及氏族结构。在大多数情况下，互渗的制度化关系存在于最接近及同源的各个族群之间。有些社会倾向于进行范围广泛的长途贸易。同时，另一些社会则更为向内看，而且地方主义盛行于它们的受政治左右的经济制度中。认同及效忠围绕着世袭、氏族、首领与这些制度相关的文化习俗反复存在，并不存在今天人们通常在广义上所理解的族性本身。殖民地时期之前非洲的族性通常并非种姓似的，也并不紧密。莫舒舒（Moshoeshoe）的巴苏托王国（Basotho kingdom）由整个地区的那些群体混合而成，主要是操塞索托语（Sesotho）的族民，其中约20%的人有恩古尼人的血统，其他人则为桑人和格里夸人（Griqua）血统。当茨瓦纳人移居而进入今天的博茨瓦纳时，合并及同化为该地区的桑人以及其他一些族裔。巴曼瓜托人（Bamangwato）被创建为巴奎纳人（Bakwena）的支系（offshoot），而巴塔瓦纳人（Batawana）则形成为巴曼瓜托人的衍生体（derivative）。在博茨瓦纳的政治体制及其分区（ward）制度之内，在首领克戈西（*kgosi*）执掌宗主权的体制下，为混合的外来者提供一个分区。祖鲁人持续不断地吸收被征服的国家或附属国。经由政治和战争，奥塞·图图（Osei Tutu）统治下的阿散蒂人，于16世纪末期联合了约30个小王国而形成后来的阿散蒂帝国之核心。相似的过程对于贝宁的索科托人

(Sokoto) 即各个湖泊之间的班图人而言，也是成立的。例如，15 世纪早期，在布干达地区（Buganda）出现了卡巴卡制度（*Kabakaship*）①，同化了布尼奥罗人（Bunyoro）的难民和一些氏族而逐渐强大起来。非洲中部的伊拉人（Ila），非洲东部的卡拉莫永人（Karamojong）、苏克人（Suk）、图尔卡纳人（Turkana）、托波萨人（Toposa）、恩扬加通人（Inyangatom）（也拼写为“Nyangatom”——译者）、穆尔勒人（Muerle）、迪丁加人（Didinga）制度化地吸收了战俘和外来者。这类名单不胜枚举。在殖民时代之前，非洲的族裔构成体在这个意义上来说，是一些相当开放的系统。

在文献中有许多关于“直接或间接统治”范式的记载。对于殖民时代之前那些社会差别及社会分层极小的社会而言，大体上，尤其是在殖民地行政管理方面，殖民主义鼓励把社会的各种结构阐明，这样，就可以把酋长和氏族首领提拔到掌权的位置上，远远超过他们在传统体制下所享有的职权，从而更便于进行殖民统治。因此，长期的老年人统治结构在制度上就被废除了。有时，这种社会工程引发广大平民的顽强抵抗。这方面的突出例子有 1929 年发生在伊格博人所居地区（Igboland）、导致“委任酋长”制度终结的阿巴妇女暴动（Aba Women's Revolt），以及 20 世纪 30 年代初期发生在苏丹的努埃尔人定居区（Nuer Settlement）的一些斗争。在殖民强权抵达之前，分层制和国家组织已发展得相当完备的那些社会里，当时所存在的一些结构成为便利于社

---

①　卡巴卡制度，布干达王国（Kingdom of Buganda）的一种传统体制。布干达王国历史悠久，公元 1000 年，地处今乌干达南部的布干达地区就建立了王国，14 世纪即已形成统一了许多氏族的王国。乌干达于 1962 年独立并组成联邦，不久之后，布干达王国灭亡。“布干达”意为干达人［Ganda，即巴干达人（Baganda）］所居地区。卡巴卡（Kabaka）是布干达民族的首领，在布干达王国时期则为国王。布干达人把他看成自己文化、政治及精神的领袖。任何一个时候，只有一个人可以被称为卡巴卡。卡巴卡的职位并非世袭。卡巴卡在位时不属于任何一个氏族。卡巴卡不与其母系氏族之人结婚，因为许多布干达人认为他事实上是该氏族的成员。这样就有机会自然轮替，总是从一个又一个氏族当中产生新的卡巴卡。详见“About the Kabaka”词条，http：//www.gandaancestry.com/general/aboutkabaka.php。——译者

会控制的工具。这是卢加德体制（Lugardian system）[①]的轴心。在这两种情况下，传统权力及一些社会结构遭到侵犯，在非洲社会中造成了相当大的、有时是非常剧烈的紧张状态。

随着遭到殖民强权的攻击，殖民时代之前那些非洲国家不再具有其政治、经济、社会的意义及蕴涵。没有任何一个殖民时代之前的国家，其权力未遭触动而得以存留。由于对非洲进行争夺以及该大洲被分割，殖民时代之前的秩序被粗暴地抛弃了。这深刻地影响到对这个大洲的认同和效忠，具体而言，由于新秩序建立了新的经济及社会利益集团，人民就依据自己在新秩序中所具有的利害关系，各不相同地认同于这些集团。

在殖民时代，尤其是殖民时代后期继续着的那一部分社会—政治演变，就是建立一种结构，该结构将会变成殖民体系瓦解后的国家。在19世纪末期到20世纪60年代初期之间，殖民列强出于不同的原因而塑造了一些新国家，这些国家在殖民体系刚刚瓦解之际，转由本地精英统治。这些新国家不再是殖民地国家，它们维护新的认同基础。尽管来自巨大力量立场的殖民强权可以容忍族裔识别，在许多情况下的确鼓励了族裔识别，但是，以统一的名义所建立的殖民体系瓦解后的国家，对于所有严肃的关于族裔认同的含义，却予以否认、阻碍，踩在脚下或掩藏起来，并否认这些认同在殖民体系瓦解后的政治、社会及经济秩序中所处的地位。对此予以普遍支持的根本原因，就是认为族性是造成不和的因素，而且不利于殖民体系瓦解的国家统一。这样拒绝接受族裔—文化差异的现实，拒绝采取政策和建立制度从而使非洲人能够分享文化多元化及文化自由的好处，一直是殖民体系瓦解后那种国家的毒药。

---

① 卢加德（Frederick John Dealtry Lugard，1858—1945），英国征服非洲的主要人物，曾领兵征服和统治尼日利亚。1895年前后，他受英国政府委任建立了一支非洲兵团，在西非与法国争夺殖民地。他通过原来国家及部落酋长而实行英国对当地的统治。详见《简明不列颠百科全书》（中文版）第5卷第382~383页。——译者

因此，尽管在日常生活的真实世界中，非洲人们依赖于他们长期的族裔—语言亲和关系，但是，在国家权力及组织的层面上，趋向却是否认族性的真实性。针对把族裔认同诱向人造的统一这种危险，奥巴费米·阿沃洛沃（Obafemi Awolowo）和纳姆迪·阿齐克韦（Nnamdi Azikiwe）于20世纪60年代向尼日利亚人们发出警告。[①] 布西亚(Busia)则接着明智地说道："正如我们看见的那样，社会实情使人想到，要解决非洲部落制度的难题，更健全的途径是接受多元化这种现实，而不是公然违抗这些事实，并企图通过施加高压而实现整体单一的结构。没有迹象表明，承认存在着不同的部落及族群这种事实，就是倒退；寻求对部落忠诚的适应，也并不是反动的。世界上到处到存在着族群。"[②]

通常以部落制度（tribalism）而为人所知的族裔本位主义（ethnic sectionalism），把本族裔的利益置于更广大的利益之上。这是一种现象，在该现象中，赞同及宁愿往往出自于在很大程度上对本族裔的考虑。于是，尽管应当以更为开放及中肯的标准，指导人们做出选择，并使各种优选事项建立在开放及公平的基础上，但是，对族裔的忠诚却成为首要因素，妨碍着人们对公职的选择，或者妨碍着做决策时权衡优先事项，还阻碍决策的实施。假如选择过程是公开而透明的，从而不仅可以使事情做得公平，而且有望做到公平，那么，许多这种造成妨碍的做法就可以避免。若暗示非洲的广大社会本质上倾向于部落制度，甚至当现代政治的游戏规则都禁止这种体制时，还是如此，这是误导，且此种误导屡见不鲜。

在我看来，情况反而是，在可用资源总是减少的条件下，为了资源而进行的竞争，使互为对手的精英们利用族裔感情作为动员工具，

---

① Nnamdi Azikiwe, *Tribalism: A Pragmatic Instrument for National Unity*, in President Azikiwe, *Selected Speeches 1960—1964*, Lagos, 1964, pp.22～28; Obafemi Awolowo, *The People's Republic*, Routledge and Kegan Paul, London, 1968, pp.83～89.

② K.A.Busia, *Africa in Search of Democracy*, London, 1967, pp.27～34.

以便获取权力，控制和得到资源，以及对资源予以管理。这种现实情况由于非洲一些社会的贫困扩大而加重了。正是由于同样这些原因，使腐败在非洲一些社会中的大范围流行而成为难题。阿尼昂·尼翁沃（Anyang' Nyong'o）已经恰当地提醒道："我认为，破坏非洲发展机会的事情，并不单单是腐败。腐败是统治精英文化中一种病态特性的最终结果。腐败起始于一种地方性的冲动，那是想利用政治权力，并借着必须在摆阔和消费时所显示的富裕的教养，以求摆脱贫困。谁越是摆阔，那人就越是想改进所夸耀的那些人工仿制品，这些物品可能是住宅、汽车、妇人、假日、戒指、公共捐赠品等。于是，就推动了一种永不止息的消费文化，必然地，这种文化肯定会挪用公共货物，并滥用公权力。"① 巴莱卡·姆贝特（Baleka Mbete）对于非洲精英内部的腐败文化做了相似的诊断，认为是由一种猛烈的愿望所推动的，那就是想立刻并尽一切可能地摆脱"被贫困弄得没有尊严"的窘境。②

殖民地国家的农业基础那时候偏重于为现代世界的大城市供应初级产品。采矿及有关活动占用了殖民地国家大多数极其有限的工业基础设施。殖民体系瓦解后的国家已经没有能力提高非洲各国从殖民时代继承而来的生产力。积累下来的一些程序及结构，对于公民而言，都发展得很糟糕，而且，转移资本的能力普遍地很不完善。就遗产而言，非洲人需要的是学会怎样当监护人，而不是当消费者。

假如现代生产要想获得以变化多端的技能为基础的、从事生产的居民，这些居民以非洲本地那些语言读和写，并能够根据那些所谓跨边界的语言传递技能和知识，那么，就需要把创造性的制度变迁放在适当位置。的确，所有的非洲语言都是跨边界的。非洲的语言是始终不变地跨越边界的口头形式语言。只有少于5%的非洲人所用的语言，是仅在他们所生活国家的边界之内有人懂得的语言。

---

① P. Anyang' Nyong'o, *The Study of African Politics: A Critical Appreciation of a Heritage*, Heinrich Böll Foundation, Regional Office for East and Horn of Africa, 2002, p.101.

② 据2003年12月27日在开普敦与巴莱卡·姆贝特的交谈。

就族性倾向于优秀人才之内的各种对抗行为这个难题而言，统一将是解决方案。除了从整体上把非洲人与他们的文化和历史重新结合起来之外，还要在和谐的正字法基础上，经由切实地使用非洲的语言，让非洲人恢复对集体文化的记忆。这样就会使我们作为非洲人而能够发展一套教育系统，在该系统中，从初等教育一直到高等教育都能使用我们的各种语言。非洲各族裔将会在一个制度架构中找到家园，该架构将会准许人们民主地表达，并承认文化及历史的归属。

现状在现场对文化的代表性加以抑制、扭曲，并含有偏见。例如，在东非，卢奥人的确是该地区最大的族裔—语言群体之一。然而，由于殖民地时期及殖民体系瓦解后那些边界所带性质的缘故，卢奥人已经被边界分而缩之，成为该地区的一些少数者。在此基础上，不可能在教育方面依据他们的文化归属而推行一些规划。他们在肯尼亚、苏丹、乌干达、坦桑尼亚和埃塞俄比亚都是少数者。相似的，事实上从西边来的、操格贝语各群体的埃维人，却被加纳与多哥的边界从当中一分为二。豪萨人则被尼日尔、尼日利亚和喀麦隆切开了。在整个西非地区，存在着一些操豪萨语的相当大的社群。恩德贝勒人被劈分在津巴布韦与南非之间，而事实上他们只是操恩古尼语社群的一个二级单位。种种荒谬事情的例子举不胜举。只有一个统一的制度架构，才能够为有益地利用非洲人的这些族裔—文化及语言特性，提供一个基础。一个统一的架构势必会减损任何一个特定群体的优势。这样，也就会消除那种为了相互竞争的各个精英集团的利益而输出族裔特性的可能性。

第十章 民主提出的挑战

任何有良心的历史研究者都懂得，在人类的记录中，正如我们所知道的这些记录一样，自从人类始祖以来，还没有哪个单一的群体，由于持久的落后和低劣，或由于在这方面的优越被判处死刑。某些文化和社会可能由于许多各种各样因素中的某个因素，变为消弭于无形，但是，对于幸存者而言，发展中的不均衡就是历史的本质。非洲及非洲人并非这种现实之例外。非洲的人们自从人类产生以来就存留了下来，的确，假如智人是出现于非洲，那么，人类始祖就是一个非洲人。非洲发展的复苏将跟着几个世纪间歇不定的沉睡而来。但是，的确并不是没有一些理性的计划，人们不是未曾勤奋地应用这些计划，也并非未曾为了实施这些计划而进行过极为痛苦的斗争。

假如对殖民体系瓦解后的经验所做的记录全然不值得一顾，那么，我可以毫无疑虑地说，今日的非洲已陷入不断扩大的战争漩涡之中。我在较早的一篇研究成果中提出了这样的问题：由于战争和军阀盛行于这个大陆，我们对于非洲的再生，还能抱什么希望呢？[①] 我们大家一直盼望着想看到的复兴在战争的形势下不会到来，随后而来的将会是一段普遍战争的时期。但是，假如当前的情况就是战争局面正在扩大而不是缩小，那么，我们所希望由我们接生的复兴，只不过是即将到来而已。非洲的复兴需要和平，而且我们不大可能仅仅是无意中发现和平。我们需要为了从事和平工作，为了和平而消除战争的根本原因，

---

① K. K. Prah, *African Renaissance or Warlordism*, Presented at the African Renaissance Conference, Organized by Mafube Publishing and SABC, Jo'burg, September 28—29, 1998, in W. Magoba (ed), *The African Renaissance*, Mafube and Tafekberg, Jo'burg, 1999.

消除那些促发战争可能性以及促使冲突扩大的条件。

正如我们在本书上文中指出的那样，对殖民体系瓦解后非洲的历史所做粗略的概要性分析揭示出，非洲独立时期所形成的那些民选政府，在非洲独立的第一个十年里，要么改变了其性质，要么成为独裁的一党执政，或者权力易手而成了军事—官僚专制。在几十年里，没有哪一个政府是选举出来的，而且，许多人由此得出的教训是，非洲经历过的唯一的自由选举，是在独立时代那些政府开创的选举。20世纪70—80年代，军事政变和厚颜无耻的军人独裁制在一个又一个国家占了优势。一成不变的是，一些残暴而野蛮的政权，有着无法控制的监守自盗的强烈倾向，这使得非洲的政体形成了自己的特征。在冷战时代，这种特征处于兴盛时期。握有超级权力的对手们，主导并侵蚀着关于民主和人权的种种考量。无论是东方还是西方，尽管雄辩滔滔各说各话，但都不关心非洲的人类状况。东方集团和西方集团双方都支持这世界上某些最野蛮、最不民主的政权。所有的考量都服从于相互竞争的全球各集团的战略利益。

从20世纪80年代后期到90年代，争取民主的运动和斗争取得了稳定的进展。至20世纪90年代中期，非洲的一些统治群体对于错误执政及非民主的做法更加敏感。军方统治者和铁腕人物们经由投票箱而谋求合法统治渐渐成为时尚。由于军权在手，他们能够组织选举并操控选举结果，而这种结果总是要保障让他们的权力经由投票箱这个中介而得到巩固。他们当中没有哪一个人曾经败选。这样的统治者名单上有长长一串名字：蒙博托、多伊、泰勒、奥巴桑乔（Obasanjo）、门格斯图、穆塞韦尼、巴班吉达、罗林斯、阿巴查、古库尼·韦戴（Goukouni Oueddei）、尼迈里、邦戈（Bongo）、恩圭马（Nguema）、奥比昂（Obiang）、侯赛因·哈布雷（Hissène Habré）、伊德里斯·代比（Idriss Deby）、马马杜·坦贾（Mamadou Tandja）、埃亚德马（Eyadema），以及其他人。2003年卢旺达举行大选以来，卡加梅（Kagame）加入了这份名单中。权力的腐败并没放过诱捕这些领导人。

在20世纪的所有政治神话当中，还没有哪一种神话如同有关民主的观念那样，到了该世纪终结时，还是成功的，或者的确取得了胜利。在该世纪里，民主遭到某些人的否定，或者受到其他人的挑战，但是它却被各种各样的群体和民族所追求和培养。随着苏联（1985—1990年）的逐渐崩溃，民主的胜利作为西方人对历史生机的一种主张，在我们这个时代是毫无疑问的。但是，假如这种胜利所代表的是西方自由主义民主的胜利，那么，我们当中依然有许多人，要对这种民主经常假设的那种自动的可转让性，即用不着质疑各自社会—文化及历史的特异性就可针对所有各种社会及文化，发出疑问。一种轻而易举、面面俱到的方式，并不提供真正的一些解决方案。另外，不得把有关民主的观念与西方化相混淆。对民主的需求不得成为一面旗帜而让西方霸权主义及帝国主义在其下面大行其道。在目前这个单极化的世界上，美国和西方最想要的，就是稳定及维持现状。在某种意义上，民主的秩序提供着保持现状的最佳方式。但是，一些愤世嫉俗者可能会质疑，美国人在全球支持民主究竟是何用意。只要不对民主的内在品质抱有偏见，那么，任何人都可以对如下事情提出质疑：自由主义的民主制度是否真的生来就善良、就优越，或者事实上全世界的自由主义民主，将会最有力地确保世界秩序按照现状而存留，或者在世界秩序中，通常是西方至高无上，尤其是美国强权没有对手。事实是，美国还曾讨好了一些政权，令对方乐滋滋地，例如对蒙博托治下的刚果、实行种族隔离制的南非、诺内加掌权的巴拿马、阿根廷的军政府、皮诺切特控制的智利，以及其他一些并未巩固其存在理由的非民主政权，就是这样。

需要回忆的是，当今可能是民主的那些东西，在一百年中可能还不足以充当民主的惯例。相似的是，在某个国家的确是民主的、可以被当成规则的那些东西，在另外一个国家却可能并不适宜。换言之，为了使其茁壮成长，民主必须具有其社会、文化及历史的适当性。所以，民主也是一个递增的过程，随着时间的推移，该过程加深及提炼了民主的适当性。因此，假如民主观念基本上还是一个相对的概念，只是在既定的历史情境下才可以予以专门定义，那么，我们就需要再度注意到，在某个既定的历史时刻，民主的一些限定边界与一些特定群体的性质及利益有关，而这些群体总是这样或那样地在政府中施加着影响并行使权力。

我认为，在社会生活的个人与集体这两个层面上，民主和自由这两者对于未来的一代人和几代人而言，依然将会是具有感染力的政治学说方剂。但是，假如人类历史的经验全然不值得一顾，那么，我们就可以毫不担心别人反驳地说，不同的各族人民和各个社会将会找到这个神话的不同含义，而且，其可变性将会得到历时且共时的历史性展示。假如我们反复企求的是强制推行的一些来自外部的制度，那么，我们认为在世界上巩固民主将不会有所进步。民主必须是内生的，不能从 B52 型轰炸机上引进民主，正如 2003 年美国侵略伊拉克之初，埃及的穆巴拉克总统指出的那样。外国的权力或利益不能在别的国家支配那里的民主应当构成的东西。政治全球化不得用作压制及抹杀多样化的工具。假如全球化是为我们所有人效劳的，既无敌意也不刻毒，那么，它就必须是一种不偏不倚的秩序。

今天，人们已经普遍认为，人权和公民权利对于现代人类而言是至关重要的问题，而且与人权概念紧密相似的，是与政治民主或代议制政府相关的观念。今天，几乎没有什么人还像希特勒和墨索里尼那样，否认人权及代议制政府的有效性和必要性。在美英战争期间（1775—1783 年），一些美国革命者喊出的“无代表不纳税”的口号已经深入人心，成为人类的政治民俗（political folklore）。民主已经成为我们这个时代的政治上帝，受到所有人们任随其意愿的崇奉和专注。有时候，危险在于，主张人类民主的那些西方自由主义社会，也反反复复假设民主就是美德典范和普世社会道德的最终保护者，而这些主张并不能由以往及现在都充满了残酷及野蛮的行为、对人类整体进行报复的历史事实所支持。

极其重要的是，民主必须让本地的社会及文化满意，它必须在结构上充分地分散权力，以便连那些很小的本地社群的利益也有所反映。在非洲，最重要的一个因素可能是要保证让民主得以确立和巩固。进一步说，必须把职责赋予本地各个社群，便于让它们对那些与自己生活条件有关的事情做决定。外部强加的事项以及由城市精英所做的决定，会损害占大多数的乡下人，不会有助于民主秩序的构建。我们必须假定，人民有权决定他们想做什么，也知道他们要的是什么。影响他们谋生方式的那些决定，以及影响他们本地社群的那些权力关系，都必须留给他们去处理。由最基层的人们构建的权力及社会组织，才是让公民们，尤其是最基层的公民——典型而言就是非洲的乡村世界——有权获利的最可靠方式。

我们还没有找到一种展开社会过程的方式，以便让民主制度下的大众社会参与其间并表达其意见。我们还没有充分地确定下来，还没有实施那些在经济上可行的民主社会发展计划。实际上，在非洲，在殖民体系瓦解之后以往那三四十年的经历中，对于寻求那种既健全又可行的行政管理及民主制度化的规则，一直没有与非洲沾上边。在殖民体系瓦解后的非洲，操纵选举已经上升为一种艺术形式。行贿以及花费不高而买下选票，在许多非洲国家大规模盛行。篡改了的选举结果，压低了那些被恐吓和慑服的居民们的声音。近年来出现的一些例外个案，使一些现职政府在选举中失去权力，被反对派取而代之：在赞比亚（1990年）的选举中，见证了卡翁达当权取代奇卢巴（Chiluba）政府；加纳在2000年12月的个案，见证罗林斯政府退位，由库福尔（Kuffour）执政的政府取而代之。经由选票箱既平稳又公平地改变政府的第三个典型个案，就是塞内加尔的个案，见证了阿卜杜拉耶·瓦德（Abdoulai Wade）当政，取代阿卜杜·迪乌夫（Abdou Diouf）政府。在津巴布韦出现的情况是，执政的津巴布韦非洲民族同盟—爱国阵线（ZANU－PF，Zimbabwe African National Union－Patriotic Front的缩写——译者）的有利地位，在（2000年的）公民投票中被击败，其败绩仅次于更加遭到谴责和质疑的2002年大选。在非洲，近年来，除了以上个案之外，还没有出现过经由投票而使政府变更的情况，此外的一些例外个案则是在军政府专制多年之后，由文官执掌政权。我们另外还可以列举许多其他个案，在这些个案中，同样一个统治集团或政党，以更为卑污的而不是公平的方式，想方设法经由既虚假又精心设计的选举过程，欲使其统治无限期地延续。

国际上的一些观察者总是不厌其烦地发表意见，他们说得又快又有准备，快得来不及宣告一些欺诈性的选举真是既自由又公平的，因为那些流于表面、走形式的过程被视为已经公平进行了。有时候，为了避免在举行这些选举之后出现内乱的危险，国际上的观察者们不情愿强调那些可疑行为的记录，而在世界上其他一些社会中，这种记录可以构成对选举予以评估的根据，是被当作不能接受的状况而存疑的。这简直就像是第三世界的一些国家，必然只有第三等的选举。

许多非洲人对2001年的美国总统大选幸灾乐祸、洋洋自得，在这次大选中，乔治·布什取胜。在竞选中，他的对手阿尔·戈尔在全国普选所得选票明显多于赢家。那个赢家布什，好不容易才在一个决定性的州（佛罗里达州）象征性地涉险过关，而当时正是他的弟弟担任该州州长。计算及重新计算“已打孔”与“未打孔”的选票就是一个很不光彩的传奇故事，给整个那道令人悲伤的习题打上了标点符号。美国这个当代世界的技术巨人，竟然计算不了选票。整个传奇故事最终交由最高法院做裁决而卑鄙地收场，这次裁决本身就不是无可争议，因为法官们对于看得见的投票，是沿着政治安排的路线而裁决的。一些非洲人很快就指出，欺诈性选举这种小毛病不仅限于非洲，也不是非洲与生俱来的，即使自称的民主世界领头者，由于这个理由，冷不防也难幸免。一位学术界同行轻轻地松了一口气，得出一个论点说，美国前总统卡特以及卡特中心，他们在全世界做了那么多事情以确保维护选举程序既自由又公平，却对美国这次选举传奇故事不吭一声。2004年的选举也并不是毫无瑕疵地进行的。在对此次选举有决定性作用的俄亥俄州，在选举之后，合法的激烈争吵进行了两个月。[①]

选举是一回事，实际管理则是另一回事。选举之后，与管理有关的一些问题就居于全体公民的政治、社会及经济生活的中心了。非洲各国当权的政府还没有显示出它们对于不赞同及反对的意见特别能够容忍。相反的或挑战性的一些观点太经常地被人理解为表达的是不忠诚，甚至是扰乱。有太多的非洲政治家过于“皮薄敏感”，不适宜从事政治生活。在他们应当欢迎多种多样意见和观点的场合，他们却宁愿把这种多样化的意见当成要颠覆他们的地位来看待。实际上，非洲的政治领导层反反复复地把自己抬高到绝对正确和教皇制度一样的地位

---

① Bob Fitrakis, Steve Rosenfeld and Harvey Wasserman, *Ohio Electoral Fight Becomes "Biggest Deal Since Selma" as GOP Stonewalls*, in *The Free Press*, Wednesday 22 December, 2004。据报道，“哥伦布（Columbus，美国俄亥俄州首府。——译者）消息：由于共和党的一些官员拖延传讯并暗中破坏重新点票过程，杰西·杰克逊（Jesse Jackson）牧师已经宣布，俄亥俄州的选举欺诈惨败是‘自从赛尔马事件以来的最重大事件’［塞尔马（Selma），美国亚拉巴马州中部城市，那里在1965年是马丁·路德·金领导的黑人选民登记运动的中心，1965年3月那里发生过3次争取美国黑人选举权的游行，均遭到当局所派警察和军队的镇压。——译者］，并号召于1月3日在哥伦布的‘犯罪现场’举行一次全国集会。另一次大规模的全国示威将随后于1月6日在华盛顿举行，国会届时将对选举团做出评估。假如至少有一位美国众议员和一位参议员对竞选人的得票数发难，那么，继而可能发生一次宪法危机。同时，一些志愿律师已经从全美各地聚集于哥伦布，帮助调查引起激烈争论的、已涉嫌把俄亥俄州的选票给了乔治·W. 布什并因此使他可参加第二轮竞选的总统选举。已经向俄亥俄州最高法院提起诉讼，要求进行公平的选票统计，这可能将使本州选举及总统竞选让约翰·克里（John Kerry）当选，而不是布什当选……”在另一篇报道，即威廉·皮特（William Pitt）发表于2005年2月24日《真相报》（*Truthout*）的《克里与爱德华兹提请对选举加以更多监督》（*Kerry/Edwards File More Ohio Election Motions*）当中说道：“克里与爱德华兹2004年竞选案刚刚已经整理为两部汇编文件，所涉俄亥俄州的重新统计选票案，当前还在由驻俄亥俄州哥伦布市的联邦法庭法官埃德蒙·萨格斯（Edmund Sargus）审理，悬而未决。克里与爱德华兹2004年竞选案在过去的几个星期中已经相对沉寂了；此案的一些文件汇编今天显示，它还继续引起人们注意并牵涉这起诉讼。2004年12月，两名总统竞选人戴维·科布（David Cobb）与迈克尔·班纳瑞克（Michael Badnarik）向法庭提交了大量的文件，以表明他们对2004年俄亥俄州的总统竞选投票所质疑的重新计票，没有按整个该州的一贯的标准而进行，侵犯了美国宪法所规定的平等保护及正当程序保护。科布和班纳瑞克提出了修改的反诉，以求根据美国宪法，按始终一致的标准进行一次新的重新计票［例如，在俄亥俄州，97%的选票还不是手工数票，更为经常的事情是，每个县手工清点的那3%的选票，还不是按州务卿肯尼思·布莱克韦尔（Kenneth Blackwell）自己的方针所要求的那样，随机挑选出来的］。为了了解那些修改的反诉……”

上。这个领导层当中的某些人对于每件事情都要指手画脚、弄虚作假，从人民应当吃什么、喝什么，一直到父母双亲应当怎样养育孩子，他们都要说三道四。许多非洲国家领导人不能接受事实，不承认他们也会犯错误而且确实犯了错误，其中有些人甚至自相矛盾，或者说出一些看法，俨然与过硬的科学知识和智慧相反。

专断的钳制、国家发起的恐怖，还有酷刑和暗杀，这类事情在殖民体系瓦解后的非洲经历中，非常普遍。在一些国家，例如在肯尼亚、埃塞俄比亚、安哥拉、莫桑比克、刚果、卢旺达、布隆迪、尼日利亚、南非、乌干达、苏丹、斯威士兰、加纳、多哥和布基纳法索，存在着一些已经公开讲出来的以及尚未讲出来的政治暗示历史故事。许多非洲国家对它们所认为的顽抗者或者威胁到它们权力和统治的那些人，悄悄地动刑。盗用公帑以及腐败，在这个大陆上无比猖獗。在这方面，非洲各国几乎毫无例外。

正如本书上文所言，有太多的非洲政党是受一些自我膨胀的人物所组成的派系和集团所支配的。政治方面的哲学及意识形态都配备不足，或者干脆从一开始就在选项单子上撤掉了。辩论和争论缺乏有哲学根据的立场，总是降格成为纯粹个人之间的琐碎吵闹。政治立场最为频繁地以主从关系为基础，从属者唯命是从地效劳于政治大主顾或者其眼下的主子。涌入物质利益是这种从属关系所期待的事情。[①]这种做法所形成的政治文化，使他们自己容易参与发扬个人崇拜，而且常常有人以神秘或半神秘的词语来表现公职及权力的标志。事实上，在这种场合，这些地位本应当是纯粹官僚体制的。丹尼尔·阿拉普·莫伊（Daniel Arap Moi）拿着权杖，肯尼思·卡翁达（Kenneth Kaunda）是一个手指上缠着白手帕的人，卡穆祖·班达（Kamuzu Banda）和乔莫·肯雅塔（Jomo Kenyatta）都拿着苍蝇撣子。有时候，这些领导人除了有随行人员之外，还有一些称号及颂辞跟随着他们。从某种重要的意义上而

① Janet MacGaffey, *Entrepreneurs and Parasites*: *The Struggle for Indigenous Capitalism in Zaire*, African Studies Series No.57, Cambridge University Press, Cambridge, 1987, p.17.

言，也可以把这种对于公职的做派和特有象征，视为一些新传统的非洲民族主义，把它们假设为对于大众心理的积极回应。

我们必须随同那些把我们团结起来的因素和现实而向前进。一直都需要鼓励联合、广泛的团结及共识，而且，无论一些反对党代表的是什么，或者先前那些行政当局在适当位置安置了什么，都要避免生出那种对他们全盘否定的意愿。必须提出这样一个论点：只有当一些政治差别以及对差别的阐释在政治社会中予以清楚界定的时候，联合才是真实的。所以，原则性强的一些联合常常是一种标志，表明政治远离了个人品质，进入了一些互相对比的思想观念的角逐场。

非洲的民粹派政治以“人民”的名义捕食大众的渴望和感情。除了良治之外，一切都可能发生。良治要求对民主施政的一些社会机构予以坚定的制度化。在此种制度坚强而又例行化的地方，个人品质相对而言就没有多大意义。良治与对人权的全面认识和维护手挽手一道前进。为了对现代民主社会的这两个方面承担责任，就需要法治。正义不仅必须有待于实现，而且必须总是被视为有待实现的任务。不经过正当的合法程序就任意拘捕和监禁，肯定都是与良治的精神相违背的。罪行必须以选举产生的合法系统所认可及批准的法律为根据，经过法庭证明才将其坐实。惩罚或赔偿不可以是不合逻辑的、特异性质的、反复无常的，任何人都不可以或者不允许把法律玩弄于自己的股掌之中。

在有些情况下，当国家秘密地或公开地针对其全体公民滥用不受约束的恐怖手段时，这是很可悲的。在非洲，有许多这样的例子不乏证据。安哥拉内战的参战双方都是行动完全不受制约的残忍军阀。在苏丹，那里发生的非洲为时最长的那场战争已经进行了约50年，该国政府以严酷无情的炸弹而为其全体公民所知。有人在苏丹南部针对非洲民族主义起义者使用过毒气。在塞拉利昂，政府和叛乱分子在城镇和乡间都采取了恐怖手段。福迪·桑科（Foday Sankoh）所率部众进行的肢解人手人脚，令人回想起一个世纪前利奥波德国王在刚果的相似残暴行为。在利比里亚，查尔斯·泰勒的政府军对居民发泄了恐怖活动。现在（写作本书时的2006年），他面临着对其一些罪行的审判。和平在象牙海岸已经被打破，战争的前景显得突出了。多哥经受一个统治者同样的残暴压迫已经38年，当这个暴君死亡时，他的儿子在幕后操纵该国的领导层。

在一个社会中，若法治占上风，公民们就应当认为每个人享有权利是至关重要的事情。良心和勇气对于培育民主的文化，以及对于维持法治，都很重要。在这方面，我们要好好地记住德国新教路德宗的马丁·尼默勒（Martin Niemoller）牧师针对在纳粹统治下，因良心软弱无力所付代价而说的那番话："在德国，纳粹起初追杀共产主义者，我没有说话，因为我不是共产主义者；接着他们追杀犹太人，我没有说话，因为我不是犹太人；后来他们追杀工会成员，我没有说话，因为我不是工会成员；此后他们追杀天主教徒，我没有说话，因为我是新教教徒；最后他们奔我而来……却再也没有人站出来为我说话了。"这个故事的结论就是，我们必须彼此担当对方的看管人。原理在于，某个人的人性灭绝，象征着我们所有人的降格。

假如民主在观念上是相对的，且在历史上是依据情境的，那么，民主组织的普遍特性究竟是什么，这些特性又将怎样应用于非洲的传承呢？优先强调民主这个概念，并超越其历史特定性的，是解放原则。解放原则贯穿于民主的所有定义，并联合成穿过种种情境状态的思想。解放过程是这样一种观念，在群众这个层面上和较为匮乏者这个层面上的人民，都是从先前的限制或捆扎的状况下摆脱及释放出来的，而且在影响他们命运的事务中，以个体和集体方式获取并控制条件及决策。因此，解放既是递增的也是累积的过程，是一个稳固地产生更多民主的过程。这并非要使人把一帆风顺而扩张的直线发展为革命过程，联想成民主文化的基础。然而，用一句当代风行的话来说，解放过程是无法阻止的。的确，正如俗话所说，"天要下雨，谁也挡不住"。

反对民主的人们屡屡利用民主在社会、文化及历史上的关联性，作为借口，试图抄近路，并提议说，在非洲，由于我们的历史及文化有特殊性，我们应当创造特殊的行政体系，这种系统不必非要符合现代民主的原则。蒙博托·塞塞·塞科就说过，“在一个非洲村子里没有两个首领”。在罗林斯统治下的加纳，他的一个马屁精为了压制反对派的声音，竟然说什么按照非洲的传统，这位首领已经发出最后的命令，所有的讨论都应当停止。我们如今生活在人民的经济、社会、政治及文化生活都不再受传统习俗约束这种传统失效之后的社会中，这种事实被人很便利地忘却了。我们必须在我们文化的基础上建构民主，这是千真万确的。但是，并不是每项文化都值得拯救，这也是千真万确的。为了我们非洲人们的未来着想，对于我们应该保留什么、抛弃什么，需要按照我们的历史及文化传承而有所选择。对于那种显然与解放和救助的意愿相违背的东西，我们必须欣然而迅速地放弃。

的确，我们需要对我们的历史及文化归属予以评价，这种需要常常被人当作借口，企图维护那种不民主的、返祖归旧的政治习惯。在当今这个时代，在世界上任何地方，要想证明绝对的君主政体统治是正当的，这是不可能的。在一个又一个国家，在所有各个大洲及所有的文化中已经被接受并承认为可以使我们的传统与现代政治制度紧密结合的那种模式，就是君主立宪制原则，就像在马来西亚、泰国、英国、日本、挪威或荷兰所实行的那样。按那种方式，我们就能够具有最好的老特性和新特性，而且不会冒冒失失地摧毁我们的传承。当一些统治集团以传统的名义，坚持不懈地维护过时而又腐朽的政治制度时，它们就把整个社会置于灾难性变动的危险之中。当人民对民主的希望被拒绝得太久，他们最终就会不择一切手段，以求形成代议制政府。他们必然如此。斯威士兰就是一个确切的例子。大众对斯威士兰进行民主的制度化改变施加压力已经出现，这是发生在20世纪末、21世纪开始之际这种社会要求的最近一例。多年来，斯威士兰人接受了在封建君主政府结构的统治下生活，那里没有政党，也没有经由适当选举而形成的代议制政府，而代议制政府是大多数民主社会能够接受的。斯威士兰的制度已经成为神圣君主政体和帝王统治的一种类型，大多数开化的人民都可能同意，这种类型属于昔日旧制，需要进行严格的或基本的现代化。在这个意义上，斯威士兰的情况与还在世界上其他地方存在的那种君主立宪制不同，而且与巴苏陀人（Basuto）那种较有宪政基础的情况也不相同。在非洲大陆，斯威士兰政府体制陷入其中的这种时间错位，很是独特，令人难熬。在一个饱受艾滋病和艾滋病病毒折磨的国家，其君主居然有13个妻子，这位君主做了一个非常糟糕的示范，而且很不幸，这使那些认定非洲所有文化都是落后的人们更加言之凿凿。假如斯威士兰的君主制还将拖延得很长，那么，君主制与公民社会之间无疑将会久久碰撞。

非洲正处于一个变动不居且潮起潮落的阶段，因为它在为了实现民主化和引入多党制政府而斗争。非洲的公民社会变得对我们这个时代的多党体制有所理解，并让人们在政治及社会方面更自由、更充实地生活。由于公民社会能重新开口说话，于是它也就确立了它制度基础的民主文化。

在非洲的每个地方，军事及民事的一党制在过去十五六年中实质上已经崩溃，为多党民主制结构让开了道路。在这方面，非洲面临着为了实现民主政治而形成公正条件的巨大任务。从广泛的、全人类的观点来看，我们赞许地注意到，东欧那些极权主义的、没有民意代表的政权已经土崩瓦解。追求社会组织的民主形式，已经成为世界上每个地方公民社会的大众事业。

不必多说，“多党制”不仅已经成为“民主”所含许多意义当中最新增加的一种意义，在从殖民体系瓦解后非洲的初期岁月里，就已经有了这层意义，但它也被当作对非洲近来的社会发展予以评估的准绳。然而，要从极度形式主义的眼界，观看羽翼未丰的那些非洲新兴国家以及第三世界其他国家的发展，那就是不考虑其政治见解有待容忍的那种不可缺少的意愿。没有人曾经垄断过真理。对于竞争性的意见和优先事项可以公平地且公开地争论，这样的条件，几乎还未能较有说服力地表明，非洲人民，尤其是社会最底层的人民已真正参与其中，反而是由各处以及本大洲，尤其是南部非洲的普通人们，在他们历史的各种各样时刻，为了追求这个目标，做出了大量的牺牲。

尽管要求施行民主的意愿在非洲处处存在着，但这只是硬币的一面。硬币的另一面则是对充分而适当的一些制度、既定而受尊重的一些程序、公认的一些社会行为规矩和方式所抱的愿望，而经由这些制度、程序、规矩和方式，民主的做法就会连贯地在日复一日的国家管理中成为惯例。在还有一些既定利益集团控制着国家的一些关键机构这种现实中，对民主的最忠实承诺，可以由“传统”及权威这样一些陈腐观念而使之合法化。同样的，假如政治家们不是怀着善意而应用最佳的一些制度以及民主组织的运行规则，那么，这些制度及规则就只不过是伪装而已。民主政体一个关键的、基本的原则，就是人民可以公开而自由地在定期的惯例化基础上，选举他们自己的政府。但是，每过四年或五年才举行一次的选举，本身就不会担保或维护民主的体制及文化。几次选举之间的那段时间所发生的事情，才是至关重要的。我们做什么，以及我们怎样根据日常生活而处理我们的政治生活，这样就进入了使民主文化得以巩固的过程。

我对形势的看法是，今日的非洲正在经历争取民主的一场革命。非洲人民正在开始分享生机勃勃的种种政治文化的成果。人民越来越变得无所不谈，传媒正慢慢地以无线电广播节目中所用的一些非洲语种语言，发展及显示着各种各样坦率、生动及公开的意见。[①] 传媒必须以人民懂得的语言向他们说话。说殖民地语言的那 10% 的非洲人，既支撑不起民主，也维持不了发展。我们必须决定性地转向广大群众的文化及语言，让所有层次的教育和传媒都应用这些文化和语言。只有广大群众的兴起，才会为民主和发展创造必要的社会基础结构。当广大群众对有关他们的事务能够重新开口说话时，民主就会得到巩固

---

① K. K. Prah, *Speaking African on the Radio*, CASAS/UNESCO Publication, Casas Monograph Series, No.45, Cape Town, 2005.

和深化。非洲人民经不起回到往昔那些禁闭中。当一堆堆社会、经济、政治或文化的问题向那些被选出的官员和政治家提了出来，我们希望有一些答案。我们务必不要满足于那些半信半疑的答案或者什么也不是的答案。如果我们没得到答案，那么，就不会满意。越来越多的非洲人在说，那些莫名其妙的统治者、窃贼和政治骗子的日子屈指可数了。我们必须抵制和对抗他们，如果必要的话，就准备用自己的生命捍卫民主的权利。

新非洲已经着手的、正在缓慢形成的民主计划，应当得到培养和保护，从而确使民主过程的制度化毫无疑义地在历史上予以巩固。为了这样做，就要求有原则性强而且令人鼓舞的前景。需要所有利益攸关方自觉地努力，以便在所有的社会事务处理上培养和深化那种容忍及多元化的文化，并且对任何倾向于武断及不民主的方法加以揭露。

可以感觉到，在今日新型而年轻的非洲精英内部，存在着某种开明的要求以及不可缺少的意愿，这些都有待其他人的政治见解或取向予以宽容。在更广泛的社会之内，似乎存在着向非洲人民的一项真正承诺，那就是让他们有条件可以公平而公开地争论一些互相抵触的意见和优先事项。回顾50年来的历史一瞥，这项承诺几乎还没有在历史上得到过证明，而被雄辩地得到证明的是，这个大洲各处的普通人们，自从为了独立而开始进行斗争以来，以及在当前为了民主而奋斗的过程中，在他们的各个政治历史阶段，为了寻求殖民地的自由做出了巨大的牺牲。我们需要记住，在整个历史中，为了自由、解放和民主而进行的斗争，更经常要求的是那些基本的、孜孜不倦的以及造成心理创伤的意见。在前进途中，我们应当对此有所准备。

常常有人提到的一个问题是："民主会给我们带来发展吗？"那么，在良治与民主及发展之间，有什么关系呢？让我们理解一下，发展不仅仅是建造摩天大楼以及无数的公路、机场或旅馆，也不全然是在统计表中增加国内生产总值（GDP）及国民生产总值（GNP）的指标，或者增加不牢靠的合计数字，以及设计一些脱离现场真实情况的抽象财政规划。仅仅把经济上的数字增加还不够。民主必须便于个人及社会更充分地追求其创造性活力的那些可利用的物质资源与非物质资源的储备，在数量与质量上都有所增长。什么地方发展了，那么，在社会生活的所有方面都会显示出来。在上述意义上，我们还不能认真地提出来说，在当代非洲，正在出现意味深长的或者可持续的发展。

为了非洲向前发展，需要让劳力和资本可以在整个大洲到处自由地流动。我们需要创造一些机构，这些机构有助于跨越个人与群体之间的边界而积累资本，从而在泛非的基础上形成相当大的投资潜力，这将使非洲人堪称为世界经济的全球参与者。此外，在这个全球化的资本主义时代，如果我们要像大多数亚洲及拉丁美洲国家那样受益或取得进展，那么，我们就必须把世界当作它实际的那样，并确信我们也在其中繁荣昌盛。按照现在的情况，非洲需要一个强大的、以非洲为中心的中产阶级。这个中产阶级也应当以大致相同的方式，在泛非主义的基础上，形成跨越边界的联系，正像我们必须允许劳力自由流动那样。

民主本身并不根除贫困，也并不直接促进发展。但是，在我们这个时代，在全球化资本主义的时期，民主提供了社会过程的公开性，这是任何社会所固有的、让潜力自由而无拘无束地增长所必需的。良治蕴含着践行民主，践行民主反过来又为均衡且平等的发展途径打下良好基础。因此，在当今世界上，尽管民主并不必然转换为发展，但是，可以断言，在尊重人权的条件下，那些公开的民主社会比那些明显的专制制度具有更好的发展机会。我们有足够的例子可以证明，自由主义的民主并不自动带来发展。当代中国、明治维新时期的日本、当代越南、马哈蒂尔·穆罕默德执政时期的马来西亚以及苏哈托执政时期的印度尼西亚的经验全都表明，可以在并不符合西方那些自由主义民主观念的制度基础上，迈开大步发展。的确，在非洲，经由发展几乎没促成新自由主义，民主的施政比起带动发展而言，要费事得多。但是，我敢说，在显得不怎么尊重人权的气氛中的那种发展，很不受当今世界绝大多数人的欢迎。

由于我们在非洲具有文化及语言式样的多样性，假如要实现良治，那么就必须让一些机构保持多元化，并赞美多样性，而且这些机构要把多样性当作社会财富，当作资产，而不应当不惜一切代价地使其均质化，或者以民族统一的名义，将其当作一些怪异而踩在脚下。宽容是热衷于保持良治文化的任何社会的一个关键特性。“百花齐放”吧，让各种不同的文化、语言、信仰以及宗教信念，平等地共存于世。

现代民主社会的另一个关键特性就是世俗性。为了维护《世界人权宣言》所承认的基本自由，在我们的宪法中铭记这些权利，并把宗教当作私人事务对待，而这种事务不得是教会或国家强加的，这是有益的。人民究竟有否宗教信仰，都应当是自由的。这个原则对于我们的传统宗教信仰及习俗而言，也不例外。宽容无疑是民主社会所呼吸的空气。我们需要提醒自己，尽管世俗性意味着对于公民而言，宗教应当是一种私人事务，但是，世俗性也应当意味着所有的宗教信念都是平等的。

要让人认为民主适于北美人、欧洲人、日本人、印度人、印度尼西亚人，但不适于我们，这是不可原谅地低估了非洲人的智力，而且十足地滥用我们的兴趣。如果我们把朝向更充分践行民主的运动拖延得越久，那么就会把社会更深地推入危机和危险之中。当我们更深地进入 21 世纪的时候，非洲人民就想有民主，不仅在自己的后院践行，而且在邻居家中也一样。在如今这个时代，某个国家所发生的事情，总是对邻国有些影响。所以，我们在一个国家里不能只是有些民主的机制，而在邻国却是有些古老而落后的机制。

民主是有感染力的，但是这种感染并不均衡，它已经感染并陶醉了南非、博茨瓦纳（很久了），最近则达于肯尼亚。但是，加纳弥漫着令人沮丧的腐败，那里无望地放任随之而来的重大危险，尼日利亚带着严重而恼人的危险，索马里连维持生存都久久令人怀疑，莫桑比克带着受诱惑的气味，塞内加尔的装模作样令人厌倦，纳米比亚平静的外表下面暗藏着紧张气氛，坦桑尼亚则反反复复打嗝，如此等等。其他国家也或多或少地维持着各种类型的弱势民主制度、政治字谜以及时而出现的民主伪装。彻底劣质的独裁专制倒是很罕见。通常的情况是，即刻潜伏在貌似民主的一些国家外表之下的，是持续不断的可怕暴政以及国家支持的恐怖行动。今天，穆塞韦尼统治下的乌干达就是这方面的一个确切例证。该国北部的问题不是寻求以政治方案予以解决，而是发生了一场实际上在穆塞韦尼整个统治时期即20年间一直延续的凶残战争，那是与圣灵抵抗军（Lord's Resistance Army）的那些蠢笨无知的屠夫们对着干的。

非洲人在交战地带放肆地彼此屠杀，干得是那样冷酷无情，他们不愿意对公民的失踪坚持做调查，而有时这些失踪的公民就是被他们自己的政府消灭的，当一些公民在国外发觉自己处境艰难时，则很少有人关心，对承认和维护公民的人权很不尊重，凡此种种，很容易使其他人蔑视非洲人，并把他们当作低劣的人。如果我们不重视公民的生命，不尊重自己，那么，我们就很难指望别人对我们报以尊重。对于种种野蛮行为以及滥用权力，应当公开地把它们说出来，从而我们就全都懂得它们究竟是什么，就不会再干这种事情。不应当掩盖这种事情，或者说，不应当只是阻止它们在公共场合出现。我们那些丑恶的记录有待完全暴露出来，不要指望把它们掩藏起来就容易让人忘掉。正是我们当代的精英们保持和监管着事情的这种状态。让我们看看这类令人不快的现实当中一个例子吧。

在加纳，在罗林斯当政早期，有大量的失踪者。罗林斯政府刚执政时，残忍地处决了8位将军，其中包括3位原来的国家副元首。一些法官被谋杀，可能与该政府的一些情报官员有牵连，其中有些接近于最高级别，尤其是已退休的科乔·特里卡塔（Kojo Tsikata）海军上校，直到今天，这些案件还是没有彻查清楚。有一些朦胧的传闻说，有些人被直升机运到海边，从飞机上扔到海里去了。那些执行这类指令的人最终也被以这样或那样的方式杀死，因为他们知道得太多。在罗林斯下台后成立的那个真相委员会中，对于这些往事都没有查明。

在南非，有许多种族隔离制时期的暴行，至今还默默地、有选择回忆地掩藏着。尽管真相与和解委员会（Truth and Reconciliation Commission, TRC）做了漫长的工作，但是，密探和罪犯，种族隔离专职人员（*appa-ratchik*，аппаратчик），即使在被严重渗透的解放运动中，都已经把他们的许多可憎往事掩藏起来了。2003 年 11 月，一位政府官员宣称，在一个数据库中，有种族隔离制时期的 880 名密探的资料。有传闻说，种族隔离制时期的许多告密者以及密探，目前还享有官方给予的一些特权。

多哥近 40 年（确切说是 38 年）中所受埃亚德马的独裁统治，充满了暴行，大多数多哥公民现在一想到这种真相，还对这类暴行感到恐惧。老资格的埃亚德马对于多哥第一任总统奥林匹欧（Olympio）被暗杀负有责任。凯·怀特曼（Kaye Whiteman）写到，似乎还很少有人怀疑，是埃亚德马本人开枪打出了那几颗致命的子弹。① 恩圭马/奥比昂叔侄俩在赤道几内亚的殖民体系瓦解后那个国家，先后继任并实行残忍统治，这些轶事近来被 2004 年那场流产政变所遮蔽，那是以马克·撒切尔先生以及一些战狗的名义密集编织而成的故事，它含糊不清地所环绕着的，更多的是 19 世纪而非 20 世纪非洲的事情。卢旺达 1993 年发生的种族屠杀还在继续，而在非洲其他地方，这类屠杀已归于沉寂。但是，后来有许多人为了他们自己那些不足之处，却省力地去责备联合国。联合国的调研已经沉寂，同时，胡作非为还在继续，总是令科菲·安南困窘。现在，我们看到，在苏丹（达尔富尔）正在展开新的种族屠杀，于是，非洲再度担心把它称为什么。② 期间，阿拉伯民

---

① Kaye Whiteman, *Gnassingbe Eyadema: Dinosaur dictator who ruled Togo for 38 brutal and fearful years*, in *The Guardian* (UK), February 7, 2005, http: //www.guardian.co.uk/obituaries/story/0, 3604, 1407149, 00. html（据查，该链接已失效，该文现载于 http: //www.guardian.co.uk/news/2005/feb/07/guardianobituaries。——译者）。

② 参见马哈茂德·马姆达尼（Mahmood Mamdani）关于这个问题的谨慎论述，即 Mahmood Mamdani, *How Can We Name the Darfur Crisis? Preliminary Thoughts on Darfur*, in *Pambrazuka News 177*, October 7, 2004。该文又见于 *African Voices on Development and Social Justice: Editorials from Pambazuka News, 2004*, Mkuki Na Nyota Publishers, Dar Es Salaam, 2005, pp.256 ~ 261。

兵们若无其事地强奸、拷打、集体屠杀以及致人伤残。一些战犯，如查尔斯·泰勒和门格斯图在其他一些非洲国家找到了避难所。尼日利亚已被责成把查尔斯·泰勒交出来，让他面临反人类罪的审判。门格斯图曾经插手于对海尔·塞拉西（Haile Selassie）的暗杀。许多埃塞俄比亚人相信，海尔·塞拉西的尸体就埋在门格斯图的住地。

非洲的前方还有一些巨大而隐隐呈现的挑战，这些挑战的范围极为广大，它们在概念及实质上的边界名副其实地很吓人，但是，我们必须取得进步，而且我们终将会进步。

第十一章　新宣言

在20世纪结束之年的倒数第二个月里，一群非洲血统的有关人们，聚集于桑给巴尔岛，对于前途以及21世纪非洲进步的道路予以评价。这次会议得出的一些结论，抓住了一些挑战的范围，而我们面临着这些挑战。① 与会者们注意到，尽管非洲已经在解放和发展的道路上取得了相当大的进步，但是，非洲及其本土和海外的各族人民，在前往这些目的地的旅途中，还有较长且较危险的路要走。前面的困难和折磨可能将超过以往50年所遇到的那些考验。会议上确认，一些民主的机构和过程是实现这些目的之关键要素。

会议同意，本大洲当今的较大景象是关于处于战争中的非洲这种景象。本大洲几乎四分之三的地区要么陷于内战，要么陷于国与国之间的战端，或者两者皆然。非洲战事增生正在威胁着非洲人民整体的未来。战争日益普遍这样的状况正在为非洲人民提供托词，并以自从19世纪末期和20世纪早期以来未曾见过且未曾听过的一些方式，为一些狭隘的本地及国际剥削者利益集团打开剥削的方便之门。在非洲的某些地区，军阀统治和土匪强盗已经压倒了政治过程。迁延漫长的一些冲突和战争，正在摧毁非洲大多数地区现存的那弱小而短缺的基础设施。

值得注意的是，非洲的一些经济体正残酷地遭受着债务折磨。贫穷、饥饿和疾病已经覆盖了非洲生活的社会前景。由于经济停滞和贪

---

① *The New Manifesto*: *Towards the African Century*, *Africa and the Challenge of the 21st Century*, 11 November, 1999, in *African Opinion Series*, Cape Town, No.11, 2000.

污受贿，使非洲各个社会的生产潜力枯萎，于是，在殖民体系瓦解后的早期阶段所获得的许多教育和卫生方面的收益，正在被稳固地逆转。由不称职的精英们所形成的政治独裁，几十年来把持着一党制、无党制、军事官僚制的国家，把全体公民的人权踩在了脚下。非洲的精英们与一些经济上贪婪的国际利益集团及机构合谋，背叛了为殖民地自由所进行的斗争曾给予支持的广大群众。

在文化层面上，不分青红皂白地装出一些西方习惯及处理方法的样子，可能会危及我们从父母那里所继承下来的文化及语言，篡夺其地位。这是侵蚀我们文化的傲慢，破坏着非洲发展中文化的根本作用，并且系统地误导青年们这些未来的继承者。

非洲的发展将不得不反映在社会、经济、政治及文化生活的所有方面。例如，就文化而言，非洲在美术及音乐方面的表达方式需要应对我们这个时代的挑战，并反映带有大多数非洲人生活特征的那些感情和感觉。换言之，美术和音乐必须在情感上打动遍布于四面八方的广大群众，没有这种功能，就意味着那是了无生气的新现实主义，这种东西只能靠模仿他人而取胜。美术必须为非洲人的文化说话，并做出回答。有关非洲音乐的讨论往往流于把这个主题看得很走眼，仿佛我们所具有的音乐，仅仅是当代酒吧的、夜总会的以及大多流行于城市街头的音乐。尽管这种音乐流派的活力不容否认，但是，也不能对排斥非洲音乐传统的经典表现形式这种做法大肆颂扬。如果阅读和书写这个领域中的文化教养有待培育、民主化及发展，那么，对于非洲经典音乐的记录和作曲这方面的教育而言，也同样有待培育、民主化及发展，从而与发展相适应而成为管弦乐形式，在这种形式中，全套通用乐器，其中也包括非洲传统乐器，都被用于表演此种音乐以及相应谱写而成的曲子。

据观察，从长远看来，非洲将会如同其在智人那千万年的历史中那样，继续存在并兴旺繁盛。非洲，这个人类的摇篮以及这个摇篮大都数历史阶段的承载者，并非即将躺下而死亡。非洲会站立起来，而且，非洲人民将会为此而坚定地努力工作，并拿出干劲来干。我们总是需要牢记，我们是解放及发展的唯一设计师。

那次桑给巴尔岛上的会议确认，对于有非洲历史及文化起源的人们而言，需要为了形成一个组织而工作，以便效劳于非洲本土以及海外的非洲人之独特利益。与会者达成的共识是：尽管非洲统一组织（即现在的非洲联盟）对其所从事的进步工作和促进和平的工作，都应当予以支持，但是，由于它是一个地区性的组织，不是一个（按阿拉伯联盟定义阿拉伯人的利益，或者按欧盟定义欧洲人的利益所采取的那种方式）定义非洲人民利益的组织，它就不能充分地起到积极作用而把支持非洲利益当作其一心一意的目标。需要详细讨论如何就此予以支持和辩护，这是一件紧迫的事情。

与会者认识到，要把促进非洲语言及文化的利用，当作非洲发展的唯一现实基础。会议得出的结论是：如果非洲人要想按某种方式前进，该方式旨在把社会从群众层次往上提高，并使大众社会能够知晓情况，那么，这样的前进可能就要以大众社会的语言以及文化习惯为前提。所以，急需使非洲的一些语言在社会生活的所有方面，包括（所有各个级别的）教育、司法程序以及传媒在内，都处于中心地位。的确，对于使非洲的各种文化向发展敞开大门而言，我们的各土著语言是关键的、唯一可行的工具。

非洲人之间交互的经济努力，在宏观与微观这两个层次上，被确认是一些领域的活动，而这些领域应当得到积极的鼓励。这种人们与人们的关系对于非洲的经济和社会进步至关重要。如果我们想要在经济方面有进展，那么，就需要让劳力和资本能够自由流动。有待迫切而不懈地对这种想法予以支持。

贸易和政治应当在泛非主义的基础上进行。迄今为止，非洲各国贸易关系和国际政治的区段分割性质已经把非洲打开了，因为全世界的帝国主义列强在非洲各国之间应用了分而治之的政策。上述那次会议认为，应当发起一致的行动，以便统一，并便于为了在非洲各国当中进行合作而在贸易和政治领域建立联系，这是相对于非洲与当代世界的一些宗主国列强之间的关系而言的。

与会者同意，鉴于非洲与西方世界之间几个世纪以来那种困难重重、麻烦不断的历史，仅此一点就有充足的理由，可能暗示着，为了非洲人民的利益，要建立与远东地区的联系，以便从远东各国在以往几十年中已经取得的显著成就当中获益。那里的许多国家都有沦为西方殖民地的经历，与非洲的情况并非全然不同。非洲人需要找到可供选择的国际联系，这种联系可能符合他们的战略利益，而不是依赖于陈旧的帝国主义世界，而该世界先前已经奴役非洲很久了。然而，对于怎样培育这种联系，我们需要谨慎且明智而为。我们可能需要确保安稳，正如俗语所言，不能前门驱虎后门进狼。这些新的贸易联系及关系，不应当把我们的地位仅仅确立为纯粹的原材料生产者，我们也需要科学的专门技能和知识，以便产生及增加我们产品的价值。

与会者认识到，殖民主义在非洲的影响之一，就是成功地创造了一群精英，这些精英特别留心并依附于殖民体系瓦解后的国家，将其当作他们物质利益和社会利益的基础。这种意识并不能被定义为民族意识，在此种意义上，它并不代表广泛历史及文化意义上的，即跨越殖民者所创立的那些边界而言的对非洲民族主义的意识。这种意识的重点，只不过在于把殖民体系瓦解后的国家阐释为集体性“民族”感情的工具而已。因此，殖民体系瓦解后的国家，其本身就是一种结构，主要是为了借助与非洲精英们的关系而保护宗主国的利益，这种结构已经盗用了非洲大众社会对解放和发展的渴望，而这种渴望则承认非洲的文化及历史是赖以发展的基础。一些民主组织和社会异议分子的首要目标，应当是支持经由政治舞台之上及之外已实现的民主过程，从而出现一个“统一的非洲民族”。必不可少的是，这种民族意识有待于坚持不懈的培育。这就意味着（正如本书上文所述），我们不应当只是冈比亚人、肯尼亚人、坦桑尼亚人或者赞比亚人等，更应当是非洲人。

应当在那些不属于国家机构而在它们各自国家工作的泛非主义组织之间建立活跃的联系，但是，要经由那些为了非洲统一的共同目标而工作的有条理的组织进行联系。为了达到这个目的，可能有待于成立一个有条理的组织。

上述那次会议认为，为了加强与海外非洲人的联系基础，并阻止这种联系受侵蚀，必须协助海外非洲人在文化、历史以及社会方面巩固其特性，以此维护并肯定他们的非洲根脉。会议还同意，可能需要对非洲各国政府施加压力，让它们承认事实，承认应当让海外非洲人有权一经请求就能获得非洲的公民权。

我们一致认为，为了超越对追求非洲统一的实际任务和组织任务所进行的思索、理论化以及猜想而前进，需要把积极倾向于一些非洲思想的民主和发展，动员组织起来。这种组织活动的起初方向应当朝着政治及文化运动而发展，这种发展是全非洲的，是共同分享一些已阐明的理想，是为各个单独国家的拥护者提供活动范围，以便按照他们各自所居国家的特殊制约条件，追求共同的目标。换言之，这是一种途径，它在战略上集中于一点，但在战术上允许个人表明机动灵活性。整个途径有待沿着最为民主的一些路线达成，沿着该途径，透明性、公开性、协商以及笃实支配着习惯。但是，我们还需要承担义务，那就是尽一切可能，捍卫民主，并促进自由、发展以及非洲人们的团结。

译后饶言

这部译作即将付印。其封面、书名页及版权页按常规标有原作者及中译者姓名，但实际上，此作乃是与更多人士齐心合力而成之功果。

所据那册英文原著复本，是2009年10月13日当地时间中午约11点半，在南非开普敦市内某不知名街道当中某浅巷7号门牌那个简朴办公室内购得。那里是非洲社会高级研究中心（The Centre for Advanced Studies of African Society）设立在开普敦市内的办事处和出版物销售点。在从英文原本变为中文译本的过程中，经历几个关键环节，各具曲折，倘若脱节一环，这种“变本”就肯定无效。因而饶舌作结，述说端详，敬请读者宽恕。

应南非斯坦陵布什大学（University of Stellenbosch，该地名在国内也译为“斯泰伦博斯”）现代外语系和孔子学院邀请，我于2009年9月17日至10月15日到该校访学，这是我迄今唯一一次出国。应当说，此访基本上是由时任斯坦陵布什大学孔子学院中方院长、厦门大学经济学院赵丽霞教授倾力玉成。说来，缘起于赵丽霞教授与我同校同系学友之谊：当我1982年夏末本科毕业业后不几年，她即进入武汉大学图书情报学院（原图书馆学系），攻读科技情报学专业硕士学位。但是，她于1980年即已本科毕业，按中国传统，她是我的学姐。在私下场合，我尊称她为“丽霞学姐”；出于公序良俗和方便起见，下文中称她为“赵学姐”。

赵学姐与我于整10年前经由一个仅有两百余人登录的武汉大学图书情报学院学友内部网站“隔空”最初相识，而2005年初夏才在北京首次见面。2009年6月中旬，她从南非来电邮，希望我帮助审阅由她全力筹划、即将在那所大学之内赛索尔艺术博物馆（Sasol Art Museum）——该大学拥有三所博物馆，这是其中最大者——举办的“中国少数民族服饰展览”当中一些文字材料。事后看来，这应当是铺垫和预演。

经由赵学姐密集、细致、周到的电话和电子邮件联系，填写和报批甚为繁杂的立项申请和计划等一应书面材料，以及在南非与当地有关方面反复协商，争取到中国国家汉语国际推广领导小组办公室和斯坦陵布什大学双方予以资助，并经由斯坦陵布什大学外事办主任罗伯特·科兹（Robert Kotzé）先生、外语系主任卡洛特（Carlotta von Maltzan）教授等人士斡旋和安排，我如期于9月中旬那天下午4点多钟，只身抵达开普敦机场。随即由赵学姐预定接机的那位出租车司机克林特（Clint）先生迎候出站，掌灯时分，送达校园内霍夫迈尔街（Hofmeyr Street）上的沃登霍夫（Waldenhof）客寓安顿下来。

随后几天仔细观察，那两层楼红瓦顶的沃登霍夫客寓，每层各有六个房间。临时借寓那个6号房间在底层正中紧西侧。约五十平方米的室内，配备电视机、冰箱、四膛电灶、电热水器和其他厨具，以及床铺、柜子、桌椅、沙发等家具，西南角内套一个适配卫生间。北墙齐腰高以上部位，一直分抵东西两端，镶嵌多块通顶玻璃。清早和傍晚轻轻拉开窗帘一条缝，但见窗外时有斑鸠、松鼠在地面缓步游逛、玩耍；午后，和煦阳光射入，映照生辉。客寓小楼南边数步外，围有一人多高的一道铁栅栏，房墙近处则栽有几棵树（像是杨树），高大昂立，已然青翠满枝，春意浓郁——南非地处南半球，每年春季始于9月1日。

那里最繁盛的树木是橡树。在该校发给访问学者的折叠便携小地图上，印有若干各色方格，每个方格里都有形似一片卷曲羽毛的橡树叶；该校的官方“LOGO”标识或校徽，则是一个大写字母“S”，收笔处即为那片橡叶。而斯坦陵布什镇上市政厅附近有一家埃克施塔特购物中心（Eikestad Mall），据那小地图说，“埃克施塔特”意为“橡树镇”。

在初期适应异地日常生活和例行拜访过后，9月下旬和10月初，由在该校专任对外汉语教学的中国学者冯雷、商拓、王梅这三位老师热情接待和陪同，如约为他们所带相应班级学习汉语的学生们，用英语做了三场内容各异、以中国文化及历史为主题的演讲。

随后闲暇充裕。10月5日，凭临时借书证，进入据称拥有全世界最大地下书库的该校图书馆，到最底层的人文社科书库，挨着书架搜寻，期望为自己独力承担的那项所重点课题（也是迄今真正参与的唯一课题）“联合国处理土著问题史概”增补资料。但馆藏中人类学、民族学、民俗学等学科里，有关非洲的书籍很少，对此我略感失望。此时，意外见到架上一部橙色封皮简装崭新著作“The African Nation：The State of the Nation”。取下翻到封三勒口处，见配有作者 Kwesi Kwaa Prah（奎西·克瓦·普拉，此汉译名是回国后搜网才确知）先生一幅小照。那是一位面色黧黑、胡须银白的戴眼镜长者，据配图说明，他是西开普大学（University of Western Cape）社会学荣誉退休教授，当时任非洲社会高级研究中心主任。而目录页中有几章，标题涉及民族、民族主义、族性、身份认同等，正合我之兴趣和专业。当即兴冲冲借出，带回寓所。此后几天，迅速阅读，赶着嚼咽书中那些风味独特的精神食粮。

开头四天里，把这部420页专著，囫囵吞枣读过前面约三分之一，其内容之充实自不待言，对应的那一条条规范尾注却没顾得上看。归期渐渐迫近。10月9日，到图书馆询问，哪里出售该书，人家不晓，让我去书店问。随即到校园内学生中心小超市尼尔西（Neelsie）里面那家书店寻购，没货。再出门向西，徒步到与校园融为一体之斯坦陵布什镇上，在全镇三家书店逐一寻购，也都没货，而且这几个店家也都不知哪里有售。恰逢不巧，从10月10日起，赵学姐奉命去内罗毕等地出差，一周后才回来。因借寓那房间中没有网络接口，且我未申办用于进入校内任何办公室的入门磁卡，无法上网。情急之下，10日晚上，给商拓老师发去手机短信求助，请她上网查找该书作者的联系方式，从而可使我在离开南非之前，力争与该教授取得联系。商老师随即回复短信，告知她查到的某个确切电话号码，由此可询问作者及那部著作的销售地点等详情。

凭着这条宝贵线索，后来一两天，向斯坦陵布什大学中国研究中心专任秘书丽兹（即伊丽莎白·纽曼，Elizabeth Newman）女士说明情况，请她去电话，问清楚售书点地址。10月13日，由丽兹女士帮助联系往返出租车——谑称“杀头”（shuttle），告知司机我要先去那个地点，并由她预定门票之后，乘上克拉斯（Klaas）师傅来接我的车子，专程前往西面五六十公里外的开普敦，到罗本岛参观。一进入开普敦市内，如开头所言，径直先去那个售书点买书。顺便留下名片。

参观三个小时后，乘渡轮从大西洋上罗本岛返回东岸市区码头。出得码头，重开方才登岛时按规定关闭的手机，屏幕上显示，曾有几人打来电话，其中一个号码像是中午售书那位女士那里，亦即商拓老师前几天告知我那个，但拨打过去未通。乘克拉斯师傅的车子返程途中，驶离开普敦约二十分钟后，却突然接到一个电话，但噪音较大、信号差，我只好告诉对方，等我回到住地再打。

18点许回到寓所房间，立即拨通半道上所来电话那一端。接听者是一位女士——匆忙间不及问她是否中午见过面那一位。她说，那位教授是她的父亲，并让我不要挂断。约半分钟后，传来男声，正是普拉教授本人。总共十多分钟的交谈，彼此坦诚、率直。普拉教授还说，他曾经多次到过中国。询问方知，最早那次是在20世纪80年代。我请他以电子邮件联系，待我回到北京，一旦接到来邮，将尽快答复。虽近在咫尺未能见面，却就此留下余绪。

此行访非，时短而获丰，其余或可不复赘言，但有件事情，却很值得书写一笔。10月3日值夏历己丑年中秋节。当天下午，赵学姐邀请在该校学习的中国留学生女生小李、小傅和男生小章、小赵及我，在她租住的校园西端北侧克罗齐尔路（Crozier Road）那座客寓二楼房间内，共度佳节。赵学姐与两位女生下厨，备办家宴。席上杯盏交错，主客六人相谈欢快。晚上9点许，赵学姐和我送那两位男生，于清朗圆月下，北行至距离他俩在校园外所租住宿舍约一里地处那路口分手。赵学姐又单独送我，南折而向东，至霍夫迈尔街上客寓栅栏外，握手道别，随即返回她寓所……4日一早，晨曦贯室，鸟雀轻喧，当我在厨灶一侧绿树婆娑南窗下柔光中，热好牛奶，和着面包和水果吃早餐，回想起上一天下午和晚间那些情景，感佩不已，乘兴草成习作一件记之。时无韵书查核，韵律和个别字词欠准。回京后，于10月25日改定：

己丑八月十六晨咏

窗外叽啾百鸟鸣，天光入室满堂清。
贵人力助来开普，老客独居思北京。
昨夜佳期延众子，今朝常素就甜羹。
枝头芽叶张新绿，寄盼垄园硕果盈。

话分两头，另表一端。回国后，11月收到普拉教授所来电邮。更巧的是，此前几天，我与中断联系已10年整的老朋友、中国社会科学院西亚非洲研究所李智彪研究员恢复联系。话说1998年夏天之前，我在《中国改革报》国际版任职期间，与智彪多有业务来往；但调离该报社后，彼此再无联系。不想，2008年8月某天，忽然他用手机打电话到我家中。因当时极为忙乱，未及多言。哪知道，半个月后，我拨去电话以及发去短信，竟杳无回应。2009年访非归来后，起念翻译普拉教授那部著作。10月底某天，我试着再去电话给智彪，通啦！原来，他于2007年至2009年夏天被派到我国驻非洲某国使馆任一秘，2008年8月回国休假期间，那天到东城区我原来住家一带办事，欲顺道一会，却被我错过机会；随后我去电话时，他已休假期满继续赴任。此刻电话中谈起普拉教授，智彪说，他前些年访问南非时，曾由普拉教授陪护，参观约翰内斯堡证券交易市场。智彪还说，普拉教授威望很高，可调用的业务资金很多。这些信息，进一步坚定我翻译该书的信心。

另一环节视似偶然，又像天意。约一个月后，12月8日早晨乘公共车上班途中，忽然一位女士手机来电，是民族出版社一位编辑，她随即发来短信自报姓名“龚黔兰”，还介绍说，该社正在引进一套译丛，有老师推荐《萨满教——古老的癫狂术》译著书稿，版权由社里来谈，若方便，可将其内容简介、目录以及样章等发给她。

当天中午得空回电话，向她扼要讲述20年前我等四人合译完成的《萨满教——古老的癫狂术》一书译稿，如何屡经波折。同时告诉她，不久前我去南非时，发现《非洲民族：该民族的国家》(*The African Nation: The State of the Nation*）一书很有价值，回国后与该书作者保持电邮联系，并已探知作者有意资助出版汉译本。

次日，去电话给龚黔兰，询问欲出版有关非洲专著之汉译本，需成本几多。随后半月内，先后发去《萨满教——古老的癫狂术》样章等足额材料，以及《非洲民族：该民族的国家》的作者、译者简况，内容简介和目录。

有心栽花花未发，无意插柳柳成荫。从最初由某出版社约稿及合译者们如期完稿交付，到后来因故取消，又经再三商谈、送交材料，20年来，《萨满教——古老的癫狂术》译稿已正式接洽过京、沪四家出版社，然而于今久孕胎中，产日难料。但《非洲民族：该民族的国家》译稿却“一锤定音”，即将面世，何其幸运。就笔者所知情况及所处角度来看，龚黔兰女士身为出版人，在其中竭尽职责，费心腾挪，足堪嘉赞。从2009年年底起，直至2011年年底与我两次——实为初次及再次——见面时签署约稿合同，在整整两年中，她历经数十次上百次电话、电邮、信函联系，以及请普拉教授从非洲邮寄样书，在北京延请专家评估，申报出版计划，再与非洲方面商定及签署译本出版合同，特别是促成非洲方面援助译本出版补贴并及时汇款到位，促成教育部人文社会科学重点研究基地中央民族大学中国少数民族研究中心赞助“润笔”为译者加油，凡此种种，均令我感动，故不厌其详而列举。

我于2011年底签署约稿合同后开始动译，至2012年9月正值自己花甲之年之月基本完稿，译本打印件于当月底面交中央民族大学张海洋教授。按合同及具体约定，本应烦劳海洋兄校订，无奈他教研等事项十分繁忙，且寒假紧促，于是任由译稿一仍原样，未成璧合，令人稍感遗憾。今年2月春节前，译稿最终交付民族出版社编辑张宏宏女士接手，此时龚黔兰女士已调离原单位。此后，经民族出版社各个岗位同仁们严格而规范的精心审阅、编校，完工在即。

衷心感谢上述中国和非洲各方人士以各种方式予以之帮助，特别要感谢赵丽霞教授起兴本书译本前半程而发端“萌芽”，还特别感谢龚黔兰女士浇灌后半程致其“结实”；又特别感谢非洲社会高级研究中心和教育部人文社会科学重点研究基地中央民族大学中国少数民族研究中心予以资金支持。我所在的工作单位及部门中国社会科学院民族学与人类学研究所世界民族研究室在此期间未安排其他任务，让我如愿专攻，遂效薄力，对此，一并致谢。

最后，冒昧敦请泛览及细读此译本之读者，若从中获益，则与译者一道，对于在一连串环节延伸过程中各尽所能，予以鼎助，使这一个个环节得以通畅衔接，最终达成译本问世，由此对进一步了解非洲而架桥铺路之所有人士，铭记其恩德。

姜德顺
2013年6月18日于北京寓所

图书在版编目（CIP）数据

非洲民族：该民族的国家／（加纳）奎西·克瓦·普拉著；姜德顺译．—北京：民族出版社，2013.12
（人类学民族学精选译丛／张海洋主编）
书名原文：The African Nation：The State of the Nation
ISBN 978－7－105－13047－4

Ⅰ.①非… Ⅱ.①普… ②姜… Ⅲ.①民族历史—非洲 Ⅳ.①K408

中国版本图书馆 CIP 数据核字（2013）第 286993 号

著作版权合同登记号：01－2013－5267

非洲民族：该民族的国家

著　　者：（加纳）奎西·克瓦·普拉
译　　者：姜德顺
主　　编：张海洋
责任编辑：张宏宏　向　征
责任校对：郭金乔
封面设计：金　晔
出版发行：民族出版社
社　　址：北京市和平里北街 14 号　邮编：100013
电　　话：010-64228001（编辑室）
010-64224782（发行部）
网　　址：http://www.e56.com.cn
印　　刷：北京佳顺印务有限公司
经　　销：各地新华书店
版　　次：2014 年 1 月第 1 版　2014 年 1 月北京第 1 次印刷
开　　本：640 毫米×960 毫米　1/16
字　　数：360 千字
印　　张：26
定　　价：65.00 元
ISBN 978－7－105－13047－4／K·2279（汉 1268）